Fintech 法務ガイド
[第2版]

片岡義広・森下国彦 [編]
河合　健・関端広輝
高松志直・田中貴一 [編集担当]

商事法務

第2版はしがき

　2017年3月に本書の初版を上梓して以来、フィンテック（Fintech）の分野においては、実に多くの動きがあった。

　「仮想通貨交換業」の登録制を導入した資金決済法（資金決済に関する法律）の改正法が2017年4月に施行され、同年のうちに16社が登録されたが、翌2018年1月、改正法の経過規定に基づくみなし仮想通貨交換業者が顧客から預託を受けていた仮想通貨NEMが大量に（当時のレートで約580億円相当）不正に外部に送信されるという事件が発生し、業界に冷水を浴びせた。この事件を契機に、金融庁は業者の登録審査を厳格化するとともに、登録業者およびみなし登録業者に対する報告徴求や立入検査を経て、多くの業者に対して業務改善命令を出すとともに、数社に対しては業務停止命令ないし登録拒否処分を行うなど、利用者財産の分別管理やシステムリスク管理態勢等につき厳しい対応をとる方向に舵を切った。しかし、仮想通貨に関しては、一般投資家による取引熱は冷めることがなく、マイニング（採掘）事業や仮想通貨に投資するファンドなどの周辺事業を含めて、ビジネス的な動きはとどまるところを知らない。

　他方、グローバルには、トークン（token）と呼ばれる証票を発行して公衆から資金調達を行う、イニシャル・コイン・オファリング（ICO）の動きが急速に活発化し、2017年におけるICOによる資金調達額はグローバルベースで（円に換算して）4,000億円超に達するとの報道もなされた。しかし、ICOの法的な位置付けについては、議論が始まったばかりでいまだ不明点が多い。

　2017年5月に成立した銀行法等改正法のうち、電子決済等代行業の規制に関する部分は、銀行等の金融機関と顧客との間に立って、ITを活用した決済指図の伝達や口座情報の取得・顧客への提供等を行う新しいサービス（いわゆるオープンAPIの取組みを含む）に業者の登録制を導入するとともに利用者保護を図ることを目的とするものであり、関連する政府令とともに本年6月1日に施行された。今後、かかる規制の枠組みの下でこれらのサービス提供者と銀行等との"オープン・イノベーション"が進展することが期待される。

　このような状況の下、本書第2版は、初版以降の法令改正等の動向を反映

第2版はしがき

して全体的にアップデートするとともに、いくつかのトピックについては新しい章を設けて解説を行っている。幸いにして好評をいただいた初版と同様、動きの激しいフィンテックの分野に従事する法律実務家や、ビジネスに携わる多くの方々に本書が多少とも役に立つことを願うものである。

初版同様、株式会社商事法務書籍出版部の小山秀之氏、岩佐智樹氏および木村太紀氏には大変お世話になった。この場を借りてお礼申し上げる。

2018年9月

アンダーソン・毛利・友常法律事務所
弁護士　森下　国彦

　　　　ますか。・73
　　2　外為法／74
　　　　Q2-40：銀行以外の事業者が海外への送金サービスを行う場合には、外為法に基づく規制が適用されますか。・74
　　3　国外送金調書法／75
　　　　Q2-41：銀行以外の事業者が海外への送金サービスを行う場合には、国外送金調書法に基づく規制が適用されますか。・75
　　4　銀行法／77
　　　　Q2-42：デビットカードにおいてキャッシュアウトサービスを付加する場合、銀行法の規制に留意する必要がありますか。・77
　　5　信託業法／79
　　　　Q2-43：エスクローサービスを行うには、法令上の許認可などが必要となりますか。・79
　　　　Q2-44：信託業の免許制度および登録制度の概要について教えてください。・80
　　　　Q2-45：信託業の行為規制の概要について教えてください。・81
　　6　犯罪収益移転防止法／83
　　　　Q2-46：送金サービスを行うには、法令上の本人確認（取引時確認）が求められますか。・83
　　　　Q2-47：エスクローサービスを行うには、法令上の本人確認（取引時確認）が求められますか。・84

ポイントサービス ………………………………………………85

【サービスの概要】………………………………………………85
【Q&A】……………………………………………………86
　　1　資金決済法／86
　　　　Q2-48：ポイントサービスを行うには、前払式支払手段発行者として資金決済法に基づく登録等を行う必要はありますか。原則として許認可などが必要ない場合、要否の線引きについて具体的に教えてください。・86
　　　　Q2-49：ポイントサービスの検討に関して、参考にすべき資料等を教えてください。・87
　　　　Q2-50：共通ポイントサービスの仕組みについて教えてください。・88
　　　　Q2-51：ポイント交換サービスについて、留意すべき事項はありますか。・88
　　2　個人情報保護法／90
　　　　Q2-52：ポイントの利用履歴を加工して第三者と提携して実施する広告サービスにおいて、個人情報保護法上の観点から留意すべき事項はありますか。・90

目　次

第3章　融資・投資

トランザクションレンディング ……………………………………96
　【サービスの概要】……………………………………………………96
　【Q&A】…………………………………………………………………97
　　1　貸金業法／97
　　　Q3-1：トランザクションレンディングを行う場合、法令上の許認可などが必要となりますか。・97
　　　Q3-2：貸金業の登録制度の概要について教えてください。・98
　　　Q3-3：貸金業者の行為規制の概要について教えてください。・100
　　　Q3-4：物品の取引に付随してトランザクションレンディングを行う場合であっても、法令上の許認可などが必要となりますか。・101
　　2　金利規制法（利息制限法、貸金業法、出資法）／102
　　　Q3-5：トランザクションレンディングの貸付けにおける利息の利率について、規制がありますか。・102
　　　Q3-6：トランザクションレンディングの貸付けに関して手数料を徴求する場合、規制はありますか。・103
　　3　犯罪収益移転防止法／105
　　　Q3-7：トランザクションレンディングを行うには、法令上の本人確認が求められますか。・105
　　4　個人情報保護法など／106
　　　Q3-8：取引情報に個人情報が入っていた場合、取引情報を貸金業者に提供することについて、個人情報保護法の観点から留意するべき点はありますか。・106
　　　Q3-9：資金需要者である事業者の情報利用に関しては、個人情報保護法のほかに気を付けるべき点はありますか。・106
　　5　動産債権譲渡特例法／107
　　　Q3-10：加盟店の在庫について担保の設定を受ける場合には、設定の簡便も踏まえて、どのような担保設定方法が望ましいでしょうか。・107

ローンの取次ぎ …………………………………………………… 109
　【サービスの概要】……………………………………………………109
　【Q&A】…………………………………………………………………110
　　1　銀行法／110
　　　Q3-11：銀行によるローンを取り次ぐ場合には、法令上の許認可などが必要となりますか。・110

はしがき

　私が弁護士としての仕事を始めたころからすでに30年以上が経過したが、その間の情報技術（IT）の進展は、インターネットの発達と相まって目覚ましいものがある。現在のように、Eメールに多数のファイルを添付して瞬時に世界のどの国の人にも送ることができるようになるとは、30年前には想像すらできなかった。このような進歩は、金融の世界でも著しく、特に最近、IT技術のさらなる発展はいうに及ばず、AI（人工知能）の金融への応用や、ビットコインなどの仮想通貨を生み出す基礎となったブロックチェーン技術の幅広い利用が進みつつあることなど、最近の展開は驚きに値する。

　いつの日からか、気が付けば「フィンテック（FinTech）」という語──金融（Finance）と技術（Technology）を組み合わせた造語──を新聞等のメディアで見ない日はないといってもよい状況となった。かつて、金融工学がデリバティブを生みだした時期以来の新しい金融イノベーションの時代が、すでに到来しているように思われる。

　このように動きの激しい事象を、一国の法令においてタイムリーかつ適切に捕捉し、必要な規制を加えるとともに、将来の発展をも見越した法制を整備するということは容易ではない。わが国においても、2014年以降、数次の金融審議会での審議を経て、第190回国会において、2016年5月にいわゆる「FinTech法」（情報通信技術の進展等の環境変化に対応するための銀行法等の一部を改正する法律）が成立し、法制面での整備がようやく緒に就いたところである。今後この動きはさらに加速すると思われ、実際、今国会（第193回国会）にも、高速取引（HFT）に一定の規制をかけるための金融商品取引法の改正案が提出される見込みである。金融の実務に携わる者としては、こういった動きから目が離せないと同時に、既存の法令を実際の案件に適切に適用・解釈し、運用するために、技術面の理解と法令に関する正しい知識の習得が欠かせない。

　そのような中、金融取引その他の分野の第一線で、日々様々な案件に取り組んでいる、片岡総合法律事務所とアンダーソン・毛利・友常法律事務所の弁護士がその知識と経験を持ちより、共同して、「フィンテック」の多岐にわたる

はしがき

側面に関わる各分野の法令および関連する実務につき解説する本書を発刊することは、まことに時機を得たものであると考える。本書は、金融と高度な技術の融合ないし交錯する複雑な題材を扱いつつも、読みやすく、わかりやすい書物となることを目指して、冒頭の総論に続く各章においては、まず対象とするサービスの概要を説明したのち、Q&Aの方式でポイントを解説する形式とした。同時に、必要な個所には根拠となる法令の条文、判例その他の出典を明示し、記述の客観性を保つよう努めている。

本書が、われわれのような法律実務家だけでなく、金融機関や事業会社を含む一般企業において業務として金融実務に関与される方、また投資家として金融取引を検討される方など、広い範囲の方々にとって役に立つ、有益な書物となることを切に願っている。

本書の上梓にあたっては、その企画以来、執筆者である両事務所の弁護士を叱咤激励していただくことを含め、株式会社商事法務書籍出版部の小山秀之氏と庄司祐樹氏に大変お世話になった。この場を借りてお礼申し上げる。

2017年2月

アンダーソン・毛利・友常法律事務所
弁護士　森下　国彦

凡　例

1　法令名の略記

外為法	外国為替及び外国貿易法
仮想通貨交換業者府令	仮想通貨交換業者に関する内閣府令
金商業府令	金融商品取引業等に関する内閣府令
金商法	金融商品取引法
金融商品販売法または金販法	金融商品の販売等に関する法律
景表法	不当景品類及び不当表示防止法
公的個人認証法	電子署名等に係る地方公共団体情報システム機構の認証業務に関する法律
国外送金調書法	内国税の適正な課税の確保を図るための国外送金等に係る調書の提出等に関する法律
個人情報保護法	個人情報の保護に関する法律
資金移動府令	資金移動業者に関する内閣府令
資金決済法	資金決済に関する法律
出資法	出資の受入れ、預り金及び金利等の取締りに関する法律
商	商法
定義府令	金融商品取引法第二条に規定する定義に関する内閣府令
動産債権譲渡特例法	動産及び債権の譲渡の対抗要件に関する民法の特例等に関する法律
投信法	投資信託及び投資法人に関する法律
特定商取引法または特商法	特定商取引に関する法律
独占禁止法	私的独占の禁止及び公正取引の確保に関する法律

凡　例

犯罪収益移転防止法または犯収法	犯罪による収益の移転防止に関する法律
犯収法令	犯罪による収益の移転防止に関する法律施行令
犯収法規則	犯罪による収益の移転防止に関する法律施行規則
マイナンバー法	行政手続における特定の個人を識別するための番号の利用等に関する法律
民	民法
民訴法	民事訴訟法

2　その他

外国提供ガイドライン	個人情報保護委員会「個人情報の保護に関する法律についてのガイドライン（外国にある第三者への提供編）」
割賦販売法監督方針	経済産業省商務情報政策局商取引監督課（平成30年2月）「割賦販売法（後払分野）に基づく監督の基本方針」
金融商品取引業者向け監督指針	金融庁「金融商品取引業者向けの総合的な監督指針」
金融制度WG報告	金融審議会（平成27年12月22日）「金融グループを巡る制度のあり方に関するワーキング・グループ報告～金融グループを巡る制度のあり方について～」
金融分野個人情報保護ガイドライン	個人情報保護委員会・金融庁「金融分野における個人情報保護に関するガイドライン」

凡　例

クラウドファンディング規則	日本証券業協会「株式投資型クラウドファンディング業務に関する規則」
決済WG報告	金融審議会（平成27年12月22日）「決済業務等の高度化に関するワーキング・グループ報告〜決済高度化に向けた戦略的取組み〜」
資金決済法パブコメ	金融庁（平成22年2月23日）「資金決済に関する法律の施行に伴う政令案・内閣府令案等に対するパブリックコメントの結果等について『コメントの概要及びそれに対する金融庁の考え方』」
事務ガイドライン（仮想通貨交換業者関係）	金融庁「事務ガイドライン（第三分冊：金融会社関係　16　仮想通貨交換業者関係）」
事務ガイドライン（前払式支払手段発行者関係）	金融庁「事務ガイドライン（第三分冊：金融会社関係　5　前払式支払手段発行者関係）」
主要行等向け監督指針	金融庁「主要行等向けの総合的な監督指針」
第三者提供ガイドライン	個人情報保護委員会「個人情報の保護に関する法律についてのガイドライン（第三者提供時の確認・記録義務編）」
通則ガイドライン	個人情報保護委員会「個人情報の保護に関する法律についてのガイドライン（通則編）」
匿名加工情報ガイドライン	個人情報保護委員会「個人情報の保護に関する法律についてのガイドライン（匿名加工情報編）」
保険会社向け監督指針	金融庁「保険会社向けの総合的な監督指針」

凡　例

3　判例表示および判例集

最決平成13・3・12刑集55巻2号97頁	最高裁判所平成13年3月12日決定　最高裁判所刑事判例集第55巻第2号97頁
民集	最高裁判所民事判例集
刑集	最高裁判所刑事判例集
判タ	判例タイムズ
労判	労働判例

目　次

第 2 版はしがき
はしがき
凡　例

第 1 章　概　要

Fintech 総論 …………………………………………………………………… 2

 1　Fintech の意味／2
  ⑴　Fintech の言葉の意義　2
  ⑵　Fintech の金融庁の検討経過　2
  ⑶　Fintech の政府文書の定義と説明　3
  ⑷　法律に見る Fintech の定義　4
  ⑸　Fintech の意味についての解説　5
  ⑹　Fintech のマクロな位置付け　7
 2　Fintech の現在・過去・未来／7
  ⑴　Fintech の過去　7
  ⑵　Fintech の現在　8
  ⑶　Fintech の未来　10
 3　Fintech 進展のためのインフラ──法制度／11

銀行業務と Fintech …………………………………………………………… 13

【サービスの概要】……………………………………………………………… 13
【Q&A】…………………………………………………………………………… 14
 Q1-1：銀行や銀行持株会社の業務範囲規制について教えてください。・14
 Q1-2：銀行子会社の業務範囲規制について教えてください。・16
 Q1-3：Q1-1 と Q1-2 に記載された業務範囲規制と Fintech に関するサービスとの関係は、どのように考えればよいでしょうか。・16
 Q1-4：銀行や銀行持株会社の出資制限について教えてください。・17
 Q1-5：銀行や銀行持株会社が Fintech 関連企業に出資するケースが拡大する可能性があると聞きましたが、それはどのようなルールですか。・18
 Q1-6：銀行子会社が実施できる従属業務についても、銀行法が改正されたと聞きましたが、それはどのような内容でしょうか。・20
 Q1-7：以上のほかに、銀行と Fintech に関連する法改正等について議論されているトピックとしては、どのようなものがありますか。・21

【コラム】銀行子会社の悩み／24

第2章　決　済

ITと連携した決済サービスの提供 …………………………………………26
　【サービスの概要】………………………………………………………………26
　【Q&A】……………………………………………………………………………27
　　1　割賦販売法／27
　　　Q2-1：後払いの決済サービスを行うには、法令上の許認可などが必要となりますか。・27
　　　Q2-2：包括信用購入あっせんの登録制度の概要について教えてください。・27
　　　Q2-3：包括信用購入あっせんの行為規制と民事ルールの概要について教えてください。・28
　　　Q2-4：個別信用購入あっせんの登録制度の概要について教えてください。・30
　　　Q2-5：個別信用購入あっせんの行為規制の概要について教えてください。・31
　　　Q2-6：（包括信用購入あっせんとしての）クレジットサービスを提供するためには、物理的な媒体であるプラスチックカードを発行することが必要ですか。・32
　　　Q2-7：2018年に施行された割賦販売法の改正により、後払いの決済サービスについて、どのような影響がありますか。・32
　　　Q2-8：QRコードやバーコードを利用したクレジットカードの決済との関係で、法令上留意すべき事項はありますか。・34
　　2　資金決済法／35
　　　Q2-9：前払いの決済サービスを行うには、法令上の許認可などが必要となりますか。・35
　　　Q2-10：第三者型前払式支払手段の登録制度の概要について教えてください。・36
　　　Q2-11：第三者型前払式支払手段を発行する場合の行為規制の概要について教えてください。・37
　　　Q2-12：資産保全義務の内容について、もう少し詳しく教えてください。・38
　　　Q2-13：情報提供義務の内容について、もう少し詳しく教えてください。また、2016年の法律改正で変更があった内容とは、どのようなものでしょうか。・39
　　　Q2-14：前払式支払手段について有効期間を設定することで適用除外となることがあると聞きましたが、その内容を教えてください。・40
　　　Q2-15：前払式支払手段については、利用者の要望があっても、受領した金銭を利用者に払い戻すことができないと聞きましたが、具体的にはどのよう

なルールなのでしょうか。・41
- Q2-16：(前払式支払手段としての) 電子マネーやプリペイドカードの発行に際しては、物理的なプラスチックカードなどを交付することが必要ですか。・43
- Q2-17：「○○コイン」と呼ばれるようなデジタル通貨などのサービスが出てきていますが、これらのサービスと資金決済法との関係はどのように考えればよいでしょうか。・43

3 犯罪収益移転防止法／44
- Q2-18：犯罪収益移転防止法に基づく取引時確認とは、どのようなものですか。・44
- Q2-19：後払いの決済サービスと前払いの決済サービスについて、犯罪収益移転防止法に基づく取引時確認は必要となるでしょうか。・45
- Q2-20：取引時確認の概要について教えてください。・46
- Q2-21：疑わしい取引の届出とは、どのような取引について対応するべきものでしょうか。・49
- Q2-22：取引時確認の方法について、直近で具体的な改正の動きはありますか。・50

スマートフォン決済 …………………………………………51

【サービスの概要】……………………………………………51
1 「スマートフォン決済」とは／51
2 スマートフォン決済の仕組み／52
3 スマートフォン決済の提供者との契約関係／52
4 スマートフォン決済のメリット等／52

【Q&A】………………………………………………………53
1 割賦販売法／53
- Q2-23：クレジットカードについて、スマートフォン決済を提供する場合、割賦販売法は適用されますか。・53
- Q2-24：通常のクレジットカード決済と比べて、スマートフォン決済を提供する場合に、加盟店管理上、留意すべき点はありますか。・54

2 資金決済法、銀行法／55
- Q2-25：プリペイドカードやデビットカードについて、スマートフォン決済を提供する場合、資金決済法や銀行法は適用されますか。・55
- Q2-26：スマートフォン決済の提供会社が加盟店との間の売上金等の受渡しに関与し、いわゆる決済代行会社と同様の役割を果たす場合に、現状で適用される法律はありますか。・55

3 特定商取引法／56
- Q2-27：スマートフォン決済を行う場合に、加盟店にかかる義務はあります

目　次

　　　　　　か。・56
　　4　犯罪収益移転防止法／58
　　　Q2-28：スマートフォン決済を行う場合に、加盟店が購入者に対して本人確認を行う必要はありますか。・58
　　5　個人情報保護法／58
　　　Q2-29：スマートフォン決済を提供する場合に、個人情報保護法上、留意することはありますか。・58

多様な送金サービス ……………………………………………………… 60

【サービスの概要】 ………………………………………………………… 60
　　1　送金サービス／60
　　2　送金サービスに関連するサービス／60
【Q&A】 ……………………………………………………………………… 62
　　1　資金決済法／62
　　　Q2-30：銀行以外の事業者が送金サービスを行うには、法令上の許認可などが必要となりますか。・62
　　　Q2-31：資金決済法によれば、資金移動業の登録を得た場合には、100万円以下の為替取引を行うことができるそうですが、100万円以下といえるかどうかについてはどのように判断すればよいでしょうか。・63
　　　Q2-32：資金移動業の登録制度の概要について教えてください。・64
　　　Q2-33：資金移動業の行為規制の概要について教えてください。・65
　　　Q2-34：資金移動業の行為規制のうち、資産保全の方法について教えてください。・66
　　　Q2-35：資金移動業の行為規制のうち、受取証書の交付について教えてください。・68
　　　Q2-36：当社が発行する電子マネーに換金機能を付与する場合、その電子マネーに関する業務を行うには資金移動業の登録が必要ですか。・69
　　　Q2-37：当社は、換金できない電子マネーAを発行しようと考えています。そして、この電子マネーAについては、他社が発行する換金可能な電子マネーBと交換することができるというサービスを付加しようとも考えています。当社が電子マネーAを発行する場合、資金移動業の登録が必要になりますか。・70
　　　Q2-38：当社は、A社が顧客に対して有する代金債権等に関し、その弁済金を顧客からA社を代理して受領し、受領した回収金をA社に引き渡すサービス（いわゆる収納代行サービス）を行おうと思っていますが、資金移動業の登録は必要ですか。・71
　　　Q2-39：資金送金サービスにおいて、クレジットカードを利用することにより、送金資金の支払いを受けたいと考えていますが、留意すべき事項はあり

　　　　Q3-12：銀行代理業の許可制度の概要について教えてください。・113
　　　　Q3-13：銀行が提供するローンを取り次ぐ行為が銀行代理業に該当しないとしても、銀行の委託先となり、監督を受けることになりますか。・115
　　2　貸金業法／116
　　　　Q3-14：貸金業者によるローンを取り次ぐ場合には、法令上の許認可などが必要となりますか。・116
　　3　個人情報保護法／118
　　　　Q3-15：ローンの取次ぎをするにあたって金融機関に対して個人情報を提供する際、個人情報保護法の観点から留意するべき点はありますか。・118

ソーシャルレンディング …………………………………………………… 119

【サービスの概要】 …………………………………………………………… 119
　　1　ソーシャルレンディングの位置付け／119
　　2　ソーシャルレンディングの仕組みの概略／121
【Q&A】 ……………………………………………………………………… 122
　　1　貸金業法／122
　　　　Q3-16：ソーシャルレンディングにおいて貸付けを行う場合、法令上の許認可などが必要となりますか。・122
　　2　金利規制法（利息制限法、出資法、貸金業法）／123
　　　　Q3-17：ソーシャルレンディングの貸付けにおける利息の利率について、規制はありますか。・123
　　3　金　商　法／123
　　　　Q3-18：ソーシャルレンディングの貸付けの原資としての金銭の出資を受けるにあたって、法令上の許認可などが必要となりますか。・123
　　4　犯罪収益移転防止法／124
　　　　Q3-19：ソーシャルレンディングを行うには、法令上の本人確認が求められますか。・124
　　5　個人情報保護法など／124
　　　　Q3-20：ソーシャルレンディングを行うにあたって、個人情報保護法などの観点から、留意するべき点はありますか。・124
【コラム】クラウド・ファンディングあれこれ（寄付型、売買型）／125

クラウド・ファンディング（投資型） …………………………………… 126

【サービスの概要】 …………………………………………………………… 126
　　1　ファンド型（匿名組合）クラウド・ファンディング／126
　　2　株式投資型クラウド・ファンディング／127
【Q&A】 ……………………………………………………………………… 129
　　　　Q3-21：会社が、クラウド・ファンディングを利用して投資を受けるにあたって、

目 次

Q3-22： 法令上の許認可などが必要となりますか。・129
Q3-22： クラウド・ファンディングを行うプラットフォームの運営を行うには、法令上の許認可などが必要となりますか。・130
Q3-23： クラウド・ファンディングのプラットフォームの運営者は、金融商品取引業者になりますが、金融商品取引業の行為規制の概要について教えてください。・130
Q3-24： クラウド・ファンディングのプラットフォームの運営者は、電子募集取扱業務を行うことになりますが、電子募集取扱業務を扱う業者に対する行為規制の概要について教えてください。・131
Q3-25： 電子募集取扱業務を扱う業者に対する行為規制のうち、管理体制の整備義務について概要を教えてください。・132
Q3-26： 電子募集取扱業務を扱う業者に対する行為規制のうち、情報提供に関する規制その他の規制の概要を教えてください。・133
Q3-27： 金融商品取引業の登録制度の概要について教えてください。・135
Q3-28： 匿名組合契約とは何ですか。匿名組合員は、どのような権利を有し、どのようなリスクを負うのでしょうか。・136
Q3-29： 匿名組合持分以外のファンド持分の募集をクラウド・ファンディングを通じて行うことはできないのでしょうか。・137
Q3-30： ファンド型クラウド・ファンディングに関して、金商法以外に留意すべき規制等はありますか。・138
Q3-31： 第二種少額電子募集取扱業者の制度の概要について教えてください。・138
Q3-32： クラウド・ファンディングを利用して匿名組合員から資金を調達する場合に、どのような手続が必要ですか。また、その際にどのような情報を開示することが求められていますか。・139
Q3-33： クラウド・ファンディングを利用して匿名組合契約の締結をする営業者が、当該プラットフォーム以外を通じて投資家に対して勧誘をすることはできますか。・140
Q3-34： 第一種少額電子募集取扱業者の登録要件の概要について教えてください。・140
Q3-35： 株式投資型クラウド・ファンディングに関する日本証券業協会の自主規制規則の概要を教えてください。・141
Q3-36： 株式投資型クラウド・ファンディングを利用して資金調達手続をする場合、どのような手続が必要ですか。・143
Q3-37： 株式投資型クラウド・ファンディングにより勧誘を行う場合、運営者がインターネット以外で勧誘することは認められるのでしょうか。・143
Q3-38： 投資型クラウド・ファンディングに係るクラウド・ファンディング業者に金融商品販売法の適用はありますか。・144

目 次

ロボ・アドバイザー ……………………………………………………… 145
【サービスの概要】 …………………………………………………… 145
【Q&A】 ……………………………………………………………… 147

1 金 商 法／147

- Q3-39：ロボ・アドバイザーを利用した投資助言・資産運用サービスを行うには法令上の許認可などが必要になりますか。・147
- Q3-40：法令上の許認可を受けずにロボ・アドバイザーを利用した投資助言・資産運用サービスを行う余地はありませんか。・149
- Q3-41：投資助言・代理業の登録制度の概要について教えてください。・151
- Q3-42：投資運用業の登録制度の概要について教えてください。・155
- Q3-43：投資助言業者の行為規制の概要について教えてください。・157
- Q3-44：投資一任業者の行為規制の概要について教えてください。・160

2 犯罪収益移転防止法／161

- Q3-45：投資助言・資産運用サービスを提供する際には、法令上の本人確認が求められますか。・161

3 個人情報保護法／162

- Q3-46：顧客プロファイル情報の取扱いについて留意すべき事項を教えてください。・162

4 その他／164

- Q3-47：システムリスクについて留意すべき事項を教えてください。・164
- Q3-48：海外から日本の顧客に向けてロボ・アドバイザーを利用した投資助言・資産運用サービスを提供する場合、または反対に日本から海外の顧客に向けて同様のサービスを提供する場合に留意すべき事項を教えてください。・166
- Q3-49：ロボ・アドバイザーの助言に基づき資産運用を行ったところ大損をしました。勧められた取引の説明が不十分であったとしてロボ・アドバイザーの運営会社を訴えることはできますか。ロボ・アドバイザーを利用した資産運用サービスを利用した結果、大損を被った場合はどうでしょうか。・168
- Q3-50：金商法以外に、ロボ・アドバイザーを利用した投資助言・資産運用サービスを提供する業者が留意すべき法律はありますか。・170
- Q3-51：ロボ・アドバイザー運営会社としては、利用者に対する情報提供についてどのような点に留意することが望まれますか。・172
- Q3-52：ロボ・アドバイザー運営会社としては、利用者の適合性確認についてどのような点に留意することが望まれますか。・175
- Q3-53：ロボ・アドバイザー運営会社としては、どのような点に留意して社内体制を構築することが望まれますか。・176

目　次

【コラム】投資の世界におけるアルゴリズムの利用──ロボ・アドバイザーとHFT／177
【コラム】ハイブリッド型ロボ・アドバイザー／178

おつり投資・貯蓄 ………………………………………………………… 180
　【サービスの概要】 …………………………………………………… 180
　【Q&A】 ………………………………………………………………… 181
　　　Q3-54：おつり投資サービスを実施する場合、金商法上、必要となるライセンスを教えてください。・181
　　　Q3-55：第三者がおつり投資サービスの勧誘などを実施する場合において、法令上、留意すべき事項はありますか。・184
　　　Q3-56：おつり投資サービスを実施するアプリの運営などの付随的なサービスも提供する場合、法令上、留意すべき事項はありますか。・185
　　　Q3-57：Q3-54 から Q3-56 までについて、おつり貯蓄サービスを実施する場合に留意すべき事項は変わりますか。・187
　　　Q3-58：おつり投資サービス・おつり貯蓄サービスにおいて、利用者の本人確認を実施する必要がありますか。・188
　　　Q3-59：Q3-58 に関し、他の事業者と連携して本人確認を実施することはできますか。・189
　　　Q3-60：おつり投資サービス・おつり貯蓄サービスにおいて、利用者の個人情報のやり取りについて留意すべき事項を教えてください。・189
　　　Q3-61：おつり投資サービス・おつり貯蓄サービスにおいて、銀行法上の電子決済等代行業者に該当してしまう行為はありますか。・190

第 4 章　保　　険

保　険 ……………………………………………………………………… 194
　【サービスの概要】 …………………………………………………… 194
　　　1　Fintech と保険／194
　　　2　具体的なサービス／194
　【Q&A】 ………………………………………………………………… 197
　　　1　保険業法／197
　　　Q4-1：保険とは何ですか。・197
　　　Q4-2：保険業に該当する行為を行う場合、どのような規制が適用されますか。・198
　　　Q4-3：少額短期保険業とは何ですか。・201
　　　Q4-4：保険商品の勧誘や紹介について、どのような規制がありますか。・201

- Q4-5：Q4-4 の規制のかかる保険募集とは何ですか。・204
- Q4-6：インターネットを通じて保険の勧誘を行うことについて何か規制はありますか。・205
- Q4-7：保険に係る新商品の創設をする場合、どのような手続が必要になりますか。・206
- Q4-8：保険料の算出方法についてルールはあるのでしょうか。データに基づいて保険料を変動させる場合に法律上留意すべき点を教えてください。・207
- Q4-9：金融商品販売法とは何ですか。・208
- Q4-10：保険の勧誘を行うに際して、ポイントを付与する等の特典を付けることについて何らかの規制がありますか。・210
- Q4-11：景表法の規制とは何でしょうか。・211
- Q4-12：インターネットによる保険契約の締結の媒介等を行う場合、どのような規制が適用されますか。・213

2　個人情報保護法／214
- Q4-13：自動車に搭載したデバイスで取得した走行距離や運転の特徴などのデータの取扱いについて、どのような規制が適用されますか。・214
- Q4-14：ウェアラブル端末で取得した運動量などのデータの取扱いについて、どのような規制が適用されますか。・214
- Q4-15：遺伝子解析に関するデータの取扱いについて、どのような規制が適用されますか。・215

第5章　仮想通貨

仮想通貨総論 ……………………………………………………………… 218

【サービスの概要】 ……………………………………………………… 218
　1　デジタル通貨と仮想通貨／218
　2　仮想通貨と法定通貨／219
　3　ビットコインの仕組み／219

【Q&A】 …………………………………………………………………… 222
　1　仮想通貨／222
- Q5-1：仮想通貨が定義されるに至った背景について、教えてください。・222
- Q5-2：改正資金決済法で定義された仮想通貨の内容について、教えてください。・223
- Q5-3：仮想通貨と前払式支払手段は、どのような違いがありますか。・227
- Q5-4：以下は、改正資金決済法上の「仮想通貨」に当たりますか。
　ア　金融機関が発行するデジタル通貨、イ　オンラインゲームで使用さ

目次

　　　　れるデジタル通貨、ウ　Suicaなどの電子マネー、エ　航空会社のマイル、オ　家電量販店のポイント、カ　特定の者が買取りを保証するデジタル通貨、キ　法定通貨と価格が連動するよう設計されたデジタル通貨・229

Q5-5：私は、仮想通貨交換業者（日本法人）と契約して、ビットコインを預託していました。私は、当該業者に対して、預託していたビットコインの返還を求めましたが、対応してくれません。この場合、私は、当該業者に対してどのような請求ができるのでしょうか。・233

Q5-6：私は、仮想通貨交換業者（日本法人）の口座に仮想通貨Xを預託していたところ、当該仮想通貨がハードフォークしたことにより、元の仮想通貨（オリジナルコイン）と新しい仮想通貨（新コイン）に分岐しました。しかしながら、当該業者は、私を含む利用者に分岐により生じた仮想通貨Yを引き渡してくれません。この場合、私は、当該業者に対して、どのような請求ができるのでしょうか。・234

仮想通貨を用いたサービスと仮想通貨交換業 …… 236

【サービスの概要】 …… 236
【Q&A】 …… 236

1　資金決済法／236

Q5-7：仮想通貨の交換所で仮想通貨の売買・交換サービスを行うには、法令上の許認可などが必要となりますか。また、仮想通貨に関するその他のサービスを行う場合についても教えてください。・236

Q5-8：仮想通貨交換業の登録制度の概要について教えてください。・243

Q5-9：仮想通貨交換業の行為規制の概要について教えてください。・246

Q5-10：仮想通貨交換業者に対する監督の概要について教えてください。・251

Q5-11：改正資金決済法における仮想通貨交換業者の事業者団体に関する規定について概要を説明してください。・253

Q5-12：仮想通貨交換業に関する罰則についてその概要を教えてください。・254

2　犯罪収益移転防止法／254

Q5-13：仮想通貨交換業を行うには法令上、利用者の本人確認が求められますか。・254

Q5-14：仮想通貨交換業者が負う本人確認義務以外の犯罪収益移転防止法上の義務の概要を教えてください。・256

3　銀行法、金商法／257

Q5-15：銀行や証券会社（第一種金融商品取引業者）は仮想通貨交換業を営むことができますか。・257

イニシャル・コイン・オファリング（ICO） …… 260

【サービスの概要】……………………………………………………………… 260
　　1　ICOの概要／260
　　2　ICOのプロセス／261
　　3　トークンの分類／262
　　4　ICOと問題点／263
【Q&A】……………………………………………………………………… 264
　　Q5-16：ICOにより新規のトークンを発行する場合、仮想通貨交換業の登録は必要となりますか。・264
　　Q5-17：新規に発行したトークンが仮想通貨に該当しない場合に適用されうる法規制について教えてください。・267
　　Q5-18：イニシャル・コイン・オファリングに関する主要各国の規制の概要について教えてください。・269
　　Q5-19：米国では、Simple Agreement for Future Tokens（SAFT）と呼ばれる契約に基づき、仮想通貨投資が行われていると聞きました。SAFTの概要について教えてください。また、SAFTに基づいて仮想通貨投資を行うのであれば、日本居住者であっても投資ができるのでしょうか。・274

仮想通貨の周辺サービス……………………………………………………… 277

【サービスの概要】……………………………………………………………… 277
　　1　クラウドマイニング／277
　　2　仮想通貨投資ファンド／277
【Q&A】……………………………………………………………………… 277
　　Q5-20：仮想通貨のクラウドマイニングを行う場合、仮想通貨交換業の登録は必要となりますか。また、その他注意すべき法規制等があれば教えてください。・277
　　Q5-21：仮想通貨を投資対象とするファンドを運営する場合、仮想通貨交換業の登録は必要となりますか。また、その他注意すべき法規制等があれば教えてください。・279
【コラム】仮想通貨交換業者のM&A／281

第6章　オープンAPIと電子決済等代行業者

電子決済等代行業者法制と金融機関の対応…………………………………… 284

【サービスの概要】……………………………………………………………… 284
　　1　電子決済等代行業者とは（電子決済等代行業者の定義）／284
　　2　電子決済等代行業者のサービス／285

目次

【Q&A】 ……………………………………………………………………………… 292

1 電子決済等代行業者について／292

- Q6-1：電子決済等代行業のサービスを行うには、法令上の許認可などが必要となりますか。・292
- Q6-2：銀行等のオープンAPI化を含む、電子決済等代行業に関する法制が整備されるに至った背景について、教えてください。・293
- Q6-3：電子決済等代行業の登録制度の概要について教えてください。・295
- Q6-4：電子決済等代行業者の行為規制の概要について教えてください。・297
- Q6-5：電子決済等代行業者が守らなくてはならないセキュリティのレベルは法令で決まっていますか。・300
- Q6-6：電子決済等代行業者は、利用者から情報取得や送金指図の伝達についての同意を取れば、接続先の銀行に特に了解を取らなくても、サービスを提供することができますか。・300
- Q6-7：どのような電子決済等代行業者であっても、登録を受ければ、銀行等の預金取扱金融機関と接続することができますか。・301
- Q6-8：ある銀行がAPIを公開しているか、今後公開する予定があるかについて、知ることができる方法はありますか。・302
- Q6-9：電子決済等代行業者に対する監督の概要について教えてください。・302
- Q6-10：電子決済等代行業者の事業者団体について教えてください。・304
- Q6-11：電子決済等代行業に関する罰則についてその概要を教えてください。・304
- Q6-12：電子決済等代行業を行うには、法令上、利用者の本人確認が求められますか。・305
- Q6-13：電子決済等代行業と銀行代理業の関係について教えてください。・305
- Q6-14：今後「スクレイピング」を使って電子決済等代行業を営むことはできないのですか。・307
- Q6-15：電子決済等代行業者が提供するサービスの利用者が損害を被った場合、利用者は誰に当該損害の賠償を請求できますか。・308
- Q6-16：電子決済等代行業者により提供されているクラウド会計サービスを利用しています。領収証をスキャンすれば、領収証の原本を保存しなくてよくなる場合があると聞きましたが、どのような要件を満たす必要がありますか。・309
- Q6-17：電子決済等代行業者としての登録を受けて、PFMサービスを提供しようと考えています。情報の取扱いについて留意すべき点を教えてください。・311
- Q6-18：海外の事業者と提携して、海外事業者の提供する、アカウント・アグリゲーションの機能を利用したPFMビジネスを展開することを検討しています。どのような点に気を付ければよいですか。逆に、海外向けに、

目 次

アカウント・アグリゲーションの機能を提供する場合は、どのような点に気を付ければよいですか。・311

2 金融機関と電子決済等代行業者／312

- Q6-19：オープン API とは何ですか。・312
- Q6-20：すべての預金取扱金融機関はオープン API に対応しなければならないのですか。・313
- Q6-21：オープン API に対応しない預金取扱金融機関にとっては、電子決済等代行業者に関する法制度は関係ないものと考えてよいですか。・313
- Q6-22：預金取扱金融機関は接続を希望するすべての電子決済等代行業者と接続しなければならないのですか。・314
- Q6-23：銀行や証券会社（第一種金融商品取引業者）は電子決済等代行業を営むことができますか。・315
- Q6-24：銀行は電子決済等代行業を営む会社を子会社とすることができますか。・316

第7章 データ利用

金融関連データの利活用 …… 318

【サービスの概要】 …… 318

【Q&A】 …… 319

1 個人情報保護法／319

- Q7-1：金融関連データの利活用を行う場合、どのようなケースにおいて個人情報保護法が適用されますか。・319
- Q7-2：個人情報保護法の概要について教えてください。・323
- Q7-3：個人情報保護法に基づく利用目的の取扱いについて詳しく教えてください。・323
- Q7-4：個人情報保護法に基づく第三者提供の取扱いについて詳しく教えてください。・325

2 第三者提供記録／327

- Q7-5：第三者提供の記録に関するルールについて詳しく教えてください。・327
- Q7-6：外国へ個人情報を移転する場合のルールの概要について教えてください。・329
- Q7-7：個人情報保護法の改正後における個人データ等の利活用に関する最近のトピックについて、教えてください。・330

3 金融規制法制との関係／331

- Q7-8：金融関連データの利活用を行うには、金融機関の守秘義務に留意する必要がありますか。・331

目　次

カードリンクドオファー………333
【サービスの概要】…………333
【Q&A】…………334
1　個人情報保護法／334
Q7-9：CLOを利用者との関係で実施するには、個人情報に関する利用者の同意が必要となりますか。・334

Q7-10：CLOに関して利用者の情報を活用する場合において、利用者の同意を取得する場合の留意点について教えてください。・335

2　金融規制法制／336
Q7-11：CLOを行う場合、金融規制法制や守秘義務などについて留意が必要となりますか。・336

Q7-12：CLOを行う場合、決済サービスの加盟店との関係で留意が必要となりますか。・337

マイナンバー・公的認証………338
【サービスの概要】…………338
1　マイナンバーカードの電子証明書による公的個人認証を利用した本人確認／338
2　法人番号の利用／339
【Q&A】…………340
1　マイナンバー法／340
Q7-13：マイナンバー（個人番号）とは何ですか。・340

Q7-14：民間企業がマイナンバーの提供を求めることができるのはどのような場合ですか。・340

Q7-15：民間企業は、取得したマイナンバーをどのような目的で利用および提供できますか。・341

Q7-16：マイナンバーカード（個人番号カード）とは何ですか。・341

Q7-17：マイナンバーカードを公的個人認証サービスに利用することはできますか。・342

Q7-18：民間企業は、マイナンバーカードをどのような用途に利用できますか。・342

Q7-19：法人番号とは何ですか。・343

Q7-20：法人番号はどのような目的に利用できますか。・344

2　公的個人認証法／344
Q7-21：公的個人認証サービスとは何ですか。・344

Q7-22：マイナンバーカードの交付開始を契機に、公的個人認証法はどのように改正されましたか。・347

　　　　Q7-23：金融機関などの民間事業者が署名検証者になるにはどうすればよいですか。・348
　　　　Q7-24：公的個人認証は、どのような場面で利用されていますか。また、今後の利用に向けて具体的な検討が行われているものには、どのようなものがありますか。・348
　　3　犯罪収益移転防止法／349
　　　　Q7-25：公的個人認証を用いて取引時確認を行うことはできますか。・349
【コラム】マイナンバーの民間利用の可能性／350

ゲーミフィケーション ……………………………………………………… 351
【サービスの概要】 ……………………………………………………… 351
【Q&A】 ……………………………………………………… 351
　　　　Q7-26：ゲーミフィケーションによるサービスを提供する場合、法令上の許認可などが必要となりますか。・351
　　　　Q7-27：ゲーミフィケーションのサービスの中には、ポイントが付与され、豪華賞品の当たるくじが提供されるサービスもあると聞きますが、景表法との関係はどのように考えればよいですか。・352
　　　　Q7-28：当社では新規事業として、ゲーミフィケーションを活用した金融教育のアプリ配信を考えています。このようなアプリ作成・配信ではどのような点に気を付けるべきですか。・352
　　　　Q7-29：昨今では、現実の株式をシミュレーションで売買して、結果を競うような、ゲーミフィケーションのサービスも人気と聞きます。このサービスを行うには、どのような点に気を付ければよいですか。・352

第8章　知的財産

テクノロジーの法的保護 ……………………………………………………… 354
【サービスの概要】 ……………………………………………………… 354
【Q&A】 ……………………………………………………… 355
　　　　Q8-1：金融取引に関して新たに開発される技術（アルゴリズム、コンピュータシステム、ユーザーインターフェイスなど）について、知的財産権による保護を受けることができるのか、また、そのためにはどうしたらよいのかを説明してください。・355
　　　　Q8-2：金融取引に関して利用する技術について、他人の知的財産権を侵害することがないようにするためには、どのように気を付ければよいでしょうか。・361
　　　　Q8-3：ビッグデータにはどのような知的財産権が成立するのでしょうか。また、

ビッグデータに関する取引について、知的財産権の観点からはどのような注意が必要でしょうか。・363

Q8-4：人工知能により生み出される情報について、知的財産権は成立するのでしょうか。成立する場合、誰の権利となるのでしょうか。・368

【コラム】ブロックチェーンの応用——音楽業界／369

第9章　電子記録債権

電子記録債権の仕組みと活用 …………………………………………… 372

【サービスの概要】…………………………………………………… 372
【Q&A】………………………………………………………………… 373

Q9-1：電子記録債権とは何ですか。・373
Q9-2：電子債権記録機関とは、どのような会社ですか。・375
Q9-3：電子記録債権は、どのような点で取引の安全性が確保されているといえるのですか。・377
Q9-4：そのほか、電子記録債権を用いるメリットがあれば教えてください。・379
Q9-5：発生した電子記録債権について、どのような記録をすることができますか。・379
Q9-6：電子記録債権にはどのような活用方法が考えられますか。・381
Q9-7：2016年の電子記録債権法の改正により導入された電子債権記録機関の変更の概要を教えてください。・382
Q9-8：上記のほか、電子記録債権の利用拡大に向けた取組みは行われていますか。・383

【コラム】手形と電子記録債権の意外な共通点／385

第10章　事業の拡大・再編

IPO ………………………………………………………………………… 388

【サービスの概要】…………………………………………………… 388
【Q&A】………………………………………………………………… 388

Q10-1：IPO（株式の上場）のプロセスを教えてください。・388
Q10-2：IPOの準備期間に検討すべき資本政策とは何ですか。・389
Q10-3：IPOに先んじて、取引先や事業パートナーに株主になってもらう場合の留意点を教えてください。・389
Q10-4：IPOに先んじて、役員・従業員に対して、株式等を利用したインセン

目 次

　　　　　ティブ報酬を付与したいと考えています。どのような方法がありますか。・391
　　　Q10-5：IPO に先んじて、役員・従業員に対してストックオプションを付与する場合の留意点を教えてください。・392

M&A ……………………………………………………………………… 394
【サービスの概要】 ……………………………………………………… 394
【Q&A】 …………………………………………………………………… 394
　　　Q10-6：M&A とは、どのような意味ですか、またどのような手法がありますか。・394
　　　Q10-7：株式譲渡とは、どのような方法ですか。・395
　　　Q10-8：事業譲渡とは、どのような方法ですか。・396
　　　Q10-9：会社分割とは、どのような方法ですか。・397
　　　Q10-10：合併とは、どのような方法ですか。・397
　　　Q10-11：株式交換とは、どのような方法ですか。・398
　　　Q10-12：株式移転とは、どのような方法ですか。・399
　　　Q10-13：第三者割当ての引受けとは、どのような方法ですか。・399
　　　Q10-14：M&A を行う場合、その手順や流れを教えてください。・400
　　　Q10-15：選定プロセスでは、どのようなことを行うのですか。・400
　　　Q10-16：契約交渉プロセスでは、どのようなことを行うのですか。・403
　　　Q10-17：契約実行プロセスでは、どのようなことを行うのですか。・404
　　　Q10-18：X 社は、Fintech 事業を営む Y 社から、その事業を買収することになりましたが、買収後に Y 社が競合するサービスの提供を始めないかと心配しています。また、Y 社の株主から Y 社のすべての発行済株式を買い取ることで、Y 社の支配権を獲得することも検討したのですが、当該株主が新たに会社を立ち上げて、競合サービスを始めるかもしれません。どうすれば、売主が競合サービスをすることを防げますか。・405
　　　Q10-19：X 社は、Y 社の優秀な高度な技術力を持つ従業員に着目して、Y 社を買収することにしました。しかし、買収にあたって、Y 社の従業員が退職し、技術力やノウハウが流出しないかが心配です。また、あまり仕事のできない従業員は、この際退職してもらいたいと思っています。M&A においては、従業員はどのように扱われますか。・406
　　　Q10-20：X 社は、銀行が持つ顧客基盤を有効に活用したいと考え、Z 銀行からの資本提携の申入れを受け入れようと考えています。このとき何に留意する必要がありますか。・408
　　　Q10-21：Fintech 事業を営む Y 社が倒産したとのニュースを聞きつけた X 社は、Y 社の事業を買収したいと考えました。この場合、X 社は、誰と交渉

xxvii

目次

すればよいでしょうか。また、何か注意する点はありますか。・409

事業再編 …………………………………………………………… 410
【サービスの概要】………………………………………………… 410
【Q&A】……………………………………………………………… 411

- Q10-22：倒産とは何ですか。・411
- Q10-23：破産とは、どのような手続ですか。・412
- Q10-24：特別清算とは、どのような手続ですか。・412
- Q10-25：民事再生手続とは、どのような手続ですか。・413
- Q10-26：会社更生手続とは、どのような手続ですか。・413
- Q10-27：準則型私的整理とは、どのような手続ですか。・414
- Q10-28：仮想通貨交換所が破産した場合、利用者が預託していた金銭や仮想通貨は、改正資金決済法により、分別管理されているので、返還してもらえるのでしょうか。・415
- Q10-29：交換所に仮想通貨を預託していたのですが、交換所が破産してしまいました。その場合、破産管財人に対して、所有権（破産法上は取戻権）を行使して、仮想通貨の返還を請求できますか。・417
- Q10-30：仮想通貨交換所が破産した場合、利用者が預託していた仮想通貨について、債権届出をする必要がありますか。その場合、証拠となる資料は必要ですか。配当は仮想通貨で行われるのでしょうか。・418
- Q10-31：破産手続開始決定後に、破産会社が保有する仮想通貨の評価額が上昇し、上昇した価格で仮想通貨が売却された結果、破産会社の資産が、負債総額を上回るようになった場合、どうなるのですか。・420
- Q10-32：余った資産が、株主に分配されるのは納得できません。債権者として、何かとる方法はありませんか。・421
- Q10-33：破産手続中の仮想通貨取引所に対して、民事再生手続の申立てをすることができるのですか。申立てが行われた場合、その後の手続はどのように進むのでしょうか。・423
- Q10-34：民事再生手続では、破産手続における債権調査で確定した債権額を上回る配当を受けられるのですか。・424
- Q10-35：破産した会社が保有する仮想通貨を、破産管財人から安く買うことはできますか。・425
- Q10-36：破産した交換所の管財人から、交換所が権利者から預託を受けた仮想通貨を、安く買うことはできますか。・426
- Q10-37：倒産したFintech企業の知的財産権を買いたいのですが、誰と交渉すればよいですか。また、何か注意する点はありますか。・427
- Q10-38：Fintech企業の株式を保有しているのですが、倒産してしまいました。株主として、何か権利を主張することはできますか。・427

Q10-39：資産運用・助言サービスを提供している会社のサービスを利用していたのですが、倒産してしまいました。今後もそのサービスは利用できますか。・428

Q10-40：資産運用・助言サービスを提供している会社のサービスを利用していたのですが、倒産してしまいました。資産に関する情報等が漏洩しないかが心配です。情報の抹消等を請求できますか。・428

索　引　430
編著者紹介　437

第1章
概　要

第1章 概　要

Fintech 総論

1　Fintech の意味

(1)　Fintech の言葉の意義

Fintech とは、金融（Finance）と技術（Technology）を掛け合わせた造語です。

(2)　Fintech の金融庁の検討経過

この Fintech の概念は、欧米で先行して用いられていましたが、わが国では、2015年9月18日に金融庁が発表した「平成27事務年度金融行政方針」の重点施策の1つとして掲げられたことから、金融各業態およびITベンチャー等の間で一挙に関心が高まり、金融ないし金融関連業務でイノベーショナル（革新的）なビジネスモデルの構築すなわちいわゆる startup を目指す動きも活発化しました。

なお、この流れは、2014年9月26日、金融担当大臣の金融審議会に対する諮問に始まり、金融審議会に「決済業務等の高度化に関するスタディ・グループ」（岩原紳作座長）が設置されて、翌2015年4月28日に、「中間整理」が発表されたことを受けてのものです。そして、この中間整理を受けて、上記「金融行政方針」が示されるとともに、金融審議会に次の2つの部会を設置して、さらに具体化を行い、2015年12月22日には、2つの報告書も発表されました。

①金融グループを巡る制度のあり方に関するワーキング・グループ（岩原紳作座長）
②決済業務等の高度化に関するワーキング・グループ（森下哲朗座長）

また、この大きな流れは、2016年10月21日に金融庁が発表した「平成28事務年度金融行政方針」において「FinTechへの対応」が重点施策の1つとして掲げられることで継続され、具体的な検討としては、「金融制度ワーキング・グループ」、「決済高度化官民推進会議」、「フィンテック・ベンチャーに関する有識者会議」等による検討が行われています。

　このうち、「金融制度ワーキング・グループ」の検討においては、2016年12月27日に「金融制度ワーキング・グループ報告──オープン・イノベーションに向けた制度整備について」（金融審議会）が取りまとめられ、電子決済等代行業者に関するルール作りへの提言や銀行代理業規制の取扱いに関する論点整理などが行われています。同グループにおける検討は、実際に、銀行法改正による電子決済等代行業者の登録制の新設や金融庁総務企画局「銀行法等に関する留意事項について（銀行法等ガイドライン）」の策定につながり、実務に大きな影響を与えるものとなっています。

　また、2017年11月29日から、金融制度スタディ・グループが新たに開始され、「同一の機能・リスクには同一のルールを適用」することや「金融に関する基本的概念・ルールを横断化」することなど、今後の金融法制に関する抜本的なルールの整備等が議論されており（金融審議会「金融制度スタディ・グループ」（第1回）資料3参照）、今後の動向を注視することが必要な状況です。

　同グループについては、その後、第9回まで議論が進められ、「金融審議会金融制度スタディ・グループ中間整理──機能別・横断的な金融規制体系に向けて」が公表されるに至っています。今後は、中間整理に即して、「決済」、「資金供与」、「資産運用」、「リスク移転」といった金融の機能ごとの規制のあり方について様々な論点が引き続き議論されるものと予想されます。例えば、「決済」に関し、為替取引を巡るルールのあり方などが検討される可能性もあり、Fintechを取り扱う事業者としては議論を具体的に追っていくことが有益でしょう。

(3)　Fintechの政府文書の定義と説明

　以上の2015年に公表された「中間整理」、「行政方針」および「報告書」では、Fintechを次のように定義付けています。

第1章 概　　要

> 　FinTech とは、金融（Finance）と技術（Technology）を掛け合わせた造語であり、主に、IT を活用した革新的な金融サービス事業を指す。

そして、続けて、次のような金融界の環境変化を解説しています。

> 　特に、近年は、海外を中心に、IT ベンチャー企業が、IT 技術を武器に、伝統的な銀行等が提供していない金融サービスを提供する動きが活発化している。

(4) 法律に見る Fintech の定義

　そして、さらに、上記(2)①②の2つのワーキング・グループの報告書を受けて、2016年5月25日には、「情報通信技術の進展等の環境変化に対応するための銀行法等の一部を改正する法律」（平成28年法律第62号）（いわゆる Fintech 法）が成立し、その本則では、銀行法を含め、預金受入れ業務を扱う農業協同組合法等の合計11本の金融法が改正されました（株式会社商工組合中央金庫法は改正されていません）。

　そのうちの銀行法の改正では、銀行の子会社による実施が許される子会社対象業務として、16条の2（銀行の子会社の範囲等）第1項12号の3に、次の改正規定が置かれました。

> 　（前略）情報通信技術その他の技術を活用した当該銀行の営む銀行業の高度化若しくは当該銀行の利用者の利便の向上に資する業務又はこれに資すると見込まれる業務を営む会社

　同様の規定は、他の金融機関に関する法律の中でも規定されました。
　上記銀行法の規定は、銀行法の規律に伴う限定が施されていますが、次のように読めば、Fintech の業務の意味を実定法として規定したものと評することができ、その後の各種の改正の中でも注目すべき内容を含むものと評することができます。

> ①様々な技術を活用した金融業の高度化に資する（見込みを含む）業務
> ②様々な技術を活用した金融業の利用者の利便の向上に資する（見込みを含む）

業務

(5) Fintechの意味についての解説

　Fintechの定義をさらに解説すると、次のようなことがいえるものと考えられます。

　ア　Fintechにいう「技術」とは
　まず、上記改正銀行法では、「情報通信技術その他の技術を活用」とありますが、「その他の」という法令用語は、例示を示しますから、情報通信技術（ICT=Information and Communication Technology）は例示であって、それや情報技術（IT=Information Technology）のように狭いものではなく、それらに限らず、あらゆる技術（Technology）の活用を含みます。例えば、人工知能（AI=Artificial Intelligence）技術は、様々な分野での活用が始まっており、金融業界もその例外ではありませんが、これは、情報処理技術（IT）ではあっても、情報通信技術（ICT）ではありません。しかし、金融の何らかの場面で用いられれば、Fintechというべきものです。このように、人工知能（AI）技術は、IT技術ではあるものの、大脳生理学等の成果も取り入れたものであり、多くのIT技術も他分野の科学技術を用いている場合があります。そこで、広く「その他の技術」としつつも、先の報告書等の記述で見たように、「主に、ITを活用した」とされているゆえんであると考えられます。
　なお、Bitcoin（2009年に運用開始）という仮想通貨を創出するに際し、Satoshi Nakamoto（偽名といわれている）と称する人物が提案（2009年にはネット上に発表）したブロックチェーン（block chain）と呼ばれる分散型台帳に関するIT技術は、金融分野に限らず広く応用しうるものです。ただ、Fintechの流れを代表する技術として、金融各分野での応用が試みられています。

　イ　Fintechにいう「Finance」とは
　次に、上記の例では、銀行法を掲げつつ、広く「金融業」と言い換えまし

た。Fintech は、Finance と技術との結合ですから、本来の銀行法の銀行業務に限られたものではありません。銀行等の預金受入金融機関、(金融業としての) 信託、証券、保険というような広義の金融機関に限らず、貸金業、クレジット、前払式支払手段である電子マネーも含むものと考えられます。さらには、今回のいわゆる Fintech 法で定義されたように、従前の法概念にはなかった Bitcoin に代表される仮想通貨も、代表的な Fintech の1つとして、改正資金決済法に規定されるに至りました (2条5項)。なお、Fintech というときは、これら最広義の金融業にとどまらず、これら最広義の金融業に関して用いられる技術やそれを提供する事業も Fintech と呼ばれます。

銀行の固有業務は、銀行法10条1項で、預金または定期積金等の受入れ (1号)、資金の貸付けまたは手形の割引 (2号)、為替取引 (3号) とされています。しかし、Fintech では、これらを機能的に見て、業態を問わず、①受信、②与信、③資金決済のすべての機能に係る業務が対象というべきものと考えられます。

ウ　Fintech の2つの視座と機能──金融事業者と金融利用者

さらに、Fintech は、上記(4)の改正銀行法16条の2第1項12号の3の例で見たように、①の金融事業者の業務の高度化に資するために用いられる場合と、②の金融事業の利用者の利便の向上に資するために用いられる場合との双方があることにも留意するべきです。もちろん、①で金融事業者の業務が高度化した結果、②の利用者利便の向上も図られることとなる場合もあります。他方、銀行法の上記規定を離れれば、銀行等の金融事業者の業務の外で、専ら②の利用者利便の向上のみが図られるようなサービスも Fintech の範疇に属します。

エ　Fintech はイノベーション (革新) である

そして、上記(3)で見たように、各種の報告書等が Fintech の意義について「IT を活用した革新的な金融サービス事業」としたように、IT 技術を用いていても、既存業務の単なる改良や、たとえ PDCA の手法を用いていても改善 (トヨタ自動車の KAIZEN) の範疇にとどまるものは、「革新」とはいえませんから、それが金融サービス事業に関して行われても、Fintech というべきもの

ではありません。金融事業者または金融事業の利用者にとって、「革新的な」ものをいうのであって、従来の伝統的な金融業にはない金融事業のイノベーション（innovation）に係るものをいいます。

なお、この点に関して、金融庁の報告書等でも、オープン・イノベーションともいわれていますが、それは先端的な試みを述べたものであって、必ずしもオープンなものでなくクローズドなものであっても、革新的なものである限りは、Fintechというにふさわしいものと考えられます。例えば、上記(4)の改正銀行法16条の2第1項12号の3で見たように、その銀行のみの業務のためのクローズドなものであっても、それがその銀行の業務の高度化（すなわち、業務の革新）に資する見込みがあればFintechの範疇に入るものと考えられているのがその例です。

(6) Fintechのマクロな位置付け

なお、Fintechのさらに巨視的な法と経済学の視点からの位置付けについては、ロバート・E・ライタン編著・木下信行＝中原裕彦＝鈴木淳人監訳『成長戦略論』（NTT出版、2016）の各論稿および木下信行「わが国の成長戦略から見た本書の意義——監訳者あとがきにかえて」同書375頁以下をご参照いただければ、大変参考になると考えます。

2　Fintechの現在・過去・未来

(1) Fintechの過去

Fintechは、先に見たように、わが国では2015年9月18日に金融庁が発表した「平成27事務年度金融行政方針」の重点施策の1つとして掲げられて一挙に関心が高まりましたが、金融庁作成の資料（2015年12月22日）でも引用されているように、米国の大手銀行であるJPモルガン・チェースのジェイミー・ダイモンCEOが2014年5月6日にEuromoney（サウジアラビア）で、「われわれは、グーグルやフェイスブック、その他の企業と競合することになるだろう」と発言したことから、世界的に注目を集めることになりました。そして、「フィンテックを我が国の経済・金融の発展につなげていくための方策」は、2017年11月10日に金融庁が発表した「平成29事務年度金融行政方針」

にも引き続き施策として掲げられています。

ただ、Fintech という用語は、そのころからのものですが、かかる現象自体は、それ以前から金融各分野で進行していたものです。

例えば、銀行の預金および貸出の勘定系システムについては、1958年からオンラインシステムの開発が開始され、CD（現金自動支払い）機やATM（現金自動預け払い）機が導入され、また、各銀行のシステムがネットワークで接続されるなど、長い歴史があります。そして、インターネットを通じて銀行取引を行うことができるネットバンキング業務が行われるようになるなど、これらもFintechというに値する動きでした。

また、銀行の固有業務に限らず、証券、保険等の広義の金融機関や、貸金、クレジット、電子マネー、企業ポイント等、金融機関以外の業態でも、IT技術を用いたFintechというべき業務が展開されてきました。そして、流通業、電気通信事業その他様々な本業を持つ業態が、その顧客層や経営資源を活かして、決済をはじめとする金融分野に係る業務も行い、Fintechの現象が進行してきました。

(2) Fintech の現在

そして、前記金融庁の平成27事務年度の重点施策の1つとされて以来、これらの現象はFintechという用語で括られて、現在も各方面でいよいよ勢いを増して進行中です。そのカテゴリーは様々です。大きな括りと銀行業務の大きなカテゴリーでそれを示せば、次のようなマトリックスの各カテゴリーで、また、各カテゴリーにまたがって、Fintechが展開されているものといえます。

【各カテゴリーにおけるFintech展開】

対象当事者	受　信	与　信	決　済	関連業務	一般事務
銀　行	預金	貸付け	為替取引	付随業務	
金融事業者					
利用者					

本書の各論では、これらのマトリックスについての現状と法規制の現状が論じられることになります。これがひいては、Fintech進展のための法律上の問題点の指摘となり、法改正へとつながれば幸いとするところです。

　金融の世界では、1980年代ころから、金融の各機能が細分化されるアンバンドリング（un-bundling）の現象が指摘されてきました。すなわち、従前は、銀行等の金融事業者がすべての金融業務を完結して行っていたのに対し、例えば、金融の証券化の業務で、①貸付けを行って金融資産を創出するオリジネーション（origination）、②金融資産の管理回収（servicing）、③リスクの引受け、④資金調達等へと分解していった現象です。これらの金融機能が分解されて異なる主体が担うとともに、これらが提携（アライアンス＝alliance）等によって組み合わされて1つの機能が完結する流れです。こういった金融の仕組みは、仕組み金融（structured finance）とも呼ばれます。

　また、クレジットカード業務でも、従前は、クレジットカード事業者と利用者および加盟店の三者関係のオンアス（on-us）取引であったものが、国際ブランド等と提携することにより、加盟店契約を行うアクワイアラ（acquirer）事業者や、さらには、PSP（payment service provider）と呼ばれる収納代行業者に機能が細分化され、その提携関係を通じてサービスが広がる流れもあります。そして、1枚のカードに、預金取引のキャッシュカード、預金から引き落とされる即時払いともいうべきデビット（debit）サービス、前払いの電子マネー、後払いのクレジットカード、各種企業ポイント等の多種多様な金融サービスが付加されるという流れもあります。

　このように、金融機能の細分化であるアンバンドリングと提携のアライアンスの流れの一方で、機能が統合されるリバンドリング（re-bundling）の流れもあり、これらが複雑に展開されているのが現状です。

　(1)の冒頭では、銀行と他業との競合を指摘する声を記しましたが、確かに、従前の銀行の金融業務に流通系、通信系、IT系の企業がその顧客層等の経営資源を基に進出するという現象がある一方で、これらは従前銀行が担っていなかった取引場面でもあります。したがって、銀行等の金融機関が従前担っていなかった領域をFintech事業が埋めているものともいえますが、銀行等の金融機関も本来なしうる業務を他業が担う動きでもあります。したがって、必ず

第1章 概　要

しも銀行の既存取引が浸食されているわけではないともいえます。例えば、米国では、銀行等の金融機関に取引口座を持てない層の金融取引をFintech事業が補完してきたともいわれています。ただ、わが国でも他業態が銀行を子会社に持つ例も出現し、今後は、徐々に銀行等金融機関が担った取引領域が浸食される事態も考えられます。他方、銀行等の金融機関は、預金を受け入れており経営の健全性が重視されることなどから、銀行法等の金融規制法で専業主義が採用されており、他業を行い、また、原則として他業を子会社にすることを禁止され（銀行法12条、16条の2第1項柱書、他業への出資も制限されています。そこで、銀行等金融機関が他業と同じ、同等の競争条件（イコール・フッティング）を求めるゆえんです。銀行法の改正による16条の2第1項に12号の3を追加する等してFintech事業の銀行子会社化への途を開くようにしたことは、その第一歩ということになります。

　上記改正銀行法が施行された後においても銀行等は、様々なFintech業務の実証実験を行ったり、また、ITベンチャーに銀行法で許容される範囲内で出資する等して、IT技術の金融業務への取込みや応用を図っています。他方、ITベンチャーでは、金融業務利用者の利便向上を図る様々なビジネスモデルの提案がなされているというのが現状です。

(3)　Fintechの未来

　Fintechは、①科学技術の発展、②IT技術の発展、③金融のアンバンドリングの進展、④金融のリバンドリング等の要素の様々な組合せの進展で展開されていくものです。その組合せは、無限大といいうるものとも考えられ、想像もつき難いものがあります。そこでは、アイデアが重要であり、それをいかに実現していくかがポイントになります。

　Fintechの実践の中には、金融業務の少しの高度化、利用者利便の少しの向上にとどまるものも数多いとも考えられますが、中には、金融業務の風景を一変させるようなイノベーションが起きる可能性のものもありえます。現在見えているところでいえば、例えば、仮想通貨は、各国の中央銀行が発行する法貨とは異なり、発行者がなく、事実上の信認で通貨と同様に機能するものです。ただ、わが国のメガバンクも海外送金の手段として仮想通貨のBitcoinその他

の新たな仮想通貨（この文脈ではメガバンクを含む既存の事業者が発行するデジタル通貨を含みます）を利用する動きがあり、法貨ないし銀行の信用で成り立つ預金通貨と同様の信用を持つ通貨としての経済的機能を有しうることになります。そうすると、円、ドル、ユーロ、ポンドに匹敵するBitcoinその他の新たな仮想通貨を通貨とする仮想通貨圏が出現する可能性があります。

Fintechによる金融業務のイノベーションの未来像は、このように金融を巡る風景を一変させる可能性も有するものです。

3　Fintech進展のためのインフラ——法制度

科学技術ひいてはICTないしIT技術の発展は著しいものがあり、これを技術的に金融に応用することは、さほど困難なことではないと考えられます。

しかし、金融の世界は、多層的な規制の塊であるといっても過言ではありません。技術的に可能ではあっても、これを金融の世界で実現するには、金融規制法や関連法制の海の中で生存できるようにデザインをされなければなりません。これがなかなか大変なことです。1970年代に金融の自由化が叫ばれて、これが実行に移していかれた当時も、「金融の自由化はループホール（抜け穴）の発見である」といわれたこともありました。その後、金融規制も緩和されていったのですが、これと同様に、Fintechも金融規制のないところ、緩やかなところ、あるいは金融規制法を掻い潜るようなところから実現がされています。

わが国では、有価証券等をはじめとする金融商品については、金融商品販売法の成立、同法の改正によって、同じ機能を有する取引について、いわゆる横串を刺す統一的な法制となっています。しかし、預金、貸付け、資金決済といった銀行の固有業務に関する金融法については、縦割りの様々な法律が並立し、これらを所管する官庁も様々な縦割りになっています。そのことが、Fintechの障害になる場合も数多くありえます。

また、それらの法規範は、法律、政令、府省令という階層があり、さらにデファクトとして規範として機能する事務ガイドラインや監督指針があり、法律を除きこれらの各階層に、また改正等の都度のパブリックコメントも事実上規範として機能することがあります。さらには、法律上の認定協会等の業界団体による自主規制ルールおよびその階層があり、各法律に深い規範の階層があり

ます。そして、各法律の立法趣旨を完徹するため、または脱法を許さないための下位規範による本来その法律の趣旨にとって本質的ではない少しの形式的な規制がFintechを妨げるというような場合もあります。

　近時は、金融法の領域でも、ハードローに対するソフトローによる柔軟な規制への変化の流れも指摘されているものの、依然として細部では複雑なハードローの体系が厳然と存在しています。

　この事情は、他国でも同様のようであり、Fintechを重要な国家戦略と位置付ける英国では、情報セキュリティでも用いられるサンド・ボックス（sandbox=砂場）の概念を当てはめ、Fintechについて各種規制法の適用を受けずにFintechの実証実験を可能とするべく、Regulatory Sandboxの制度が活用されています。

　わが国の国家戦略特別区域法の国家戦略特別区域がこのSandboxの発想に類似しますが、目下、同法で指定された事業は限られ、また、非適用とされる規制もきわめて限定的ですから、到底複雑で多層的な金融規制法が関係するFintechに対応することは困難であると思われます。なお、この点に関しては、2018年に「生産性向上特別措置法」その他の関連法令が成立しており、新たなプロジェクト型「規制のサンドボックス」制度の創設およびその運用の進展が期待される状況です。

　また、米国では、Fintechの巨視的な、法と経済学の視点からの位置付けについて、前掲書『成長戦略論』の各論稿での提言があり、木下信行「わが国の成長戦略から見た本書の意義――監訳者あとがきにかえて」同書375頁以下をご参照いただければ、その問題状況とわが国でも取り組むべき課題について、大変参考になります。

　今般のFintech法は、喫緊に対応するべき仮想通貨関係の規制、銀行等の金融機関に対するFintechへの取組みへの促進策、資金決済法関係で改正が容易な事項等についての立法ないし法改正がなされました。Fintech進展の法制度のインフラ整備としては、その緒に就いたばかりというべきです。今後、様々な法制度の障害を取り除いていくという重い課題が残されています。

銀行業務と Fintech

［関連法制　銀行法］

【サービスの概要】

　銀行Aは、自行の銀行業務においてFintechに関するサービスの開始を進めるとともに、Fintechに関するサービスを提供して好業績を重ねているB社に対する出資も併せて検討しています。

　銀行が行うことのできる業務については、銀行業務の公益性や健全性などを考慮し、銀行法において一定範囲の業務に限定されています。また、銀行が一般の事業会社に出資を行う場合についても、その出資比率などに一定の限定が設けられており、銀行が一般の事業会社に出資を実行する場合には法令上の制約があります。このような限定については、銀行持株会社においても、類似の枠組みが設けられています。

　もっとも、Fintechに関するサービスが進展し、Fintechに対する銀行の関与が期待される中、銀行がFintechに関するサービスに自ら進出すること、また、Fintechに関するサービスを営む事業者に出資することについてのニーズも高まってきています。

　このような状況を踏まえ、2016年に銀行法が改正されるなど、銀行の営む業務や銀行が行う出資の既存の考え方の変化について、徐々に新たな動きが広がっています。具体的には、例えば、ECモールを運営する銀行の子会社と銀行が連携することにより、ECモールにおける商流情報を活用した新しい形の融資が実行できる可能性や、会計サービスを提供する銀行の子会社と銀行が連携することにより、融資先の管理方法を多様化することができる可能性など、Fintechに関するサービスについて銀行が関与できるフィールドが広がることが期待されています。

第1章 概　要

　そこで、本項目においては、銀行を巡る昨今の法改正の動向を中心として、銀行と Fintech との関係について説明します。

【Q&A】

Q1-1

銀行や銀行持株会社の業務範囲規制について教えてください。

A　銀行や銀行持株会社は、銀行業務の公益性や健全性などを考慮し、銀行法において実施可能な業務の範囲が具体的に規定されています。そのため、銀行や銀行持株会社は、銀行法において規定されている業務（10条1項・2項）の枠内で業務を実施することが求められます（例えば、銀行の行うことのできる業務としては、預金、貸付け、送金といった銀行本来の業務に加え、以下の表の業務が規定されています。なお、具体的な業務範囲は法令によって詳細が定められていますので、対象となるケースごとにご確認ください）。

　これらの業務の内容は、金融に関する業務という観点を中心とした枠組みとなっていますので、銀行や銀行持株会社自体が Fintech に関する業務として非金融的なビジネスを自ら実施することには一定の制約があることになります。例えば、銀行本体で EC モールビジネスを実施することを検討したとしても、EC モールビジネスそのものは金融業務との関係性は低いことから、このような業務を実施することは基本的にはできないといった結論になるものと思われます。

銀行業務とFintech

【銀行の実施可能な業務】

①債務の保証または手形の引受け
②有価証券の売買（有価証券関連デリバティブ取引に該当するものを除く）または有価証券関連デリバティブ取引（投資の目的をもってするものまたは書面取次ぎ行為に限る）
③有価証券の貸付け
④国債、地方債もしくは政府保証債（以下この表において「国債等」という）の引受け（売出しの目的をもってするものを除く）または当該引受けに係る国債等の募集の取扱い
⑤金銭債権（譲渡性預金証書その他の内閣府令で定める証書をもって表示されるものを含む）の取得または譲渡
⑥特定目的会社が発行する特定社債等の引受け（売出しの目的をもってするものを除く）または当該引受けに係る特定社債等の募集の取扱い
⑦短期社債等の取得または譲渡
⑧有価証券の私募の取扱い
⑨地方債または社債その他の債券の募集または管理の受託
⑩銀行その他金融業を行う者の業務の代理または媒介
⑪外国銀行の業務の代理または媒介
⑫国、地方公共団体、会社等の金銭の収納その他金銭に係る事務の取扱い
⑬有価証券、貴金属その他の物品の保護預り
⑭振替業
⑮両替
⑯デリバティブ取引
⑰デリバティブ取引の媒介、取次ぎまたは代理
⑱金利、通貨の価格、商品の価格、算定割当量の価格その他の指標の数値としてあらかじめ当事者間で約定された数値と将来の一定の時期における現実の当該指標の数値の差に基づいて算出される金銭の授受を約する取引またはこれに類似する取引
⑲金融等デリバティブ取引の媒介、取次ぎまたは代理
⑳有価証券関連店頭デリバティブ取引
㉑有価証券関連店頭デリバティブ取引の媒介、取次ぎまたは代理
㉒一定の範囲のリース取引
㉓上記㉒に掲げる業務の代理または媒介

第1章 概　要

Q1-2

銀行子会社の業務範囲規制について教えてください。

A　銀行子会社についても、銀行本体に与える業務上の影響などを考慮して、その業務範囲に一定の限定があります。

具体的には、証券会社、保険会社といった種類の会社のほか、例えば、一般的な事務受託などの従属的な業務（従属業務）や、クレジットカードに関する業務、債権管理回収業（いわゆるサービサー業務）といった金融に関連する業務（金融関連業務）を営む会社を子会社とすることができるものとされています。

なお、この点に関し、従属業務を営む会社を子会社とする場合、銀行や銀行持株会社からの収入について法令や告示で定める基準を満たす必要があるとするルールが設けられています。また、金融関連業務については、具体的な業務内容が法令に列挙されており、これらの法令の内容に沿った業務かどうかを個別に検討することが求められます。

以上より、従来の銀行法のもとにおいては、銀行子会社が実施できる業務にも一定の限定があります。

Q1-3

Q1-1 と Q1-2 に記載された業務範囲規制と Fintech に関するサービスとの関係は、どのように考えればよいでしょうか。

A　銀行や銀行子会社が Fintech に関連するビジネスを実施しようとする場合、Q1-1 および Q1-2 で記載したような業務範囲規制の範囲を超えない内容のサービスを実施することが求められます。

例えば、銀行や銀行子会社がクレジットカードや電子マネーに関する新しい決済サービスを実施しようとする場合やビッグデータを利活用した新たなサービスを実施しようとする場合などには、個別サービスの詳細を踏まえて業務範

囲規制に違反しない形で実施できるかどうかの検証が必要となります。この検証に際しては、金融サービスとの距離が遠くなるほど、業務範囲規制との関係での整理が難しくなる可能性が生じることになりますので、別の言い方をすれば、Fintech に関するサービスの革新性が高いほど、個別の検証が難しくなる可能性があります。

このように、業務範囲規制は銀行や銀行子会社が実施する Fintech に関するサービスを実施する際に論点となることが多くありますので、Fintech に関するサービスを検討するに際し、銀行側の整理としても、銀行や銀行子会社と提携する Fintech 事業者側の整理としても、そもそも検討しているビジネスをスタートできるかどうかに関係する重要なトピックとなります。

なお、本ルールに基づく銀行子会社の設立についても、順次、具体的な検討が進められている状況にあります。

Q1-4

銀行や銀行持株会社の出資制限について教えてください。

A 従来の銀行法においては、銀行は、銀行法 16 条の 3 第 1 項に基づき所定の議決権数（議決権の 5％）を超える出資を実施することは原則としてできないものとされています。また、銀行持株会社についても、いわゆる 15％ルールとして類似の制限があります（改正銀行法 52 条の 24 第 1 項参照）。なお、ベンチャー企業投資専門子会社による出資の枠組みも用意されていますが、これらの枠組みに関しても、出資の期間等について一定の制約があります。

以上より、従来の銀行法においては、銀行や銀行持株会社が Fintech 関連事業者へ出資するに際して一定の限定があるのが実情です。

第1章 概　要

Q1-5

銀行や銀行持株会社がFintech関連企業に出資するケースが拡大する可能性があると聞きましたが、それはどのようなルールですか。

A　Q1-4の出資制限に関連して、昨今のFintechの検討意識の高まりも踏まえ、銀行法が改正されました。具体的には、銀行子会社の対象業務の範囲を改正し、基準議決権数（総株主等の議決権の5％）を超えた出資を行うことが行政当局の個別の認可のもとで可能となりました（改正銀行法16条の4第1項）。これにより、銀行がFintech関連企業の議決権を取得および保有する場面が拡大することが期待されています。

　より具体的な要件としては、改正銀行法16条の2第1項12号の3として、「情報通信技術その他の技術を活用した当該銀行の営む銀行業の高度化若しくは当該銀行の利用者の利便の向上に資する業務又はこれに資すると見込まれる業務を営む会社」が銀行子会社の範囲に追加されることになります。条文の文言から明らかなとおり、「資する」と「見込まれる」業務を営む会社も個別認可の対象となることから、ある程度広い範囲の会社が本制度の対象となる運用も期待されます。

　また、銀行持株会社についても、同様の趣旨のルールとして、改正銀行法52条の23第1項11号の3として、「情報通信技術その他の技術を活用した当該銀行持株会社の子会社である銀行の営む銀行業の高度化若しくは当該銀行の利用者の利便の向上に資する業務又はこれに資すると見込まれる業務を営む会社」が追加されました。

　この点に関し、改正銀行法に関連する銀行法施行規則が改正されており、個別認可の対象となる銀行子会社が「銀行業高度化等会社」と定義され、認可申請に必要な書類と認可基準が示されています。

　具体的な認可基準としては、以下の表の要件が示されており（改正銀行法施行規則17条の5の2第2項）、今後、これらの要件を考慮した上で個別認可の申請が行われることが想定されます（なお、銀行持株会社についても、改正銀行法施行規則34条の19の2において認可基準等が示されています）。

【銀行業高度化等会社の認可基準】

① 当該申請をした銀行（以下この表において「申請銀行」という）の資本金の額が当該申請に係る銀行業高度化等会社の議決権を取得し、または保有するに足りる十分な額であること。

② 当該申請に係る銀行業高度化等会社に対する出資が全額毀損した場合であっても、申請銀行およびその子会社等（当該認可により子会社等となる会社を除く）の財産および損益の状況が良好であることが見込まれること。

③ 申請銀行の最近における業務、財産および損益の状況が良好であること。

④ 当該申請時において申請銀行およびその子会社等の収支が良好であり、かつ、申請銀行もしくはその子会社が合算して当該認可に係る銀行業高度化等会社についてその基準議決権数を超える議決権を取得もしくは保有し、または外国の銀行業高度化等会社を子会社とした後も良好に推移することが見込まれること。

⑤ 当該認可に係る銀行業高度化等会社がその業務を的確かつ公正に遂行することができること。

⑥ 申請銀行もしくはその子会社が合算して当該認可に係る銀行業高度化等会社の議決権をその基準議決権数を超えて取得し、もしくは保有すること（または外国の銀行業高度化等会社を子会社とすること）により、申請銀行の営む銀行業の高度化または申請銀行の利用者の利便の向上に資すると見込まれること。

⑦ 申請銀行の業務の状況に照らし、申請銀行もしくはその子会社が合算して当該認可に係る銀行業高度化等会社の基準議決権数を超える議決権を取得もしくは保有し、または外国の銀行業高度化等会社を子会社とした後も、申請銀行の業務の健全かつ適切な運営に支障を来す著しいおそれがないと認められること。

⑧ 申請銀行または当該認可に係る銀行業高度化等会社の顧客に対し、申請銀行の銀行としての取引上の優越的地位または当該銀行業高度化等会社の業務における取引上の優越的地位を不当に利用して、申請銀行の業務に係る取引の条件もしくは実施または当該銀行業高度化等会社の業務に係る取引の条件もしくは実施について不利益を与える行為が行われる著しいおそれがないと認められること。

⑨ 申請銀行または当該認可に係る銀行業高度化等会社が行う取引に伴い、申請銀行または当該銀行業高度化等会社が行う業務に係る顧客の利益が不当に害される著しいおそれがないと認められること。

　これらのルールは、これまでの銀行や銀行持株会社の出資の考え方を大きく変更するものといえますので、Fintech関連事業者が銀行や銀行持株会社から出資を受ける場合に検討すべき実務上の有力な選択肢となるでしょう。

第1章 概　要

Q1-6

銀行子会社が実施できる従属業務についても、銀行法が改正されたと聞きましたが、それはどのような内容でしょうか。

A　従来の銀行法16条の2第1項11号・10項は、従属業務を実施することができる事業者を「主として」銀行等のために業務を営む者に限定していました。そして、従属業務を実施することに関しては、銀行子会社が遵守すべき厳格な収入依存基準が別途定められていました。そのため、従来の銀行法のもとにおいては、従業業務を実施する場合には、収入依存基準を遵守する形で実施する必要がありました。

　平成28年の銀行法の改正においては、かかるルールが改正されることになり、改正法の内容に沿って、従属業務における収入依存基準が緩和されました。

　この改正は、「銀行のシステム管理やATM保守など、業務のIT化の進展に伴い銀行グループ内での業務効率化、あるいは、IT投資の戦略的な実施に際し、複数の金融グループ間の連携・協働が強く求められる業務については、現在一律に50％以上とされている収入依存度を引き下げる」ことを趣旨とするものとされています（金融制度WG報告14頁参照）。そのため、今後は、銀行グループ内での業務効率化が強く求められる業務や複数の金融グループ間の連携が強く求められる業務について、従属業務を実施できる範囲がさらに広がることが期待されます。例えば、決済に関連する事務の効率化につながるような業務については、この改正で想定されている業務の対象となる可能性があります。

　そして、この改正に関しては、金融庁の告示が改正されており（金融庁「従属業務を営む会社が主として銀行若しくは銀行持株会社又はそれらの子会社その他これらに類する者のために従属業務を営んでいるかどうかの基準を定める件（平成14年金融庁告示第34号）」の改正）、従属業務の収入依存基準の一部引下げなどの手当てが行われています。

　本改正は、以上の内容を踏まえると、銀行だけではなく、銀行に関連するシステムや一般事務を受託する事業者にとっても、注目すべき改正といえるでしょう。

Q1-7

以上のほかに、銀行とFintechに関連する法改正等について議論されているトピックとしては、どのようなものがありますか。

A Fintechに関連する法改正等の議論としては、金融審議会において、「金融制度ワーキング・グループ」、「市場ワーキング・グループ」などが設置され、今後の法制度のあり方についての議論が進められてきました。また、併せて、「決済高度化官民推進会議」(以下「官民推進会議」)、「フィンテック・ベンチャーに関する有識者会議」などの有識者による会議も実施され、Fintechに関連する実務運用等についての議論も進められています。

具体的に重要な論点となりうる制度としては、以下の2点が挙げられます。

(1) 送金サービスにおけるXML方式の導入

XML方式の導入については、Fintechのみに関連するトピックではなく、送金取引という金融機関本来の業務に直結する話題となります。具体的には、決済業務の高度化に関連して、決済インフラの抜本的な強化に関する施策の1つとして、送金取引に関するフォーマットの変更をXML方式へ全面的に移行することが論点となっています。

XML方式が導入された場合には、これまでは、送金に必要な情報のみが送金取引に際して送信されていたのに対し、今後は、送金情報以外の商流情報等の多様な情報も送金取引に際して送信することが可能となる見込みです(具体的なイメージについては、以下の図を参照してください)。

XML方式への移行のスケジュールについては、「平成27年12月公表の金融審議会『決済業務等の高度化に関するワーキンググループ報告〜決済高度化に向けた戦略的取組み〜』や『日本再興戦略2016—第四次産業革命に向けて—』も踏まえて、サービス提供は可能な限り早期に実現することが必要であるという認識のもと、平成30年中の提供開始を目指す」ものとされています(全国銀行協会・全国銀行資金決済ネットワーク「決済インフラの抜本的機能強化への取組みについて」(2016年12月15日))。

第1章 概　要

【XML電文のイメージ】

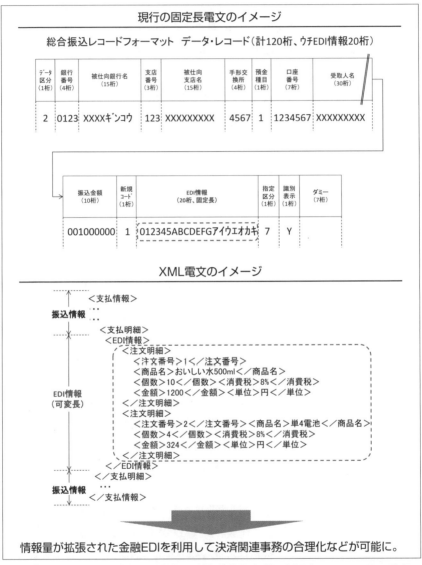

情報量が拡張された金融EDIを利用して決済関連事務の合理化などが可能に。

＊全国銀行協会・XML電文への移行に関する検討会「総合振込にかかるXML電文への移行と金融EDIの活用に向けて」6頁を基に作成（https://www.zenginkyo.or.jp/fileadmin/res/news/news280722.pdf）

かかる検討については、その後、業界における検討も進められ、一般社団法人全国銀行協会が2017年に公表した「決済事務の効率化に向けた金融EDIの利活用について」や一般社団法人全国銀行資金決済ネットワークが2018年に公表した「全銀EDIシステムのご案内」等をはじめとして、実務運用に向けた検討が進められている状況にあります。

そして、以上のような形で商流情報等の利活用を検討するに際しては、法的な論点の1つとして、商流情報等が顧客にとって重要な情報であることを考慮して、金融機関の守秘義務に配慮した上での取扱いが求められることになるものと思われます。

この点については、データの利活用が著しく進展している現代の状況を勘案して、一定の範囲で商流情報等の有益な活用方法が模索されることが期待されます。

また、商流情報等に個人情報が含まれる場合には、個人情報保護法への対応も必要となります（個人情報保護法に基づくルールの詳細については、323頁以下を併せて参照してください）。

(2) 中間的業者

金融機関の顧客（利用者）と利用契約等を締結してサービスを提供する「中間的業者」を巡っては、金融制度ワーキング・グループにおいて、「中間的業者に係る環境整備」を検討論点として、中間的業者に関する適切な規制のあり方等が議論されてきました。この「中間的業者」の範囲については、その範囲を巡る議論も行われているところですが、一般的なイメージとしては、顧客に対してウェブサイトやカード等を提供した上で、口座開設のサポート、送金依頼、口座・入出金情報等の提供、ATMサービスに関連するサービスを提供する事業者が想定されています。

「中間的業者」は、顧客との利用契約等に基づきサービスを提供する点において、金融機関の業務の委託先とも異なる位置付けの外部事業者となります。そのため、「中間的業者」について導入される規制の内容によっては、「中間的業者」との関係を整理するに際し、従来の委託先管理とは別の観点からの提携関係の管理が必要となる可能性がありました。また、「中間的業者」のサービ

第1章 概　要

スの性質上、金融機関と顧客との間に入って様々なサービスを提供することになりますので、銀行代理業などの現行法の規制に関する目配りも金融機関としては必要になるものと考えられてきました。

そして、この点に関しては、電子決済等代行業者の登録制度が新設されることで銀行法等の改正が行われるに至っています。

かかる改正により、金融機関が本来的に営むべき業務とFintech事業者が営むべき業務との線引きについて、実務上の観点（そこには損害賠償などの責任分担の適切なあり方を含みます）を踏まえ、さらなる検討が進むことが期待されます（電子決済等代行業に関するルールの詳細については、Q6-1以下をご参照ください）。

> **コラム　銀行子会社の悩み**
>
> 　銀行子会社（銀行が一定の出資持分を保有する会社も類似の制約がありますが、本コラムでは銀行子会社について述べます）については、実施できる業務が具体的に銀行法で列挙されています。そのため、銀行子会社が新ビジネスの実施を検討する場合、銀行法に列挙されている業務に該当するかどうかを毎回確認する必要があります。
>
> 　ここで、銀行法においては、銀行グループとしての健全性や従来の金融業務との親和性等を考慮する形で法律の条文が規定されていますので、Fintechに関連するビジネスについて業務範囲規制の検討を実施する場合、必ずしもピタリと当てはまる条文がないといった事態も多く生じます。
>
> 　このため、銀行や銀行子会社の法務担当者としては、業務範囲規制について日々悩ましい検討を行っているというのが現在の状況です。Fintech関連事業者としても、このような構造を理解した上で銀行や銀行子会社との提携の検討を進めることが有益でしょう。また、銀行法を巡る行政監督のあり方についても、より柔軟な運用の定着が進むことも期待されます。

第2章
決済

第2章 決　済

ITと連携した決済サービスの提供

[関連法制　割賦販売法、資金決済法、貸金業法、銀行法、犯罪収益移転防止法]

【サービスの概要】

　商品やサービスの代金の支払手段として日常において使われる決済サービスには、様々な種類のものがあります。例えば、後払いの決済サービスとしては、クレジットカードや個別信用購入あっせん（特定の商品の代金を分割で支払うようなケースが該当し、例えば、車の代金を分割で支払うサービスなどが典型的な例です）があります。また、前払いの決済サービスとしては、プリペイドカードやあらかじめチャージを行う電子マネーがあります。

　これらの各決済手段については、そのサービスを規制する法律や関連する法律が多岐にわたることもあり、Fintechサービスとして、このようなビジネスを展開する事業者は、様々な法律の規制内容を把握した上でサービス内容を検討することが求められます。

　また、利用の態様という観点から見ても、スマートフォンやウェアラブル端末などの各種情報端末を通じ、リアルタイムでのインターネットを通じた情報連携が可能となってきており、このような情報技術の進展等を踏まえ、ウォレットサービスなど、情報端末と各種の決済手段が連動した便利なサービスも幅広く展開されてきています。インターネットを通じた情報端末と決済手段との連携は、まさにFintechと呼ぶにふさわしいサービスといえますが、関連する法令において、このようなサービスの展開が可能かどうかについては慎重な検討が必要です。かかる観点からも、関連法令の具体的なルールを把握した上でシステム設計等を早い段階で検討することは重要でしょう。

　そこで、本項目では、各種の決済サービスを提供するために知っておくべき法令の概要を説明します。

【Q&A】

1 割賦販売法

Q2-1

後払いの決済サービスを行うには、法令上の許認可などが必要となりますか。

A　後払いの決済サービスについては、商品の販売やサービスの提供等に関する利用者に対する与信取引であることを考慮し、一部の例外を除き、後払いの決済手段について規定する割賦販売法が適用されます。販売業者やサービス提供者を加盟店とした上で、利用者から後払いといった形で購入代金やサービス代金等を受領することになりますので、このような業務の形態を踏まえ、利用者保護の観点から、割賦販売法に沿ったルールに従うことが求められます。

　具体的には、まず、様々な商品やサービスを後払いで購入することを想定した包括的な与信取引であるクレジットカードについては、「包括信用購入あっせん」を取り扱う事業者としての登録が必要となります（割賦販売法31条本文）。

　また、特定の商品やサービスの代金を分割で支払うことを想定しているケースについては、「個別信用購入あっせん」を取り扱う事業者としての登録が必要となります（割賦販売法35条の3の23）。

Q2-2

包括信用購入あっせんの登録制度の概要について教えてください。

A　包括信用購入あっせんを取り扱う事業者は、登録包括信用購入あっせん業者と呼ばれ、その登録を受けようとする者は、所定の事項を記載した申請書

を経済産業大臣（実際には、各地方の経済産業局に対して申請の手続を行うことになります）に提出することが求められます（割賦販売法32条1項）。

この登録申請書には、①名称、②本店その他の営業所の名称および所在地、③資本金または出資の額、④役員等の氏名を記載することとされています。なお、④役員等については、法律上の役員だけではなく、「取締役等と同等以上の支配力を有する者」の氏名を記載することも必要となりますので（割賦販売法施行規則64条）、登録包括信用購入あっせん業者の申請を行う際には、この点の記載も忘れないように実施するよう留意することが求められます。

また、この申請書には、定款、登記事項証明書その他の書類を添付することも必要となりますので（割賦販売法32条2項、同法施行規則63条2項）、必要な添付書類の内容を早めに把握した上で準備を進めることも重要です。財務関連書類のほか、兼務する事業がある場合にはその内容を示した書面を提出するなど、必要となる添付書類の内容も具体的に定められていますので、内容を把握した上での早期の準備が望まれます。

登録申請を行った場合、割賦販売法上の登録拒否要件の有無についての審査が実施され（割賦販売法33条の2第1項）、その他の必要な審査が実施された上で問題がなければ、登録が行われることとなります。

Q2-3

包括信用購入あっせんの行為規制と民事ルールの概要について教えてください。

A　(1) 行為規制

包括信用購入あっせんの行為規制としては、
- 書面交付義務
- 広告規制
- 包括支払可能見込額の調査と超過する場合のクレジットカードの交付等の禁止
- 内部管理体制の整備

・クレジットカード番号の保護

等があります。

　このうち、書面交付義務と包括支払可能見込額調査が実務上の対応を検討する際によく論点となります。

　具体的には、まず、書面交付義務としては、クレジットカードを交付する時点やクレジットカードを利用する時点において、割賦販売法の要請に従った書面を交付することが求められます。クレジットカードを利用する際の書面交付義務は、クレジットカードの加盟店にも課されることになりますので、スマートフォン等のIT技術を活用した後払いのサービスを提供する際の実務上の支障となる可能性がありました。この点については、割賦販売法改正において、書面以外の方法による情報提供も認められることになりました。なお、改正法による情報提供については、利用者から求められた場合には、書面交付が例外的に必要となる枠組みも設けられていますので、サービス検討の際にはこの点についても留意すべきでしょう。

　次に、包括支払可能見込額の調査については、利用者に対する過剰な与信を防止することを目的として、利用者がどの程度の支払能力を有するかを確認するために所定の事項を調査することが求められます。この包括支払可能見込額は、法令に基づき細かなルールが定められていますので（割賦販売法施行規則39条以下）、クレジットカードなどの包括信用購入あっせんに該当するサービスを提供する場合には、システム設計も含めて実務上の検討が必要な論点となります。例えば、継続した収入のない配偶者についての包括支払可能見込額をどのように考えるべきかなどの検討を行っていくこととなります。

(2) 民事ルール

　包括信用購入あっせんに関する民事上のルールとしては、
　・契約解除や期限の利益喪失の制限
　・損害賠償等の額の制限
　・抗弁の接続

があります。

　以上の民事ルールについてはそれぞれ必要な対応を実施することが求められ

ますが、抗弁の接続が実務対応に特に影響を与える可能性のある論点となります。

抗弁の接続とは、包括信用購入あっせんの対象となる売買契約等について抗弁が発生している場合、その抗弁を包括信用購入あっせんの契約においても利用者が主張できる（抗弁の対象となる売買契約等におけるクレジットカードの利用の効力が否定され、利用者は、クレジットカードの請求を拒絶できる）という制度です。

そのため、包括信用購入あっせんに関するサービスを提供する場合には、売買契約等の抗弁を主張される可能性についても考慮した上で対応を検討することが必要です。具体的な対応としては、適法な抗弁の接続が主張された場合、包括信用購入あっせんを提供する事業者としては、利用者からの支払拒絶を認めた上で所要の対応を実施することが求められます。

Q2-4

個別信用購入あっせんの登録制度の概要について教えてください。

A 個別信用購入あっせんを取り扱う事業者は、登録個別信用購入あっせん業者と呼ばれ、その登録を受けようとする者は、所定の事項を記載した申請書を経済産業大臣（包括信用購入あっせんと同様に、実際には、各地方の経済産業局に対して申請の手続を行うことになります）に提出することが求められます（割賦販売法35条の3の23本文）。

個別信用購入あっせんの登録申請書には、①名称、②本店その他の営業所の名称および所在地、③資産の合計額から負債の合計額を控除した額、④役員等の氏名を記載することとされています。なお、④役員等の範囲については、上記Q2-2を参照してください。

また、この申請書には、定款、登記事項証明書その他の書類を添付することも必要となりますので（割賦販売法35条の3の24第2項、同法施行規則99条2項）、必要な添付書類の内容を早めに把握した上で準備を進めることが重要で

す。財務関連書類のほか、兼務する事業がある場合にはその内容を示した書面を提出するなど、求められる添付書類の内容も具体的に定められていますので、この点についても留意が必要でしょう。

登録申請を行った場合、割賦販売法上の登録拒否要件の有無についての審査が実施され（割賦販売法35条の3の26）、その他の必要な審査が実施された上で問題がなければ、登録が行われることとなります。

Q2-5

個別信用購入あっせんの行為規制の概要について教えてください。

A　個別信用購入あっせんの行為規制としては、
・過剰与信防止義務
・不適正勧誘に係る調査義務
・書面交付義務
・内部管理体制

等があります。

このうち、過剰与信防止業務にかかる個別支払可能見込額調査が実務上の対応を検討する際によく論点となります。

個別支払可能見込額の調査においては、利用者に対する過剰な与信を防止することを目的として、利用者がどの程度の支払能力を有するかを確認するために所定の事項を調査することが求められます。この個別支払可能見込額については、包括信用購入あっせんと同様に、法令に基づき細かなルールが定められていますので（割賦販売法施行規則71条以下）、個別信用購入あっせんに該当するサービスを提供する場合には、システム設計も含めた実務上の検討が必要となります。

第2章 決　済

Q2-6

（包括信用購入あっせんとしての）クレジットサービスを提供するためには、物理的な媒体であるプラスチックカードを発行することが必要ですか。

A　物理的な媒体であるプラスチックカードを発行することは必須ではなく、IDなどの番号、記号、符号によってサービスを提供することも可能です。

　具体的には、割賦販売法においては、包括信用購入あっせんを提供する場合、物理的な媒体であるプラスチックカードだけではなく、番号、記号その他の符号によって包括信用購入あっせんを提供することも認められています（割賦販売法2条3項）。そのため、プラスチックカードなどの物理的な媒体を交付することは必須ではなく、IDなどの番号、記号、符号によってサービスを提供することも可能です。例えば、携帯電話端末などの情報端末に発行することができるIDなどによっても包括信用購入あっせん（クレジットカード）のサービスを提供することもできます。

Q2-7

2018年に施行された割賦販売法の改正により、後払いの決済サービスについて、どのような影響がありますか。

A　割賦販売法に関しては、2016年の臨時国会において改正法が成立し、2018年6月1日に改正法が全面施行されるに至っています。同法の目的の1つとして「FinTechの更なる参入を見据えた環境整備」が挙げられており、その内容として、

　①加盟店契約会社と同等の位置付けにある決済代行業者（Fintech企業等）に加盟店契約会社と同一の登録制を導入

　②加盟店のカード利用時の書面交付義務を緩和

の2点が改正法によって整備されました。

　①の改正により、クレジットカードの精算等に関与するFintech事業者に

ついて割賦販売法の登録が必要となる可能性が生じていますので留意が必要です（具体的には、例えば、カード会社と加盟店との間に入って資金精算等を実施する決済代行サービスなどを展開する場合には一定の留意が必要です）。法令上は、「クレジットカード等購入あっせんに係る販売又は提供の方法により商品若しくは権利を販売し、又は役務を提供しようとする販売業者又は役務提供事業者に対して、自ら利用者に付与するクレジットカード番号等を取り扱うことを認める契約を当該販売業者又は当該役務提供事業者との間で締結することを業とするクレジットカード等購入あっせん業者」または「特定のクレジットカード等購入あっせん業者のために、クレジットカード等購入あっせんに係る販売又は提供の方法により商品若しくは権利を販売し、又は役務を提供しようとする販売業者又は役務提供事業者に対して、当該クレジットカード等購入あっせん業者が利用者に付与するクレジットカード番号等を取り扱うことを認める契約を当該販売業者又は当該役務提供事業者との間で締結することを業とする者」（これらの者を併せて「クレジットカード番号等取扱契約締結事業者」といいます）について、登録が必要となります（割賦販売法35条の17の2）。実務的には、加盟店契約の締結および解除について最終決定権限を有する者が誰であるかに着眼して、この登録の要否が検討されることになります（割賦販売法監督方針24頁等参照）。これらの事業者については、各種の調査義務等も課されることになります（割賦販売法35条の17の8等）。

　次に、②の改正によって、原則として加盟店が紙で利用者に交付することを義務付けられていた書面交付義務が緩和され、インターネット等を活用した情報提供の方法も認められています（割賦販売法30条の2の3第4項等）。

　さらに、今回の割賦販売法の改正により、クレジットカード番号の管理に関するルールも強化されており、加盟店やクレジットカード番号等取扱契約締結事業者において、法令の要請に沿ったクレジットカード番号の適切な管理を実施することが求められます（割賦販売法35条の16第1項、35条の17の9等参照）。

第2章 決　済

> **Q2-8**
>
> QRコードやバーコードを利用したクレジットカードの決済との関係で、法令上留意すべき事項はありますか。

A　QRコードやバーコードを利用する形でスマートフォン等を利用して簡便に決済できる決済サービスが急速に普及してきます（事業者名やサービス名などを踏まえ、「○○ペイ」などのサービス名称が付されることが多いようです）。

　これらのサービスにおいてクレジットカードの決済を提供するに際しては、改正割賦販売法との関係で留意が必要となります。具体的には、改正割賦販売法においては、いわゆるマンスリークリアの場合も含め、後払いの決済を可能とする「それを提示し若しくは通知して、又はそれと引換えに、特定の販売業者から商品若しくは権利を購入し、又は特定の役務提供事業者から有償で役務の提供を受けることができるカードその他の物又は番号、記号その他の符号」は、「クレジットカード番号等」として取り扱われるものとされているところ、この「クレジットカード番号等」を付与する事業者は、前述のとおり、クレジットカード番号等取扱契約締結事業者として、登録等の所要の義務を負担することになります（割賦販売法2条3項1号、35条の16第1項柱書、35条の17の2各号）。そこで、具体的なサービス検討においては、QRコードやバーコードの発行の態様や決済の具体的な方法等を踏まえた上で、改正された割賦販売法の適用の有無をあらかじめ検討しておくことが重要となります。

　また、犯罪収益移転防止法においては、取引時確認が必要となる「特定取引」として、いわゆるマンスリークリアの場合も含めて、クレジットカード等の「交付又は付与を内容とする契約の締結」が規定されています（犯収法4条、別表（第4条関係）、犯収法令7条1項3号）。そのため、QRコードやバーコードを利用したクレジットカードの決済に係るサービスの検討においては、こらの特定取引に該当するかどうかについても、取引時確認の要否との関係で1つの検討論点となります。

2 資金決済法

> **Q2-9**
>
> 前払いの決済サービスを行うには、法令上の許認可などが必要となりますか。

A 前払いの決済サービスについては、後払いの決済サービスと異なり、利用者に対する与信取引には該当しないものの、事業者に対して利用者が一定金額の金銭を預けることになりますので、このようなサービスの内容を考慮し、前払いの決済サービスに関する利用者保護を図ることを趣旨とする資金決済法が適用されることになります。

具体的には、前払いの決済サービスを提供する主体は「発行者」とされ、発行者以外の加盟店で利用することが可能な前払いの決済サービス（第三者型前払式支払手段）の提供については、第三者型発行者としての登録が必要となります（資金決済法7条）。

また、自社が提供する商品等に利用可能な前払式の決済手段を提供するサービスとして自家型前払式支払手段があります。この自家型前払式支払手段については、サービスの対象となる商品や役務が発行者の提供する商品や役務に限られていることを踏まえ、登録制ではなく、届出制が採用されています。そのため、自家型前払式支払手段については、法令の要請に従った所定の届出を実施することでサービスを開始することが可能です。

登録制と届出制とではライセンス取得の難易度が異なりますので、Fintech事業者としては、自社が開始しようとするサービスに関し、第三者型発行者の登録を要するのか、自家型発行者の届出の範囲で実施できるのかについて、早めに方向性を検討しておくことが有益でしょう。

なお、シェアリングエコノミーの進展により、商品や役務を提供する主体が個人となるサービスも多く普及してきていますが、これらのサービスにおいて、例えば、その個人が商品や役務を提供した際に得た対価を、別の商品や役務の購入代金にそのまま充当できるようなサービスを提供する場合には、スキーム

の内容によっては、かかる仕組み自体が前払式支払手段等に該当する可能性が生じることもありますので、サービス設計の段階であらかじめ検討しておくことが有益です。

Q2-10

第三者型前払式支払手段の登録制度の概要について教えてください。

A 第三者型前払式支払手段を取り扱う事業者は、第三者型発行者と呼ばれ、その登録を受けようとする者は、所定の事項を記載した申請書を内閣総理大臣（実際には、各地方の財務（支）局に対して申請の手続を行うことになります）に提出することが求められます（資金決済法8条）。

この登録申請書には、①商号または名称および住所、②資本金または出資の額、③前払式支払手段の発行の業務に係る営業所または事務所の名称および所在地、④役員の氏名または名称、⑤前払式支払手段の種類、名称および支払可能金額等、⑥物品の購入もしくは借受けを行い、もしくは役務の提供を受ける場合にこれらの代価の弁済のために使用し、または物品の給付もしくは役務の提供を請求することができる期間または期限が設けられているときは、当該期間または期限、⑦前払式支払手段の発行の業務の内容および方法、⑧前払式支払手段の発行および利用に関する利用者からの苦情または相談に応ずる営業所または事務所の所在地および連絡先、⑨主要株主の氏名、商号または名称、⑩他に事業を行っている場合にあっては、その事業の種類、⑪加入する認定資金決済事業者協会の名称などを記載することとされています。⑤の前払式支払手段の種類や⑦の業務の内容に関し、一般的なサービスと異なるサービスを提供する場合には、登録申請書の準備とは別に、個別具体的な論点について早めに行政当局と調整を行うほうがよいケースもあります。

また、この申請書には、誓約書、役員の住民票その他の書類を添付することも必要となりますので（資金決済法8条2項、前払式支払手段に関する内閣府令16条）、添付書類の内容を早めに把握した上で準備を進めることも重要です。

これらの添付書類については、財務関連の書類のほか、社内規則や組織図等の提出も必要となりますので、内容を早めに把握した上で検討しておくと申請の準備が円滑になるものと思われます。

登録申請を行った場合、資金決済法上の登録拒否要件の有無をはじめとする審査が実施され（資金決済法10条1項）、問題がなければ登録が行われることとなります。

Q2-11

第三者型前払式支払手段を発行する場合の行為規制の概要について教えてください。

A 第三者型発行者については、利用者が決済手段に必要な金銭を前払いすることに着目して、利用者保護のための各種の規制が設けられています。

実務上重要な行為規制としては、
- 情報提供義務
- 発行保証金に関する資産保全義務

があります。

情報提供義務については、第三者型発行者は、
①発行者の氏名、商号または名称
②支払可能金額等
③利用期間または期限があるときは利用期間または期限
④発行および利用に関する利用者からの苦情または相談に応ずる営業所または事務所の所在地および連絡先
⑤利用可能な施設または場所の範囲
⑥利用上の必要な注意
⑦電磁的方法により金額等を記録しているときは未使用残高または当該未使用残高を知ることができる方法
⑧利用に係る約款等が存在するときはその旨
を情報提供することが求められます（資金決済法13条）。

第2章 決　済

　資産保全義務は、利用者から金銭の前払いを受けるサービスであることを踏まえ、事業者が倒産した場合において、利用者を保護するために利用者から前払いを受けた金銭を保全するために供託その他の所要の手続をとることを義務付けるルールです。

Q2-12

資産保全義務の内容について、もう少し詳しく教えてください。

A　第三者型発行者は、利用者から決済手段に利用するための金銭を受領することになりますので、第三者型発行者が倒産した場合であっても、一定範囲で利用者保護を実現するため、受領した金銭を保全するために所要の措置を講じることが求められます。

　具体的には、保全方法には、①供託、②発行保証金保全契約、③発行保証金信託契約の3種類の方法があります。

　①供託は、基準日未使用残高の2分の1の額（要供託額）以上の額に相当する額の発行保証金を前払式支払手段発行者が主たる営業所または事務所の最寄りの供託所に供託する方法です（資金決済法14条）。利用者から受領した金額の半額を実際に法務局に供託する方法であり、わかりやすい原則的な資産保全の方法といえます。

　次に、②発行保証金保全契約は、前払式支払手段発行者が、一定の健全性基準を満たす銀行等との間で所定の事由が生じた場合において発行保証金を供託する旨の契約を締結する方法です（資金決済法15条）。銀行等との契約によって資産保全を実行することができ、平時におけるキャッシュの流出が発生しない方法となりますので、供託によるキャッシュの流出を発生させたくないニーズがある場合には有益な方法といえるでしょう。

　最後に、③発行保証金信託契約は、前払式支払手段発行者が、信託会社等との間で、信託財産を発行保証金の供託に充てることを信託の目的として当該信託財産の管理その他の当該目的の達成のために必要な行為をすべき旨の信託契

【供託方法等の種類】

供託等の方法	説　明	供託所または契約の相手方
金銭による供託	現金による供託	前払式支払手段発行者の本店の最寄りの法務局
有価証券による供託	国債証券（振替国債を含む）、地方債証券、政府保証債券、告示で定められた社債券その他の債券による供託	
保全契約の締結	金融機関等と発行保証金保全契約を締結し、その旨を財務（支）局長等に届け出ることにより、発行保証金の供託に代替	一定の条件を満たした銀行等、生命保険会社、損害保険会社
信託契約の締結	信託会社等と発行保証金信託契約を締結し、財務（支）局長等の承認を受けることにより、発行保証金の供託に代替	信託会社、外国信託会社、信託銀行

約を締結する方法です（資金決済法16条）。信託契約は、信託の性質上、信託した金銭の取扱いについて個別具体的にその内容を定めることが可能ですので、上記①および②の方法と比べ、スキームごとの多様な事情を組み込んだ形での資産保全を柔軟に達成できる方法といえます。

Q2-13

情報提供義務の内容について、もう少し詳しく教えてください。また、2016年の法律改正で変更があった内容とは、どのようなものでしょうか。

A Q2-11で説明した情報提供義務については、従前の法令では、前払式支払手段と一体となる有体物（プラスチックカードなど）が存在するかどうかで対応が異なるルールが設けられていました。

第2章　決　済

　具体的には、前払式支払手段と一体となる有体物がある場合には、その有体物にQ2-11で記載した内容を表示することが求められていたのに対し、前払式支払手段と一体となる有体物がない場合には、ウェブサイトなどによって必要な情報を提供することで足りるとする枠組みが採用されていました。そのため、例えば、ウェアラブル端末など、前払式支払手段と一体となる有体物があると解されるケースにおいては、そのウェアラブル端末に法令上必要な事項を表示する対応が求められ、Fintech事業者が新規のサービスを提供する際の1つのハードルとなっていました。

　この点に関し、Fintechビジネスの重要性が普及することに伴い、2016年の資金決済法の改正によって、有体物の有無といった画一的な基準ではなく、実態に即した情報提供も許される制度となりました。

　具体的には、「前払式支払手段発行者の使用に係る電子機器と電気通信回線を介して接続される利用者の使用に係る電子機器（証票等の使用の開始前に、又は証票等の使用に際して、当該電子機器と接続される場合における当該証票等を含む。）を提示して使用されるものである場合」には、前払式支払手段と一体となる有体物が存在する場合であっても、有体物への表示ではなく、ウェブサイト等に必要な情報を提供する方法をとることができるルールが採用されました（前払式支払手段に関する内閣府令21条3項）。これにより、Fintech事業者としては、例えば、ウェアラブル端末等の情報端末を提示して使用できる前払式支払手段に関するサービスを提供する場合には、ウェアラブル端末等への必要事項の表示ではなく、ウェブサイト等による情報提供の形でサービスを提供できることになりました。

Q2-14

前払式支払手段について有効期間を設定することで適用除外となることがあると聞きましたが、その内容を教えてください。

A　前払式支払手段のルールは資金決済法が定めていますが、資金決済法の適用については法令において一定の適用除外が規定されています。そのうちの

1つのルールとして、6か月を超えない有効期間を定めた前払式支払手段については、資金決済法の各種のルールの適用が除外される枠組みが設けられています（資金決済法4条2号、同法施行令4条2項）。

そのため、前払式支払手段に関するサービスを提供するケースであっても、その前払式支払手段の発行から6か月を超えない有効期間を定めた場合には、資金決済法の適用を受けない前提でサービスを提供することが可能です。法適用の有無はサービス検討の際の重要な前提となりますので、Fintech事業者としては、このようなルールの枠組みを踏まえた上で提供するサービスの仕様等を検討することが有益でしょう。

なお、発行から6か月を超えない有効期間を定める前払式支払手段Aと同様の有効期間を定める前払式支払手段Bを組み合わせることによって、資金決済法の適用を受けない仕組みについては資金決済法の潜脱と評価される可能性がありますので、サービスを検討する際には、個別具体的な検討をあらかじめ行っておくことが望ましいでしょう。

Q2-15

前払式支払手段については、利用者の要望があっても、受領した金銭を利用者に払い戻すことができないと聞きましたが、具体的にはどのようなルールなのでしょうか。

A 前払式支払手段のサービスについては、その発行者が利用者から金銭を預かるという特色があります。そして、一般的なルールとして、不特定多数の者から金銭を預かるサービスについては、出資法上の預り金規制に該当しないように留意する必要があります（出資法2条参照）。

このような前払式支払手段を発行するサービスの特色を考慮し、前払式支払手段が出資法における預り金規制に違反しないようにする観点から、前払式支払手段を発行する発行者は、利用者から受け入れた金銭を原則として任意に利用者に払い戻すことができないとするルールが設けられています（資金決済法20条2項本文）。

第2章 決　済

　かかるルールに基づき、前払式支払手段の発行者は、利用者からの要望があっても、前払式支払手段の発行の対価として受領した金銭（チャージ金など）を利用者に任意に払い戻すことは原則として行うことができません。Fintech事業者としては、このような払戻しの原則禁止ルールが存在することを踏まえた上で、安易な払戻しを認めないことを前提としたサービスの検討を実施することが必要となります。

　なお、払戻しの禁止については、一定の例外があります。具体的には、以下の3つの場合に払戻しを行うことができるとされています（前払式支払手段に関する内閣府令42条）。

①基準期間における払戻金額の総額がその直前の基準期間の発行額の20％を超えない場合（1号）

②基準期間における払戻金額の総額がその直前の基準日未使用残高の5％を超えない場合（2号）

③保有者のやむを得ない事情により前払式支払手段の利用が著しく困難となった場合（3号）

　上記①～③の例外のうち、①および②については、払戻事由のいかんを問わず、上限額に達するまでは払戻しが可能となります。①または②は、発行者がいずれかを選択して適用することができますが、いずれにしても、払戻金額を把握し、上限を超えないように管理することが前提となってきます。事務ガイドライン（前払式支払手段発行者関係）においても、「必要に応じて期中にあっても払戻実績を把握することとするなど、法令に定める上限を越えて払戻しが行われることを防止するための態勢」の整備が求められています（事務ガイドライン（前払式支払手段発行者関係）Ⅱ-3-2-1②イ.）。

　また、③の事由があると認められる場合には、別途、払戻しを行うことも可能ですが、実務上は、個別具体的な事情を考慮して、「やむを得ない」と判断できるかがポイントとなります。

Q2-16

(前払式支払手段としての)電子マネーやプリペイドカードの発行に際しては、物理的なプラスチックカードなどを交付することが必要ですか。

A　物理的な媒体であるプラスチックカードを交付することは必須ではなく、IDなどの番号、記号、符号によってサービスを提供することも可能です。

　具体的には、資金決済法においては、前払式支払手段は、物理的な媒体であるプラスチックカードだけではなく、番号、記号その他の符号によって発行することも認められています(資金決済法3条1項)。そのため、プラスチックカードなどの物理的な媒体を交付することは必須ではなく、IDなどの番号、記号、符号によってサービスを提供することも可能です。例えば、スマートフォンなどのIT機器で管理することができるIDなどによって前払式支払手段のサービスを提供することもできます。

Q2-17

「○○コイン」と呼ばれるようなデジタル通貨などのサービスが出てきていますが、これらのサービスと資金決済法との関係はどのように考えればよいでしょうか。

A　「○○コイン」と呼ばれるようなサービスが日々登場してきていますが、実はその法的な枠組みには多様なものがあるものと考えられます。この点に関し、例えば、対象となるサービスに関し、「1コイン=1円」と発行者において設定されている場合には、換金可能な電子マネーとして、資金決済法の資金移動業の範囲内(または銀行の固有業務としての為替取引の範囲内)で業務を提供すべきことになるものと考えられます(この場合、仮想通貨に関する資金決済法のルールとの関係では、通貨建資産として仮想通貨の定義から除外されることになると思われます)。他方、「1コイン=1円」と設定されないスキームとする場合には、個別具体的な事情を踏まえ、資金移動業としての換金可能な電子マ

ネーに該当する可能性だけではなく、資金決済法上の仮想通貨に該当する可能性も考慮した検討が必要となるものと考えられます（なお、仮想通貨に関するルールの詳細については、Q5-1以下をご参照ください）。

このように、社会的には「〇〇コイン」などの名称が使われていても、法律構成等により、資金決済法のいずれのルールが適用されるかが異なることがありますので、関連するサービスを検討する場合には、前提を正確に把握した上で検討を進めることが重要です。

3 犯罪収益移転防止法

Q2-18

犯罪収益移転防止法に基づく取引時確認とは、どのようなものですか。

A　あるサービスをFintech事業者が提供する場合、その取引の種類によっては、マネーロンダリングを防止することを目的とする犯罪収益移転防止法に基づく取引時確認を実施することが求められます（犯収法4条1項）。

この取引時確認の対応としては、取引の相手方が本人であることを確認することが求められますので、犯罪収益移転防止法に基づく取引時確認が必要となる場合には、法令の要請を満たす形の本人確認を実施することが求められます。

取引時確認を実施するに際しては、法令の要請を満たすためのコストが発生することに加え、利用者がサービスを申し込む場合のプロセスが増えることになりますので、取引時確認の要否は、Fintech事業者がサービス実施の可否を検討するにあたっての重要な着眼点となります。

犯罪収益移転防止法に基づく取引時確認が必要となるかどうかは、犯罪収益移転防止法および関連する政省令において定められている「特定取引」に該当するかによって決まります。そのため、取引時確認の要否を判断するためには、犯罪収益移転防止法上の「特定取引」の範囲を把握し、事業者が提供しようとしているサービスが「特定取引」に該当するかどうかを検討することとなります。金融に関連するサービスが「特定取引」に該当するかどうかについては、

個別具体的には判断が難しい場合もありますので、サービスの実現可能性を検討するに際して早期に論点として検討しておくことが望ましいでしょう。

Q2-19

後払いの決済サービスと前払いの決済サービスについて、犯罪収益移転防止法に基づく取引時確認は必要となるでしょうか。

A　後払いの決済サービスについては、前述のQ2-1のとおり、クレジットカードサービスを典型例とする包括信用購入あっせんと、特定の商品の購入代金等の分割払いを典型例とする個別信用購入あっせんがあります。

このうち、個別信用購入あっせんについては、犯罪収益移転防止法上の特定取引とされておらず、取引時確認の義務が課されないことから、取引時確認（本人確認）を実施する必要はありません。

他方、包括信用購入あっせんについては、犯罪収益移転防止法上の特定取引とされており、取引時確認の義務が課されることになりますので、クレジットカードを発行するに際しては、取引時確認を実施する必要があります。この点に関し、クレジットカードの発行に関する行政運用上の解釈指針を定める割賦販売法監督方針においては、「クレジットカード等が交付される時点までに取引時確認が実施されていること」（Ⅱ-2-2-4-3(2)）が求められていますので、この監督方針の内容を踏まえた上で、クレジットカードの交付までにどのようにして取引時確認を実施するかという観点から実務フローを検討することが必要です。

次に、前払いの決済サービスとしては、上記のとおり、資金決済法上の前払式支払手段がありますが、前払式支払手段は、クレジットカードと異なり、特定取引とされておらず、取引時確認の義務が課されていません。そのため、取引時確認を実施することなく、第三者型前払式支払手段や自家型前払式支払手段を発行することができます。

そのため、前払いの決済サービスについては、現状では、法令上の取引時確認を実施する必要はありません。なお、換金可能な電子マネー等の前払いの決

第2章 決　済

済サービスについては、資金移動業の登録を要し、送金サービスとしてサービスを提供する必要がありますので、取引時確認が必要となります。詳しくは69頁以下をご参照ください。

Q2-20

取引時確認の概要について教えてください。

A　(1)　原則的な枠組み

特定取引を行う事業者は、必要な対応として、利用者の本人特定事項を確認するため、

- 一定の本人確認書類（運転免許証、旅券〈パスポート〉、在留カード、マイナンバーカード、写真付きの官公庁発行書類〈氏名／住所／生年月日のあるもの〉等）の提示を受ける方法
- 一定の本人確認書類やその写しの送付を受け、取引関係文書を書留郵便等で送付する方法
- 本人限定受取郵便によって取引関係文書を送付する方法

などのいずれかの方法で取引時確認を行うことになります（犯収法規則6条1項1号）。このほかに、公的個人認証を利用する方法もあります。公的個人認証の詳細については、344頁以下をご参照ください。

利用者と対面する形で特定取引を行う場合には、本人確認書類の提示によることができますが、非対面で完結する形で特定取引を行う場合には、基本的には、取引関係文書の郵送や本人限定受取郵便の方法を選択する必要がありますので、インターネットを活用することが想定されるFintech事業者としては、取引時確認に関する郵送コストを見込んだ上でサービスを検討することが重要です（なお、非対面の方法による取引時確認を含む近時の動きについては、以下のQ2-22をご参照ください）。

また、以上の本人特定事項の確認に加え、

- 取引を行う目的

・利用者が自然人の場合には職業
・利用者が法人の場合には事業の内容
・利用者が法人の場合には、その実質的支配者の本人特定事項

を確認することも求められます（犯収法4条1項2号～4号）。

　そして、特定取引を行う事業者は、取引時確認を行った場合、直ちに、一定の事項が記録された取引時確認記録を作成し、取引終了日および取引時確認済みの取引に係る取引終了日のうち後に到来する日から7年間、取引時確認記録を保存する必要があります（犯収法6条）。

　さらに、取引時確認記録とは別に、実際に提供した取引について取引記録を作成し、取引の行われた日から7年間、取引記録を保存する必要もあります（犯収法7条）。

(2) 取引時確認に関する例外的な方法

　上記の原則的な方法とは別に、例外的な取引時確認に関する方法として、以下のような方法も認められています。提携先や既存のビジネスとの関係で以下の方法を選択することが有効な場合もありますので、概要を把握しておくことが有益でしょう。

ア　口座振替とクレジットカードによる支払い

　預金口座からの振替を利用して特定のサービスを提供する場合、預金口座を開設した銀行の行った取引時確認の結果を当該サービスを提供する事業者も利用することができます。また、クレジットカードを利用してサービスを提供する場合、クレジットカード事業者が行った取引時確認の結果を当該サービスを提供する事業者も利用することができます。

　具体的には、
・口座振替を利用して一定のサービスを提供する場合において、口座開設銀行の取引時確認記録の保存を確認する方法（犯収法規則13条1項1号）
・クレジットカードを利用して一定のサービスを提供する場合において、クレジットカード事業者が行った取引時確認記録の保存を確認する方法（犯収法規則13条1項2号）

が認められています。

　かかる確認方法をとることができる場合、Fintech 事業者は、銀行またはクレジットカード事業者が行った取引時確認情報を確認することによって利用者の取引時確認を行うことができます。もっとも、かかる確認方法をとるためには、Fintech 事業者と銀行またはクレジットカード事業者との間で、かかる確認方法によることについて、あらかじめ合意することが求められますので、この点に関する調整も必要となります。

　　イ　特定取引の委託
　特定事業者が他の特定事業者に委託して行う一定範囲の特定取引（犯収法令7条1項1号に掲げる取引）であって、当該他の特定事業者が他の取引の際にすでに取引時確認（当該他の特定事業者が当該取引時確認について取引時確認記録の作成および保存をしている場合に限ります）を行っている利用者との関係では、委託先の特定事業者の取引時確認の結果を利用する形で取引時確認を行うこともできます（犯収法令13条1項1号）。
　委託先との関係において、上記の要件を満たす委託が可能な場合には、委託先の既存の取引時確認の結果を活用できるという意味で、ケースによっては、有益な選択肢となります。もっとも、特定取引を委託することが必要とされているなど、実務上は、スキームの詳細を踏まえた個別具体的な検討が求められますので、この選択肢を検討する際には、早めに可否を検討することが望ましいでしょう。
　なお、取引時確認事務そのものを他の事業者に委託することもできるものと一般に解されていますが、かかる方法は、新たに実施する取引時確認に関する委託を想定していますので、この点についても誤解しないように留意が必要です。

　　ウ　相当する方法
　特定事業者が、取引時確認に相当する確認（当該確認について取引時確認記録に相当する記録の作成および保存をしている場合に限ります）を行っている利用者については、すでに当該確認を行っていることを確認するとともに、当該記録

を取引時確認記録として保存する方法によって、取引時確認を実施することも可能です。

そのため、既存のビジネスなどで取引時確認に相当する本人確認を自主的に実施している場合には、取引時確認を簡素化する1つの選択肢となる可能性があります（犯収法規則13条1項3号）。

Q2-21

疑わしい取引の届出とは、どのような取引について対応するべきものでしょうか。

A 犯罪収益移転防止法における疑わしい取引に該当すると判断できる取引については、行政当局への届出が必要となります（犯収法8条）。疑わしい取引とは、

・特定業務に係る取引において収受した財産が犯罪による収益である疑いがある場合
・利用者が特定業務に係る取引に関し組織的犯罪処罰法10条の罪もしくは麻薬特例法6条の罪に当たる行為を行っている疑いがあると認められる場合

とされています。

実務上具体的にいかなる取引が疑わしい取引に該当するかは、個別事情に基づき判断することが必要となりますので、事業者としては、対象となる取引の危険性等を踏まえ、犯罪収益移転防止法の趣旨を勘案した社内規程や社内マニュアル等を作成し、それらの社内ルールを継続的に運用する形で対応することが求められます。

取引の危険性等の評価については、「FATF勧告実施に関する関係省庁連絡会議　国が実施する資金洗浄及びテロ資金に関するリスク評価に関する分科会」が策定している「犯罪による収益の移転の危険性の程度に関する評価書」（2014年12月）や所管行政庁の公表している「疑わしい取引の参考事例」などが参考になるでしょう。この点に関し、2016年10月に施行された改正犯罪収

益移転防止法においても、特定事業者は、自らの実施する取引について、取引時確認の結果、取引の態様その他の事情、国家公安委員会が公表する犯罪収益移転危険度調査書の内容を勘案し、適切な方法で疑わしい取引であるかどうかを判断しなければならないこととされていますので、併せて留意が必要となります。

Q2-22

取引時確認の方法について、直近で具体的な改正の動きはありますか。

A　非対面の取引時確認の新たな方法を設けることを含む犯収法規則の改正に関し、パブリックコメントが実施され、具体的な改正内容が示されている状況です（警察庁「『犯罪による収益の移転防止に関する法律施行規則の一部を改正する命令案』に対する意見の募集について」（2018年7月）参照）。具体的には、顧客の本人特定事項の確認方法として、特定事業者が提供するソフトウェアを使用して顧客等の容貌の画像情報の送信を受けるとともに、同ソフトウェアを使用して写真付き本人確認書類の画像情報の送信を受ける方法などが新たに設けられることとされています。これらの方法の具体的な利用については、技術的な仕様や実務フローが改正される犯収法規則の水準を満たすための詳細の検討が必要となりますが、非対面のやり取りのみで本人特定事項の確認が完了する方法が新設されたことは、Fintech事業者にとっても有益な選択肢が増えたものと評価できます。

　なお、今回の改正においては、①本人限定郵便の送付の方法の厳格化（取扱可能な本人確認書類を写真付きのものに限定する）および②本人確認書類の送付を受けて取引関係文書を転送不要郵便等として送付する方法の厳格化（写しの送付は原則として2種類の本人確認書類または補完書類の送付を受けることとする）も含んでいますので、既存の取引時確認の方法に与える影響にも注視する必要があります。

スマートフォン決済

[関連法制　銀行法、資金決済法、割賦販売法、犯罪収益移転防止法、個人情報保護法]

【サービスの概要】

1　「スマートフォン決済」とは

「スマートフォン決済」とは、一般的には、店舗での商品やサービスの購入代金をクレジットカードで支払う場合に、店舗側が従前のカード読取端末の代わりにスマートフォンを使ってカードを読み取る決済方法をいいます。

他方で、店舗がスマートフォンを用いるのではなく、購入者がインターネットショッピングや店頭のレジでスマートフォンを使って代金の支払いをするのも一般的な決済方法となりました。例えば、次のような場合が考えられます。

①スマートフォン上でインターネットショッピングを行い、ネット上でクレジットカードや電子マネーによって支払う場合
②スマートフォン上にダウンロードした電子マネー（例：モバイルSuica）、クレジット（例：iD）のアプリを用いて店頭のレジで支払う場合
③携帯電話料金と併せて携帯電話会社を通じて支払う場合

①は、ネットショッピングがスマートフォンで行われているにすぎず、スマートフォンを用いた新たな決済方法ではありません。②は、いわゆるおサイフケータイといわれる仕組みで、「モバイル決済」などと呼ばれることがあります。③は、携帯電話会社（通信キャリア）が提供する決済方法であることから、「キャリア決済」と呼ばれます。

本項目では、店舗がスマートフォンを読取端末として用いる決済を「スマートフォン決済」として取り上げます。

2 スマートフォン決済の仕組み

スマートフォン決済では、店舗は、従前のクレジットカード加盟店がレジに設置していたカード読取端末の代わりに、スマートフォンに簡易な読取機を取り付けることにより、従前の端末と同じようにカードを読み取ります。この簡易な読取機は、当初は2～3cm四方程度の機器をスマートフォンのイヤホンジャックに差し込む形式のものが主流でしたが、最近はICカード対応など様々な形のものがあるようです。

店舗で商品を購入する場合、店舗のレジでクレジットカードを出し、店舗側がスマートフォンに接続した機器で読み取ると、そのデータがカード会社に伝送され、承認が出た場合には、店舗のスマートフォンの画面上に金額などの取引情報が表示され、購入者がこれを確認することにより、決済が完了します。加盟店は、別途スマートフォン決済会社が提供するシステムによって売上げの履歴などを確認することができます。

なお、スマートフォン決済では、クレジットカードだけでなく、プリペイドカード（電子マネー）やデビットカードが使える場合もあるようです。これは、スマートフォン決済独自のサービスではなく、VisaやMasterなどのクレジットカードのブランドがプリペイドやデビットのサービスを開始したことによる場合が多いと思われます。

3 スマートフォン決済の提供者との契約関係

このように、スマートフォン決済は、従前のカード読取端末が変わっただけで、クレジットカード決済であることに変わりはないため、クレジットカード会社と加盟店、カード会員の間の関係は、一般的なクレジットカード決済と同じです。スマートフォン決済を提供する事業者は、加盟店とカード会社の間に入り、加盟店に読取機を提供し、カード会社との間のデータのやり取りや、取引履歴などを管理するシステムを提供します。

4 スマートフォン決済のメリット等

まず、加盟店にとってカード決済の導入コストが大幅に下がります。従前

のカード読取端末が少なくとも1台数万円以上であったのに対し、スマートフォン決済の読取機は無償または数千円で買うことができます。

次に、スマートフォンと一緒に持ち歩きが可能なので、訪問販売やフリーマーケットなど店舗以外での営業に向いています。ただし、スマートフォンと読取機器だけで決済が完了する一方で、購入者が紙のレシートを希望した場合には、別途プリンターを設置するなどの個別の対応が必要になります。特に法律上、書面交付の義務がある場合には注意が必要です。

【Q&A】

1　割賦販売法

Q2-23

クレジットカードについて、スマートフォン決済を提供する場合、割賦販売法は適用されますか。

A　利用できるクレジットカードの発行会社が翌月一括払い以外の支払方法（ボーナス払い、分割払いやリボルビング払い）を提供している場合には、当該カード会社に割賦販売法が適用されます。これは、従前のカード決済と変わりません（クレジット決済の割賦販売法の適用については、27頁以下）。

他方、加盟店に対して読取機を提供し、カード会社との間でのデータのやり取り等のシステムを提供する場合、つまりスマートフォン決済のシステムを提供する行為には、割賦販売法の適用はありません。

ただし、2018年6月1日に施行された改正割賦販売法では、いわゆるアクワイアラを「クレジットカード番号等取扱契約締結事業者」として登録制とし、クレジット番号の管理などについて加盟店管理義務などを課すこととされました。スマートフォン決済の提供会社が、「クレジットカード番号等取扱契約締結事業者」の定義に該当する場合には、改正割賦販売法の適用範囲に含まれると考えられますので、注意が必要です。

また、スマートフォン決済の提供会社がシステムの提供にとどまらず、クレジットカード会社と加盟店との間の契約や売上金等の受渡し等に関与する場合には、いわゆる決済代行会社と同じ位置付けになります。決済代行会社も、改正割賦販売法における「クレジットカード番号等取扱契約締結事業者」の定義に該当する可能性がありますので注意が必要です。

Q2-24

通常のクレジットカード決済と比べて、スマートフォン決済を提供する場合に、加盟店管理上、留意すべき点はありますか。

A　スマートフォン決済の提供会社は、カード会社と加盟店の間に入り、いわゆる代表加盟店（包括加盟店）のような立場になることも考えられます。この場合、直接割賦販売法の適用対象とならなくても、カード会社に対して、自らが契約を締結した加盟店（いわゆる子加盟店）の管理義務を負うことがあります。カード会社やアクワイアラが割賦販売法上負っている加盟店管理義務（割賦販売法監督方針Ⅱ-2-2-5-2）をカード会社やアクワイアラとの契約に基づいて代表加盟店が行う場合です。

割賦販売法上カード会社やアクワイアラに求められる加盟店管理の内容は、通常のカード決済と変わりませんが、スマートフォン決済の場合は特に以下の点に留意が必要です。

(1) **加盟店審査**

スマートフォンの普及と安価な読取機により、従来のように店舗を構え、端末を導入して接続するといったカード決済導入の手間がなくなりました。例えば、個人がフリーマーケットを行う場合にも加盟店としてクレジットカード決済を取り扱うことが可能です。そこで、従前よりも、加盟店審査を慎重に行う必要があると考えられます。

例えば、特定の店舗以外でもクレジットカード決済を行うことができるため、加盟店として登録する住所が架空でないことや、届け出た営業以外の商品を取

り扱うことがないように営業実態を確認することが考えられます。

(2) 加盟店管理

特定の店舗での決済に限られないことから、フリーマーケットや移動店舗のような形態の加盟店の場合には、特定の連絡先を確認しておく必要があります。また、訪問販売など特定商取引法の適用される店舗については、後述のとおり、同法上の義務を履行しているか否かも加盟店管理の視点として重要です。

2 資金決済法、銀行法

Q2-25

プリペイドカードやデビットカードについて、スマートフォン決済を提供する場合、資金決済法や銀行法は適用されますか。

A プリペイドカード発行会社には、当該プリペイドカードの性質によって資金決済法が適用されますし、デビットカードは預金の機能の一部ですから発行銀行は銀行法の適用対象です。

他方で、加盟店に対して読取機を提供し、これらのカード発行会社との間でのデータのやり取り等のシステムを提供する行為には、資金決済法や銀行法の適用はありません。ただし、スマートフォン決済の提供会社がシステムの提供にとどまらず、プリペイドカードやデビットカード発行会社と加盟店との間の売上金等の受渡しに関与する場合には、やはり、いわゆる決済代行会社と同じ位置付け（Q2-7参照）になります。

Q2-26

スマートフォン決済の提供会社が加盟店との間の売上金等の受渡しに関与し、いわゆる決済代行会社と同様の役割を果たす場合に、現状で適用される法律はありますか。

第2章 決　済

A　金銭の受渡しを行う業務を行う場合、銀行法や資金決済法上の「為替取引」（銀行法2条2項2号、10条1項3号）に該当しないかが問題になる可能性があります。「為替取引」について法令上の定義はありませんが、最高裁の決定（最決平成13・3・12刑集55巻2号97頁）が「『為替取引を行うこと』とは、顧客から、隔地者間で直接現金を輸送せずに資金を移動する仕組みを利用して資金を移動することを内容とする依頼を受けて、これを引き受けること、又はこれを引き受けて遂行することをいう」と示しています。「為替取引」は、銀行免許を有している者または資金移動業登録をしている者以外は業として行うことが許されていません。

決済代行業者は、一般的に、加盟店から金銭の受領代理権を授与され、加盟店を代理してカード会社から金銭を受領しているようです。このような場合に当該行為が「為替取引」に該当するか否かは議論のあるところではありますが、現状では、直ちに銀行免許や資金移動業登録が必要とは解されていないようです。資金決済法パブコメでは、収納代行業の規制の必要性について、2009年1月14日付金融審議会金融分科会第二部会報告書の「共通した認識を得ることが困難であった事項については、性急に制度整備を図ることなく、将来の課題とすることが適当」との記載を引用した上で、利用者保護に欠けることとなる事態等が生じないように引き続き注視していくこととしています（資金決済法パブコメNo.148）。

スマートフォン決済の提供会社が決済代行の役割も果たす場合には、Q2-7の改正割賦販売法のアクワイアラ等の登録の議論のほかに、「為替取引」該当性に関する議論にも注意しておくべきでしょう。

3　特定商取引法

Q2-27

スマートフォン決済を行う場合に、加盟店にかかる義務はありますか。

A　加盟店が取り扱うカードが割賦販売法の適用のあるクレジットカードで

あれば、同法上、加盟店に適用される義務がかかります。販売時の情報提供（割賦販売法30条の2の3第4項・5項）です。また、改正割賦販売法では、加盟店にもクレジットカード番号等の適切な管理のために必要な措置を講じる義務が定められました（割賦販売法35条の16第1項）。

このほか、スマートフォン決済で特に注意すべきなのは、特定商取引法です。スマートフォン決済は、特定の店舗以外の場所でカード決済が手軽に行えることから、訪問販売に使用されることが想定されます。「訪問販売」とは、販売業者が営業所等以外の場所で商品の売買契約やサービスの提供契約の申込みを受け、またはこれらの契約の締結をして行う商品の販売やサービスの提供をいいます（詳しい定義は特商法2条1項参照）。特定商取引法上、訪問販売を行う場合には、氏名等の明示（3条）、契約を締結しない旨の意思表示をした者への勧誘の禁止（3条の2）、書面交付（4条、5条）、不実告知等の禁止（6条）などの行為規制が課されるほか、クーリングオフ（9条）、過量販売の場合の撤回等（9条の2）、不実告知等の場合の承諾の意思表示の取消し（9条の3）、契約解除時の損害賠償等の額の制限（10条）などの利用者保護の制度が適用されます。

スマートフォン決済の提供会社は、加盟店契約を締結する際に、訪問販売を含む特定商取引法が適用される販売方法を行うか否かの確認を行うことが必須です。その上で、それぞれの販売方法に応じた特定商取引法上の義務が適切に履行されるよう指導、監督する必要があります。スマートフォン決済で特に注意が必要なのは、書面交付等の情報提供義務です。スマートフォンと読取機だけでは書面の交付ができないことから、加盟店が法令上書面交付義務を負う場合には、別途プリンターを設置して書面交付義務に対応できるようにしなければなりません。

なお、改正割賦販売法30条の2の3第4項では、加盟店の情報提供は、電磁的方法による方法も認められています（割賦販売法施行規則55条）。実際にも、スマートフォン決済では、電子メールによる利用明細の送付が一般的になっているようです。しかし、加盟店は、契約時に購入者から書面を求められた場合には、遅滞なく書面を交付する義務があります（改正割賦販売法30条の2の3第5項）ので、やはりプリンターの設置は必要でしょう。

4　犯罪収益移転防止法

Q2-28

スマートフォン決済を行う場合に、加盟店が購入者に対して本人確認を行う必要はありますか。

A　加盟店が店舗でスマートフォン決済を行う場合に、犯罪収益移転防止法上の取引時確認（いわゆる本人確認）は不要です。

スマートフォン決済は、クレジット、デビット、プリペイドカードの読取端末がスマートフォンになっただけなので、犯罪収益移転防止法上の取引時確認義務（いわゆる本人確認）は、通常のクレジット、デビット、プリペイドカードの発行会社が同法に基づいて必要に応じて行います。現行の犯罪収益移転防止法では、カードを取り扱う加盟店は、取引時確認の義務を負う「特定事業者」（犯収法2条2項）には該当しませんので、加盟店が取引時確認を行うことはありません（貴金属等の販売業者など当該加盟店が行う業務によって「特定事業者」に該当する場合を除きます）。

なお、法的な義務ではありませんが、購入者が「なりすまし」などカードの不正利用の疑いがある場合には、署名とカードの名義の確認など通常のカード決済を行う場合と同様の注意をもって確認する必要はあるでしょう。

5　個人情報保護法

Q2-29

スマートフォン決済を提供する場合に、個人情報保護法上、留意することはありますか。

A　スマートフォン決済を提供する会社は、加盟店とカード会社との間のデータのやり取りをするシステムを提供することから、当該データの内容が個人情報に該当する場合には、個人情報保護法を遵守する必要があります。現在

のクレジットカードの仕組みは、氏名やカード番号などの情報は、加盟店の端末には残らない仕組みになっていることが多いようですが、スマートフォン決済の提供会社がこれらの情報を取り扱ったり、自らのシステムに一定程度保管する場合には、「個人情報」として個人情報保護法に基づく安全管理体制を整備する必要があります（個人情報の定義等については319頁以下参照）。また、クレジットカード番号については、改正割賦販売法上、特に管理義務が厳格になりました（**Q2-7**参照）。

また、氏名とクレジットカード番号以外にも、加盟店でのカードの利用履歴（取引履歴）が保護の対象となる個人情報となる可能性があり、仮にこれらが特定の個人と結び付かず個人情報保護法上の「個人情報」ではない場合であっても、プライバシーに関わる情報である可能性があるため、取り扱う情報の内容を整理することが重要です。

なお、個人情報の問題に限られませんが、クレジット取引セキュリティ対策協議会が2018年3月1日に「クレジットカード取引におけるセキュリティ対策の強化に向けた実行計画—2018—」を公表し、業界全体としてカード取引のセキュリティを強化する動きがあります。スマートフォン決済を安全性の高い決済方法として普及させるためにも、これを提供する会社もセキュリティの確保は必須と考えられます。

第2章 決　済

多様な送金サービス

［**関連法制**　資金決済法、犯罪収益移転防止法、信託業法］

【サービスの概要】

1　送金サービス

　従来は銀行の独占的な業務とされてきた為替取引（送金サービス）が資金決済法によって銀行以外の事業者に一部解禁され、様々な業種の事業者が送金サービスを提供するに至っています。
　一言で送金サービスといっても、その提供方法には様々なものがあり、具体的には、
　　①送金人が送金業者の店舗で店員に送金資金を渡して送金を依頼し、受取人が別の店舗で資金を受け取るサービス（個別の送金を単発で受け付けるサービス（単発型））
　　②送金人がインターネットを通じて送金業者のウェブサイト上に口座（アカウント）を設定し、その口座（アカウント）に送金資金を入金した上、送金業者に対し受取人の口座（アカウント）への送金を依頼することによって受取人が資金を受け取るサービス（継続的な送金を前提としたアカウントを開設するサービス（アカウント型））
などが想定されています。
　また、送金人に対してマネーオーダと呼ばれる証書を発行し、マネーオーダの所持人に対して資金を払い出すサービスを提供することも可能です。

2　送金サービスに関連するサービス

　さらに、送金サービスに関連するサービスとして、エスクローサービス、収

納代行サービス、代金引換サービス、回収代行サービスなどが実施されることも考えられます。

エスクローサービスとは、例えば、不動産売買における手付金を保全し、契約が解除された際に、手付金の安全かつ確実な交付または返還を実現することを目的として、売買取引等の取引当事者の一方が、金銭や有価証券などの財産を第三者に預託するものであり、預託された財産は、一定の事由が生じた場合（例えば、買主による解除の意思表示があった場合）に、取引当事者の相手方に交付されるサービスをいいます。

収納代行サービスとは、商品の売買代金の支払い、および、電気やガスなどのサービスの利用料金の支払いにおいて、商品・サービスの提供者（債権者）の依頼を受けた事業者（収納代行業者）が、利用者から利用料金等を受け取り、これを商品・サービスの提供者に交付するサービスです。債務者は、この収納代行業者に利用料金等を支払うことにより、弁済を行ったこととなります。

代金引換サービスとは、通信販売等を利用して商品を購入した消費者からの代金の支払いに関するサービスの1つであり、商品を搬送する運送業者が、かかる利用者の自宅等へ商品を搬送する際に商品の販売者（債権者）の依頼を受けて、利用者から商品代金を受け取り、これを商品の販売者に引き渡すサービスです。利用者（債務者）は、この代金引換サービスの提供業者に利用料金等を支払うことにより、弁済を行ったこととなります。

回収代行サービスとは、これも収納代行サービスに類似したサービスですが、ある事業者が提供した商品・サービスの利用料金の回収を、他の事業者が代行するサービスです。例えば、スマートフォンにおいてダウンロード購入した音楽やゲームの料金、ショッピングサイトなどで購入した商品の代金について、コンテンツの提供者から依頼を受けて、電話料金等の支払いを受ける際に、併せてコンテンツの利用料金の支払いを受けるサービスです。

そこで、本項目では、決済サービスを提供するために知っておくべき法令の概要を説明します。

第2章 決　済

【Q&A】

1　資金決済法

Q2-30

銀行以外の事業者が送金サービスを行うには、法令上の許認可などが必要となりますか。

A　(1)　資金移動業の登録

銀行以外の事業者が送金サービスを行うには、資金決済法に基づく資金移動業に係る登録を受ける必要があります。

従前は、銀行等のみが為替取引を業として営むことができるとされましたが（銀行法2条2項2号）、資金決済法が施行され、資金移動業の登録を受けた場合には、銀行等以外の者が為替取引（100万円以下の取引に限ります）を業として営むことができるとされました（資金決済法2条2項、37条、同法施行令2条）。

そのため、銀行以外の事業者が行う送金サービスが「為替取引」に該当する場合には、資金決済法に基づく資金移動業に係る登録を受ける必要があります。

(2)　為替取引とは

では、どのような取引が「為替取引」に該当するのでしょうか。

資金決済法において「為替取引」の内容を定義する規定はなく、「為替取引」について定める銀行法においても、「為替取引」の内容を定義する規定はありません（銀行法2条2項2号参照）。

このように、為替取引に関する法令上の定義はないものの、「為替取引を行うこと」の意義については、いわゆる地下銀行（銀行法4条1項違反）に関する刑事事件の判例があり、そこでは銀行法2条2項2号「にいう『為替取引を行うこと』とは、顧客から、隔地者間で直接現金を輸送せずに資金を移動する仕組みを利用して資金を移動することを内容とする依頼を受けて、これを引

き受けること、又はこれを引き受けて遂行することをいう」との判断が示されています（前掲 Q2-26 最決平成 13・3・12）。

　実務上は、上記判例が示す為替取引の内容に照らし、為替取引に当たるかどうかを判断することとなります。もっとも、同判例の示す為替取引の要素に解釈の余地があることに加え、個別具体的な事情によって為替取引に当たるかどうかの結論が異なるケースもありうるため、為替取引に当たるかどうかを検討するに際しては、スキームの内容等の個別具体的な事情を踏まえた慎重な検討を要する場合もあります。

Q2-31

資金決済法によれば、資金移動業の登録を得た場合には、100万円以下の為替取引を行うことができるそうですが、100万円以下といえるかどうかについてはどのように判断すればよいでしょうか。

A　資金移動業については、100万円以下の範囲で為替取引を行うことができるとされています（資金決済法2条2項、同法施行令2条）。

　そして、資金決済法パブコメでは、「『100万円に相当する額以下の資金』とは、一利用者からの送金取引一件あたりの送金申込金額を形式的に判断するものとの理解でよいか」との意見に対し、「貴見のとおり」である旨の回答が行われています（資金決済法パブコメ No.62）。

　しかしながら、その後、日本資金決済業協会が金融庁の見解を確認したところ、金融庁より、「例えば、100万円超の送金取引が可能であることを宣伝の上、資金移動業者が100万円以下の複数回の送金取引に分割して実施することは、資金決済法の趣旨等にかんがみれば、資金決済法の潜脱となる可能性があります。」との回答もなされています（決済協速報 VOL.387（2015））。

　したがって、100万円以下の取引といえるかどうかについては、原則として1回の取引における申込金額を基準として、形式的に判断することが可能であると考えられますが、申込みの内容から、本来であれば100万円を超える金額を送金したいとの意向があったにもかかわらず、100万円以下の複数回の

第2章 決　済

送金取引に分割して実施していることが明らかとなった場合には、送金の申込みを拒絶する必要があると思われます。

Q2-32

資金移動業の登録制度の概要について教えてください。

A　資金移動業を営むためには、内閣総理大臣の登録を受ける必要があります（資金決済法37条）。

　登録申請の際には、登録申請書に、①商号および住所、②資本金の額、③資金移動業に係る営業所の名称および所在地、④資金移動業の内容および方法などを記載する必要があります（資金決済法38条1項、資金移動府令5条）。

　また、登録申請書には、①最終の貸借対照表および損益計算書、②事業開始後3事業年度における資金移動業に係る収支の見込みを記載した書面、③資金移動業に関する社内規則等、④資金移動業の業務を第三者に委託する場合にあっては、当該委託に係る契約の契約書などを添付することも必要となりますので（資金決済法38条2項、資金移動府令6条）、必要書類については、早めに把握した上で準備を進めることが求められます。

　さらに、登録に関する業務を実際に行う財務（支）局では、登録申請の受付を行う前に、事前に相談を行うことが望ましいとされ、実際に、東京財務事務所では、登録申請を行う前に、「資金移動業登録申請者の概要」という書面を提出するよう求められています。このような事前相談を行いつつ、必要書類を整理し、論点を整理した上で、登録申請書の受付が行われることになりますので、できる限り早めに財務（支）局に相談に行くことが望ましいと思われます。

　なお、資金移動業の登録を受けずに為替取引を行った場合については、資金決済法における罰則はありませんが、銀行法に基づき、3年以下の懲役もしくは300万円以下の罰金、またはこれの併科という罰則の適用を受ける可能性があります（銀行法4条1項、61条1号）。

Q2-33

資金移動業の行為規制の概要について教えてください。

A 資金移動業者に課される行為規制としては、例えば、次のような規制があります。

①履行保証金の供託等により資産保全を図ること（資金決済法43条〜45条）

資金移動業者は、その利用者に対して負う債務の全額と同額以上の資産を供託等によって保全することが義務付けられています。

②情報の安全管理措置を講じること（資金決済法49条）

資金移動業者は、資金移動業に係る情報の漏洩、滅失または毀損の防止その他の当該情報の安全管理のために必要な措置を講じる必要があります。

③委託先に対する指導その他の必要な措置を講じること（資金決済法50条）

資金移動業者は、資金移動業の業務を第三者に委託した場合には、当該委託に係る業務の委託先に対する指導その他の当該業務の適正かつ確実な遂行を確保するために必要な措置を講じる必要があります。

④利用者の保護等に関する措置を講じること（資金決済法51条）

資金移動業者は、銀行等が行う為替取引との誤認を防止するための説明、手数料その他の資金移動業に係る契約の内容についての情報の提供その他の資金移動業の利用者の保護を図り、および資金移動業の適正かつ確実な遂行を確保するために必要な措置を講じる必要があります。

具体的には、銀行等が行う為替取引との誤認防止措置を講じることや、利用者に対する情報の提供を行うこと、受取証書を交付することなどが求められています。

⑤指定紛争解決機関との契約を締結すること

資金移動業者は、指定資金移動業務紛争解決機関がある場合には、資金移動業に係る手続実施基本契約を締結しなければなりません（資金決済法51条の2第1項1号）。

しかしながら、2018年8月時点で、指定資金移動業務紛争解決機関が存

在しませんので、資金移動業者は、資金決済法の定める苦情処理措置および紛争解決措置を講じる必要があります（資金決済法51条の2第1項2号）。日本資金決済業協会は、現在、「お客さま相談室」において、資金移動業者に対する苦情の申し出を受け付け、苦情処理措置を提供するとともに、紛争解決措置として、東京三弁護士会の仲裁センター・紛争解決センターを利用することを紹介しています。そのため、資金移動業者は、この日本資金決済業協会が提供するサービスを利用することが考えられます。

⑥帳簿書類を作成し、保存すること（資金決済法52条）

資金移動業者は、その資金移動業に関する帳簿書類を作成し、保存しなければなりません。

Q2-34

資金移動業の行為規制のうち、資産保全の方法について教えてください。

A 資金移動業者は、その利用者に対して負う債務の全額と同額以上の資産を供託等によって保全することが義務付けられています（資金決済法43条）。そして、資金移動業者が破綻した場合には、その利用者は、供託等により保全された資産の中から、優先的に弁済を受けることができます（資金決済法59条）。

履行保証金の保全方法としては、①供託、②履行保証金保全契約、③履行保証金信託契約の3種類の方法が用意されています。

供託は、未達債務の額と権利行使の手続費用の額を算出することにより、供託を要する額（以下「要履行保証額」）を算出し、その額に相当する額の履行保証金を資金移動業者が本店の最寄りの供託所に供託する方法となります（資金決済法43条）。なお、未達債務の額と権利実行の手続費用の額の合計額が1,000万円以下である場合には、1,000万円が要履行保証額となることには注意が必要です。

履行保証金保全契約は、資金移動業者が、一定の健全性基準を満たす銀行等

との間で、内閣総理大臣の命令に応じて履行保証金を供託する旨の契約を締結する方法となります（資金決済法44条）。具体的には、資金移動業者が破綻した場合等において、銀行等がその段階で必要となる履行保証金を供託することになります。

　履行保証金信託契約は、資金移動業者が、信託会社等との間で、信託会社等が内閣総理大臣の命令に応じて信託財産を履行保証金の供託に充てることを信託の目的として当該信託財産の管理その他の当該目的の達成のために必要な行為をすべき旨の信託契約を締結する方法となります（資金決済法45条）。具体的には、資金移動業者が破綻した場合等において、信託会社等が信託財産を換価し、換価した金銭を履行保証金として供託することになります。

【供託方法等の種類】

供託等の方法	説　　明	供託所または契約の相手方
金銭による供託	現金による供託	資金移動業者の本店の最寄りの法務局
有価証券による供託	国債証券（振替国債を含む）、地方債証券、政府保証債券、告示で定められた社債券その他の債券による供託	
保全契約の締結	金融機関等と履行保証金保全契約を締結し、その旨を財務（支）局長等に届け出ることにより、履行保証金の供託に代替	一定の条件を満たした銀行等、生命保険会社、損害保険会社
信託契約の締結	信託会社等と履行保証金信託契約を締結し、財務（支）局長等の承認を受けることにより、履行保証金の供託に代替	信託会社、外国信託会社、信託銀行

第2章 決　済

Q2-35

資金移動業の行為規制のうち、受取証書の交付について教えてください。

A　(1)　受取証書の交付

　資金移動業者は、為替取引に関し、利用者から金銭その他の資金を受領した場合、遅滞なく一定の事項が記載された書面を利用者に交付しなければならないとされています（資金決済法51条、資金移動府令30条）。

　なお、為替証書等を発行して為替取引を行う場合には、受取証書の交付は不要です（資金移動府令30条1項ただし書）。

　また、預貯金口座から送金資金を利用者が払い込む場合には、利用者が請求した場合にのみ、受取証書を交付すれば足りるものとされています（資金移動府令30条2項）。

(2)　電磁的方法

　受取証書の交付については、利用者の承諾を取得した上、電磁的方法によって受取証書の記載事項を提供する方法をもって代替することも認められています（資金移動府令30条3項・4項・6項）。

　この方法によれば、インターネットを通じて受取証書の交付に関する対応を行うことができます。

　この場合の利用者の承諾の取得方法は、

①資金移動業者のウェブサイト画面上において、同意する旨またはしない旨のボタンをクリックし、それを資金移動業者側で記録する方法

②CD-RやUSBなどに同意する旨またはしない旨を記録して交付する方法

のいずれかによることとされています（資金移動府令30条6項1号）。

　また、承諾を取得するに際しては、資金移動業者は、あらかじめ、利用者に対し、その用いる電磁的方法の種類および内容を示し、書面または電磁的方法による承諾を得なければならないとされています（資金移動府令30条4項）。

　この場合、書面ではなく、ウェブサイトにおいて承諾を取得することも可能で

すが、「実質的に利用者が電磁的方法により交付されるということを認識せずにクリックすることが容易に想定される場合など、承諾が必ずしも有効とみなされないことがありうる」(資金決済法パブコメNo.133)との考え方が示されていますので、留意が必要です。

(3) 補　足

なお、受取証書については、印紙税の納付が問題となります。

金銭または有価証券の受取書や領収書は、印紙税額一覧表の第17号文書「金銭又は有価証券の受取書」に該当し、印紙税が課税されます。受取書とはその受領事実を証明するために作成し、その支払者に交付する証拠証書をいいます。したがって、「受取書」、「領収証」、「レシート」、「預り書」はもちろんのこと、受取事実を証明するために請求書や納品書などに「代済」、「相済」とか「了」などと記入したものや、お買上票などでその作成の目的が金銭または有価証券の受取事実を証明するものであるときは、金銭または有価証券の受取書に該当します。

このように、受取証書を書面にて作成し、交付した場合には、印紙税の納付が問題となりえますので、留意が必要です。

なお、電磁的方法により提供する場合には、印紙税の納付は問題となりません。

Q2-36

当社が発行する電子マネーに換金機能を付与する場合、その電子マネーに関する業務を行うには資金移動業の登録が必要ですか。

A　電子マネーについて換金を自由に行うことができる機能を付与する場合、換金可能な電子マネーを保有する者は、その電子マネーを換金することによって、その電子マネーについて前払いされた金銭を取得することが可能となります。具体的には、A地で発行された電子マネーをB地に持参し、B地においてA地で前払いした金銭を取得することも可能となります。

第2章 決　済

　かかる換金可能な電子マネーの性質を踏まえると、換金可能な電子マネーに関する取引は、判例（前掲Q2-26最決平成13・3・12）によって為替取引の意義として示された「顧客から、隔地者間で直接現金を輸送せずに資金を移動する仕組みを利用して資金を移動することを内容とする依頼を受けて、これを引き受けること、又はこれを引き受けて遂行すること」に該当し、為替取引に該当すると考えられます。

　したがって、換金可能な電子マネーに関する業務を行うには、資金移動業者として登録を取得することが必要であると考えられます。

Q2-37

当社は、換金できない電子マネーAを発行しようと考えています。そして、この電子マネーAについては、他社が発行する換金可能な電子マネーBと交換することができるというサービスを付加しようとも考えています。当社が電子マネーAを発行する場合、資金移動業の登録が必要になりますか。

A　(1)　換金できない電子マネーと換金できる電子マネーの違い

　Q2-36において解説したとおり、換金できる電子マネーを発行するためには、資金移動業者として登録を行うことが必要であると考えられます。

　他方、換金できない電子マネーについては、その電子マネーについて前払いされた金銭を取得することができないことから、換金できない電子マネーを発行することは為替取引に該当しないと考えられます。したがって、資金移動業者として登録を行う必要はないと考えられます。

　もっとも、換金できない電子マネーについては、①金額等の財産的価値が記載または記録されていること（価値情報の保存）、②金額または数量等に応ずる対価を得て発行される証票等、番号、記号その他の符号であること（対価発行）、③対価の弁済等に使用されること（権利行使）という「前払式支払手段」の要件を満たすため、形式的には、「前払式支払手段」の定義に該当します（資金決済法3条1項）。

(2) 換金できる電子マネーと交換できる場合の考え方

換金可能な電子マネーと交換することができる換金できない電子マネーを発行することは、為替取引に該当するのかどうかが問題となります。

この点については、明確な解釈が示されていませんが、以下のような事情を総合考慮し、電子マネーAが実質的にみて、換金可能な電子マネーBと同視され、電子マネーAを発行することが資金決済法に基づく資金移動業者に対する規制の潜脱と解されるような場合には、電子マネーAを発行する者は、資金移動業者としての登録が必要になると考えられます。

①電子マネーAが電子マネーBのほかにどのようなものと交換することができるのか（交換対象の多様性の有無）
②電子マネーAの発行総額のうち、電子マネーBとの交換が行われている比率（交換比率の大小）
③電子マネーAが発行された主たる目的が電子マネーBとの交換のためであるか（発行の目的）

Q2-38

当社は、A社が顧客に対して有する代金債権等に関し、その弁済金を顧客からA社を代理して受領し、受領した回収金をA社に引き渡すサービス（いわゆる収納代行サービス）を行おうと思っていますが、資金移動業の登録は必要ですか。

A (1) 収納代行サービスが「為替取引」に該当するか

「為替取引」については、Q2-30においても説明しましたとおり、銀行法や資金決済法に定義規定がありませんが、判例（前掲Q2-26最決平成13・3・12）上、「為替取引」とは、「顧客から、隔地者間で直接現金を輸送せずに資金を移動する仕組みを利用して資金を移動することを内容とする依頼を受けて、これを引き受けること、又はこれを引き受けて遂行すること」をいうとされています。

第2章 決　済

　そして、ご質問の収納代行サービスは、A社が貴社に対し、代金債権等の弁済の代理受領権限を与え、貴社がA社の代理人として顧客から代金等の弁済を受領するサービスであって、貴社がA社からの委託（委任）に基づき受領した金銭を委託者（委任者）たるA社に引き渡す債務（民646条）を履行するものにすぎません。

　このように、弁済金の受領の時点において顧客の弁済が完了し、その後のA社への金銭の引渡しは自己の債務を弁済する行為にすぎないことからすると、貴社は、A社から資金を移動することを内容とする依頼を受けてこれを遂行していないと考えられます。したがって、ご質問の収納代行サービスは、為替取引には該当しないと考えられます。

(2)　金融庁の考え方

　基本的な整理は上記のとおりですが、収納代行サービスの為替取引該当性については、現在のところ、行政の解釈が明示されておらず、また、金融庁は、「平成21年1月14日付金融審議会金融分科会第二部会報告書においては、『共通した認識を得ることが困難であった事項〔筆者注：収納代行サービスを含みます〕については、性急に制度整備を図ることなく、将来の課題とすることが適当』とされており、利用者保護に欠ける事態等が生じないよう引き続き注視していくこととしています」（資金決済法パブコメNo.148）との考え方が示されています。

　そのため、収納代行サービスについては、将来的には、為替取引に該当すると整理される可能性があることは否定できないと考えられますので、今後の動向には注意が必要です。

(3)　代金引換サービス、回収代行サービス

　収納代行サービスと類似するものとして、代金引換サービス、回収代行サービスなどがありますが（サービスの内容は、【サービスの概要】をご参照ください）、これらのサービスについても、基本的には、収納代行サービスと同様に考えることができると考えられます。

Q2-39

資金送金サービスにおいて、クレジットカードを利用することにより、送金資金の支払いを受けたいと考えていますが、留意すべき事項はありますか。

A 資金送金サービスにおいて、クレジットカードを利用することにより、送金資金の支払いを受けることについては、異なる見解もあるものの、基本的には、資金決済法や割賦販売法には抵触しないと考えられています。

しかしながら、例えば、利用者であるＡ氏が、自らのクレジットカードを利用して送金資金の支払いを行った上で、自己名義の銀行口座への送金を依頼した場合、クレジットカードのショッピング枠の現金化と同様の効果を実現することができてしまいます。

クレジットカードのショッピング枠の現金化については、クレジットカード会員規約に違反するものであり、また、場合によっては、詐欺罪に該当する可能性もあるとして、クレジット業界全体において、注意喚起を行っているところです（日本クレジット協会のウェブサイト：https://www.j-credit.or.jp/customer/attention/attention_05.html を参照ください）。

そのため、法形式上は、資金送金サービスにおいて、クレジットカードを利用することにより、送金資金の支払いを受けることは禁止されるものではないと考えられていますが、資金決済法の所管官庁である金融庁は、資金送金サービスにおいて、クレジットカードを利用することにより、送金資金の支払いを受けることについては難色を示しているようです。

したがって、このようなスキームを構築する場合には、事前に監督官庁である金融庁の見解を確認するなどし、慎重な対応を行ったほうが望ましいかと思います。

なお、資金送金サービスにおいて、クレジットカードを利用することにより、送金資金の支払いを受ける場合については、クレジットカード会社が実質的にクレジットカードによって送金を行っているということにならないかという問題がありますので留意してください（堀天子『実務解説　資金決済法〔第３版〕』

(商事法務、2017) 59 頁以下参照)。

2　外為法

Q2-40

銀行以外の事業者が海外への送金サービスを行う場合には、外為法に基づく規制が適用されますか。

A　資金移動業者が海外送金サービスを提供する場合には、外為法および国外送金調書法について注意する必要があります。

(1)　外為法の規制対象となるか否かの確認義務

資金移動業者は、顧客の支払いまたは支払いの受領(以下「支払等」)が次の①〜③に掲げる支払等のいずれにも該当しないこと、または次の①〜③に掲げる支払等に該当すると認められる場合には支払等に係る許可や支払等の原因となる取引について許可等を受けていることを確認した後でなければ、当該顧客と当該支払等に係る為替取引を行うことはできないとされています(外為法17条、17条の3)。

①外為法16条1項から3項までの規定により許可を受ける義務が課された支払等

②外為法21条1項または2項の規定により許可を受ける義務が課された20条に規定する資本取引に係る支払等

③その他、外為法または外国為替令の規定により許可もしくは承認を受け、または届出をする義務が課された取引または行為のうち外国為替令7条で定めるものに係る支払等

これは、資産凍結等経済制裁の対象となる国、個人または団体との間の支払等を規制するための規定です。この外為法の規制対象となるか否かの確認義務については、財務省が定める「外国為替検査マニュアル」の別添1「外為法令等遵守のための内部管理体制全般に係るチェックリスト」および別添2「資産凍結等経済制裁に関する外為法令の遵守状況に係るチェックリスト」を参照く

ださい。

(2) 外為法上の本人確認義務

　資金移動業者は、本邦から外国へ向けた支払いまたは非居住者との間でする支払等（当該顧客が非居住者である場合を除きます）に係る為替取引（10万円相当額以下の為替取引を除きます）を行うに際しては、当該顧客について、本人確認を行う必要があります（外為法18条〜18条の5）。

　この本人確認義務については、財務省が定める「外国為替検査マニュアル」の別添3-1「金融機関等の本人確認義務等に関する外為法令の遵守状況に係るチェックリスト（除く両替業務）」を参照ください。

(3) 支払等の報告

　居住者もしくは非居住者が本邦から外国へ向けた支払いもしくは外国から本邦へ向けた支払いの受領をしたとき、または本邦もしくは外国において居住者が非居住者との間で支払等をしたときであって、この支払等が資金移動業者が行う為替取引によってされた場合には（ただし、3,000万円相当額を超える等の場合に限ります）、資金移動業者は、これらの支払等の内容、実行の時期等を財務大臣に報告しなければなりません（外為法55条）。

　もっとも、資金移動業者は、100万円を超える為替取引を行うことができませんので、外為法55条に基づく報告を行う必要はありません。

3　国外送金調書法

Q2-41

銀行以外の事業者が海外への送金サービスを行う場合には、国外送金調書法に基づく規制が適用されますか。

A　資金移動業者が海外送金サービスを提供する場合には、外為法および国外送金調書法について注意する必要があります。

第2章 決　済

(1)　告知書の提出義務

　国外送金または国外からの送金等の受領をする者（政令で定める者を除きます）は、その国外送金または国外からの送金等の受領（以下「国外送金等」）がそれぞれ特定送金または特定受領に該当する場合を除き、その国外送金等をする際、資金移動業者等の営業所等の長に対し、国外送金調書法3条1項各号に定める事項を記載した告知書を提出する必要があります（国外送金調書法3条1項）。

　そのため、国外送金等が特定送金または特定受領に該当する場合を除き、当該告知書の提出を受け、当該告知書の提出をした者の本人確認を行う必要があります（国外送金調書法3条1項）。

(2)　特定送金または特定受領

　では、どのような場合が特定送金または特定受領に該当するのでしょうか。
　「特定送金」とは、「その国外送金をする者の本人口座からの振替によりされる国外送金その他これに準ずる国外送金として政令で定めるもの」をいい、「特定受領」とは、「その国外からの送金等の受領をする者の本人口座においてされる国外からの送金等の受領その他これに準ずる国外からの送金等の受領として政令で定めるもの」をいいます（国外送金調書法3条2項）。

　資金移動業者が、為替取引の提供にあたり、会員登録をさせたり、顧客ごとに送金口座を開設したりすることにより、顧客ごとの勘定を設けているような場合には、かかる「本人口座からの振替」等に該当することになると考えられます。

　なお、「本人口座」に該当するためには、本人の氏名または名称、住所および個人番号（マイナンバー法に規定する個人番号をいいます）または法人番号（マイナンバー法に規定する法人番号をいいます）（個人番号または法人番号を有しない者にあっては、氏名または名称および住所）を確認する必要がありますので、注意が必要です（国外送金調書法2条6号）。

(3)　国外送金等調書の提出義務

　金融機関は、その顧客が当該金融機関の営業所等を通じてする国外送金

等（その金額が 100 万円以下のものを除きます）に係る為替取引を行ったときは、その国外送金等ごとに国外送金等調書を、当該為替取引に係る金融機関の営業所等の所在地の所轄税務署長に提出する必要があります（国外送金調書法 4 条）。

もっとも、資金移動業者は、100 万円を超える為替取引を行うことができませんので、国外送金調書法 4 条に基づく国外送金等調書の提出をする必要はありません。

4 銀 行 法

Q2-42

デビットカードにおいてキャッシュアウトサービスを付加する場合、銀行法の規制に留意する必要がありますか。

A 欧米等では、「キャッシュアウト」と呼ばれる、デビットカードを活用して小売店のレジ等で現金を受け取る（受取りにあたっては、端末に暗証番号を入力）ことができるサービスがあります。

従前、わが国では、こうしたサービスは提供されていませんが、キャッシュアウトサービスを銀行法令上、「預金の払出し」の外部委託と整理して、サービスの提供が可能であることを明確化できないかとの意見がありました。

ATM 等は、取引の実行に必要な事務処理を定型的に行うことなどから、銀行法上の「預金の払出し」に係る外部委託として整理されています。キャッシュアウトサービスも、本質的にはこれと同様のものとして、銀行法上の「預金の払出し」に係る外部委託として整理されると考えられています（以上、決済 WG 報告 12 頁）。

このような考え方のもと、キャッシュアウトサービスが可能となるよう、銀行法施行規則が改正されました。

すなわち、電気通信回線で接続された端末装置に顧客がカード等（それを提示しもしくは通知して、またはそれと引換えに、商品もしくは権利を購入し、または有償で役務の提供を受けることができるカードその他の物または番号、記号その他の符号をいう）を利用し、または顧客の使用に係る電子機器から電気通信回

線を通じて銀行の使用に係る電子計算機に情報を送信し、および不正アクセス行為の禁止等に関する法律2条2項に規定する識別符号を入力することにより預金または資金の貸付けの業務に係る金銭の払出しを行うことが認められました（銀行法施行規則13条の6の4第2号）。

この場合、銀行は、次の措置を講じることが必要になりますので、留意が必要です。

①預金または資金の貸付けの業務に係る金銭の払出しに関する事務に支障を及ぼすことがないよう的確、公正かつ効率的に遂行することができる能力を有する者に当該事務を委託するための措置
②顧客に関する情報が漏えいしないための的確な措置
③顧客が当該銀行と当該預金または資金の貸付けの業務に係る金銭の払出しに関する事務の委託を受けた者（「受託者」）その他の者を誤認することを防止するための適切な措置
④預金または資金の貸付けの業務に係る金銭の払出しに関する事務を委託した場合の当該事務の実施に関し、受託者との間で、それぞれの役割の分担の明確化を図るための措置
⑤預金または資金の貸付けの業務に係る金銭の払出しに関する事務の正確性を確保するための措置
⑥カード等の処理に係る電子計算機および端末装置または顧客が送信する情報の処理に係る電子計算機および電子機器が正当な権限を有しない者によって作動させられたことにより顧客に損失が発生した場合において、銀行、受託者および顧客の間での当該損失の分担の明確化を図るための措置
⑦預金または資金の貸付けの業務に係る金銭の払出しの上限額の設定および当該上限額を超えることを防止するための措置

なお、日本電子決済推進機構は、2018年4月2日から、J-Debit「キャッシュアウトサービス」の取扱いを開始しています（http://www.debitcard.gr.jp/whats/dl/news-180329.pdf）。

5 信託業法

Q2-43

エスクローサービスを行うには、法令上の許認可などが必要となりますか。

A エスクローとは、例えば、不動産売買における手付金を保全し、契約が解除された際に、手付金の安全かつ確実な交付または返還を実現することを目的として、売買取引等の取引当事者の一方が、金銭や有価証券などの財産を第三者に預託するものであり、預託された財産は、一定の事由が生じた場合(例えば、買主による解除の意思表示があった場合)に、取引当事者の相手方に交付されるサービスをいいます。

このエスクローサービスにおいて預託を受ける財産が金銭である場合、業として預り金をするにつき他の法律に特別の規定のある場合を除き、出資法2条1項に定める預り金の禁止に該当するおそれがあります。

したがって、銀行等以外の者がエスクローサービスを提供するためには、信託業法に基づく運用型信託会社の免許を取得するか、または、管理型信託会社の登録を行う必要があります(信託業法3条、7条)。

なお、信託業法に基づくエスクローサービスを提供した場合、委託者によって信託された財産は、委託者の財産から分離・独立し、受託者名義の財産になります。そして、信託財産は、受託者の固有財産とは分別管理され、信託目的に従って受益者のために管理されます。したがって、委託者に倒産等の事由が発生した場合であっても、受益者は、信託財産の交付を受けることができます。

第2章 決　済

Q2-44

信託業の免許制度および登録制度の概要について教えてください。

A　(1)　運用型信託会社の免許制と管理型信託会社の登録制

　信託業は、原則として、内閣総理大臣の免許を受けた者でなければ、営むことができません（信託業法3条）。もっとも、管理型信託会社の登録を受けた場合には、運用型信託会社の免許を取得することなく、信託業のうちの管理型信託業を営むことができます（信託業法7条）。

　したがって、運用型の信託業を営む場合には信託業法に基づく免許を受ける必要があり、管理型の信託業を営む場合には信託業法に基づく登録を受ける必要があります。

　免許または登録を受けるための基準（いわゆる参入基準）の相違点は次のとおりです。

【免許または登録を受けるための基準】

	運用型信託会社（免許）	管理型信託会社（登録）
参入資格	取締役会等を置く株式会社であること	
最低資本金	1億円	5,000万円
純資産規制	1億円	5,000万円
営業保証金	2,500万円	1,000万円

(2)　業務方法書

　信託業法に基づく免許を受けようとする者（免許申請者）および登録を受けようとする者（登録申請者）は、免許（登録）申請書を提出するとともに、信託業法に定める添付書類を添付する必要がありますが、その中に、「業務方法書」というものがあります。

　この業務方法書は、信託会社が信託業を営む上で根幹となる特に重要な書類

であり、特に免許を取得した信託会社が業務方法書を変更しようとする場合には、内閣総理大臣の認可を受けなければなりません（信託業法13条1項。なお、管理型信託会社の場合には届出で足ります）。

この業務方法書については、金融庁が定める監督指針に審査基準が示されていますので、そちらを参考にしてください（信託会社等に関する総合的な監督指針3-2-2・5-2-4）。

(3) 予備審査

運用型信託会社としての免許を受けようとするときは、当該免許の申請をする際に内閣総理大臣に提出すべき書類に準じた書類を金融庁長官を経由して内閣総理大臣に提出して予備審査を求めることができます（信託業法施行規則81条）。

この予備審査は、求めることができるにとどまり、必須ではありませんが、運用型信託会社となるための準備を円滑に行うためには、この事前審査を活用することがよいかと思います。

Q2-45

信託業の行為規制の概要について教えてください。

A　信託業法上の主な行為規制は、次のとおりです。

(1) 信託業務の委託（信託業法22条、23条）

信託会社は、一定の要件を満たす場合に限り、その受託する信託財産について、信託業務の一部を第三者に委託することができます（信託業法22条1項）。

信託会社は、信託業務の委託先が委託を受けて行う業務について、受益者に加えた損害を賠償する責任を負います。もっとも、信託会社が委託先の選任につき相当の注意をし、かつ、委託先が委託を受けて行う業務につき受益者に加えた損害の発生の防止に努めたときは、免責されます（信託業法23条1項）。

(2) 信託の引受けに係る義務（信託業法24条、24条の2、25条、26条）

　信託会社は、信託の引受けに関して、委託者に対し虚偽のことを告げる行為、委託者に対し、不確実な事項について断定的判断を提供し、または確実であると誤解させるおそれのあることを告げる行為などを行うことが禁止されています（信託業法24条）。

　信託契約が特定信託契約になる場合には、金商法の規制が準用されます（信託業法24条の2）。なお、「特定信託契約」に該当する契約は、①公益信託、②元本補填特約付信託、③信託財産を預金等のみによって運用する信託、④管理型信託、⑤物・権利（金銭・有価証券等以外）の管理・処分信託以外の信託契約をいいます（信託業法施行規則30条の2）。

　信託会社は、一定の場合を除き、信託契約による信託の引受けを行うときは、あらかじめ、委託者に対し、信託業法に定める事項を説明しなければなりません（信託業法25条）。

　信託会社は、一定の場合を除き、信託契約による信託の引受けを行ったときは、遅滞なく、委託者に対し、信託業法に定める事項を明らかにした書面を交付しなければなりません（信託業法26条）。

(3) 善管注意義務（信託業法28条2項）

　信託会社は、信託の本旨に従い、善良な管理者の注意をもって、信託業務を行わなければなりません（信託業法28条2項）。この善管注意義務は、強行法規であり、善管注意義務を完全に免除することはできないと考えられています。

(4) 忠実義務・利益相反行為（信託業法28条1項、29条）

　信託会社は、信託の本旨に従い、受益者のため忠実に信託業務その他の業務を行わなければなりません（忠実義務、信託業法28条1項）。そして、この忠実義務を類型化した義務の1つとして、利益相反行為の禁止などがあります（信託業法29条2項等）。

(5) 分別管理義務（信託業法28条3項）

　信託会社は、信託業法施行規則で定めるところにより、信託法34条の規定

に基づき信託財産に属する財産と固有財産および他の信託の信託財産に属する財産とを分別して管理するための体制その他信託財産に損害を生じさせ、または信託業の信用を失墜させることのない体制を整備しなければなりません（信託業法28条3項）。

6　犯罪収益移転防止法

Q2-46

送金サービスを行うには、法令上の本人確認（取引時確認）が求められますか。

A　資金移動業者は、犯罪収益移転防止法上の特定事業者に該当しますので（犯収法2条2項30号）、本人確認（取引時確認）を行う義務や疑わしい取引の届出を行う義務を負っています。では、どのような場合に本人確認（取引時確認）を行う必要があるのでしょうか。

資金移動業者は、犯罪収益移転防止法に定める「特定取引」に該当する取引を行う場合に、本人確認（取引時確認）を行う必要がありますが、資金移動業者が資金移動業を営むに際して問題となる「特定取引」は次のとおりです。

① 現金、持参人払式小切手、自己宛小切手または無記名の公社債の本券もしくは利札の受払いをする取引であって、当該取引の金額が200万円（現金の受払いをする取引で為替取引または自己宛小切手の振出しを伴うものにあっては、10万円）を超えるもの（犯収法令7条1項1号ツ）

② 預金または貯金の受入れを内容とする契約の締結に係る取引を行うことなく為替取引または自己宛小切手の振出しを継続的にまたは反復して行うことを内容とする契約の締結（犯収法令7条1項1号ナ）

③ マネーロンダリングの疑いがあると認められる取引（犯収法規則5条1号）

④ 同種の取引の態様と著しく異なる態様で行われる取引（犯収法規則5条2号）

①は、1回限りの為替取引（単発型）の場合が該当します。また、アカウント型のようにIDやパスワードを付与し、反復継続的な利用を前提とした会員

登録を行っている場合には、②に該当します。

また、③と④は、犯罪収益移転防止法の改正により、「特定取引」に追加されましたが、これらの取引については、単発型、アカウント型にかかわらず、本人確認（取引時確認）を行う必要があります。

さらに、

⑤なりすましの疑いがある取引または本人特定事項を偽っていた疑いがある顧客との取引

⑥特定国等（イランおよび北朝鮮）に居住・所在している顧客との取引

⑦外国 PEPs（重要な公的地位にある者（Politically Exposed Persons））との取引

については、ハイリスク取引として、単発型、アカウント型にかかわらず、本人確認（取引時確認）を行う必要があります（犯収法4条2項）。

Q2-47

エスクローサービスを行うには、法令上の本人確認（取引時確認）が求められますか。

A Q2-43において説明しましたとおり、エスクローサービスを行うためには、信託業法に基づく免許を取得したり、または登録をする必要があります。

そして、信託会社は、一定の信託契約を締結する場合には、本人確認（取引時確認）を行う必要があります（犯収法2条2項24号、犯収法令7条1項1号ハ）。通常のエスクローサービスに係る信託契約は、原則として、本人確認（取引時確認）が必要となる信託契約に該当すると考えられますので、受託者たる信託会社は、信託契約の相手方である委託者および受益者の本人確認を行う必要があります。

ポイントサービス

[**関連法制**　資金決済法、個人情報保護法]

【サービスの概要】

　わが国において、小売、クレジット、航空、通信等、様々な業種の企業が、販売促進や顧客囲込み等のために企業ポイント（ポイント）を発行しています。企業ポイントは、消費者に対して利便性の高いサービスを提供する中で、消費者と企業をつなぐ重要な役割を果たし、新しいビジネスを創出するというイノベーションを起こしつつ、年々発展してきています。

　また、ポイントの種類も多様化しており、自社のみで利用できるポイント、提携した企業間において利用できる共通ポイント等も多数発行されています。さらに、ポイント間の交換や、ポイントと電子マネーの交換が可能となるようなサービスも提供されており、ポイントの利用場面が多様化しています。

　そして、企業ポイントは、単に販売促進や顧客の囲込みという当初の目的を超えて、ポイントカードを使って商品購入した消費者の情報を活用し、顧客層ごとの売れ筋商品分析などのマーケティングへの活用に加え、リコール対象製品を購入した顧客への商品回収の連絡を行うなど、様々な用途にも活用されています。

　そこで、本項目では、ポイントサービスを提供するために知っておくべき法令の概要を説明します。

第2章 決　済

【Q&A】

1　資金決済法

Q2-48

ポイントサービスを行うには、前払式支払手段発行者として資金決済法に基づく登録等を行う必要はありますか。原則として許認可などが必要ない場合、要否の線引きについて具体的に教えてください。

A　いわゆる企業ポイントにも様々な種類がありますが、一般に「ポイント」という場合には、消費者が商品を買ったおまけとして無償で付与され、次回以降の買物の際に代価の弁済の一部に充てることができる財産的価値をいうと解されています。

　これに対し、「前払式支払手段」とは、以下の要件をすべて備えているものをいいます（資金決済法3条1項）。

①金額等の財産的価値が記載または記録されていること（価値情報の保存）

②金額または数量等に応ずる対価を得て発行される証票等、番号、記号その他の符号であること（対価発行）

③対価の弁済等に使用されること（権利行使）

　そして、いわゆる企業ポイントは、通常は、商品等の購入時に併せて無償で付与されるものであり、対価性を欠くため（上記②の要件）、前払式支払手段には該当しないと考えられています。

　このように、ポイントそのものは、原則として前払式支払手段に該当しません。しかし、ポイントについて、他のポイントや前払式支払手段と交換することができる場合には、ポイントが前払式支払手段に該当することがあるので注意が必要です（Q2-51を参照ください）。

　また、資金決済法の立法過程での議論においては、本件のようなポイントの取扱いについては、明確な結論は出ておらず、将来の課題として位置付けられています。この点に関して、金融制度ワーキング・グループおよび2017年

11月から開催されている金融制度スタディ・グループにおいては、ポイントサービスへの規制は明示的な論点とはなっていないものの、将来の議論としては、ポイントサービスについて法規制が課されることになる可能性も皆無ではありませんので、今後の動向には留意が必要です。特に、金融制度スタディ・グループにおける議論は、各サービスが有する機能に着目した総論的な検討が行われているため、同グループにおける議論および同グループの流れを引き継ぐ議論の動向には注目しておくべきでしょう。

Q2-49

ポイントサービスの検討に関して、参考にすべき資料等を教えてください。

A　Q2-48において説明しましたとおり、企業ポイントの発行については、原則として、特にこれを直接に規制する法令はありません。

しかしながら、現代社会においては、多額のポイントが発行されており、消費者の保護を図ることも必要であると考えられます。そこで、ポイントサービスについては、以下のようなガイドラインや報告書が作成されており、利用規約において規定するべき事項等についての指針等が示されていますので、参考にしてください。

・企業ポイントに関する消費者保護のあり方（ガイドライン）（経済産業省 2008年12月）
・日本インターネットポイント協議会・ガイドライン

ポイントサービスの利用規約の検討に際しても、上記の指針等を参考にすることが有益でしょう。

Q2-50

共通ポイントサービスの仕組みについて教えてください。

A 共通ポイントサービスとは、特定の事業者が発行するポイントについて、他の事業者が提供する商品やサービスに利用することのできるサービスです。例えば、ガソリンスタンドの利用で付与されたポイントAを飲食店の食事代に利用できるようなサービスです。

共通ポイントサービスは、ポイント発行者を中心とした各事業者の提携関係を前提としてサービスが提供されます。具体的には、ポイント発行者と提携する事業者は、ポイントを付与された場合にはポイント原資をポイント発行者に負担し、ポイントが利用された場合には利用されたポイント相当額をポイント発行者から受け取る契約が締結されることが一般的です。

共通ポイントの場合、自社のみで発行するポイントと異なり、ポイント提携企業との関係を踏まえたポイントの管理が必要となります。そのため、ポイント発行者となることを想定する場合には、ポイント原資やポイント精算金の支払いを含めた対応を検討することが求められます。また、ポイントが利用された売買契約などが何らかの理由で取り消された場合などの対応もあらかじめ検討しておくことでトラブル対応を円滑な方向で実施することができます。

また、ポイント発行者ではなく、ポイント提携企業となることを想定する場合には、ポイント発行者との契約内容を踏まえ、金銭のやり取りの精算タイミングはどのようなものか、トラブルがあった場合の処理はどのようなものか等について確認していくことになります。

Q2-51

ポイント交換サービスについて、留意すべき事項はありますか。

A (1) ポイントの交換

　現在、多くの企業がポイントを発行しており、また、①ポイントとポイントの交換、②前払式支払手段とポイントの交換、③資金移動業者によって発行される電子マネーとポイントの交換などポイント同士の交換なども多く行われています。

(2) ポイントとポイントの交換

　景品やおまけとして発行されたポイント同士を交換する場合については、交換的に発行されるポイントが「対価」を得て発行されたものといえるかどうかが問題となります（なお、Q2-48のとおり、「対価」を得て発行されている場合には、前払式支払手段に該当します）。

　ポイントには一定の財産的価値があり、利用者は財産的価値を手離して別のポイントを得ることなどを踏まえ、ポイント交換で取得したポイントには対価性があるとする考え方もあります（高橋康文編著『詳説　資金決済に関する法制』（商事法務、2010）109頁～110頁）。しかしながら、現在のところは、行政監督上の運用においては、ポイント間の交換について、これを資金決済法に基づく規制が直ちに適用されるものとしては取り扱っていないものと思われます。

(3) 前払式支払手段とポイントの交換

　ア　利用者がA社から付与を受けたポイントを用いてB社が発行する電子マネー（前払式支払手段）の発行を受ける場合

　この場合には、新たに発行を受けるB社の電子マネーが「前払式支払手段」であっても、A社がポイントを付与するにあたって利用者から対価を得ていなければ、A社が付与するポイントに対価性はないといえます。

　したがって、A社が付与するポイントは、前払式支払手段に該当しないと考えられます。

　イ　利用者がB社が発行する電子マネー（前払式支払手段）を用いてA社からポイントの付与を受ける場合

　この場合には、A社は、利用者に対し、B社が発行する前払式支払手段とい

う対価を得て、ポイントを付与していますので、A社が付与するポイントは、前払式支払手段の他の要件（Q2-48のAに記載する①と③の要件）を満たす場合には資金決済法上の「前払式支払手段」に該当することになります。

(4) 資金移動業者によって発行される電子マネーとポイントの交換
　ア　利用者が、A社から付与を受けたポイントを用いて、資金移動業者たるB社が発行する電子マネーの発行を受ける場合
　この場合には、新たに発行を受けるB社の電子マネーについて、資金移動業の適用があるとしても、A社がポイントを付与するにあたって利用者から対価を得ていなければ、A社が付与するポイントに対価性はないといえます。
　したがって、A社が付与するポイントは、前払式支払手段に該当しないと考えられます。

　イ　利用者が、資金移動業者たるB社が発行する電子マネーを用いてA社からポイントの付与を受ける場合
　この場合には、A社は、利用者に対し、資金移動業者たるB社が発行する電子マネーという対価を得て、ポイントを付与していますので、A社が付与するポイントは、前払式支払手段の他の要件（Q2-48のAに記載する①と③の要件）を満たす場合には資金決済法上の「前払式支払手段」に該当することになります。

2　個人情報保護法

Q2-52

ポイントの利用履歴を加工して第三者と提携して実施する広告サービスにおいて、個人情報保護法上の観点から留意すべき事項はありますか。

A　(1)　匿名加工情報
　325頁において述べるとおり、個人情報を第三者に提供する場合には、一定の例外に該当する場合を除き、利用者本人の同意を取得することが求められま

す。そのため、個人情報を活用した広告サービスなどを実施するに際しては、かかる個人情報保護法上の制約を考慮した上で検討を進めることが必要とされていました。

この点に関し、個人情報保護法が改正され、個人情報を匿名化することに関するルール（「匿名加工情報」ルール）が整備されています。このルールはいわゆるビッグデータの利活用を目的として導入されたものであり、Fintech関連のビジネスにおいても活用できる可能性があります。

「匿名加工情報」とは、個人情報に対して一定の措置を講じて特定の個人を識別することができないように個人情報を加工して得られる個人に関する情報であって、当該個人情報を復元することができないようにしたものをいいます（個人情報保護法2条9項）。そして、「匿名加工情報取扱事業者」とは、匿名加工情報データベース等を事業の用に供している者をいいます（個人情報保護法2条10項）。

この「匿名加工情報」として認められるレベルまで個人情報を加工した場合には、利用者本人の同意なく情報を第三者に提供することができます。Fintech事業者としては、匿名加工情報のルールを利用することにより、様々なビジネスにおいて、自らまたは提携企業が有している個人情報を匿名加工することによって保有する情報を活用することができる可能性があります。

もっとも、匿名加工として求められる具体的なレベル感によって活用する情報の価値が大きく異なるところ、この点については、関連する法令やガイドライン上は必ずしも明確といえないことから、今後は、どの程度の匿名加工を行うことで事業を推進することができるかが関心事となるでしょう。具体的には、この匿名加工情報の作成基準に関し、法令上は以下の内容が定められていますが（個人情報保護法施行規則19条各号）、実務上どの程度の匿名加工を実施することで足りるかについては今後のさらなる検討が必要となるものと思われます。

> ① 個人情報に含まれる特定の個人を識別することができる記述等の全部または一部を削除すること
> ② 個人情報に含まれる個人識別符号の全部を削除すること
> ③ 個人情報と当該個人情報に措置を講じて得られる情報とを連結する符号（現に個人情報取扱事業者において取り扱う情報を相互に連結する符号に限る）を削除すること
> ④ 特異な記述等を削除すること
> ⑤ 上記①から④までの措置のほか、個人情報に含まれる記述等と当該個人情報を含む個人情報データベース等を構成する他の個人情報に含まれる記述等との差異その他の当該個人情報データベース等の性質を勘案し、その結果を踏まえて適切な措置を講ずること

　また、匿名加工情報のルールの各論的な検討に際しては、個人情報保護委員会が匿名加工情報ガイドラインを策定していますので、同ガイドラインの内容が参考になります。例えば、同ガイドライン8頁以下においては、匿名加工情報として適正な加工の方法等が記載されるなど、匿名加工情報のルールに沿ったビジネスを展開する際には確認が必須となる情報が挙げられています。さらに、経済産業省が「匿名加工情報作成マニュアル」（2016年8月8日）を策定し、一般財団法人日本情報経済社会推進協会が「匿名加工情報の事例集」を公表していますので、匿名加工情報を作成する際の具体的な方法を検討する場合に参考になるものと思われます。

(2) **個人情報取扱事業者および匿名加工情報取扱事業者に課される義務**
　匿名加工情報の取扱いに際しては、以下のような義務が課されますので、匿名加工情報ルールを利用する場合には注意が必要です。

　ア　個人情報取扱事業者に課される義務
　　(ｱ)　匿名加工情報の加工方法に関する義務（個人情報保護法36条1項）
　　(ｲ)　匿名加工情報の作成に用いた個人情報から削除した記述等について安全管理措置を講じる義務（個人情報保護法36条2項）
　　(ｳ)　匿名加工情報に含まれる個人に関する情報の項目を公表する義務（個人情報保護法36条3項）

※対外公表に関しては、作成および提供について、「インターネットの利用その他の適切な方法」により行うこととされています（個人情報保護法施行規則21条など）。
- (エ) 匿名加工情報の提供にあたり、当該匿名加工情報に含まれる個人に関する情報の項目を公表等する義務（個人情報保護法36条4項）
- (オ) 匿名加工情報を他の情報と照合してはならない義務（個人情報保護法36条5項）
- (カ) 安全管理措置を講じ公表する努力義務（個人情報保護法36条6項）

イ　匿名加工情報取扱事業者に課される義務
- (ア) 匿名加工情報の提供にあたり、当該匿名加工情報に含まれる個人に関する情報の項目を公表等する義務（個人情報保護法37条）
- (イ) 匿名加工情報を他の情報と照合してはならない義務（個人情報保護法38条）
- (ウ) 安全管理措置を講じ公表する努力義務（個人情報保護法39条）

第3章
融資・投資

第3章　融資・投資

トランザクションレンディング

［関連法制］　銀行法、貸金業法、利息制限法、出資法、犯罪収益移転防止法、個人情報保護法、動産債権譲渡特例法］

【サービスの概要】

　ウェブサイトにおいて商取引の場を提供するモール事業者や決済代行事業者（モール事業者と総称して以下「決済事業者」）は、多数の加盟店の売上げをはじめとする取引に関する情報（以下「取引情報」）を把握しています。ここでいう商取引は物品の売買に限らず、旅行・美容・飲食などの役務の提供も含まれますが、便宜上、物品の売買を前提にしてモール事業者と呼びます。

　トランザクションレンディングは、決済事業者が取得した取引情報を利用して、加盟店に対して貸付けを行うサービスです。例えば、モール事業者を通じた売上金額やクレジットカードの取扱金額の○％まで短期の運転資金の貸付けを柔軟かつ機動的に実施するなどのサービスをいいます。トランザクションレンディングは、取引情報を利用して、迅速かつ柔軟に融資の可否を審査するという点において使い勝手の良いものとなっている代わりに、預貯金を受け入れている銀行等による融資と比較して金利を高めに設定する例が多く、従来の銀行等による融資とは異なる商品性を有しています。

　決済事業者自らが貸付けを行う場合、仮に加盟店が返済を滞ったときには、決済事業者は、貸付債権と加盟店の決済事業者に対するクレジットカードの利用代金など商取引決済の精算金請求権とを相殺することにより債権の回収を図ることが予定されています。

　また、決済事業者から貸付けを業として行う事業者（貸金業者または銀行等）に対して取引情報を連携し、当該事業者が加盟店に対して貸付けを行うサービスを提供することもあります。その際、銀行等が貸付けの主体になることもありますが、本項目では、銀行等以外の者が貸金業の登録を受けて貸付けを実施

することを念頭に置いて説明をしていきます。

【トランザクションレンディングのサービス】

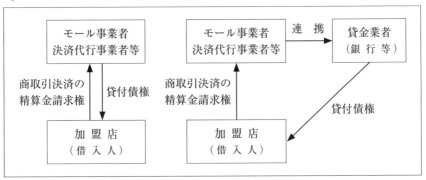

トランザクションレンディングにおいては、決済事業者が加盟店の取引情報を把握しているほか、在庫を加盟店から預かるなど、加盟店の商流も把握していることもあります。

その場合には、決済事業者の加盟店に対する貸付債権を保全するために、加盟店が保有する在庫を担保に取得することもあります（ABL（アセット・ベースト・レンディング）と呼ばれる資金調達手法です）。

本項目では、トランザクションレンディングを提供するために知っておくべき法令の概要やその留意点などを説明します。

【Q&A】

1 貸金業法

Q3-1

トランザクションレンディングを行う場合、法令上の許認可などが必要となりますか。

A 決済事業者が貸付けの主体となってトランザクションレンディングを実施する場合、金銭の貸付けを業として営むことになるため、貸金業の登録を受けることが必要になります（貸金業法2条1項柱書、3条1項）。

また、モール事業者がトランザクションレンディングを実施する決済代行事業者と借入人となる出店者との間を取り持つと、金銭の貸借の媒介に該当する可能性があり、これに該当する場合、モール事業者が貸金業の登録を受ける必要があります（貸金業法2条1項柱書、3条1項）。媒介とは、資金提供を受けたい者と資金提供を行いたい者との間に立って金銭の貸付けに係る契約の成立に尽力する行為をいいます。そのため、決済代行事業者がトランザクションレンディングを実施している場合、モール事業者が貸金業の登録を受けないとするのであれば、例えば、貸付けに係る契約について勧誘行為をしないなど、媒介に該当しないように取り組む必要があります。

ちなみに、仮に無登録で貸金業を営むと、10年以下の懲役もしくは3,000万円以下の罰金またはこれの併科という罰則の適用を受ける可能性があります（貸金業法47条2号）。

なお、トランザクションレンディングとは異なるものの、債権の買取業者（以下「ファクタリング業者」）が加盟店の決済事業者に対する精算金請求権の買取りを行うことにより資金調達ニーズに応えるというサービスもあります（ファクタリングと呼ばれる資金調達手法です）。債権の買取りを行うものであるため、それ自体は貸金業の登録は不要と理解されています。もっとも、ファクタリング業者が買い取った債権について、加盟店に対して自由に買戻しを求めることを可能とする旨の約定をすると、実質的には債権の買取りにより交付した金銭の返還を約束しているとの評価がなされ、貸金業の登録が必要であると解される可能性がある点に留意が必要です。

Q3-2

貸金業の登録制度の概要について教えてください。

A　貸金業を営もうとする者は、複数の都道府県に営業所または事務所を設置する場合には内閣総理大臣から権限の委任を受けた財務（支）局長の、一の都道府県の区域内にのみ営業所または事務所を設置してその事業を営もうとする場合には都道府県知事の登録をそれぞれ受ける必要があります（貸金業法3条）。

ここでは「営業所又は事務所」の概念が重要となりますが、この「営業所又は事務所」とは、貸金業者が一定の場所で貸付けに関する業務（貸付けの契約の締結ならびに貸付けの契約に基づく金銭の交付および債権の回収）の全部または一部を継続して営む施設または設備をいうとされています（貸金業法施行規則1条の5第3項）。

トランザクションレンディングのみを手がける貸金業者は、利便性の観点から、基本的にはウェブサイト上で手続が完結するように取り組むはずであり、複数の都道府県に施設を置いて貸付けに関する業務を行うことはしない例が多いと思います。このような貸金業者は、通常は、都道府県知事の貸金業の登録を受ければ足りることになります。

登録申請の際には、登録申請書に、以下に掲げる事項などを記載する必要があります（貸金業法4条1項、同法施行規則2条、3条）。以下に掲げる営業所または事務所の意味合いについては前述のとおりです。

①商号、名称または氏名および住所
②法人である場合にはその役員の氏名、商号または名称および貸金業に関し営業所または事務所の業務を統括する等の使用人がいるときはその氏名
③営業所または事務所の名称および所在地
④営業所または事務所ごとに置かれる貸金業務取扱主任者の氏名および登録番号

そのほか、登録申請書には、他に事業を行っているときは、その事業の種類についても記載が求められています。しかし、貸金業者には、貸金業以外の事業を営んではならないといういわゆる兼業規制は課されていません。そのため、貸金業以外の事業を営んでいるからといって、トランザクションレンディングに参入することができないというわけではありません。

登録申請書には、添付書類として、役員等について運転免許証その他の本人

確認に利用することのできる一定の書類、営業所または事務所の所在地を証する書面のほか、定款、登記事項証明書その他の書類を添付することも必要となりますので（貸金業法4条2項、同法施行規則4条）、これら必要書類を把握した上で準備を進める必要があります。

また、貸金業者は、3年ごとに更新を受けないと、有効期間の経過によって登録の効力が失われてしまいます（貸金業法3条2項）。そのため、トランザクションレンディングを継続して実施する貸金業者は、登録の有効期間満了の日の2か月前までに登録の更新申請を行って、登録の更新を受ける必要があります（貸金業法施行規則5条）。

Q3-3

貸金業者の行為規制の概要について教えてください。

A　貸金業者には、貸金業法に基づき、返済能力調査義務（13条）、過剰貸付けの禁止（13条の2）、書面交付義務（16条の2、17条、18条）、帳簿の作成および保存義務（19条）、取立行為に関する規制（21条）などの行為規制が及ぶことになります。

トランザクションレンディングによる貸付けをするにあたっては、返済能力調査義務と過剰貸付けの禁止について特に留意する必要があります。

すなわち、法人については、収入証明書の取得は義務付けられていませんが、一般的な返済能力調査義務は課せられています（貸金業法13条1項）。この点に関し、日本貸金業協会の「貸金業の業務運営に関する自主規制基本規則」33条1項において、「法人の資金使途が経常的な運転資金の場合には、複数年の決算書又は資金繰り表」の提供または提出を資金需要者から受けることを要求するなどして、過剰与信への牽制がなされています。そのため、法人に対してトランザクションレンディングを実施する場合においても、相応の慎重な与信判断が求められている点に留意が必要です。もっとも、法人向け貸付けは、以下で述べる個人向け貸付けのような総量規制の適用がないため、取引情

報をも考慮した柔軟な与信判断をすることは許容されると考えます。

　個人に対して貸付けを行う場合には、上記の規制のうち過剰貸付けを禁止する観点から、原則として年収の3分の1を超える貸付けは許容されていません（貸金業法13条の2第1項・2項）。ただし、個人事業主に対する貸付けで一定の要件を満たすものについては、例外貸付けとして年収の3分の1を超えて貸付けを行うことができます（同法施行規則10条の23第1項4号）。以上から、個人事業主に対してトランザクションレンディングを実施する場合には、取引情報のみで返済能力調査をすることはできず、また原則として年収の3分の1を超える貸付けは許容されないことを意識した上で、例外貸付けの該当性を検討するべきことになります。

Q3-4

物品の取引に付随してトランザクションレンディングを行う場合であっても、法令上の許認可などが必要となりますか。

A　貸金業には適用除外が定められており、貸付けを業として行うもののうち「物品の……保管……を業とする者がその取引に付随して行うもの」（貸金業法2条1項3号）については、貸金業に該当せず、その登録を受けることは不要となります。

　そのため、物品の取引に付随してトランザクションレンディングを行う場合、貸金業の登録を受けることは不要となります。例えば、倉庫業を営む業者がその倉庫の中の在庫の出入りと在庫の価格などに関する情報を基にして、倉庫の利用者である事業者に対して業として貸付けをする場合には、貸金業の登録を受ける必要はないことになります。

2　金利規制法（利息制限法、貸金業法、出資法）

Q3-5

トランザクションレンディングの貸付けにおける利息の利率について、規制がありますか。

A　利息とは、元本使用の対価であり、元本の額およびその使用期間に応じて支払われる金銭をいいます。この利息には、法律上当然に発生するもの（法定利息）と、契約により初めて発生するもの（約定利息）があります。

トランザクションレンディングにおける金銭の貸付けの法的性質は、消費貸借契約（民587条）であるため、貸金業者は、消費貸借契約に付帯する合意により、元本利用の対価として、借入人である事業者から利息（約定利息）を収受することになります（改正民589条1項）。

他方、利息制限法は、金銭を目的とする消費貸借における利息の最高限度を規定し、これを超えるときは、超過部分について無効とする法律です。同法1条では、以下の表のとおり上限金利を規定しています。

【利息制限法の上限金利】

上限金利	元本が10万円未満のとき	年20%
	元本が10万円以上100万円未満のとき	年18%
	元本が100万円以上のとき	年15%

貸金業法においても、利息についての規律が設けられています。例えば、貸金業を営む者（無登録営業者も含みます）が業として行う金銭を目的とする消費貸借の契約において、年109.5%（ただし、年366日のときには年109.8%。1日当たり0.3%）を超える割合による利息（賠償額も含みます）の契約をしたときは、利息の部分のみならず、消費貸借の契約自体が無効となります（貸金業法42条）。また、貸金業者が利息制限法の上限金利を超える利息の契約を行うこ

とや、当該利息を受領しまたはその支払いを要求することは禁止されます(貸金業法12条の8第1項・4項)。

これらに加えて、出資法は、一定の限度を超える利息の契約を締結し、これを超える利息(賠償額も含みます)を受領しまたはその支払いを要求することを禁止しており、違反した場合には刑罰が科されます。出資法5条は、以下の表のとおり利息を制限しています。

【出資法における上限金利】

①業として金銭の貸付けを行う場合	年20%(②の場合とは異なり、年366日の場合でも同様)
②それ以外の場合	年109.5%(ただし、年366日のときには年109.8%。1日当たり0.3%)

Q3-6

トランザクションレンディングの貸付けに関して手数料を徴求する場合、規制はありますか。

A　トランザクションレンディングに取り組む際に、債務者となる事業者から受領する手数料、調査費用および割引料などは、本来的には利息に該当しません。Q3-5において述べましたように、利息は、元本使用の対価であり、元本の額およびその使用期間に応じて支払われるものであるためです。

しかし、上記の手数料等が利息に含まれないとすると、手数料等の名目で利息を徴求することにより、容易に利息制限法等の上限金利に関する規制を潜脱することが可能となってしまいます。

このような事態を回避するために、利息制限法、貸金業法および出資法においては、貸付けに関して債権者が受け取る元本以外の金銭は、原則として利息としてみなすという、いわゆる「みなし利息」の規定が設けられています(利息制限法3条、貸金業法12条の8第1項・2項、出資法5条の4第4項)。

ただし、債権者が受領する金銭のうち一定のものについては、みなし利息か

ら除外され（利息制限法6条、貸金業法12条の8第2項各号、出資法5条の4第4項各号等）、利息制限法等の上限金利に関する規制の対象外になります。みなし利息から除外される金銭は、以下の表のとおりです。

　トランザクションレンディングに係る貸付けに関し、契約において定められた元本利用の対価としての利息とは別に、債務者である事業者から手数料などの一定の金銭を受領したときには、当該金銭は、原則として利息とみなされます。そして、消費貸借契約上の利息とみなし利息とを合算した上で、利息制限法等の上限金利に関する規制に服することになります。

　他方、決済事業者は、モールへの出店手数料、決済代行手数料または広告料など金銭の貸付けとは別の取引の対価として手数料を受領することがあるため、当該決済事業者が貸付けをする場合、これらの取引における手数料がみなし利息に該当しないかどうかが問題となります。

　これらの手数料は、個別事情によるものの、通常、金銭の貸付けに関して受け取っているわけではないと解されることから、決済事業者が別途トランザクションレンディングを提供していたとしても、みなし利息には該当しないと解

【みなし利息から除外される金銭】

①契約締結および債務の弁済の費用のうち一部の費用	具体的には	・公租公課の支払いに充てられるもの ・強制執行の費用、担保権の実行としての競売手続の費用その他公の機関が行う手続に関してその機関に支払うべきもの ・債務者が金銭の受領・弁済のために利用するATM等の利用料（ただし、利用金額が1万円以下の場合には108円、1万円超の場合には216円の範囲）
②債務者の要請により債権者が行う事務の費用のうち一部の費用		・金銭の貸付け、弁済のために債務者に交付されたカードの再発行手数料 ・貸金業法に基づき債務者に交付される書面の再発行手数料・再提供手数料 ・口座振替の方法による弁済において債務者が弁済期に弁済できなかった場合の再度の口座振替費用

されます。しかし、トランザクションレンディングの利用の件数や貸付残高などに応じて、これらの手数料の率が変更されるような場合には、金銭の貸付けに関してこれらの手数料を受け取っていると解される余地があるかもしれません。そのため、手数料率の取扱いについては、トランザクションレンディングを利用していない事業者に適用されるものと横並びにすることが望ましいと考えます。

3　犯罪収益移転防止法

Q3-7

トランザクションレンディングを行うには、法令上の本人確認が求められますか。

A　トランザクションレンディングを行う貸金業者は、犯罪収益移転防止法2条2項28号に規定する特定事業者であるため、金銭の貸付けを内容とする契約の締結（犯収法令7条1項1号カ）を行うに際して、融資先である事業者について、犯罪収益移転防止法4条1項に基づく取引時確認を行い、確認記録（犯収法6条）や取引記録（同法7条）を作成した上で保存する必要があります。

また、貸金業者は、貸金業の業務に係る取引について、疑わしい取引であることが判明した場合には、金融庁長官または各都道府県知事への届出義務を負担し（犯収法8条1項）、取引時確認等を的確に行うための必要な体制の整備（同法11条）も求められます。

これらの犯罪収益移転防止法に関連する規制の内容については、Q2-18～Q2-22をご参照ください。

4　個人情報保護法など

Q3-8

取引情報に個人情報が入っていた場合、取引情報を貸金業者に提供することについて、個人情報保護法の観点から留意するべき点はありますか。

A　決済事業者が資金需要者である事業者から取得した取引情報を貸金業者に提供する場合において、取引情報の中に個人情報が含まれるときには、決済事業者は、個人データを第三者（貸金業者）に提供することについて、個人情報の帰属主体である個人から同意を得ることを要するのが原則となります（個人情報保護法23条1項）。また、決済事業者や貸金業者は、あらかじめ本人の同意を得ないで、個人情報保護法15条の規定に従い特定された利用目的の達成に必要な範囲を超えて、個人情報を取り扱ってはならないとされる（個人情報保護法16条）など、個人情報の取扱いに関する規律の適用を受けることになります。

個人情報保護法や関連するガイドラインによる規律の詳細については、Q7-1～Q7-8をご参照ください。

Q3-9

資金需要者である事業者の情報利用に関しては、個人情報保護法のほかに気を付けるべき点はありますか。

A　トランザクションレンディングの与信審査においては、資金需要者である事業者から提供を受けた決算書等の財務情報も勘案するとは思いますが、より重点的に着目するのは事業者との取引の過程で取得した取引情報となります。この点に関し、決済事業者以外の者が貸金業者となる場合には、決済事業者から貸金業者に対して取引情報を提供することがあると思います。

他方で、決済事業者は、事業者に対し、契約、慣習または信義則（民1条2

項）に基づき、事業者の同意等なくして取引情報を第三者に開示してはならないという守秘義務を負担すると解されます。

そのため、決済事業者以外の者が貸金業者となる場合、決済事業者は、貸金業者に対して取引情報の提供をすることについて、資金需要者である事業者から同意を取得するべきことになります。

なお、取引情報を受領した貸金業者も、事業者に対し、契約、慣習または信義則（民1条2項）に基づき、本人の同意等なくして取引情報等を第三者に開示してはならないという守秘義務を負担すると解されます。

5　動産債権譲渡特例法

Q3-10

加盟店の在庫について担保の設定を受ける場合には、設定の簡便も踏まえて、どのような担保設定方法が望ましいでしょうか。

A　担保の目的物である在庫が日々流動的に入れ替わることを前提とすると、集合動産譲渡担保として取得することが望ましいと考えます。

集合動産譲渡担保は、個別の動産の集合体について譲渡担保を設定する場合とは別に、「集合物」という経済的価値を有し取引上一体として取り扱われる物を客体として譲渡担保を設定する方法をいいます。

集合動産を譲渡担保の目的とするためには、目的物の範囲が特定される必要があります。この目的物の特定の方法としては、①種類、②所在場所、③量的範囲を特定する方法が考えられます。

また、担保権者である貸金業者は、在庫の差押債権者や資金需要者である事業者の破産管財人などの第三者に集合動産譲渡担保を対抗するためには、目的物について引渡し（民178条）を受けることが必要になります。

具体的には、集合動産譲渡担保の設定契約において、資金需要者である事業者は、貸金業者に対して、以後は貸金業者のために在庫を占有するとの意思を表示すること（占有改定。民183条）を規定して、引渡しをすることが一般的です。

この点、第三者が在庫を保管している場合には、占有改定の方法を利用することができず、資金需要者である事業者（譲渡担保権の設定者）が第三者（倉庫業者）に対し、以後は貸金業者のために在庫を占有するべき旨の意思表示を行うという方法（指図による占有移転。民184条）により引渡しをすることになります。

　これらの対抗要件具備のための引渡しが外形的には判然としないことなどから、法人の資金需要者が貸金業者の債権の担保のために在庫を譲渡した場合については、当該動産の譲渡につき動産譲渡登記ファイルに譲渡の登記をすることにより、民法178条の引渡しがあったものとみなされるという制度（動産債権譲渡特例法3条）が用いられることもあります。

ローンの取次ぎ

[**関連法制**　銀行法、貸金業法、個人情報保護法]

【サービスの概要】

　個人資産管理を行うアプリにおいて金融機関による貸付けの取次ぎを行うサービスがあります。資産管理サービスにより得られた情報を機械的に分析し、顧客に対していくつかのローン商品の案内を行い、貸付けを業として行う金融機関との間を取り次ぐものです。

　個人資産管理は、利用者の毎月の収入のほか、クレジットカードの利用明細を含む支出を把握して家計管理を行ったり、銀行および証券など各社の口座等に分散している資産（金融商品）などを一括して管理したりすることを実施するサービスです。このサービスにより、利用者は自身のキャッシュフローや資産状況の把握ができるようになります。個人資産管理に関するサービスを提供する業者は、銀行、証券および保険といった各金融機関よりも顧客との接点が近く、かつ、深い付き合いをしている立場にあります。そのため、個人資産管理に関するサービスを提供する業者は、顧客の資産状況を勘案して適時適切なタイミングでローンなどに関して金融機関を紹介することができる立場にもあるといえます。

　貸付けを行う金融機関としては、見込み顧客をより広く取り込むことを可能にするため、このような個人資産管理に関するサービスを提供する業者と提携をすることにより、顧客の紹介を受けることが考えられます。

　本項目では、このようなローンの顧客を紹介するというサービスを提供するために知っておくべき法令の概要を説明します。

第3章 融資・投資

【ローンの取次ぎサービス】

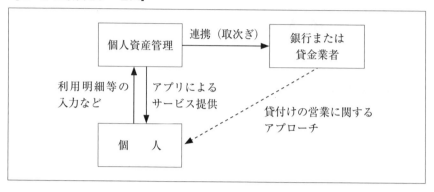

【Q&A】

1 銀 行 法

Q3-11

銀行によるローンを取り次ぐ場合には、法令上の許認可などが必要となりますか。

A 銀行のために資金の貸付けを内容とする契約の締結の代理または媒介を行う営業は、銀行代理業に該当するため（銀行法2条14項）、銀行代理業の許可を得なければこれを行うことはできません。

この「代理」および「媒介」について、銀行法上に定義は存在しません。もっとも、銀行法2条14項に定める「代理」とは、銀行に代わって資金の貸付けを内容とする契約締結の法律行為を行い、その効果を銀行に帰属させるものをいうと解されます。他方、「媒介」とは、一般に他人間の法律行為の成立に尽力する行為をいいます。

この点に関し、主要行等向け監督指針Ⅷ-3-2-1-1(3)においては、以下に掲げるとおり、「顧客のために、預金等の受入れ等を内容とする契約の代理又は媒介を行う者については、銀行代理業の許可は不要である」、「媒介に至らない行

為を銀行から受託して行う場合には、銀行代理業の許可を得る必要はない」旨の基準が示されていることが参考になります。

主要行等向けの総合的な監督指針

Ⅷ-3-2-1-1(3)

①顧客のために、預金等の受入れ等を内容とする契約の代理又は媒介を行う者については、銀行代理業の許可は不要である。

　ただし、例えば、銀行と当該者との間で合意された契約上又はスキーム上は顧客のために行為することとされている場合でも、当該者が実務上、その契約若しくはスキームに定められた範囲を超えて又はこれに反し、実質的に銀行のために代理・媒介業務を行っている場合には、許可が必要となる場合があることに十分留意する必要がある。

　(注)「顧客のために」とは、顧客からの要請を受けて、顧客の利便のために、顧客の側に立って助力することをいう。

②媒介に至らない行為を銀行から受託して行う場合には、銀行代理業の許可を得る必要はない。

　例えば、以下のイ.からハ.に掲げる行為の事務処理の一部のみを銀行から受託して行うに過ぎない者は、銀行代理業の許可が不要である場合もあると考えられる。

　イ．商品案内チラシ・パンフレット・契約申込書等の単なる配布・交付
　　(注) このとき、取扱金融機関名や同金融機関の連絡先等を伝えることは差し支えないが、配布又は交付する書類の記載方法等の説明をする場合には、媒介に当たることがあり得ることに留意する。
　ロ．契約申込書及びその添付書類等の受領・回収
　　(注) このとき、単なる契約申込書の受領・回収又は契約申込書の誤記・記載漏れ・必要書類の添付漏れの指摘を超えて、契約申込書の記載内容の確認等まで行う場合は、媒介に当たることがあり得ることに留意する。
　ハ．金融商品説明会における一般的な銀行取扱商品の仕組み・活用法等についての説明

Ⅷ-3-2-1-1(3)①にあります「銀行のために」（銀行法2条14項）については、平成30年5月金融庁総務企画局「銀行法等に関する留意事項について（銀行法等ガイドライン）」が以下に掲げるとおり、より詳細な解釈基準を示しています。特に、銀行から「契約の条件の確定又は締結に関与する対価」を受領している場合には、銀行代理業に該当する可能性が高まるところ、その対価であるか否かは当該対価の名目ではなく、実質に着目して判断するという点に留意が

必要です。

銀行法等に関する留意事項について（銀行法等ガイドライン）
銀行法第2条（定義等）関係
（銀行代理業の対象とならない営業について）
2－1 銀行法第2条第14項の「銀行のために」行う営業とは、銀行から委託を受けて行うものを意味し、専ら「顧客または利用者（以下「顧客等」という。）のためだけに」行う営業は含まれない。ある行為が「銀行のために」に該当するか否かは、個別事情に即して判断することとなるが、次に掲げる場合は銀行代理業に該当しないことに留意する。
①銀行からの直接又は間接的な委託（間接的な委託とは、再委託、再々委託及びその連鎖）に基づき、預金若しくは定期積金等の受入、資金の貸付け若しくは手形の割引又は為替取引を内容とする契約の締結の代理又は媒介に関与するものではない場合
②契約の条件の確定又は締結に関与する対価として、銀行から直接又は間接的に報酬、手数料その他名目のいかんにかかわらず経済的対価（手数料収入その他の対価）を受領するものではない場合
（経済的対価について）
2－2 銀行から受領する経済的対価が、預金若しくは定期積金等の受入、資金の貸付け若しくは手形の割引又は為替取引を内容とする契約の締結の代理又は媒介に係る「契約の条件の確定又は締結に関与する対価」であるか否かは当該対価の名目ではなく、実質に着目して判断することになる。
　例えば、顧客等からの委託を受けて、顧客等に対してサービスを提供する者（以下「サービス提供者」という。）が、銀行から経済的対価を受け取っていても、その実質が次に掲げるものと認められる場合は、預金若しくは定期積金等の受入、資金の貸付け若しくは手形の割引又は為替取引を内容とする契約の締結の代理又は媒介に係る「契約の条件の確定又は締結に関与する対価」とは異なることに留意する。
－銀行に対してサービス提供者のシステムを提供し、顧客等が当該サービス提供者のシステムを利用して銀行口座にアクセスできる状態を作成・維持した対価としてのシステム利用料であると認められる場合
－サービス提供者のウェブサイト上に銀行のサービスを広告したことの対価としての広告料であると認められる場合
－サービス提供者が顧客等の承諾を得て、当該サービス提供者によって取得または生成された当該顧客等に関する情報を銀行に提供する対価（情報提供料等）であると認められる場合
－サービス提供者に対する顧客等からの手数料を、利用者利便の観点から、顧客等に説明した上で銀行がまとめて徴収し、サービス提供者に交付して

> いると認められる場合
>
> 　一方、経済的対価の性質の判断にあたって、当該経済的対価の算出方法が銀行取引の成約高（預金残高若しくは口座数、与信残高若しくは件数又は為替取引額若しくは件数など）に連動するとの事実は、当該経済的対価が銀行代理行為に係る契約の条件の確定又は締結に関与する対価であることを推認させることに留意する。

　例えば、顧客の依頼に基づいて「顧客のために」銀行を紹介するというだけであり銀行から対価を得ることがなければ銀行代理業に該当しないと解されます。他方、広告サイト運営会社が、銀行から委託を受けて銀行等のローンの広告をウェブサイトに掲載しつつ、当該ウェブサイトを経由して締結された銀行ローンの件数または貸付残高のみを基礎にして銀行等から広告料の支払いを受けるような場合には、銀行代理業に該当する方向性で理解することになるであろうと考えます。

　なお、個人資産管理に関するサービスのうち、顧客からの委託に基づき、ITを活用した決済指図の伝達や金融機関における預金口座情報の取得および顧客への提供を業として行う電子決済等代行業者については、登録を受ける必要があるなどの規律が及ぶ点について留意が必要となります（第6章ご参照）。他方、銀行の預金口座情報ではなく、ローンの残高情報のみの取得および顧客への提供については、電子決済等代行業に関する規律は及ばないことになります。

Q3-12

銀行代理業の許可制度の概要について教えてください。

A　銀行代理業は、銀行の固有業務である金銭の貸付けの一部を実施するものであるため、顧客保護の観点から、内閣総理大臣による許可制がとられています（銀行法52条の36第1項）。

　銀行代理業の許可申請書については、以下に掲げる事項などを記載する必要

があります。
　①「商号、名称又は氏名」（銀行法52条の37第1項1号）（個人でも申請が可能です）
　②「銀行代理業を営む営業所又は事務所の名称及び所在地」（銀行法52条の37第1項3号）
　③申請した法人の役員が常務に従事している他の法人等の商号または名称（銀行法施行規則34条の32第1項1号・2号）
　④「他に業務を営むときは、その業務の種類」（銀行法52条の37第1項5号）
などの記載が求められます。
　この点、②「営業所又は事務所」とは、銀行代理業の全部または一部を営むために開設する一定の施設を指し、銀行代理業に関する営業以外の用に供する施設は除かれます。
　また、添付書類として提出する「定款」（銀行法52条の37第2項1号）においては、その目的に、銀行代理業に係る業務が定められていることが必要になります。
　さらに、「銀行代理業の業務の内容及び方法として内閣府令で定めるものを記載した書類」（銀行法52条の37第2項2号）の記載事項である「取り扱う法第2条第14項各号に規定する契約の種類」（銀行法施行規則34条の33第1項1号）のうち、貸付けに関するものとして、以下の事項についての記載が必要になります。
　①「貸付先の種類」として、消費者・事業者の別
　②「貸付けに係る資金の使途」として、特定の使途がある場合は当該使途（生活費、住宅購入資金、自動車購入資金、教育費など）、使途が特定されていないものについてはその旨。
　そのほか、添付書類として、所属銀行との間で締結される「委託契約書の案」（銀行法施行規則34条の34第3号）も必要になります。
　以上のとおり許可申請書の記載事項や添付書類のポイントを説明しましたが、上記の内容に限られるものではありませんので、銀行代理業の許可を得るためには早めに所属銀行と調整を図りつつ許可申請の準備と段取りを進めるべきで

す。

　ところで、銀行代理業および銀行代理業に付随する業務以外の業務については、銀行代理業に支障を及ぼすおそれがないかどうかを審査するため、内閣総理大臣による個別承認制がとられています（銀行法52条の42第1項）。したがって、銀行が提供するローンを銀行代理業として取り次ぐ者は、自身が営む既存および新規の事業について上記の承認を得る必要があることに留意が必要です。

Q3-13

銀行が提供するローンを取り次ぐ行為が銀行代理業に該当しないとしても、銀行の委託先となり、監督を受けることになりますか。

A　銀行代理業に該当しないとしても、銀行から委託を受けて業務を行っているのであれば、「銀行は……その業務を第三者に委託する場合における当該業務の的確な遂行その他の健全かつ適切な運営を確保するための措置を講じなければならない」（銀行法12条の2第2項）との規律に服することになります。

　具体的には、銀行は第三者に対して、業務を的確、公正かつ効率的に遂行することができる能力を有する者に委託するための措置、受託者が行う当該業務に係る顧客からの苦情を適切かつ迅速に処理するために必要な措置等一定の措置を講じる必要があります（銀行法施行規則13条の6の8）。

　また、顧客保護および経営の健全性確保の観点から、銀行は、必要な態勢整備（委託契約等において外部委託先に対して態勢整備を求めることを含む）が求められます（主要行等向け監督指針Ⅲ-3-3-4-2）。

　さらに、ローンの取次ぎサービスは、銀行から委託をする業務の内容によっては、ローンの申込情報および仮審査結果など顧客の個人情報が含まれる可能性があります。銀行が有する個人情報の取扱いを委託する場合には、銀行は、委託先の監督として、当該情報の漏洩、滅失または毀損の防止を図るために必要かつ適切な措置を講じる必要があります（銀行法施行規則13条の6の5、個人情報保護法22条）。

第3章 融資・投資

　これらの規定は、銀行を名宛人とするものですが、ローンの取次ぎを行う業者は、銀行の委託先として、これらの規律の趣旨に沿った形で銀行から監督を受ける可能性がある点に留意が必要です。

　銀行法には、「その業務を第三者に委託」する場合の範囲や該当性に関する解釈基準について定めはないため、個人資産管理に関するサービスを提供する業者の行為が委託に該当するかどうかについても論点となります。委託に該当しないとすれば、上記のような規律はかからないことから、個人資産管理のアプリを提供し、機械的に顧客を紹介するにすぎない業者は、委託に該当しないという方向性での検討もありうると考えます。

　なお、個人資産管理に関するサービスを提供する業者のうち、電子決済等代行業者に関する規律などについては**第6章**をご参照ください。

2　貸金業法

Q3-14

貸金業者によるローンを取り次ぐ場合には、法令上の許認可などが必要となりますか。

A　貸金業者によるローンを取り次ぐ場合には、貸金業の登録の要否を検討する必要があります。

　すなわち、貸金業とは、「金銭の貸付け又は金銭の貸借の媒介（手形の割引、売渡担保その他これらに類する方法によってする金銭の交付又は当該方法によってする金銭の授受の媒介を含む。以下これらを総称して単に「貸付け」という。）で業として行うものをいう」（貸金業法2条1項柱書）と定義されています。

　ここでは、個人資産管理に関するサービスを提供する業者自身が金銭の貸付けをすることは想定していませんので、「金銭の貸借の媒介」への該当性が問題となります。ここに「金銭の貸借の媒介」とは、資金の融通を受けたい者と資金の融資を行いたい者との間に立って金銭の貸付けに係る契約の成立に尽力する行為を含み、手形の割引、売渡担保その他これらに類する方法によってする金銭の授受に尽力するという経済的な機能を有する行為を意味する概念と

なっています。媒介への該当性については、Q3-11において紹介した主要行等向け監督指針Ⅷ-3-2-1-1(3)②イ.からハ.に記載された「媒介」に至らない具体例が参考になります。

　また、銀行法上、銀行代理業は、「銀行のために」資金の貸付け等を内容とする契約の締結の代理または媒介を行う営業をいうと定義されているため、顧客のために行うものについては、銀行代理業の定義から外れます（Q3-11ご参照）。しかし、貸金業法は、貸金業者または資金需要者のいずれかのためという区別なく、業として行う「媒介」について貸金業に該当するとしているため、顧客のために実施しているから「媒介」に該当しないという整理はできません。

　以上からすると、貸金業者によるローンの取り次ぐ場合には、「金銭の貸借の媒介」を業として行っているのかどうかを検討し、これを行っているのであれば貸金業の登録を受けることが必要になります。また、ローンの取次ぎを行う者が貸金業の登録を受けないとするのであれば、貸金業者と資金需要者との間における貸付けに係る契約の締結について勧誘をせず、かつ、契約書の配布・交付または受領・回収をするとしても事務的機械的に実施するなど、金銭の貸借の媒介に該当しないように取り組むべきと考えます。

　仮に貸金業者によるローンの取次行為が金銭の貸借の媒介に該当しないとしても、貸金業者から貸金業の業務について委託を受けている場合には、委託先として貸金業者による監督を受けることになる点について留意が必要です（貸金業法12条の2）。この点「貸金業の業務」とは、貸付けおよびそれに付随する業務であって、社会通念に照らし、その遂行の影響が資金需要者等に及ぶと認められるものを意味しているため、これに該当するものについては、委託先として監督を受けることになります。

　なお、人事、経理などの内部事務に関する業務ならびにシステム管理などの業務は、特段の事情のない限り、「貸金業の業務」に該当しないと考えられています。ローンの取次ぎはこれらの例示には該当しないと考えられるため、その業務が資金需要者に与える影響を個別に判断する必要があります。

3 個人情報保護法

Q3-15

ローンの取次ぎをするにあたって金融機関に対して個人情報を提供する際、個人情報保護法の観点から留意するべき点はありますか。

A　個人資産管理に関するサービスを提供する業者が顧客から取得した個人情報を第三者である金融機関に提供する場合には、個人データを第三者に提供することになるため、原則として、当該個人情報の帰属主体である個人から同意を得ることを要します（個人情報保護法23条1項）。

この同意を得るためには、個人資産管理に関するサービスにおける個人情報の取扱いに関する同意条項などにおいて、第三者である金融機関に個人情報を提供する旨を定めておいて、あらかじめ同意を得るという方策が考えられます。

そのほか、ローンの取次ぎをする者は、あらかじめ本人の同意を得ないで、個人情報保護法15条の規定に従い特定された利用目的の達成に必要な範囲を超えて、個人情報を取り扱ってはならないとされる（個人情報保護法16条）など、個人情報の取扱いに関する規律の適用を受けることになります。

個人情報保護法や関連するガイドラインによる規律の詳細については、Q7-1～Q7-7をご参照ください。

ソーシャルレンディング

[**関連法制**　貸金業法、利息制限法、出資法、金商法、犯罪収益移転防止法]

【サービスの概要】

1　ソーシャルレンディングの位置付け

　ソーシャルレンディングとは、一般的に、投資家がプラットフォームの運営者（以下「プラットフォーム運営者」）に対して匿名組合契約に基づいて出資を行い、プラットフォーム運営者が事業者に対して資金の貸付けを実施する形態をいいます。P2Pレンディングやクラウド・ファンディングの貸付型とも呼ばれているものです。

　ウェブサイトを利用した一般公衆からの資金調達手段を総称してクラウド・ファンディングと呼ぶことがあるため、まずはこのクラウド・ファンディングについて説明をします。クラウド・ファンディングは、法人と自然人を含む大衆（crowd）から資金調達（funding）を可能にする仕組みの総称です。Fintechにおいては、ウェブサイト運営者（プラットフォーム運営者）がシステム開発費やサーバ代などのインフラ・コストなどを負担し、事業者が資金調達を目的として、自らが実施する事業の概要等を投資家向けに掲載し、投資家から少額の資金提供を受けるものを意味するのが一般的です。

　クラウド・ファンディングのメリットとしては、以下のものが挙げられます。
①投資家と事業者の行う事業との間の時間的・空間的制約を取り払うことができること（例えば、投資家の所在する地域と遠く離れた事業であっても、ウェブ上のプラットフォーム運営者を通じて資金調達が可能となる）
②資金提供の動機の中心は、投資に対するリターンへの期待のほか、事業に対する共感や支援も含まれること（有価証券への投資をはじめとする金融

商品への投資においては、事業に対する共感や支援よりも、インカムゲインやキャピタルゲインなどのリターンへの期待が高い場合が多い）

③ 1人当たりの投資金額が多額ではないことから、投資対象となる事業者や事業に対する適格性の審査（デュー・ディリジェンス）が限定的であり、資金調達にあたって事業者の負担が小さく、起業後間もない時期であっても、金融機関の審査を経ることなく、資金調達をすることができること

④ 事業に対する投資家の反響を通じて、事業の実行以前におけるマーケティング効果が期待できること

他方で、デメリットとしては、事業者にとっては金融機関からの借入れなどに比較すると、資金調達額が少額にとどまる点や、投資家にとっては事業者の適格性の審査が限定的であるがゆえに投資対象事業が破綻するリスクが高いという点にあります。

クラウド・ファンディングの類型としては、寄付型（資金の贈与）、購入型（物品等の売買）、貸付型（匿名組合出資＋資金の貸付け）、投資型（匿名組合出資）、投資型（株式の引受け）に分類をすることができ、それぞれについて各種法規制に留意をする必要があります。

本項目では、ソーシャルレンディングに関連して、クラウド・ファンディングの貸付型（匿名組合出資＋資金の貸付け）について述べることにします。なお、投資型（匿名組合出資）、投資型（株式の引受け）については、**Q3-21**以下において述べます。また、ICOもクラウド・ファンディングの一種と理解することもできますが、その詳細については、**Q5-16～Q5-19**をご参照ください。

【クラウド・ファンディングの類型例】

一般的な呼称	法的性質の概略
ソーシャルレンディング P2Pレンディング	（貸付け） 匿名組合出資＋貸付け
出資・投資	匿名組合出資、株式の引受け
購入型・寄付型	売買、贈与

2 ソーシャルレンディングの仕組みの概略

　起業して間もない事業者その他中小企業などにおいては、金融機関から低利で融資を受けることが困難な事業であることも多くありますが、相応の金利とすれば、ソーシャルレンディングを利用して資金調達をすることも可能となります。他方で、投資家は、事業者がプラットフォーム運営者に対して返済をした元利金を原資にして、匿名組合出資の分配金を受け取ることになります。商品にもよりますが、予想分配利回りはおよそ年4％～7％程度に設定されており、事業者の与信リスクとの兼ね合いで相応のリターンが期待できるものとなっています。

　ソーシャルレンディングにおいては、プラットフォーム運営者が事業者に対する貸付けを業として実施するものとして貸金業の登録を受ける例が一般的です。

　他方、貸金業者がプラットフォーム運営者からウェブサイトの利用許諾を受けて投資家から貸付けの原資を得る例もあります。このような貸金業者が増えれば、貸出先となる事業者の拡大が見込め、投資家にとっては投資対象事業（メニュー）が増えることになり、その結果、事業者の資金調達の選択肢が増加することにもつながります。

【ソーシャルレンディングの仕組み】

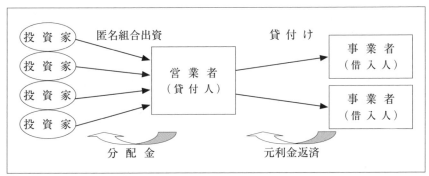

第3章　融資・投資

　本項目では、このようなソーシャルレンディングを実施するために知っておくべき法令の概要を説明します。

【Q&A】

1　貸金業法

> **Q3-16**
>
> ソーシャルレンディングにおいて貸付けを行う場合、法令上の許認可などが必要となりますか。

　A　ソーシャルレンディングにおける貸付けは、金銭の貸付けを業として行うもの（貸金業）を営もうとする場合に該当するため、貸金業法の適用を受けることになります。貸金業における登録制度の概要については、**Q3-1**および**Q3-2**を、行為規制の概要については、**Q3-3**をそれぞれご参照ください。

　ソーシャルレンディングにおいては、投資家がプラットフォーム運営者との間の匿名組合契約に基づいて出資を行うのではなく、事業者に対して直接貸付けをすることも可能ではあります。

　しかし、投資家が業として貸付けを行う場合には、投資家について、貸金業法に基づく貸金業の登録を受けることが必要になります。この場合、別途、プラットフォーム運営者は、金銭の貸借の媒介を業として行うことにもなりうるため、やはり貸金業の登録を受ける必要があります。

　また、貸金業者は、貸金業の登録を受ければそれで足りるというものではなく、各種の行為規制を受けることになります。そのため、投資家が直接事業者に対して貸付けを行うことは、ソーシャルレンディングにおいては実現が困難であるといえるでしょう。

2 金利規制法（利息制限法、出資法、貸金業法）

> **Q3-17**
>
> ソーシャルレンディングの貸付けにおける利息の利率について、規制はありますか。

A ソーシャルレンディングは、利息により収益を得て、匿名組合出資者に対する収益の分配をすることになりますので、分配の原資として利息を収受する必要があります。

利息の利率の上限やみなし利息の規制などについては、Q3-5 および Q3-6 と同様です。

3 金商法

> **Q3-18**
>
> ソーシャルレンディングの貸付けの原資としての金銭の出資を受けるにあたって、法令上の許認可などが必要となりますか。

A ソーシャルレンディングの運営者は、投資家から貸付けの原資として金銭の出資を受けることになりますが、その際には匿名組合契約に基づく出資持分の取得勧誘を行うことになるため、第二種金融商品取引業の登録を受ける必要があります（金商法28条2項1号・2号、2条8項7号へ、29条）。

第二種金融商品取引業や匿名組合契約につきましては、Q3-21 および Q3-28 もご参照ください。

なお、インターネットを通じて行われるファンド持分の募集の取扱い等である電子募集取扱業務を行う金融商品取引業者には、一定の業務管理体制整備義務等（金商法35条の3、金商業府令70条の2第2項）や重要情報提供義務（金商法43条の5）が課せられます。もっとも、出資を受けた金銭のうち100分の50を超える額を充てて金銭の貸付けを行う事業に係るものに関しては、電子

第3章　融資・投資

募集取扱業務として規制対象となる有価証券から除かれています（金商法施行令15条の4の2第7号）。そのため、ソーシャルレンディングにおいて匿名組合出資持分の募集または私募の取扱いを実施する業者については、通常、上記電子募集取扱業務に関する規制はかかりません。

第二種金融商品取引業の登録制度の概要については **Q3-27** を、行為規制の概要については **Q3-23** をそれぞれご参照ください。また、電子募集取扱業務に関しては、**Q3-24～Q3-26** をご参照ください。

4　犯罪収益移転防止法

Q3-19

ソーシャルレンディングを行うには、法令上の本人確認が求められますか。

A　ソーシャルレンディングを行う貸金業者も、金銭の貸付けに際して、犯罪収益移転防止法上の取引時確認が求められることは、**Q3-7** において述べた内容と同様です。

また、第二種金融商品取引業者は、貸金業者と同様、犯罪収益移転防止法上の特定事業者であるため（犯収法2条2項21号）、同法に基づき、匿名組合契約または募集もしくは私募の取扱いに係る契約の締結（犯収法令7条1項1号リ）をするに際して、投資家について、犯罪収益移転防止法に基づく取引時確認を行った上で、同法に基づくその他の取組みが求められます。

5　個人情報保護法など

Q3-20

ソーシャルレンディングを行うにあたって、個人情報保護法などの観点から、留意するべき点はありますか。

A　ソーシャルレンディングにおいては、貸金業者も第二種金融商品取引業

者も、投資家と直接に契約を締結することから、基本的には個人情報を第三者に提供することは予定されていないと思われますが、個人データの第三者提供の場合を含め、個人情報の取扱いに対する取組みに関しては、Q3-8 と同様の観点から、留意をするべきことになります。

> **コラム　クラウド・ファンディングあれこれ（寄付型、売買型）**
>
> 　ウェブサイトにおいて、例えば、被災地等の個人や小規模事業に対する寄付を募り、寄付者向けにニュースレターや記念品などを送付するなどの形態があります。これは、あくまで寄付であり、通常はその金額が多額に上ることは想定されていないものと思います。これらの寄付型のクラウド・ファンディングは、贈与契約を締結しているものであり、特段の法規制はないと整理できます。したがって、プラットフォーム運営者は、寄付を募る事業者から手数料を収受したとしても特段の法規制に服するものではないと考えられます。
> 　ふるさと納税制度（地方税法 37 条の 2）は、所得税の所得控除や住民税の税額控除がなされるため、時に寄付金額が高額に及ぶこともありますが、これも寄付型のクラウド・ファンディングとして整理することが可能です。
> 　そのほか、購入者から前払いで集めた代金を元手に製品を開発し、購入者に完成した製品等を提供するなどの形態があります。事前共同購入型ともいわれており、映画、音楽およびアート作品などに関して前払いで資金を集めるという購入型も存在します。
> 　購入型の場合、事業者は、プラットフォームを通じて投資家との間で物品等の売買を行うことから、通信販売を行うことになり、特定商取引法の適用を受けることになります。
> 　したがって、事業者としては特定商取引法に基づく表示義務等について留意する必要がありますし、プラットフォーム運営者としては、事業者に課せられた同法の行為規制について配慮してウェブサイトを構築し維持する必要があります。

第3章 融資・投資

クラウド・ファンディング（投資型）

[**関連法制**　金商法、犯罪収益移転防止法]

【サービスの概要】

1　ファンド型（匿名組合）クラウド・ファンディング

　ファンド型（投資型）クラウド・ファンディングとは、不特定多数の投資家が、インターネット上のプラットフォームを通じて、そこで出資を募っている事業者が行う特定の事業に対して直接匿名組合（ファンド）出資を行う形態です。近時事例が出始めた後述の株式投資型クラウド・ファンディングと異なり、以前より一定の事例があります。

　現状においては、特定の事業やプロジェクトについて数百万円から多いもので数千万円の事業資金を必要とする事業者が、プラットフォームを通じて不特定多数の投資家（例えば、数十人から数百人程度）から1人当たり数万円程度の出資を受けているようです。利用する事業者は、製造業、食品、小売など多岐にわたり、近年は発電事業等も対象になっています。取り扱っている事業者は必ずしも多くありませんが、募集対象となるファンドの数も多く、プラットフォームの運営者側でテーマごとに類似のファンドをサイト上でまとめて表示するなどして出資を募る工夫をしている例もあります。

　事業者は、プラットフォーム上で、出資の条件（資金使途、出資の1口当たりの金額、申込期間、申込方法、事業の期間、出資者への分配のルール等）を事業計画とともに開示し、投資家は、このプラットフォームを通じて申込みを行います。事業者は、出資を募るに際して、分配とは別に投資対象の事業の商品等を特典として付けて、出資をより魅力的にする工夫を凝らすこともあります。

　資金を必要とする事業者が自ら匿名組合出資を募る場合、かかる行為が第二

種金融商品取引業に該当するため、原則として金融商品取引業の登録を受ける必要がありますが、第二種金融商品取引業者にその取得の勧誘の全部を委任することにより、かかる登録をせずに済むと解されています。一方、このようなプラットフォームを運営する運営者は、事業者による匿名組合出資持分の募集の取扱いを行うことになり、第二種金融商品取引業者である必要があります。その際には、ウェブ上のプラットフォームを通じて取得勧誘がなされるため、プラットフォームの運営者については、電子募集取扱業務として規制がかかる点にも留意が必要です。

2　株式投資型クラウド・ファンディング

　株式投資型クラウド・ファンディングとは、株式の発行による資金調達をする株式会社が、プラットフォームを通じて不特定多数の投資家に対して株式の発行をするものです。

　クラウド・ファンディングを通じて株式の募集をする株式会社は、プラットフォーム上で、株式募集の条件（払込価額、申込期間、申込方法等）を事業計画や会社の計算書類とともに開示し、投資家は、このプラットフォームを通じて申込みを行います。

　設立間もない会社が事業のための資金を調達する場合、経営陣自らの出資やその縁故者からの出資の受入れ等が難しい場合には、金融機関からの借入れやベンチャーキャピタル等の投資家に対して株式を発行して行うことが通常です。金融機関からの借入れは、実績のない会社には容易でないことが多く、多額の出資をしてくれる投資家を見つけることも容易ではありません。また、運よく特定の投資家に多額の出資をしてもらうことができても、その時点の会社の価値が高くない場合は、相当の割合の株式を当該投資家に発行することになりますので、経営陣の持分が大幅に低下することになります。このように特定の株主の持分が高くなると、何らかの理由によりその出資をした株主と経営方針の意見が食い違った場合、その投資家の保有する議決権割合によっては経営陣の交代を求められるリスクもあります。

　この点、株式投資型クラウド・ファンディングを利用すれば、会社の事業およびその理念に賛同する不特定多数の投資家より資金を集めることができる可

能性があります。また、かかる調達によって、経営陣の出資の持分が低下したとしても、株主は多数ですので、特定の株主の意向により経営が影響されるという可能性は相対的に低いものと思われます。

　反面、株式投資型クラウド・ファンディングが扱う未上場株式を第三者に譲渡することは困難なことが通常です。また、前述の匿名組合持分の取得の場合は、一定の契約期間が満了した時点で持分の償還がなされますが、未上場株式の場合はそのような予定された償還期限もないことが原則です。出資を募る事業会社は、プラットフォーム上で、取得の勧誘を行う株式の条件を事業計画とともに開示し、投資家は、このプラットフォームを通じて申込みを行いますが、投資家保護の観点からは、事業計画（上場を目指す場合はその目標とする時期も示されると思われます）をきちんと開示することが、他のクラウド・ファンディング商品と比較してもより一層求められるといえそうです。

　このような株式投資型クラウド・ファンディングのプラットフォームを運営する者については、株式の募集の取扱い等を行うことになり、かかる行為は第一種金融商品取引業に該当することから、金融商品取引業の登録を受けることが必要になります。電子募集取扱業務として規制がかかる点は、ファンド型クラウド・ファンディングと同様です。

　株式投資型クラウド・ファンディングは、制度の開始からしばらく事例がありませんでしたが、2017年半ば以降、複数の事業者が株式投資型クラウド・ファンディングに向けて第一種金融商品取引業登録を行い、事例が積み重なりつつあり、今後さらに事例の増加が期待されています。現時点で実施されている事例の募集金額については、1,000万円程度から数千万円程度が多く、現時点では多くの事例では目標募集額を達成して資金調達に成功しているようですが、未達成により調達できなかった事例もあります。事業者によって、そのプラットフォームを利用できる会社につき、すでにベンチャーキャピタルによる出資を受けている会社に制限したり、あるいは、出資する投資家について、利用の要件として一定の投資経験を求めているケースもあり、事業者ごとに特徴が出ています。また、株式投資型クラウド・ファンディングにより、新株予約権を通じて資金調達をする事例もあります。

クラウド・ファンディング（投資型）

【Q&A】

Q3-21

会社が、クラウド・ファンディングを利用して投資を受けるにあたって、法令上の許認可などが必要となりますか。

A (1) ファンド型クラウド・ファンディングの場合

　事業者が、営業者として投資家を匿名組合員とする匿名組合契約を締結する場合、原則として、匿名組合持分が金商法上のみなし有価証券と扱われます。そして、匿名組合持分を含むいわゆるファンド持分の募集または私募（自己募集）については、原則として、第二種金融商品取引業に該当します（金商法28条2項1号、2条8項7号）。この場合、営業者が投資家に対して匿名組合契約の締結を勧誘する行為がファンド持分の自己募集ということになり、営業者について、金融商品取引業の登録が必要になります（金商法29条）。

　もっとも、ファンド持分の取得勧誘を第三者に委託して自らは全く取得勧誘を行わない場合には、業規制の対象たる有価証券の自己募集を行っているとは認められず、第二種金融商品取引業の登録を受ける必要はないと解されています。よって、事業者が、クラウド・ファンディングのプラットフォームを通じて取得勧誘を行う場合、金融商品取引業者であるプラットフォームの運営者に対して勧誘行為すべてを委託することになりますので、自らが直接勧誘行為等を行わない限り、金融商品取引業の登録が必要ないことになります。

(2) 株式投資型クラウド・ファンディングの場合

　一方、株式の取得勧誘については、上記のファンド持分とは異なり、金商法上の金融商品取引業に該当しませんので、金融商品取引業の登録は必要ありません。もっとも、開示規制には服することになりますので、50人以上の投資家に対して総額1億円以上の株式の取得の勧誘を行う場合には、有価証券届出書の提出を要することになります（金商法4条）。

　また、株式の募集については、会社法上の募集の手続（会社法199条等）が

必要であり、また、登記が必要ですので、これらの手続には留意が必要です。株式投資型クラウド・ファンディングによる新株予約権の取得勧誘の場合も基本的には同様です。

Q3-22

クラウド・ファンディングを行うプラットフォームの運営を行うには、法令上の許認可などが必要となりますか。

A　有価証券の募集に際して、発行者以外の者が発行者のために有価証券の取得の申込みの勧誘をすることは「有価証券の募集……の取扱い」(金商法2条8項9号)として金融商品取引業に該当します。クラウド・ファンディングにおいてインターネット上のプラットフォームを提供する者も、「有価証券の募集……の取扱い」を行っているものと解されます。なお、私募の取扱いについても同様であり、募集の取扱いと併せて募集の取扱い等といいます。

その中でも株式・新株予約権を対象とする募集の取扱い等を業として行う場合には、第一種金融商品取引業(金商法28条1項1号、2条8項9号)に該当し、第一種金融商品取引業の登録を受けることが必要になります。また、匿名組合持分を含むファンド持分の募集の取扱い等を業として行う場合には、第二種金融商品取引業(金商法28条2項2号、2条8項9号)に該当し、その登録を受けることが必要になります。

Q3-23

クラウド・ファンディングのプラットフォームの運営者は、金融商品取引業者になりますが、金融商品取引業の行為規制の概要について教えてください。

A　プラットフォームの運営者は、金融商品取引業者として、金商法により様々な行為規制が課されています。大まかなものだけでも以下のようなものが

あります。

- ・広告に関する規制
- ・金融商品の勧誘等に関する説明義務（顧客の属性に応じた勧誘を行う義務を負うという適合性の原則、契約締結前交付書面・契約締結時交付書面の交付を含みます）
- ・勧誘等に関する禁止行為（虚偽告知、断定的判断の提供の禁止等）
- ・損失補填の禁止
- ・顧客に対する誠実・公正義務
- ・利益相反管理体制の整備義務
- ・名義貸しの禁止

上記以外にも、情報管理等に関する禁止事項などの細かい規制も適用されます。

これらの規制の中には、顧客がいわゆるプロ投資家（特定投資家）である場合には適用されない規制もありますが（金商法45条）、クラウド・ファンディングにおいては顧客である投資家は主として個人が想定されるので、基本的には適用があるものと考えておくほうがよさそうです。

上記の規制の中では、特に説明義務や勧誘に関する禁止行為、広告に関する規制について留意する必要があります。

Q3-24

クラウド・ファンディングのプラットフォームの運営者は、電子募集取扱業務を行うことになりますが、電子募集取扱業務を扱う業者に対する行為規制の概要について教えてください。

A 金商法上、開示規制の適用対象外となる有価証券または金融商品取引所に上場されていない有価証券について電子募集取扱業務（金商法29条の2第1項6号）を扱う金融商品取引業者等に対して、行為規制が定められています。

非上場の株式・新株予約権および匿名組合持分の電子募集取扱業務についてもかかる規制の対象になります。これらの規制は大きく分けて2つあります。

第3章　融資・投資

　1つは、管理体制の整備義務です。金商法は、金融商品取引業を適確に遂行するための業務管理体制を整備することを、金融商品取引業者等に義務付けています（金商法35条の3）。

　それを受けて、内閣府令において、電子申込型電子募集取扱業務（電子募集取扱業務のうち、ウェブサイトあるいは電子メールによって当該電子募集取扱業務の顧客に有価証券の取得の申込みをさせるものをいいます（金商業府令70条の2第3項））等を行う金融商品取引業者等について、整備しなければならない管理体制の要件が定められています（同条2項）。

　もう1つは、情報提供に関する義務です（金商法43条の5）。クラウド・ファンディングは、個人の投資家から少額のお金を集める仕組みであり、投資家にとって投資判断に有益な情報が適正に開示されることが重要です。

Q3-25

電子募集取扱業務を扱う業者に対する行為規制のうち、管理体制の整備義務について概要を教えてください。

A　(1)　発行者の事業等の審査義務

　投資型クラウド・ファンディングが詐欺的な行為に悪用されることがないようにするため、電子申込型電子募集取扱業務等を行う金融商品取引業者等において、発行者の事業計画や資金使途等に照らして、電子申込型電子募集取扱業務等の対象とすることが適当であるか否かの審査を行う必要があるとされています（金商法35条の3、金商業府令70条の2第2項3号）。審査の内容については、法令やガイドラインにおいて規定されていないものの、金融商品取引業協会の自主規制規則（後述）を踏まえ（Q3-30参照）、取り扱う有価証券の内容に応じて適切な審査が行われる必要があります。

(2)　払込関連

　電子申込型電子募集取扱業務等を行う場合には、目標募集額に達しなくとも出資が実行される場合であっても、目標募集額を設定する必要があります。

そして、クラウド・ファンディングにおいて、目標募集額が常に満たされるわけではありません。顧客の応募額が申込期間内に目標募集額に到達しなかった場合およびこれを超過した場合の当該応募額の取扱方法を定め、当該取扱方法に関して顧客に誤解を生じさせないための措置がとられていること、申込期間内に目標募集額に達したときに限り当該有価証券が発行される方法を用いている場合には、当該目標募集額に到達するまでの間、発行者が当該募集額の払込みを受けることがないことを確保するための措置がとられていることを求められています（金商法35条の3、金商業府令70条の2第2項4号・5号）。また、各投資家の払い込む金額や発行価額の総額が要件を満たさなくなることを防止するための必要かつ適切な措置を講じる義務が定められています（同項8号）。

なお、クラウド・ファンディングに応募した顧客による払込みの決済手段として、10万円の制限の範囲内でクレジットカードによる決済が認められています（金商業府令149条1号、150条1号）。

(3) その他

言うまでもなく、クラウド・ファンディングは、電子情報処理組織がきちんと管理されていることが前提ですので、電子情報処理組織の管理を十分に行うための措置がとられる必要があります（金商業府令70条の2第2項1号）。また、クーリング・オフが認められていますので、顧客がこれを確認するための措置がとられていることも求められています（同項6号）。

Q3-26

電子募集取扱業務を扱う業者に対する行為規制のうち、情報提供に関する規制その他の規制の概要を教えてください。

A (1) 契約締結前交付書面の追加記載事項

金融商品取引業者等は、金商法において要求される契約締結前書面の交付を義務付けられていますが、電子申込型電子募集取扱業務等においては、申込期間、目標募集額等に加えて、有価証券の取得に係る応募額の取扱方法や応募

代金の管理方法、デュー・ディリジェンスの概要および当該有価証券に関する当該措置の実施結果概要、クーリング・オフに必要な事項、当該有価証券の取得に関し、売買の機会に関する事項その他の顧客の注意を喚起すべき事項も契約締結前交付書面に記載することが求められています（金商業府令83条1項6号）。

(2) ウェブサイトでの情報提供

電子募集取扱業務を営む金融商品取引業者等は、上記(1)の契約締結前交付書面の記載事項の一部についてウェブサイトで閲覧可能なようにすることが求められています（金商法43条の5、金商業府令146条の2）。

(3) 事後の開示に関する規制

電子募集取扱業務を営む金融商品取引業者等は、発行後についても投資を行った者に対して一定のフォローをすることが求められています。具体的には、発行者が顧客の応募代金の払込みを受けた後に、当該発行者が顧客に対して事業の状況について定期的に適切な情報を提供するための措置がとられていることを求められています（金商業府令70条の2第2項7号）。

(4) その他の規制

投資型クラウド・ファンディングについては、クーリング・オフが実質的に義務付けられ（金商業府令70条の2第2項6号）、少額電子募集取扱業務の場合には、募集総額が1億円以上となったり、顧客の払込金額が50万円超となることを防止するための必要かつ適切な措置を講じることも求められています（同項8号）。

なお、募集等に係る情報は、インターネットを通じて提供されることになり、当該情報提供は広告規制の対象となります。

Q3-27

金融商品取引業の登録制度の概要について教えてください。

A　金融商品取引業に該当する行為を業として行う場合、内閣総理大臣の登録を受けて金融商品取引業者になる必要があります。なお、第二種金融商品取引業については、法人も個人も登録をすることが可能である一方、第一種金融商品取引業については、株式会社のみが登録をすることが可能です（金商法29条の4第1項5号イ）。

　金融商品取引業の登録を受けようとする場合、法律で定められた事項を記載した登録申請書に業務方法書などの書類を添付して当局（管轄の財務（支）局や財務事務所が想定されます）に提出する必要があります。この添付書類については、業務方法書や体制整備に関する書面のほか、役員や重要な従業員の身分証明書等も求められます。

　登録申請書の提出を受けて、当局で、登録審査を行います。この登録審査については、概ね2か月程度要するものとされており、登録審査において登録拒否要件に該当しないと認められた場合に、金融商品取引業者として登録されます。

　さらに、法文上定めはないのですが、実務的には、当局に登録申請を行う前に事前相談を行う必要があります。例えば、金融商品取引業を行う上で必要な金商法の知識および経験を十分に有している役職員の確保の状況や業務執行体制等の確認や、事業（収支）計画その他の関係する資料の提出を求められます。

　なお、登録拒否要件としては、刑事罰・行政処分等を受けてから一定期間を経過しない者等に加えて、「他に行う事業が公益に反すると認められる者」、「金融商品取引業を適確に遂行するに足りる人的構成を有しない者」や「金融商品取引業を適確に遂行するための必要な体制が整備されていると認められない者」も定められており、金商法の知識および経験を十分に有している役職員が確保できていなかったり、業務執行体制がきちんと整備されていない場合には、登録を拒否されることになります。これらの要件については、法令におい

て必ずしも細かく規定されているわけではなく、金融商品取引業者向け監督指針の関連個所のチェックポイントを満たしているかがポイントになると思われます。

また、資本金に関する要件として法人の場合は、第二種金融商品取引業を行う場合、最低資本金要件として1,000万円が求められています。第一種金融商品取引業の場合は、最低資本金要件として5,000万円が求められています（金商法29条の4第1項4号イ、同法施行令15条の7第1項3号・5号）。

なお、クラウド・ファンディングの運営については、「電子募集取扱業務」に該当しますので、登録申請時において、電子募集取扱業務を行う旨を登録申請書に記載して登録または変更登録を受ける必要があります（金商法29条の2第1項6号）。

そして、上記のとおり電子募集取扱業務を適確に遂行するために必要な体制が整備されていると認められないことは、金融商品取引業者の登録拒否要件とされていますので（金商法29条の4第1項1号ヘ）、クラウド・ファンディングの業務を開始する際には、登録申請時において、業務に係る体制についても当局と議論の上で登録をする必要があることになります。

Q3-28

匿名組合契約とは何ですか。匿名組合員は、どのような権利を有し、どのようなリスクを負うのでしょうか。

A　匿名組合契約とは、当事者の一方（匿名組合員）が相手方（営業者）の営業のために出資をし、その営業から生ずる利益を分配することを約する契約をいいます（商535条）。

投資家である匿名組合員の出資は、営業者の財産になります。匿名組合員は、匿名組合契約の終了まで、出資の返還を求めることはできません。また、営業者が倒産したような場合には、匿名組合員が行った出資について自らの財産であるとして返還を求めることはできません。

その一方で匿名組合員は、その営業から生じる利益の分配を求める権利を有

することになります。この利益の分配の仕方（例えば、利益のどれくらいの割合を、どのタイミングで分配するか等）については、まさに締結する匿名組合契約において定められることになります。

　匿名組合員は、営業者が行う営業行為に関して、第三者に対して権利や義務を有さず、営業者が営業に関して債務を負ってもその責任を匿名組合員が負うことはありません。この点は、通常の組合契約で事業を行っている場合に、ある業務執行組合員が事業に関して負った債務を別の組合員が負うことがあるのとは異なります。したがって、事業について損失を被った場合であっても、原則として、匿名組合員が出資額を超えてさらに負担をしなければならないということはありません。

　また、匿名組合員は、営業者の業務等について検査をすることができますが、事業については原則として口出しすることはできないと解されています。

　匿名組合員は、契約が終了したときには出資の価額を返還してもらうことができますが、営業者の事業が失敗する等の理由により損失が生じている場合には、全額返還されないことになり、匿名組合員は事業のリスクを負っていることになります。

　なお、匿名組合契約における営業者は、商法上の商人に該当する必要があると解されています。したがって、会社以外の法人が、匿名組合契約を締結することができるかについては疑義があるため、留意が必要です。

Q3-29

匿名組合持分以外のファンド持分の募集をクラウド・ファンディングを通じて行うことはできないのでしょうか。

A　理論的には、ファンド型のクラウド・ファンディングを、匿名組合以外の民法上の組合契約、投資事業有限責任組合契約、有限責任事業組合契約の各持分の勧誘に用いることは考えられます。

　ただし、組合契約については組合員が事業について無限責任を負うと解されること、投資事業有限責任組合契約については目的となる事業が法律で限定さ

れていること、有限責任事業組合契約については各組合員が事業を行うことが前提であることなどで、それぞれクラウド・ファンディングの趣旨には必ずしも合わないものと考えられ、実務的にも匿名組合持分の取得の勧誘に用いられているものと思われます。

Q3-30

ファンド型クラウド・ファンディングに関して、金商法以外に留意すべき規制等はありますか。

A　ファンド型クラウド・ファンディングの運営を行う業者は、第二種金融商品取引業協会に加入する場合、金商法の規制に加えて、第二種金融商品取引業協会の定める自主規制ルールを遵守する必要があります。すなわち、第二種金融商品取引業協会は、「電子申込型電子募集取扱業務等に関する規則」を定めています。

なお、ファンド型クラウド・ファンディングの運営を行う業者が、第二種金融商品取引業協会に加入していない場合でも、法令上、同協会の規則に準ずる体制整備が求められています（金商法29条の4第1項4号ニ）。

Q3-31

第二種少額電子募集取扱業者の制度の概要について教えてください。

A　第二種少額電子募集取扱業務とは、インターネットを通じて行われるファンド持分の募集の取扱い等（以下「電子募集取扱業務」）のうち、開示規制の対象にならないものか、上場されていないものの募集の取扱いまたは私募の取扱いであって、ファンド持分の募集総額が1億円未満（募集総額の計算については、開示規制におけるいわゆる1年通算と同様の考え方ですが、ファンド持分であれば同じ種類の有価証券としてカウントされます）で、投資者1人当たり

の投資額が50万円以下（募集または私募に係る有価証券に対する個別払込金額に、当該有価証券の募集または私募に係る払込みが行われた日前1年以内に応募または払込みを行った同一の発行者による当該有価証券と同一の種類の有価証券の募集または私募に係る個別払込額を合算します）を満たすものをいいます（金商法29条の4の3第4項、同法施行令15条の10の3、金商業府令16条の3）。ただし、貸付型のクラウド・ファンディングを含む一定の類型の有価証券は電子募集取扱業務から除外されており、第二種少額電子募集取扱業務に含まれないことに留意が必要です（金商法29条の2第1項6号、同法施行令15条の4の2第7号）。

　金商法上、第二種金融商品取引業のうち第二種少額電子募集取扱業務のみを行う旨を登録申請書に記載して登録または変更登録を受けた第二種少額電子募集取扱業者は、標識の掲示義務の適用を除外されています（金商法29条の4の3第2項）。すなわち、金融商品取引業者は、金融商品取引業以外の業務を行うことについて制限がなされ、金融商品取引業を営んでいることについて営業所または事務所ごとに標識を掲示する義務を負いますが、第二種少額電子募集取扱業務のみを扱う第二種少額電子募集取扱業者については、これの例外を認めたものです。ただし、第二種少額電子募集取扱業者は、そのウェブサイトにおいて、商号もしくは名称または氏名、登録番号その他の事項を公表しなければならないとされています（同条3項）。

　また、最低資本金についても、第二種金融商品取引業者は1,000万円の資本金が要求されるところ、第二種少額電子募集取扱業者は、500万円とされています（金商法施行令15条の7第1項8号）。

Q3-32

クラウド・ファンディングを利用して匿名組合員から資金を調達する場合に、どのような手続が必要ですか。また、その際にどのような情報を開示することが求められていますか。

A　クラウド・ファンディング業者にすべての勧誘を委託する場合は、匿名組合契約の締結をする営業者には、金商法の適用はないと解されます。した

がって、営業者には金融商品取引業者に対して適用される規制の適用はありません。

もっとも、クラウド・ファンディング業者に勧誘を委託する場合には、クラウド・ファンディング業者が金融商品取引業者として審査義務等を負うことになるため、その審査等に対応するための情報開示は必要になります。

クラウド・ファンディング業者は、金商法や「電子申込型電子募集取扱業務等に関する規則」（Q3-30 参照）において開示すべき事項について様々なルールに服しますので、資金調達を行う事業者も間接的にかかる開示を求められることになります。

Q3-33

クラウド・ファンディングを利用して匿名組合契約の締結をする営業者が、当該プラットフォーム以外を通じて投資家に対して勧誘をすることはできますか。

A　可能です。ただし、第二種金融商品取引業者にその取得の勧誘の全部を委任することにはならず、自ら取得の勧誘をするため、自身で第二種金融商品取引業の登録を行う必要があります。なお、営業者による勧誘が適格機関投資家等特例業務に該当する場合には、営業者は、第二種金融商品取引業の登録を要しません（金商法63条1項1号）。もっとも、適格機関投資家等特例業務に該当するためには、営業者は、適格機関投資家と49人以下の一般投資家からのみ出資を受けることができますので、多数の投資家から出資を募るクラウド・ファンディングには利用できないものと考えられます。

Q3-34

第一種少額電子募集取扱業者の登録要件の概要について教えてください。

クラウド・ファンディング（投資型）

A　第一種少額電子募集取扱業務とは、インターネットを通じて行われる株券または新株予約権証券の募集の取扱い等（以下「電子募集取扱業務」）のうち、開示規制の対象にならないものか、上場されていないものの募集の取扱いまたは私募の取扱いであって、当該株券等の募集総額が1億円未満（募集総額の計算については、従前の開示規制におけるいわゆる1年通算と同様の考え方ですが、同一の発行者の株式・新株予約権であれば同じ種類の有価証券としてカウントされます）で、投資者1人当たりの投資額が50万円以下（募集または私募に係る有価証券に対する個別払込額に、当該有価証券の募集または私募に係る払込みが行われた日前1年以内に応募または払込みを行った同一の発行者による当該有価証券と同一の種類の有価証券（同じ会社の株式・新株予約権は同一の種類となります）の募集または私募に係る個別払込額を合算します）を満たすものをいいます（金商法29条の4の2第10項）。

　金商法上、第一種金融商品取引業のうち第一種少額電子募集取扱業務のみを行う旨を登録申請書に記載して登録または変更登録を受けた第一種少額電子募集取扱業者は、兼業規制、標識の掲示義務や自己資本比率規制の適用を除外されています（金商法29条の4の2第3項～6項）。

　すなわち、金融商品取引業者は、金融商品取引業以外の業務を行うことについて制限がなされ、金融商品取引業を営んでいることについて標識を掲示する義務を負い、また、一定の自己資本比率を維持するべき義務を負っていますが、第一種少額電子募集取扱業務のみを扱う第一種少額電子募集取扱業者については、これらの例外を認めたものです。

　また、最低資本金についても、第一種金融商品取引業者は5,000万円の資本金が要求されるところ、1,000万円とされています（金商法施行令15条の7第1項6号）。

Q3-35

株式投資型クラウド・ファンディングに関する日本証券業協会の自主規制規則の概要を教えてください。

A (1) 株式投資型クラウド・ファンディングの解禁

2014年改正金商法の施行前は、日本証券業協会の規則により、証券会社は未上場株式を原則として取り扱ってはならないとされており、株式投資型クラウド・ファンディングは認められていませんでした。

2014年改正金商法の施行に合わせて、日本証券業協会においても、非上場株式の取扱いを原則として禁止していた「店頭有価証券に関する規則」を改正し、クラウドファンディング規則の規定による場合、すなわち、第一種少額電子募集取扱業務に限って、未上場株式・新株予約権をその加盟する金融商品取引業者が取り扱うことができるように規則を変更しました（店頭有価証券に関する規則3条）。

なお、第一種少額電子募集取扱業者か否かにかかわらず、クラウド・ファンディングにおける電話および対面等の勧誘手法の併用は禁止されています。

(2) 審　査

金融商品取引業者等が行うべき審査に関連して、クラウドファンディング規則は、①発行者およびその行う事業の実在性、②発行者の財務状況、③発行者の事業計画の妥当性について厳正に審査すべきとしています（クラウドファンディング規則4条）。

(3) 開示関係

勧誘時の情報提供に関連して、クラウドファンディング規則においては、金商法において求められている開示事項に加えて、株主管理に関する事項等を幅広く開示することを求めています（クラウドファンディング規則9条）。また、事後的な情報提供についても、クラウドファンディング規則では、会員である金融商品取引業者において、顧客の応募代金の払込み後においても、当該発行者が事業の状況について定期的に適切な情報を提供することに関して、発行者との間で契約を締結することを求めています（クラウドファンディング規則16条）。

Q3-36

株式投資型クラウド・ファンディングを利用して資金調達手続をする場合、どのような手続が必要ですか。

A　クラウド・ファンディングによる調達である場合も、新株の発行であることには変わりありませんので、会社法上定められた募集株式の発行に関する手続を行う必要があります。例えば、株主総会の募集決議（取締役または取締役会への委任の場合は、これらの決定）の手続や、申込みをしようとする者への通知や割当ての決定等も行う必要があります（会社法199条以下）。クラウド・ファンディングによる新株予約権の発行の場合も同様です。

開示については、クラウド・ファンディング業者に勧誘を委託する場合には、クラウド・ファンディング業者が金融商品取引業者として審査義務等を負うことになるため、その審査等に対応するための情報開示は必要になります。

クラウド・ファンディング業者は、金商法や日本証券業協会のクラウドファンディング規則において開示すべき事項について様々なルールに服しますので、資金調達を行う者も間接的にかかる開示を求められることになります。

Q3-37

株式投資型クラウド・ファンディングにより勧誘を行う場合、運営者がインターネット以外で勧誘することは認められるのでしょうか。

A　第一種少額電子募集取扱業者は、電子募集取扱業務のみを行うことが条件ですので、インターネット以外で勧誘行為を行うことは認められていません。

第一種金融商品取引業者としての登録を行っている者については、法律上は可能であるはずですが、日本証券業協会のクラウドファンディング規則によって禁止されています。

第3章 融資・投資

Q3-38

投資型クラウド・ファンディングに係るクラウド・ファンディング業者に金融商品販売法の適用はありますか。

A　金融商品販売法とは、金融商品販売業者と顧客の間の法律関係を規定する法令です。金商法や保険業法は、金融商品取引業者等や保険会社を規制する法律であるのに対して、顧客との間の権利関係についても定めていることが特徴です。

　金融商品販売法の適用の対象となる金融商品の販売等には、有価証券を取得させる行為およびその代理または媒介が含まれ、クラウド・ファンディングの運営は、有価証券の募集の取扱いとして有価証券を取得させる行為に該当し、金融商品販売法の適用があります（金販法2条1項5号）。

　金融商品販売法に定められる義務や責任については、**Q4-9**をご参照ください。

ロボ・アドバイザー

[**関連法制**] 金商法、犯罪収益移転防止法、個人情報保護法、金融商品販売法、消費者契約法

【サービスの概要】

　近時、「ロボ・アドバイザー」を利用した投資助言・資産運用サービスが注目されています。ロボ・アドバイザーとは、一般に、主にインターネットを通じて顧客からいくつかの質問に対する回答を受け付け、その回答内容に即して各顧客にふさわしい形で分散化された株式、債券、投資信託、ETFなどの金融商品のラインナップ（このように分散化された金融商品のラインナップを「ポートフォリオ」といいます）を各業者独自の投資アルゴリズムを利用して自動的に組成し、これを顧客に提供する仕組みをいいます。

　投資助言・資産運用サービスを提供する業者は、まず、顧客から、どのような属性の者であるか（年齢、収入、保有資産の状況、投資に関する知識・経験など）、どのような資産運用を行いたいか（なるべく安全な方法で資産を運用したいのか、多少のリスクは厭わずより積極的に投資リターンを獲得したいのか、定期的な分配金収入を重視するか否かなど）をはじめとする顧客のニーズを聞き取ります。その上で、顧客から聞き取ったニーズに基づき、どのようなポートフォリオを組成することが顧客にとって最善の利益となるのかを検討し、適した投資商品をピックアップしてポートフォリオを組成し、これを顧客に提供します。投資助言サービスを提供する業者は、個々の顧客に最適なポートフォリオを提供するにとどまり、これに基づく投資は、顧客が自己の責任において実行することとなります。これに対し、資産運用サービスを提供する業者は、個々の顧客に最適なポートフォリオを組成した上で、これに基づく投資を顧客に代わって実行することとなります。

　従来、このような投資助言・資産運用サービスは、専ら投資顧問会社に所属

するファンド・マネージャーやファイナンシャル・プランナー（FP）などといった投資のプロである「人」が担ってきましたが、ロボ・アドバイザーの場合、その機能を人ではなく人工知能（AI）を搭載した「ロボット」が担っているのが特徴です。投資助言・資産運用サービスにロボ・アドバイザーを導入することにより、人力では対応できなかった膨大なデータの分析を踏まえた投資判断を提供すること、また投資に対する顧客のニーズもきめ細かく分析して個々の顧客に最適なポートフォリオを提供することができるようになると期待されています。さらに、ロボ・アドバイザーを利用した投資助言・資産運用サービスは、従来型の人による投資助言・資産運用サービスと比較して、人件費等のコストを削減することが可能となるため、利用者の視点から見れば、手頃な手数料で質の高い投資助言・資産運用サービスを享受することができるようになると期待されています。

　いわゆる「投資のプロ」の世界では、1980年代ごろから証券投資の分野においてコンピュータシステムの利用が始まり、今日では、ヘッジファンドを筆頭に大多数の機関投資家がその投資のためにコンピュータシステムを利用していると見られます。その例として、高度な金融工学の手法により市場の動向を定量的に分析・予測し、それを踏まえた投資戦略を立案・実行するもの（クオンツ運用）、所定のルールに基づきコンピュータシステムが自動的に発注数量・発注タイミングを決定して金融商品の取引を行うもの（アルゴリズム取引）、アルゴリズム取引の中でも特に、マイクロ秒、ナノ秒といった単位で高速・高頻度の取引を行うもの（HFT）などが挙げられます。しかし、これらのツールは、高度に専門的な内容のものであるとともに、巨額の運用資産を前提としなければその妙味を活かしにくいものであることなどから、一般の個人投資家にとって利用することが難しいものであったことは否めないと思われます。

　ロボ・アドバイザーを利用した投資助言・資産運用サービスは、従来は投資のプロの世界でしか利用することができなかったコンピュータシステムを利用した投資のツールを個人投資家向けにカスタマイズして、広く一般の個人投資家にその恩恵を享受させることを可能にするツールであると評価することができそうです。それを可能にした背景には、①コンピュータシステムの性能向上により、従来よりも低コストで膨大なデータの収集・分析等ができるように

なったこと、②パソコンやスマートフォンなどの普及により、業者と個人投資家とをつなぐチャネルが増加したことから、一人ひとりの投資家が投資に回す金額が少額であったとしても、全体として見れば相当規模の運用資産額を確保することができるようになったことなどがあるのではないかと推察されます。

【Q&A】

1　金　商　法

Q3-39

ロボ・アドバイザーを利用した投資助言・資産運用サービスを行うには法令上の許認可などが必要になりますか。

A　ロボ・アドバイザーを利用した投資助言・資産運用サービスを提供する場合、金商法に基づく金融商品取引業の登録を受けることを検討する必要があります。金融商品取引業にはいくつかの類型がありますが、提供するサービスの内容によって、①投資助言・代理業または②投資運用業の登録を受けることが必要となります（金商法29条、28条3項1号・4項1号）。

投資助言・代理業もさらに細かくいくつかの類型に分類されていますが、特にロボ・アドバイザーを利用した投資助言サービスを念頭に置きますと、その内容は概ね、当事者の一方が相手方に対し、有価証券の価値等または金融商品の価値等の分析に基づく投資判断に関し、口頭、文書その他の方法により助言を行うことを約し、相手方がそれに対する報酬を支払うことを約する契約を締結し、当該契約に基づき、助言を行うということができます（金商法2条8項11号）。このような業務を行う際に締結することとなる契約を、「投資顧問契約」といいます。本項目では、便宜上、投資顧問契約に基づき投資助言サービスを提供する業務を「投資助言業務」といい、投資助言業務を提供する業者を「投資助言業者」ということとします。

他方、投資運用業も同様にさらに細かくいくつかの類型に分類されています

が、特にロボ・アドバイザーを利用した資産運用サービスを念頭に置きますと、その内容は概ね、当事者の一方が、相手方から、金融商品の価値等の分析に基づく投資判断の全部または一部を一任されるとともに、当該投資判断に基づき当該相手方のため投資を行うのに必要な権限を委任されることを内容とする契約を締結し、当該契約に基づき、金融商品の価値等の分析に基づく投資判断に基づいて有価証券またはデリバティブ取引に係る権利に対する投資として、金銭その他の財産の運用を行うということができます（金商法2条8項12号ロ）。このような業務を行う際に締結することとなる契約を、「投資一任契約」といいます。本項目では、便宜上、投資一任契約に基づき資産運用サービスを提供する業務を「投資一任業務」といい、投資一任業務を提供する業者を「投資一任業者」ということとします。

　このように、投資助言業務と投資一任業務の定義はそれぞれよく似ていますが、その決定的な違いは、「顧客の資産を運用する権限が業者に与えられているかどうか」にあります。すなわち、投資助言・代理業の登録を受けた投資助言業者が提供することができるサービスは、あくまでも「A社は最近の業績も良く、市況も全般的に堅調ですので、A社の株は今後値上がりしそうですよ」、「B社のファンドは堅実なパフォーマンスを上げていますので、今が買い時ですよ」などといった「助言」にとどまり、業者自身が顧客の資産を投資・運用することはできません。これに対し、投資運用業の登録を受けた投資一任業者

【投資助言業務と投資一任業務】

	投資助言業務 （投資助言・代理業）	投資一任業務 （投資運用業）
締結する契約	投資顧問契約	投資一任契約
契約に基づき提供するサービス	①有価証券の価値等に関する助言 ②金融商品の価値等の分析に基づく投資判断に関する助言	金融商品の価値等の分析に基づく投資判断に基づき、顧客の資産を有価証券またはデリバティブ取引に係る権利に投資すること
報酬の有無	必ず有償	有償・無償を問わない

は、顧客の委託を受けて、自らの投資判断に基づき顧客の資産を投資・運用することができます。このような業務内容の違いから、投資助言業者よりも、投資一任業者のほうが、登録を受ける際のハードルが高く、またより厳格な行為規制に服することとなります。

Q3-40

法令上の許認可を受けずにロボ・アドバイザーを利用した投資助言・資産運用サービスを行う余地はありませんか。

A Q3-39でご説明しましたとおり、ロボ・アドバイザーを利用した投資助言・資産運用サービスを提供する場合には、原則として金商法に基づく金融商品取引業の登録（投資助言・代理業または投資運用業の登録）を受けることが必要となります。

もっとも、提供するサービスの具体的内容やその提供方法によっては、金融商品取引業の登録を受けずにサービスを提供する余地が全くないとはいえません。Q3-39で概観した投資助言業務や投資一任業務の内容をもう少し詳細に検討してみましょう。

まず、投資一任契約とは異なり、投資顧問契約は、「有償」であることが1つの要件とされています（金商法2条8項11号）。言い換えれば、「有価証券の価値等に関する助言」や「金融商品の価値等の分析に基づく投資判断に関する助言」を無償で提供する場合には、投資助言・代理業の登録を受ける必要はないこととなります。証券会社や金融機関の中には、多様なラインナップの金融商品を取り揃えて販売している業者もありますが、このような業者において、ロボ・アドバイザーを導入して個々の顧客のニーズに応じた金融商品のポートフォリオを無償で組成・提案する仕組みを構築する場合には、投資助言・代理業の登録を受ける必要はありません。ただし、投資信託などの有価証券を投資家に販売するためには、第一種金融商品取引業の登録を受ける必要があり（金商法29条、28条1項1号）、これは投資助言・代理業や投資運用業よりもさらに登録を受ける際のハードルが高いところですので、既存の証券会社や金融機

関以外の業者がこのようなビジネスモデルを展開することは難しいのではないかと思われます。

　また、不特定多数の者を対象として、不特定多数の者が随時に購入可能な方法により、有価証券の価値等または金融商品の価値等の分析に基づく投資判断を提供する行為も、投資助言・代理業の登録を受けずに行うことができることとされています。具体的には、投資情報を取り扱う書籍を販売する行為、投資分析ツール等のコンピュータソフトウェアを販売する行為などがこれに該当します。ただし、これらについては、誰でも、いつでも自由にその内容や機能等を見て判断して購入することができるものである場合に限り、投資助言・代理業の登録が不要とされていることに注意する必要があります。例えば、投資情報を取り扱う書籍であっても、一般の書店で販売されているものではなく、直接業者等に申し込まなければ購入することができないものである場合や、投資分析ツール等のコンピュータソフトウェアであっても、ソフトウェア利用にあたって販売業者等から継続的に投資情報に係るデータその他のサポート等の提供を受ける必要がある場合には、投資助言・代理業の登録が必要となる場合があるとされていることに注意する必要があります。

　さらに、有価証券以外の「金融商品」の価値等に関する助言を提供するにとどまるものであれば、このような行為も投資助言・代理業の登録を受けずに行うことができることとされています。例えば、FX取引の対象となる「通貨」は、金商法上の「金融商品」には該当しますが、「有価証券」には該当しないため、「米ドルが上昇しそうです」、「ユーロが下落しそうです」などというように金融商品の価値等に関する助言を提供するだけであれば、投資助言・代理業の登録を受ける必要はありません。もっとも、金融商品の価値等に関する助言を超えて、「米ドルが上昇しそうなので、今が買い時ですよ」、「ユーロが下落しそうなので、今が売り時ですよ」というように投資判断に関する助言にまで踏み込んでしまうと、投資助言・代理業の登録が必要となることに注意する必要があります。また、さらに一歩踏み込んで、顧客を相手方としてFX取引（店頭デリバティブ取引）を行い、またはその媒介、取次ぎもしくは代理を行う場合には、第一種金融商品取引業の登録を受けることが必要となります（金商法29条、28条1項2号）。

ロボ・アドバイザー

　以上のとおり、ロボ・アドバイザーを利用した投資助言・資産運用サービスといっても、その提供するサービスの具体的内容や提供方法によっては、金融商品取引業の登録の要否、いかなる種別の金融商品取引業の登録を受けるべきかが異なってくることがあります。Fintechでは「金融機能のアンバンドリング化・リバンドリング化」が1つのキーワードとなっていますが、各業者においては、自社が提供するサービスの具体的内容や提供方法が、金融規制全体の中でどのように位置付けられることとなるのかを十分に意識しながら、必要となる許認可等の内容を検討することが望まれるところです。

Q3-41

投資助言・代理業の登録制度の概要について教えてください。

A　金融商品取引業の登録を受けようとする者は、登録申請書を管轄財務（支）局長に提出することが求められます。登録申請書の様式は、金商業府令により定められており、投資助言・代理業の登録を申請する場合には、大要、次に掲げる事項を記載することとされています（金商法29条の2第1項、金商業府令7条）。投資助言・代理業の登録を申請する者は、個人であっても法人であってもかまいません。

①商号、名称又は氏名
②法人であるときは、資本金の額又は出資の総額
③法人であるときは、役員の氏名又は名称
④政令で定める使用人があるときは、その者の氏名
⑤業務の種別
⑥本店その他の営業所又は事務所の名称及び所在地
⑦他に事業を行っているときは、その事業の種類
⑧手続実施基本契約の相手方である指定紛争解決機関の商号又は名称並びに加入する金融商品取引業協会及び対象事業者となる認定投資者保護団体の名称

　上記④「政令で定める使用人」とは、(a)法令等を遵守させるための指導に関

する業務を統括する者（「コンプライアンス・オフィサー」などと呼ばれます）およびその者の権限を代行しうる地位にある者、ならびに(b)投資助言業務に関し、助言を行う部門を統括する者および金融商品の価値等の分析に基づく判断を行う者（「ファンド・マネージャー」、「ポートフォリオ・マネージャー」などと呼ばれます）をいいます（金融法施行令15条の4、金商業府令6条）。

上記⑧は、金融商品取引業者を会員とする自主規制機関といわゆる金融ADR制度に関する事項です。投資助言業務との関係では、一般社団法人日本投資顧問業協会（以下「投資顧問業協会」）が自主規制機関となります。投資助言業務を行う者にとって、投資顧問業協会に加入することは義務ではありませんが、後述する金融ADR制度との関係でいえば、加入することが望ましいと考えられます。

金融ADR制度とは、民事訴訟制度に比べて簡易・迅速・低廉・柔軟な解決を指向する紛争処理システムをいいます。これは、金融商品・サービスの多様化・複雑化に伴い、その苦情・紛争の発生件数が増加傾向にある中、金融分野における裁判外紛争処理制度を整備する必要性が指摘されてきたことを受けて導入された制度です。投資助言業務との関係では、今のところ当局が指定する「指定紛争解決機関」が存在しないため、これに代替する措置として一定の苦情処理措置および紛争解決措置を講じることが求められます。かかる措置の1つの選択肢として、特定非営利活動法人証券・金融商品あっせん相談センター（FINMAC（フィンマック）と呼ばれます）を利用することが考えられます。FINMACは投資顧問業協会の委託を受けて同協会の会員向けに金融ADR業務を提供しているため、投資助言業務を行う者としては、投資顧問業協会に加入することによってかかる苦情処理措置および紛争解決措置を講じているものとみなされることとなります。

登録申請書には、所定の添付書類を添付することが求められます。投資助言・代理業の登録を申請する場合には、大要、次に掲げる書類を添付することとされています（金商法29条の2第2項、金商業府令9条、10条）。

> ① 登録拒否要件のいずれにも該当しないことを誓約する書面
> ② 業務の内容及び方法を記載した書類
> ③ 業務に係る人的構成及び組織等の業務執行体制を記載した書面
> ④ 法人であるときは、次に掲げる書類
>   (a) 役員及び重要な使用人の履歴書
>   (b) 役員及び重要な使用人の住民票の抄本又はこれに代わる書面
>   (c) 役員及び重要な使用人が一定の登録拒否要件に該当しない旨の官公署の証明書又はこれに代わる書面
>   (d) 役員及び重要な使用人が一定の登録拒否要件に該当しない者であることを当該役員及び重要な使用人が誓約する書面
> ⑤ 個人であるときは、次に掲げる書類
>   (a) 登録申請者及び重要な使用人の履歴書
>   (b) 登録申請者及び重要な使用人の住民票の抄本又はこれに代わる書面
>   (c) 登録申請者及び重要な使用人が一定の登録拒否要件に該当しない旨の官公署の証明書又はこれに代わる書面
>   (d) 重要な使用人が一定の登録拒否要件に該当しない者であることを当該重要な使用人が誓約する書面
> ⑥ 特定関係者の状況に関する事項を記載した書類
> ⑦ 法人であるときは、定款及び登記事項証明書
> ⑧ 法人であるときは、最終の貸借対照表及び損益計算書（いずれも関連する注記を含むもの）

　上記②の書面は、「業務方法書」と呼ばれ、業務運営に関する基本原則、業務執行の方法、業務分掌の方法など、具体的にどのような方法で金融商品取引業を行うのかを記載する書面です（金商業府令8条）。

　上記④⑤にいう「重要な使用人」とは、登録申請書の記載事項のところでご説明した「政令で定める使用人」と同じ者がこれに該当します。「一定の登録拒否要件に該当しない」ことを証明するため、該当者が成年被後見人や被保佐人に該当しない旨の証明書（法務局が発行する「登記されていないことの証明書」）、該当者が破産者でない旨の証明書（本籍地の市区町村が発行する「身分証明書」）、および該当者が過去5年以内に刑罰や行政処分等を受けたことがない旨の誓約書の提出が求められます。

　上記⑥「特定関係者の状況に関する事項を記載した書類」では、登録申請者の親法人等、子法人等および持株会社の概要および登録申請者との関係を記載

することが求められます。「親法人等」、「子法人等」および「持株会社」の各定義は、金商法により詳細に定められていますが（金商法31条の4第3項・4項、29条の4第1項5号ニ）、大まかにいえば、登録申請者が属するグループを構成する法人等の概要を説明することが求められます。

なお、実務上は、上記の添付書類以外にも、登録審査の必要に応じて、追加の資料や関連する社内規程の提出が求められる場合があることに注意する必要があります。また、登録審査の便宜のため、上記の登録申請書および添付書類のほかに、別途「質問票」または「概要書」と呼ばれる登録申請者の概要を記載した書面の提出も求められるのが通例です。

金融商品取引業の登録の申請がなされた場合、登録拒否要件がある場合を除き、登録を受けることができるとされています。登録拒否要件は、金商法において詳細に規定されていますが（金商法29条の4）、例えば、①過去5年以内に行政処分（金融商品取引業等の登録取消処分など）を受けたことがある者、②過去5年以内に金商法等の法令違反により刑罰に処せられたことがある者、③金融商品取引業を適確に遂行するに足りる人的構成を有しない者などがあります。特に「金融商品取引業を適確に遂行するに足りる人的構成」を有するか否かについては、金融商品取引業者向け監督指針により、より詳細な審査項目が規定されていますので、登録申請を行う際には、そこで規定されている事項にも十分配慮することが望まれます。

登録申請から登録を受けられるまでに要する期間は、2か月とされています。ただし、これはあくまでも登録申請が正式に受理されてから2か月という意味であり、実務上は、書類の補正等により登録申請の正式受理に至るまでに相応の時間がかかることが多いところですので注意が必要です。

登録時には、登録免許税として15万円を納付することが必要となります。また、投資助言・代理業の場合、500万円の営業保証金を供託することが必要となります（金商法31条の2、同法施行令15条の12第2号）。

Q3-42

投資運用業の登録制度の概要について教えてください。

A 投資運用業の登録を申請する場合の手続の流れは、基本的にはQ3-41でご説明した投資助言・代理業の登録を申請する場合の手続の流れと同様です。ただし、投資運用業は、顧客に代わってその資産を運用することにより国民の資産形成に直接関与する存在であり、その健全な業務運営を担保する必要性が高いという特徴から、登録手続においても次に述べるような相違があります。

第1に、投資運用業の登録を申請する者は、法人（株式会社）でなければならないとされています（金商法29条の4第1項第5号イ）。しかも、ただ単に「株式会社」であれば足りるというわけではなく、原則として、(a)取締役会および監査役、(b)監査等委員会、または(c)指名委員会等のいずれかを設置する株式会社でなければならないものとされています。これらの会社はいずれも会社法上の「取締役会設置会社」に該当し、取締役会設置会社の取締役は3人以上でなければならないとされていますから、投資助言・代理業の登録の場合と比較して、より多くの人員配置が求められることとなります。

第2に、投資運用業の登録を申請する者は、5,000万円以上の最低資本金を有するものでなければならず、かつ5,000万円以上の純財産額を確保・維持しなければならないものとされています（金商法29条の4第1項4号イ・5号ロ、同法施行令15条の7第1項4号、15条の9第1項）。この関係で、投資運用業の登録の場合には、登録申請書の添付書類として、純財産額を算出した書面も併せて提出することが求められます。

第3に、これは登録後の対応が求められる事項となりますが、投資運用業を行う金融商品取引業者の主要株主となった者は、遅滞なく、管轄財務（支）局長に対象議決権保有届出書を提出しなければならないこととされています（金商法32条）。主要株主は、主要株主でなくなったときも、遅滞なく、その旨を管轄財務（支）局長に届け出なければならないこととされています（金商法32条の3）。ここにいう「主要株主」とは、原則として会社の総株主等の議

決権の20％以上を保有している者をいいます。主要株主の中でも特に、会社の総株主等の議決権の50％超を保有している者は「特定主要株主」と呼ばれ（金商法32条4項）、（特定主要株主以外の）主要株主が特定主要株主となった場合、特定主要株主が（特定主要株主以外の）主要株主となった場合も同様に、届出を行わなければならないこととされています（金商法32条3項、32条の3第2項）。当局は、これらの主要株主に対し、報告・資料提出命令および検査の権限、ならびに（不適格な主要株主に対する株式売却命令などの）措置命令の権限を有します（金商法32条の2）。これらの主要株主規制は、投資運用業を行う金融商品取引業者の経営に実質的な影響力を有する主要株主について、その適格性を担保するための制度です。投資運用業の登録申請の際にも、登録申請書の添付書類として主要株主の商号、名称または氏名および本店等の所在地（個人の場合は住所または居所）、ならびに主要株主が保有する対象議決権数を記載した書面を添付することが求められており、登録申請者の主要株主に不適格な者がいないかどうかが審査されることとなります。

　第4に、投資運用業の登録を申請する者については、投資助言・代理業の場合と同じく、法令上投資顧問業協会への加入を義務付けられているものではありませんが、投資助言・代理業の場合とは異なり、同協会に加入しない場合には、同協会の定款諸規則に準ずる内容の社内規則を作成し、これを遵守するための体制を整備しなければならないこととされています（金商法29条の4第1項4号ニ）。これにより、投資運用業を行う金融商品取引業者は、投資顧問業協会に加入することが事実上義務付けられているといえます。

　第5に、Q3-41でご説明したとおり、登録申請書には「他に事業を行っているときは、その事業の種類」を記載することとされていますが、投資運用業を行う金融商品取引業者は、投資運用業の本業のほかには、当局の承認を受けない限り、金商法所定の付随業務および当局への届出を要件として行うことができる所定の業務（届出業務）しか行うことができないとされています（金商法35条）。このような兼業規制の関係で、登録申請者が他に行っている事業がこれらの金商法所定の付随業務および届出業務のいずれにも該当せず、かつ当該事業に係るリスク管理が困難であるために投資者保護に支障を生ずると認められた場合には、登録拒否要件に該当するものとして登録を受けることができな

いとされています（金商法29条の4第1項5号ハ）。

　最後に、投資運用業の登録を申請する者については、投資助言・代理業の登録の場合とは異なり、「金融商品取引業を適確に遂行するに足りる人的構成」として、資産運用部門から独立したコンプライアンス部門が設置されているかどうかが審査項目の1つとされています。なお、投資運用業の登録の場合は、別途最低資本金要件・純財産額要件が課されている関係で、営業保証金を供託する必要はありません。

Q3-43

投資助言業者の行為規制の概要について教えてください。

A　投資助言業者は、金商法が定める行為規制を遵守してその業務を遂行することが求められています。金商法が定める行為規制は、大別すると、①すべての業務種別に共通して金融商品取引業者が規制の名宛人とされているもの、②特に投資助言業者が規制の名宛人とされているもの、③業務間・グループ会社間の利益相反の防止を目的とする弊害防止措置等の3類型に分類することができます。

　第1に、すべての業務種別に共通して金融商品取引業者が規制の名宛人とされている行為規制として、①顧客に対する誠実義務（金商法36条）、②標識の掲示（金商法36条の2）、③名義貸しの禁止（金商法36条の3）、④広告等の規制（金商法37条）、⑤契約締結前の書面の交付（金商法37条の3）、⑥契約締結時等の書面の交付（金商法37条の4）、⑦指定紛争解決機関との契約締結義務（金商法37条の7）、⑧禁止行為（金商法38条、39条、金商業府令117条）、⑨適合性の原則（金商法40条）があります。⑧の禁止行為としては多種多様なものが規定されていますが、特に投資助言業者に関係するものとしては、勧誘に関する各種禁止行為（投資顧問契約の締結またはその勧誘に関して顧客に虚偽のことを告げてはならない、不確実な事項について断定的判断を提供して投資顧問契約の締結の勧誘をしてはならないなど）があります。これらの禁止行為は、金融

商品取引業者のみならず、その役職員も規制の名宛人とされています。

　この類型の行為規制のうち、特にロボ・アドバイザーを利用した投資助言サービスを提供する業者が注意すべきものとして、まず「広告等の規制」が挙げられます。一般に、金融商品取引業者は、その行う金融商品取引業の内容について広告等を行う場合には、法定の記載事項を明瞭かつ正確に表示すること、その中でも特に重要な事項については文字の大きさ等にも留意して表示すること、著しく事実と相違する表示や著しく人を誤認させる表示（いわゆる誇大広告）をしてはならないことなどが求められています。また、特にインターネット上のウェブサイト、電子メールなどを利用して広告等を行う場合には、法定の記載事項について、広告等に表示される他の事項に係る文字と比較して、使用する文字の大きさ、形状および色彩において不当に目立ちにくい表示となっていないか、広告等をパソコンやスマートフォンの画面上に表示する場合には、法定の記載事項のすべてを判読するために必要な表示時間が確保されているかといった点に留意することとされています。なお、広告等を表示するウェブサイトが複数の階層によって構成されている場合、法定の記載事項を各階層すべてに表示することは必ずしも求められていませんが、提供する投資助言サービスの内容を詳細に表示するページに法定の記載事項をまとめて表示するなど、わかりやすい表示とするための工夫が望まれるところです。

　また、「契約締結前の書面の交付」および「契約締結時等の書面の交付」も、特にロボ・アドバイザーを利用した投資助言サービスを提供する業者において注意を要します。前者は、金融商品取引契約（投資助言業務については投資顧問契約）を締結しようとするときに、所定の事項を記載した書面を顧客に交付すべき義務、後者は、金融商品取引契約が成立したときなどに、所定事項を記載した書面を交付すべき義務をいいます。これらの「書面」については、紙の書面ではなく電磁的方法により提供することも認められていますが、その具体的方法は、①電子メールにより提供する方法、②金融商品取引業者のウェブサイトからダウンロードする方法、③金融商品取引業者のウェブサイトに備えられた顧客ファイルを通じて閲覧に供する方法（パスワード等による認証が必要なもの）、④金融商品取引業者のウェブサイトで閲覧に供する方法（パスワード等による認証が必要でないもの）、または⑤CD-RやUSBなどの外部記録媒体に記

録して交付する方法に限られており、しかも、いずれの方法においても顧客側でプリントアウトすることが可能でなければならないこと、特に③④の方法による場合は記載事項を契約終了時から5年間維持しなければならないことなどといった一定の要件があります（金商法37条の3第2項、37条の4第2項、34条の2第4項）。

　第2に、特に投資助言業者が規制の名宛人とされている行為規制として、①顧客に対する義務（忠実義務・善管注意義務）（金商法41条）、②禁止行為（金商法38条の2、41条の2、金商業府令126条）、③（顧客を相手方とする）有価証券の売買等の禁止（金商法41条の3）、④金銭または有価証券の預託の受入れ等の禁止（金商法41条の4）、⑤金銭または有価証券の貸付け等の禁止（金商法41条の5）、⑥書面による解除（いわゆる「クーリング・オフ」）（金商法37条の6、同法施行令16条の3）があります。②については、金商法上いくつかの具体的な禁止行為の類型が定められていますが、その内容は、概ね、特定の顧客の利益を害する行為、自己または第三者の利益を図るために行う不当な行為、および顧客の損失を補填する行為の3つに分類することができます。

　投資一任契約とは異なり、投資顧問契約については、クーリング・オフが認められています。具体的には、投資顧問契約を締結した顧客は、契約締結時書面を受領した日から起算して10日以内であれば、書面により当該契約を解除することができるとされています。クーリング・オフを排除する旨の特約は無効とされます。

　第3に、業務間・グループ間の利益相反の防止を目的とする弊害防止措置等として、①二以上の種別の業務を行う場合の禁止行為（金商法44条、金商業府令147条）、②その他業務に係る禁止行為（金商法44条の2、金商業府令150条）、③親法人等または子法人等が関与する行為の制限（金商法44条の3、金商業府令153条）があります。いずれの類型も、基本的には、一方の業務または会社の利益を図るために、他方の業務または会社の利益を害することを禁止するものであると評価することができます。

　なお、投資顧問契約の相手方がプロの投資家（金商法上は「特定投資家」と呼ばれます）である場合には、上記のうち一定の行為規制の適用が免除されることとなります（金商法45条）。具体的には、広告等の規制、契約締結前の書面

第3章　融資・投資

の交付、契約締結時等の書面の交付、適合性原則、金銭または有価証券の預託の受入れ等の禁止、金銭または有価証券の貸付け等の禁止、書面による解除（クーリング・オフ）などが適用免除となります。

Q3-44

投資一任業者の行為規制の概要について教えてください。

A Q3-43でご説明したのと同様に、投資一任業者も、金商法が定める行為規制を遵守してその業務を遂行することが求められています。その行為規制の内容は、大別すると、①すべての業務種別に共通して金融商品取引業者が規制の名宛人とされているもの、②特に投資一任業者が規制の名宛人とされているもの、③業務間・グループ会社間の利益相反の防止を目的とする弊害防止措置等の3類型に分類することができます。

第1の類型および第3の類型については、Q3-43の説明をご参照ください。第2の類型（特に投資一任業者が規制の名宛人とされている行為規制）としては、①権利者に対する義務（善管注意義務・忠実義務）（金商法42条）、②禁止行為（金商法38条の2、42条の2、金商業府令130条）、③運用権限の委託（再委託の制限）（金商法42条の3）、④金銭または有価証券の預託の受入れ等の禁止（金商法42条の5）、⑤金銭または有価証券の貸付け等の禁止（金商法42条の6）、⑥運用報告書の作成・交付（金商法42条の7）があります。

②については、金商法上いくつかの具体的な禁止行為の類型が定められていますが、その内容は、投資助言業者の場合と同様、概ね、特定の顧客の利益を害する行為、自己または第三者の利益を図るために行う不当な行為、および顧客の損失を補填する行為の3つに分類することができます。

投資一任業者は、基本的に顧客から金銭または有価証券の預託を受けてはならないとされていることに注意が必要です。そのため、投資一任業者が顧客の資産を運用する際には、自ら顧客から資産を預かることは許されず、顧客の側で証券会社や信託銀行に取引口座や信託口座を開設してもらい、その口座内に

ある資産を運用することとなります。なお、今のところ、ロボ・アドバイザーを利用した資産運用サービスを提供する業者は、顧客から資産の預託を受けることを前提に、第一種金融商品取引業の登録も受けてビジネスを展開しているようです。

投資一任業者は、その運用する財産について定期的に運用報告書を作成し、これを顧客に交付することが求められています。運用報告書の記載事項については、金商業府令に詳細な規定がありますが（金商業府令134条）、金融商品取引業者向け監督指針にも一定の記載上の留意事項が定められていますので、実際に運用報告書を作成する際には、これらの事項に留意することが望まれます。

なお、投資一任業者の場合も、投資助言業者の場合と同様、投資一任契約の相手方がいわゆるプロの投資家（特定投資家）である場合には、上記のうち一定の行為規制の適用が免除されることとなります（金商法45条）。具体的には、広告等の規制、契約締結前の書面の交付、契約締結時等の書面の交付、適合性原則、金銭または有価証券の預託の受入れ等の禁止、金銭または有価証券の貸付け等の禁止、運用報告書の作成・交付などが適用免除となります。

2 犯罪収益移転防止法

Q3-45

投資助言・資産運用サービスを提供する際には、法令上の本人確認が求められますか。

A 金融商品取引業者は、犯罪収益移転防止法上の「特定事業者」に該当するとされており、また特に投資助言業者および投資一任業者が行う業務は、犯罪収益移転防止法上の「特定業務」に該当するものとされています。しかしながら、投資助言・資産運用サービスにおいて顧客から金銭の預託を受けることがない場合には、これらのサービスは犯罪収益移転防止法上の「特定取引」に該当しません（犯収法令7条1項1号ヌ）。したがって、投資助言業者が投資助言サービスを提供する場合、または投資一任業者が資産運用サービスを提供する場合には、犯罪収益移転防止法上、原則として顧客の本人確認を行うことは

求められません。ただし、顧客から金銭の預託を受けることを前提に資産運用サービスを提供する場合には、犯罪収益移転防止法に基づく顧客の本人確認を行う必要があることにご注意ください。

犯罪収益移転防止法上の顧客の本人確認の詳細については、Q2-18〜Q2-22をご参照ください。

もっとも、投資助言サービスを提供する投資助言業者や資産運用サービスを提供する投資一任業者において犯罪収益移転防止法上の顧客の本人確認を行うことが求められないといっても、直ちに各業者において顧客管理を適切に行わなくてもよいということにはなりません。これらの業者においては、金融商品取引業者向け監督指針により、顧客の知識、経験、財産の状況および取引を行う目的に照らして適切な投資助言サービス・資産運用サービスを提供することができるよう、適切に顧客の属性を把握して顧客管理を行うことが求められていることにご注意ください。

3　個人情報保護法

Q3-46

顧客プロファイル情報の取扱いについて留意すべき事項を教えてください。

A　ロボ・アドバイザーを利用した投資助言・資産運用サービスを提供する業者は、顧客から、どのような属性の者であるか、どのような資産運用を行いたいかをはじめとする顧客のニーズを聞き取ることが想定されますが、特に個人顧客からこのような情報を入手する場合には、個人情報の取扱いに関する各種のルールに留意する必要があります。

個人情報の取扱いに関するルールとしては、まず個人情報保護法が挙げられます。個人情報保護法の詳細については、Q7-1〜Q7-7をご参照ください。

なお、ロボ・アドバイザーを利用した投資助言・資産運用サービスを提供する金融商品取引業者は、個人情報保護法以外にも、金融分野個人情報保護ガイドラインの遵守が求められていることに注意が必要です。同ガイドラインは、

金融分野における個人情報取扱事業者が個人情報の適正な取扱いの確保に関して行う活動を支援するため、金融分野における個人情報の性質および利用方法に鑑み、事業者が講ずべき措置の適切かつ有効な実施を図るための指針として、個人情報保護委員会および金融庁が定めたものです。

　金融分野個人情報保護ガイドラインにおいては、例えば、①個人情報の取扱いに際し、提供する金融商品またはサービスの内容を示した上で個人情報の利用目的を特定すべきこと、②個人情報の目的外利用または第三者提供について本人の同意を得る際には、原則として書面によるべきこと、③個人情報保護法2条3項に定める要配慮個人情報ならびに労働組合への加盟、門地、本籍地、保健医療および性生活（これらのうち要配慮個人情報に該当するものを除く）に関する情報（所定の機関等により公開されているものや外形上明らかなものは除かれます）といった機微（センシティブ）情報については、原則として取得、利用または第三者提供を行うべきでないこと、④個人データの保存期間を定め、当該期間を経過した個人データを消去すること、⑤取り扱う個人データの漏洩、滅失または毀損の防止その他の個人データの安全管理のため、安全管理に係る基本方針・取扱規程等の整備および安全管理措置に係る実施体制の整備等の必要かつ適切な措置を講ずべきこと、⑥個人データの安全管理が図られるよう、従業者や外部委託先に対する必要かつ適切な監督を行うべきこと、⑦個人情報の漏洩事案等の事故が発生した場合には、直ちに監督当局に報告し、早急に漏洩事案等の事実関係および再発防止策を公表し、すみやかに漏洩事案等の対象となった本人に事実関係等の通知をすべきこと、⑧事業者の個人情報保護に関する考え方および方針に関する宣言（「プライバシーポリシー」などと呼ばれます）を策定・公表すべきことなどが定められています。安全管理措置の実施、従業者・外部委託先の監督などについては、「金融分野における個人情報保護に関するガイドラインの安全管理措置等についての実務指針」において定められている事項にも配慮することが望まれます。

　上記のほかにも、金融商品取引業者向け監督指針により、金融商品取引業者においては、顧客の投資意向、投資経験などといった顧客属性等を的確に把握し、顧客情報を適切に管理することが求められています。さらに、投資助言業者および投資一任業者においては、金融商品取引業を適確に遂行するに足りる

人的構成の一要素として、顧客情報管理に係る体制整備を可能にするに足りる要員の確保が求められていることにも留意する必要があります。

4　その他

Q3-47

システムリスクについて留意すべき事項を教えてください。

A　ロボ・アドバイザーを利用した投資助言・資産運用サービスを提供する業者にとって、システムリスクを適切に管理することは重要な経営課題の1つであるといえます。金融商品取引業者にとっての「システムリスク」とは、コンピュータシステムのダウンまたは誤作動等、システムの不備等に伴い顧客や金融商品取引業者が損失を被るリスクやコンピュータが不正に使用されることにより顧客や金融商品取引業者が損失を被るリスクをいいます。コンピュータシステムへの依存度が高まってきている金融商品取引業者においては、システム障害やサイバー攻撃のリスクもまた同時に高まってきていることから、システムリスク管理態勢を充実強化させることはきわめて重要になってきています。

それでは、具体的にどのような内容・程度のシステムリスク管理態勢を構築すべきかといいますと、各業者の規模や業態によって様々な態勢が考えられるところですので、一律に答えを出すことはできません。もっとも、当局による監督・検査の視点からは、以下のような点に留意してシステムリスク管理態勢を構築することが望ましいと考えられます。

まず、経営のトップ自身が、システムリスクを十分に認識し、全社的なリスク管理の基本方針を策定すること、システム障害やサイバーセキュリティ事案の未然防止と発生時の迅速な復旧対応について、経営上の重大な課題と認識して態勢を整備することが望まれます。「サイバーセキュリティ事案」とは、情報通信ネットワークや情報システム等の悪用により、サイバー空間を経由して行われる不正侵入、情報の窃取、改ざんや破壊、情報システムの作動停止や

誤作動、不正プログラムの実行やDDoS攻撃等の、いわゆる「サイバー攻撃」により、サイバーセキュリティが脅かされる事案をいいます。システムリスクに関する情報が適切に経営者に報告される体制を整備することも望まれます。

　また、金融商品取引業者がシステムリスク管理態勢を確立する際には、その実効性を確保するため、①システム管理部門の責任者が、システム運営上の損失の潜在的規模や発生可能性等を分析し、システムリスクを適切に評価しているか、②システムリスク管理部門の責任者が、顧客チャネルの多様化による大量取引の発生や、ネットワークの拡充によるシステム障害等の影響の複雑化・広範化など、外部環境の変化によりリスクが多様化していることを踏まえ、定期的にまたは適時にリスクを認識・評価しているか、洗い出したリスクに対して十分な対応策を講じているか、③経営者が、セキュリティポリシーや外部委託管理に関する方針を含むシステムリスク管理方針を適切かつ明確に定めるとともに、かかる管理方針に基づき、具体的な対応部署およびその役割と責任を定め、適切な要員を割り当てるとともに、定期的または随時に、管理状況等の報告を受ける体制を構築しているかなどといった点に留意することが望まれます。

　さらに、金融商品取引業者には、安全対策として、情報セキュリティ管理態勢およびサイバーセキュリティ管理態勢を整備することが望まれています。情報セキュリティ管理の関係では、情報資産を適切に管理するための方針の策定、組織体制の整備、社内規程の策定、内部管理態勢の整備を図ることに加え、情報セキュリティ管理態勢のPDCAサイクルによる継続的な改善を図ることが望まれます。また、特に顧客の重要情報や機密情報（暗証番号、パスワード、クレジットカード情報等、顧客に損失が発生する可能性のある情報）については、特に厳格な情報管理ルールを策定・適用することが望まれます。サイバーセキュリティ管理の関係では、サイバー攻撃が高度化・巧妙化していることを踏まえ、サイバーセキュリティの重要性を認識して必要な態勢を整備することが望まれます。また、サイバー攻撃に備え、入口対策、内部対策、出口対策といった多段階のサイバーセキュリティ対策を組み合わせた多層防御を講じること、サイバー攻撃を受けた際に被害の拡大を防止するための措置を講じること、システムの脆弱性について必要な対策を適時に講じることなども望まれます。

第3章 融資・投資

　上記のほかにも、金融商品取引業者には、その業務の実態等に応じて、システムの運用・保守管理態勢や企画・開発管理態勢の整備、システム監査の実施、システム障害等の発生時の対応の明確化、コンティンジェンシープランの策定、業務の外部委託先の評価・管理、システム統合リスクを認識したリスク管理態勢の整備などを行うことが望まれます。

Q3-48

海外から日本の顧客に向けてロボ・アドバイザーを利用した投資助言・資産運用サービスを提供する場合、または反対に日本から海外の顧客に向けて同様のサービスを提供する場合に留意すべき事項を教えてください。

A　海外に拠点を置く業者が、日本国内にいる顧客を相手方として投資顧問契約または投資一任契約を締結し、ロボ・アドバイザーを利用した投資助言・資産運用サービスを提供する場合にも、日本の金商法が適用されますので、かかる業者は、原則として、金商法に基づき、投資助言・代理業または投資運用業の登録を受けることが必要となります。なお、投資運用業の登録との関係では、国内に営業所または事務所を有しない者は、登録拒否要件に該当するものとして登録を受けることができないとされています（金商法29条の4第1項4号ロ）。投資助言・代理業の登録の場合には、このような要件は課されていません。

　なお、金融商品取引業者向け監督指針上、外国証券業者がウェブサイト等に有価証券関連業に係る行為に関する広告等を掲載する行為は、原則として「勧誘」行為に該当する（したがって、第一種金融商品取引業の登録を受けることが必要となる）とされていることに注意が必要です。このように海外からインターネットを通じて広告等を掲載する行為が「勧誘」に該当しないものと解されるためには、①日本国内の投資者がサービスの対象とされていない旨の文言を明記する、②日本国内にある投資者との間の有価証券関連業に係る行為を防止するための措置（投資者の居所の確認手続、日本国内の投資者からの注文に応じない配慮など）を講じるなどの合理的な措置を講じることが求められます。これは、

直接的には外国証券業者に関する監督上の留意点ではありますが、海外に拠点を置く業者が、インターネットを通じてロボ・アドバイザーを利用した投資助言・資産運用サービスに関する広告等を行う場合にも、この趣旨に準じて、①日本国内の投資者との間で投資顧問契約または投資一任契約を締結することを防止するため合理的な措置を講ずること、あるいは、②日本国内の投資者との間で投資顧問契約または投資一任契約を締結することを視野に入れるのであれば、投資助言・代理業または投資運用業の登録申請を検討することが望ましいと考えられます。

他方、日本国内に拠点を置く業者が、ロボ・アドバイザーを利用した投資助言・資産運用サービスを提供する場合、たとえその締結する投資顧問契約または投資一任契約の相手方がすべて海外にいる顧客であったとしても、日本国内から投資助言・資産運用サービスを提供する以上、日本の金商法が適用されますので、かかる業者は、原則として、金商法に基づき、投資助言・代理業または投資運用業の登録を受けることが必要となります。

さらに、このような業者は、その締結する投資顧問契約または投資一任契約の相手方となる顧客の所在する国・地域の法規制に基づき、一定の許認可等を取得しなければ、かかる顧客を相手方として投資助言・資産運用サービスを提供することができない可能性があること、仮にかかる許認可等を取得することができたとしても、当該国・地域の法規制や金融規制当局等による監督に服することとなる可能性もあることに注意が必要です。金融ビジネスはほとんどの国・地域において規制業種とされていますので、海外向けビジネスの展開を視野に入れる場合には、日本の法規制のみならず海外の法規制も十分考慮・検討することが重要となります。

Q3-49

ロボ・アドバイザーの助言に基づき資産運用を行ったところ大損をしました。勧められた取引の説明が不十分であったとしてロボ・アドバイザーの運営会社を訴えることはできますか。ロボ・アドバイザーを利用した資産運用サービスを利用した結果、大損を被った場合はどうでしょうか。

A　投資助言業者が提供する投資助言サービスは、あくまでも投資の「助言」であって、その助言に沿った投資を行うか否かについては、顧客が最終的な判断を行うこととなります。つまり、投資の主体はあくまでも顧客自身であり、顧客は自己責任において投資を行うものであり、投資の成果はすべて顧客に帰属します。しかも、Q3-43でご説明したとおり、投資助言業者が、顧客による投資により生じた損失を補填したり利益に追加したりするために財産上の利益を提供することやその約束をすることは金商法上禁止されています（金商法41条の2第5号、38条の2第2号）。このような投資助言業者が提供する投資助言サービスの性質に照らせば、仮に顧客がロボ・アドバイザーの助言に基づき資産運用を行ったところ大損をしたとしても、投資助言業者の責任を追及することはきわめて難しいと考えられます（もっとも、投資助言業者が、金商法の規定に違反して、その投資助言サービスについて虚偽の告知をしたり、断定的判断を提供したりしていたような場合には、別途検討の余地があります）。

他方、投資一任業者が提供する資産運用サービスについては、過去の下級審裁判例において、投資一任業者に与えられた裁量の範囲を逸脱し、または裁量権を濫用して投資判断を行わない限り、顧客に対する注意義務違反の問題は生じないと判断された事例があります（東京地判平成9・12・17判タ982号181頁）。このような裁判例の考え方を前提とすれば、仮に顧客がロボ・アドバイザーを利用した資産運用サービスを利用した結果大損をしたとしても、投資一任業者の責任を追及することはやはり難しいのではないかと考えられます。なお、投資一任業者が、顧客資産の運用として行った取引により生じた損失を補填したり利益に追加したりするために財産上の利益を提供することやその約束をすることは金商法上禁止されていること（金商法42条の2第6号、38条の2

第2号)(Q3-44参照)、投資一任業者が、金商法の規定に違反して、その資産運用サービスについて虚偽の告知をしたり、断定的判断を提供したりしていたような場合には、別途検討の余地があることについては、投資助言業者の場合と同様です。

とはいえ、それでは投資助言業者や投資一任業者の責任を追及する余地が全くないかといいますと、必ずしもそうとは言い切れないと思われます。そこで、以下においては、金融商品取引を巡る過去の裁判例の考え方を踏まえ、業者の責任について考える上で、またロボ・アドバイザーの投資アルゴリズムを設計する上でも参考になると思われる考え方のいくつかをご紹介します。

まず、最も基本的な考え方として、金融商品取引業者は、顧客の知識、経験、財産の状況および金融商品取引契約(投資顧問契約および投資一任契約はこれに該当します)を締結する目的に照らして不適当と認められる勧誘を行って投資者の保護に欠けることとなっており、また欠けることとなるおそれがあることのないように業務を遂行しなければならないとされています(適合性の原則)。したがって、ロボ・アドバイザーを利用した投資助言・資産運用サービスを提供する業者においても、契約締結前に顧客プロファイルを十分に聴取・確認して、それぞれの顧客に適した投資助言・資産運用サービスを提供することを心がける必要があります。特にリスクの高い金融商品や複雑な仕組みの金融商品への投資を顧客に推奨したり、顧客のためにそのような金融商品への投資を行ったりするような場合には、あらかじめ顧客のリスク許容度を十分に確認していなければ、業者の責任が問われる可能性も否定できません。

また、これも基本的な考え方ですが、金融商品取引業者は、顧客が提供される金融商品や金融サービスの内容・特性を理解するために必要な説明・情報を提供する義務を負うものとされています(説明義務)。投資者は、金融商品や金融サービスの内容・特性について金融商品取引業者から十分な説明および情報提供を受けることにより、当該金融商品・金融サービスの内容やリスクを理解し、取引を行うか否かを決定し、その結果として投資の結果について自己責任を負うこととなります。このように、投資者の自己責任といっても、金融商品取引業者からそのために必要かつ十分な説明および情報提供を受けることが前提となっているため、かかる説明および情報提供について不十分な点があれ

ば、投資者に発生した損失を自己責任として片付けることはできず、業者が責任を負う可能性があることに注意する必要があります。

　ロボ・アドバイザーを利用した投資助言・資産運用サービスを提供する場合には、その性質上インターネットを利用することが多いと思われますので、業者においてはインターネット取引の「非対面性」、コンピュータシステムに依存することのリスクなどにも配慮することが望まれます。例えば、業者のウェブサイトを通じて適合性の確認を行ったり、サービスの内容・特性について説明したりする場合には、そのウェブサイトの構成・表示内容が顧客にとって理解しやすいものとなっているか、業者と契約を締結するか否かについて顧客の意向を合理的に確認することができるものとなっているか（確認画面の表示など）といった点に十分配慮することが望まれます。また、システム障害やサイバーセキュリティ事案の未然防止策を策定すること、実際にそのような事案が発生した場合には迅速に復旧対応することができる社内態勢を整備することなども望まれます（**Q3-47** 参照）。さらに、ロボ・アドバイザーの投資アルゴリズムの設計においても、顧客の投資意向に照らして金額または回数において過当な取引を行わせるものとなっていないかにつき確認する、ワラント取引やオプション取引などを行う場合には、顧客が不合理な損失を被ることのないよう時機に応じて適切な助言または運用を行うことのできる仕組みを導入するなどといった工夫を加えることは有用であると考えられます。

　なお、顧客と金融商品取引業者との間でトラブルが発生した場合、顧客としては、いきなり裁判所に訴えを提起するのではなく、FINMACに苦情・相談を申し出たり、紛争解決のあっせんを申し立てたりする方法も用意されていますので、これらの方法の利用を検討することも有用であると考えられます。

Q3-50

金商法以外に、ロボ・アドバイザーを利用した投資助言・資産運用サービスを提供する業者が留意すべき法律はありますか。

A　ロボ・アドバイザーを利用した投資助言・資産運用サービスを提供する

業者は、顧客による有価証券（金融商品）の取引に関与することとなりますが、金融商品の販売等を業として行う者（金融商品販売業者等）には、金融商品販売法により、重要事項の説明義務等が課されています（金販法3条）。同法にいう「重要事項」には、①金融商品の販売についてリスクがある旨、②リスクの内容（元本欠損が生ずるおそれがある旨、元本を上回る損失が生ずるおそれがある旨）、③リスクの要因（市場リスク、信用リスク等）、④リスクを生じさせる取引の仕組みのうち重要な部分などが含まれます。金融商品販売業者等は、重要事項について説明をしなかった場合、これによって生じた顧客の損害を賠償する責任を負うこととなりますが、同法には損害額の推定規定が設けられているため（金販法6条）、金融商品販売業者等の損害賠償責任が比較的認められやすくなっています。金融商品販売業者等は、重要事項の説明義務のほか、断定的判断の提供等の禁止（金販法4条）、勧誘方針の策定・公表義務（金販法9条）などの義務も課されています。

　それでは、投資助言業者や投資一任業者にも金融商品販売法が適用されることとなるのでしょうか。同法によれば、「金融商品販売業者等」とは、金融商品の販売等を業として行う者をいい（金販法2条3項）、「金融商品の販売等」とは、金融商品の販売またはその代理若しくは媒介をいい（同条2項）、「金融商品の販売」には、有価証券を取得させる行為が含まれるものとされています（同条1項5号）。投資助言業者は、顧客の投資判断に関して助言を行い、その対価として報酬を受け取る業務であり、業者自らが顧客に有価証券を取得させることはありませんから、金融商品販売業者等には該当しません。他方、投資一任業者は、顧客を代理して、顧客に有価証券を取得させることとなりますから、金融商品販売業者等に該当します。したがって、特にロボ・アドバイザーを利用した資産運用サービスを提供する業者（投資一任業者）においては、金融商品販売法の適用があることを念頭に置いて、重要事項の説明義務を尽くす必要があることなどに注意する必要があります。なお、投資一任業者においては、投資一任契約の締結までに重要事項の説明を行えば足り、契約締結後に個別具体的な銘柄の有価証券投資を行う都度重要事項の説明を行う必要はないものと解されています。

　また、ロボ・アドバイザーを利用した投資助言・資産運用サービスを提供す

る業者においては、事業者以外の個人（消費者）を顧客とする場合、消費者契約法が適用される可能性があることにも留意する必要があります。具体的には、かかる業者が消費者と締結する投資顧問契約または投資一任契約の締結について勧誘する際に、①重要事項について事実と異なることを告げたり（不実告知）、②重要事項について消費者の利益となる旨を告げ、かつ消費者の不利益となる事実を故意に告げなかったり（不利益事実の不告知）、③将来における変動が不確定な事項について断定的判断を提供したりしたことにより、消費者が投資顧問契約または投資一任契約の申込みまたは承諾の意思表示をしたときは、消費者は、その意思表示を取り消すことができることとされています（消費者契約法4条）。また、消費者契約法によれば、消費者の利益を不当に害する条項（例えば、クーリング・オフを排除する旨の特約、事業者の損害賠償責任を全面的に免除する特約など）は無効とされることにも注意が必要です（消費者契約法8条～10条）。

Q3-51

ロボ・アドバイザー運営会社としては、利用者に対する情報提供についてどのような点に留意することが望まれますか。

A　投資運用業の登録を受けて資産運用サービスを提供する業者は、契約締結前交付書面（金商法37条の3）や運用報告書（金商法42条の7）といった形で利用者に対する情報開示義務を負います。投資助言・代理業の登録を受けずに投資助言サービスを提供する業者であっても、利用者に対して信義則等に基づく説明義務違反の責任を問われる可能性が皆無であるとはいえません。このように、ロボ・アドバイザー運営会社としては、利用者に対する情報提供について十分留意することが望まれます。

利用者に対する情報提供については、海外の規制動向が参考になると思われます。ロボ・アドバイザー先進国である米国では、2017年2月に、米国証券取引委員会（SEC）の投資顧問局（Division of Investment Management）により、ロボ・アドバイザー運営会社向けのガイダンス（以下「SECガイダンス」

といいます）が公表されました。SEC ガイダンスは、ロボ・アドバイザー運営会社も、伝統的な投資顧問業者と同様に、1940 年投資顧問法（Investment Advisers Act of 1940）に基づく登録を受け、同法が定める義務を遵守しなければならないことを前提に、ロボ・アドバイザー運営会社がその事業の特殊性に照らして特に留意すべき事項を指摘しています。

　ロボ・アドバイザー運営会社も、伝統的な投資顧問業者と同様に、重要な事項について十分かつ公正な情報開示を行う義務、顧客を誤認させないための注意を尽くさなければならない義務を負うものとされています。しかるに、ロボ・アドバイザー運営会社には、伝統的な投資顧問業者と比べ、①アルゴリズムへの依存度が高いこと、②利用者との意思疎通において人の関与が限定的であること、②投資助言・資産運用サービスをインターネット経由で提供することといった特殊性があります。SEC ガイダンスは、そのようなロボ・アドバイザー運営会社の事業の特殊性を踏まえ、例えば以下に掲げるような事項に留意しつつ、情報開示の内容・方法のあり方を検討することを推奨しています。

- アルゴリズムの利用に起因するリスク（例えば、市況にかかわらずポートフォリオをリバランスすることがある、利用者の想定以上の頻度でリバランスを行うことがある、アルゴリズムが市況の変動に対応しきれないことがある等）
- 業者がアルゴリズムの動作を無効化することがあれば、どのような場合にそうするのか（例えば、市況の急変時に業者がアルゴリズムによる取引を停止することがある等）
- 利用するアルゴリズムが外部業者の開発等によるものである場合、当該外部業者との関係で利益相反が生じることがないか（例えば、外部ベンダーが割安でアルゴリズムを提供する場合、当該ベンダーに報酬等が支払われることとなる金融商品を優先的にポートフォリオに組み入れるようなことがないか等）
- 利用者が直接または間接的に負担する報酬・手数料等
- 投資助言・資産運用サービスの過程でどの程度「人の関与」があるか（例えば、人はアルゴリズムを監視するにとどまるのか、各利用者の資産運用状況まで監視するのか等）
- ポートフォリオ提案の際に利用者から収集する情報の収集方法（例えば、オンライン上の質問事項から収集した情報のみを利用するのか、それ以外の情報源を利用することもあるのか等）

　また、SEC ガイダンスは、ロボ・アドバイザー運営会社が提供するサービ

スの範囲について利用者を誤認させないよう合理的な注意を払うべきであるとしています。例えば、利用者の財務状況や将来の生活設計といった詳細な事実関係を確認、考慮することなく、「総合的なフィナンシャルプランニング・サービスを提供します」などと表示することは、利用者を誤認させるものと解釈される可能性が高いと思われます。

さらに、SEC ガイダンスは、ロボ・アドバイザー運営会社の特殊性を踏まえて、平易な文章によるわかりやすい情報開示に努めるべきであるとしています。例えば、スマートフォンやタブレット端末上で情報を開示する場合には、これらの端末から見やすく、重要な情報が埋もれてしまうことがないように画面上の表示を構成するなどの工夫を加えることが推奨されています。また、重要な情報はポップアップ表示する、利用者にとってわかりにくい用語を使用する際にはその意味を解説する画面（ツールチップ、FAQ 等）を用意するなど、ユーザーインターフェースに工夫を加えることも推奨されています。

日本のロボ・アドバイザー運営会社においても、SEC ガイダンスが指摘する事項を参考にしつつ、適切な情報開示の内容・方法のあり方を検討していくことが期待されます。

なお、2017 年 8 月に、日本のロボ・アドバイザー運営会社数社が自主的に「最低限の開示基準」を満たす形で各社の運用実績等をウェブサイトで開示していく旨の共同宣言を公表したことは注目に値します。この共同宣言に参加したロボ・アドバイザー運営会社は、ロボ・アドバイザーが個人の資産運用における真のパートナーとなるために顧客にとって重要な情報をわかりやすく届けることの大切さ、情報開示の水準を向上させることが金融事業者に求められる顧客本位の業務運営を実現していくために欠かせないものであることを表明しています。ロボ・アドバイザー運営会社各社がそれぞれ独自のサービスを展開する中、顧客がそのニーズに応じて最適なサービスを選ぶことができるよう、いわば「物差し」となる情報開示の水準向上を業者の自主的な努力で推進していく姿勢は高く評価されると思われます。

Q3-52

ロボ・アドバイザー運営会社としては、利用者の適合性確認についてどのような点に留意することが望まれますか。

A 投資助言・代理業や投資運用業の登録を受けて投資助言・資産運用サービスを提供する業者は、適合性の原則を遵守する義務を負います（金商法40条1号）。投資助言・代理業の登録を受けずに投資助言サービスを提供する業者であっても、利用者に対して信義則等に基づく適合性原則違反の責任を問われる可能性が皆無であるとはいえません。このように、ロボ・アドバイザー運営会社としては、利用者の適合性確認についても十分留意することが望まれます。

この点、Q3-51でご紹介したSECガイダンスによれば、ロボ・アドバイザー運営会社も、伝統的な投資顧問業者と同様に、顧客の最善の利益のために行動する義務、顧客に適した投資助言・資産運用サービスを提供する義務を負うものとされています。ロボ・アドバイザー運営会社は、各利用者に適した投資助言・資産運用サービスを提供すべく、主にオンライン上の質問事項を利用しますが、その過程で十分な情報を収集できるようにするため、例えば以下のような事項に留意することが推奨されています。

- ・質問事項は各利用者の財務状況や投資目的に照らして適した投資助言・資産運用サービスを提供するために十分な情報を抽出できるものとなっているか
- ・質問事項は明確であるか、また必要に応じて補足説明がなされているか
- ・利用者が相矛盾する回答をした場合、警告画面を表示するなどして利用者に再考を求めるような工夫がなされているか

ロボ・アドバイザー運営会社によっては、利用者にある特定のポートフォリオを勧めるにとどまらず、利用者にポートフォリオを選択する機会を提供するものもあります。このような業者においては、利用者の投資目的やリスクプロファイルに照らし、業者が勧めるポートフォリオの方が当該利用者により適したものである理由を説明するなどの工夫を加えることが推奨されています。

日本のロボ・アドバイザー運営会社においても、SECガイダンスが指摘す

る事項を参考にしつつ、適切に利用者の適合性を確認していくことが期待されます。

Q3-53
ロボ・アドバイザー運営会社としては、どのような点に留意して社内体制を構築することが望まれますか。

A　投資助言・代理業や投資運用業の登録を受けて投資助言・資産運用サービスを提供する業者には、その業務を適確に遂行するための必要な社内体制を整備することが求められています（金商法29条の4第1項1号へ）。投資助言・代理業の登録を受けずに投資助言サービスを提供する業者であっても、その業務を適確に遂行するための必要な社内体制を整備することは事実上望まれるところでしょう。

この点、Q3-51でご紹介したSECガイダンスによれば、ロボ・アドバイザー運営会社も、伝統的な投資顧問業者と同様に、1940年投資顧問法上の義務違反を未然に防ぐため、各業者の業務実態やそれに伴うリスクを踏まえたコンプライアンスの基本方針と手続を文書化して制定、実施するとともに、毎年これをレビューすることが義務付けられています。またロボ・アドバイザー運営会社には、コンプライアンスの統括責任者であるコンプライアンス最高責任者を選任することが義務付けられています。

ロボ・アドバイザー運営会社においては、その事業の特殊性から、特に以下のような点に配慮したコンプライアンスの基本方針と手続を制定することが推奨されています。

- アルゴリズムの実装前にそれが適切に検証されているか、また実装後にも定期的にパフォーマンスの検証がなされているか
- 質問事項は利用者に適した投資助言・資産運用サービスを提供するために十分な情報を抽出することができるものとなっているか
- ポートフォリオに重大な影響を与えるアルゴリズムのコード変更が利用者に開示されているか

- 利用するアルゴリズムやソフトウェアが外部業者の開発等によるものである場合、当該外部業者に対して適切な監督がなされているか
- サイバーセキュリティの脅威を未然に防止するための措置やこれを検出するための措置が講じられているか、またサイバーセキュリティの脅威への対応策が用意されているか
- 投資助言・資産運用サービスの宣伝のためにソーシャルメディアその他の電子メディアを使用する場合、これらが適切に使用されているか
- 利用者の口座や業者の主要なシステムが適切に保護されているか

日本のロボ・アドバイザー運営会社においても、SECガイダンスが指摘する事項を参考にしつつ、適切な社内体制を構築していくことが期待されます。

コラム　投資の世界におけるアルゴリズムの利用──ロボ・アドバイザーとHFT

本項目の冒頭で、「ロボ・アドバイザーを利用した投資助言・資産運用サービスは、従来は投資のプロの世界でしか利用することができなかったコンピュータシステムを利用した投資のツールを個人投資家向けにカスタマイズして、広く一般の個人投資家にその恩恵を享受させることを可能にするツールであると評価することができそうです」と書きましたが、投資の世界で実際にどのようにアルゴリズムが利用されているかを考察してみますと、個人投資家の世界とプロ投資家の世界では大分様相が異なって見えます。

まず、個人投資家の世界、特に本項目で紹介したロボ・アドバイザーを利用した投資助言・資産運用サービスにおいては、多くの場合、個々の個人投資家の属性を分析して最適なポートフォリオを提供するためにアルゴリズムが利用されています。言い換えれば、個人投資家の世界では、主に投資信託やETFといった投資商品の販売チャネルとしてアルゴリズムが利用されているという見方もできそうです。現に、ロボ・アドバイザーを利用した投資助言・資産運用サービスの先進国である米国では、大手の資産運用会社や証券会社が、自社が組成した投資商品の販売促進を狙って、自社製のロボ・アドバイザーを開発・導入したり、独立系のロボ・アドバイザー業者を買収したりといった動きが活発に見られます。

これに対し、プロ投資家の世界では、証券市場の動向に着目した投資を行うためにアルゴリズムを導入している例が多数見られます。例えば、本項目でも紹介したアルゴリズム取引では、同一の投資商品の市場間での価格差、ETFとその原資産バスケットの価格差などに着目し、裁定取引を行うことで利益を上げる取引戦略（アービトラージ）、株価の動きに一定のトレンドがあることを前提に、

第３章　融資・投資

価格が上昇傾向にあるものを買い、下落傾向にあるものを売る取引戦略（トレンド・フォロー）、過去のパターンから、マクロ経済、企業業績や産業に係るニュースへの株価の反応を予想して利益を上げる取引戦略（ニューストレーディング）などの取引戦略が用いられています。また、同じく本項目で紹介したHFTは、典型的には、市場に売りと買いの両方の注文を出しておき、他の投資家の取引相手となることで、ビッド・アスク・スプレッド分の利益獲得を目指す取引戦略（受動的マーケットメイク）を行っています。これらのアルゴリズム取引やHFTに対しては、相場の乱高下を招き市場の安定性を害する要因となっているのではないか、相場操縦等の不公正取引に利用される危険性があるのではないかなどといった指摘もあることから、その活動状況を適切に監視するための規制が、近時日本を含む各国で導入され始めています。

　このように、一口に投資の世界におけるアルゴリズムの利用といっても、その具体的な利用方法を見ますと、個人投資家の世界とプロ投資家の世界では大分様相が異なって見えます。今後もこの傾向が続くかどうかは現時点では何とも言い難いところですが、いずれにせよ、投資の世界でどのようにアルゴリズムが活用されていくのかという点は、今後も引き続き大変興味深いトピックであると思われます。

コラム　ハイブリッド型ロボ・アドバイザー

　ロボ・アドバイザー先進国である米国では、近時、ロボ・アドバイザーに「人」によるサービスを加味した「ハイブリッド型ロボ・アドバイザー」が登場しています。

　従来型のロボ・アドバイザーは、インターネット上での利用者のプロファイリング、ポートフォリオ提案、投資実行、リバランスまでの循環プロセスをほぼ無人で対応するものであり、その過程で「人」が関与することは基本的にありませんでした。

　これに対し、ハイブリッド型ロボ・アドバイザーとは、従来型ロボ・アドバイザーのモデルをベースに、電話、電子メール、ビデオチャット等を通じて、コールセンターにいる非対面営業員からフィナンシャルプランニング、リバランス等の「人」によるアドバイスを継続的に提供するものをいいます。

　従来型のロボ・アドバイザーは、利用者にふさわしい投資助言・資産運用サービスを提供することはできましたが、他方で、利用者のライフイベントに応じて総合的なフィナンシャルプランニング・サービスを継続的に提供することが難しかったという側面は否めません。米国のハイブリッド型ロボ・アドバイザー運営

会社の中には、個人の独立系フィナンシャル・アドバイザーを多数雇用して、総合的なフィナンシャルプランニング・サービスを継続的に提供することを目指す業者も登場しています。

　「顧客本位の業務運営」がより強く意識されるようになってきている近時の日本においても、このような米国流のハイブリッド型ロボ・アドバイザーに対する需要は今後高まってくるのではないかと予想されます。ロボ・アドバイザーの新しいサービスのあり方についても今後の動向が注目されます。

第3章 融資・投資

おつり投資・貯蓄

［関連法制　金融商品取引法、銀行法、資金決済法、個人情報保護法、犯罪収益移転防止法］

【サービスの概要】

　スマートフォンをはじめとする情報技術の進展により、利用者の日々の購買に関する情報をリアルタイムで事業者に連携できる仕組みを構築することも可能です。また、投資や貯蓄に関するサービスについても、これまでの金融分野における業務のスタイルとは異なる様々なサービスが登場してきています。

　このような流れを受け、Fintech事業者の中では、利用者の購買に関するデータに基づき、1つ1つの買い物におけるおつりに相当する金額を個別に投資や貯蓄に回すことができるサービスが提供され始めました。

　これらのサービスにおいては、伝統的な金融法務との関係では、投資に関する法制や貯蓄に関する法制にしっかりと目配りをした枠組みを検討する必要があります。他方、利用者の購買に関するデータを利用するという側面からは、個人情報に関する法制やデータの伝達に関する新しい法規制も考慮しておく必要があります。

　そこで、本項目では、おつり投資・貯蓄に関するサービスを提供するために知っておくべき法令の概要を説明します。

【Q&A】

Q3-54

おつり投資サービスを実施する場合、金商法上、必要となるライセンスを教えてください。

A　利用者の買い物データから所定のルールに従って算出されるおつり相当額を投資に回すサービスは、ウェブサイトやアプリを通じて提供されることが通常で、おつり相当額の運用を行うサービスやおつり相当額の特定の有価証券を購入するサービスなどのバリエーションが考えられます。

　おつり相当額の投資の対象としては、理論上は、おつり相当額を全額特定の個別銘柄の株式のみに投資するというサービスや、ハイリスク・ハイリターンのデリバティブ商品に投資するというようなことも考えられます。もっとも、一般的におつり投資のメリットとしては、少額を長期間にわたって、自動的に投資することを継続して、長期的な資産形成を図るという点が考えられます。このようなおつり投資のコンセプトからは、リスクの分散がなされず、短期間の間に大きな価格変動が生じるような特定の個別銘柄の株式やハイリスク・ハイリターンのデリバティブ商品に投資するということはあまり考えにくく、基本的には、国内外の株式、債券、投資信託等のリスク要因の異なる多様な資産クラスに分散して投資することにより、リスクをコントロールしながら長期にわたり金融商品への投資を継続するというサービスが想定されます。

　実際に、現時点において、国内において提供されているおつり投資サービスについても、おつり相当額で、外国の上場投資証券や上場指標連動証券へ投資することを通じて様々な資産クラスに投資する投資信託受益権を購入するサービスと、顧客ごとに質問の回答等から運用プランを提案し（投資先は、海外のETF等）、そのプランに従ってロボ・アドバイザーが自動で運用するサービスがあります。

　そこで、おつり相当額により投資信託受益権を購入するサービスと、おつり相当額をロボ・アドバイザーが運用するサービスについて、それぞれサービ

の提供者が金商法上求められるライセンスを検討します。

(1) 投資信託受益権を購入するサービスの場合

　顧客が投資信託受益権を購入するサービスの場合、当該サービスの提供主体は、自らの運営するウェブサイトやアプリを通じて、購入の対象となる投資信託受益権を、おつり相当額分を基本的には自動的に購入してもらうということになります。この場合、サービスの提供者は、投資信託受益権の取得の勧誘を行っているということになります。したがって、かかる取得の勧誘に際しては、サービスの提供者は、金商法に従って、投資信託受益権の内容について顧客に説明をする必要がありますので、サービスを提供するアプリ・サイト内で顧客がいつでも投資信託受益権に関して必要な開示・説明資料（目論見書等を含みます）を確認できるようにしておく必要があります。

　そして、必要なライセンスについては、おつり投資サービスを実施して顧客に投資信託を販売する主体が、自ら投資信託を運用する投資信託委託者である場合と、第三者が投資信託委託者として運用する投資信託に係る投資信託受益権を当該サービスを通じて販売する場合とで異なります。

　まず、投資信託委託者が、自らが運用する投資信託に係る投資信託受益権の取得の勧誘をする場合は、いわゆる自己募集行為であり、第二種金融商品取引業に該当します（金商法28条2項1号、2条8項7号イ）。したがって、自らの運用する投資信託受益権をおつり投資サービスを通じて顧客に販売する場合には、当該投資信託委託者は、第二種金融商品取引業の登録を行う必要があります。なお、この場合のサービス提供者は、投資信託の受益者から拠出を受けた金銭を運用する投資信託委託者であることを前提にしていますので、投資運用業の登録をしていることが当然の前提になります（金商法28条4項2号、2条8項14号）。

　なお、細かいところですが、投資信託委託者が、自らの運用する投資信託受益権を記録するために顧客から振替口座の開設を受けることは金融商品取引業には該当せず（金商法2条8項、金商法施行令1条の8の6第1項4号、定義府令16条1項16号）、顧客から投資信託受益権の対価を受領することは自らが発行者ですので有価証券等管理業務（金商法2条8項16号）には該当しません。

ただし、投資信託委託者は、顧客から受領した金銭は信託銀行に信託することにより分別保管をする必要がある点に留意が必要です（金商法40条2号、金商業府令123条1項10号）。

一方、おつり投資サービスを通じて、顧客に対して、第三者が運用する投資信託に係る投資信託受益権を販売する場合には、サービスの提供主体は、第1項有価証券である投資信託受益権の募集の取扱いを行うことになりますので、第一種金融商品取引業に該当します（金商法28条1項1号、2条8項9号）。また、かかる投資信託受益権の記録のために顧客から振替口座の開設を受けたり、顧客から金銭を受領する行為はいずれも有価証券等管理業務に該当し、第一種金融商品取引業の登録を要する行為になります（金商法28条1項5号、2条8項16号・17号）。したがって、第三者が運用する投資信託を購入させるおつり投資サービスを実施する場合には、第一種金融商品取引業の登録が必要になります。

ちなみに、上述のとおり現状においては想定されませんが、おつり相当額を第三者が発行する株式や社債等に投資させる場合も同様に、第一種金融商品取引業の登録が必要になります。

(2) ロボ・アドバイザーが運用するサービスの場合

おつり相当額をロボ・アドバイザーにより運用するサービスの場合、基本的には、おつり投資サービスを提供する主体が運用を行うことになると思われます。

ロボ・アドバイザーを利用したサービスについては、Q3-39に記載のとおり、その行為態様によって、金商法上、投資助言に該当するサービス、投資一任契約に基づく運用行為に該当するサービス、いずれにも該当しないものなど様々なバリエーションがありえます。ただ、おつり投資サービスの場合は、原則として自動的に運用に回すという点がサービスの重要なポイントであり、通常は投資一任契約に基づく運用に該当すると考えられます。そして、自らがロボ・アドバイザーにより運用する場合、顧客のおつり投資相当額を運用する行為は、いわゆる投資一任契約に基づいて行う運用であり、投資運用業に該当します（金商法2条8項12号ロ）。また、顧客の資産を運用する場合は、顧客の金

銭や有価証券を保管する必要がありますが、これを第三者（他の証券会社や外国証券会社等）が行う場合は金融商品取引業には該当しないのですが、サービスを提供する投資運用業者が、自ら顧客から金銭および有価証券の預託を受け、振替口座を開設する行為は、有価証券等管理業務に該当し、第一種金融商品取引業の登録を要する行為になります（金商法28条1項5号、2条8項16号・17号）。したがってサービスの提供主体が、顧客から金銭の預託を受けたり、振替口座を開設する場合には、投資運用業の登録に加えて、第一種金融商品取引業の登録も必要になります。

　なお、投資信託の場合と同様、理論的には、サービスの提供主体と異なる第三者が運用する場合もあるかもしれません。第三者の運用するロボ・アドバイザーによっておつり相当額の運用をするサービスの場合、第三者と顧客との間の投資一任契約の締結の代理行為を行うことになり、投資助言・代理業に該当することになります。

Q3-55

第三者がおつり投資サービスの勧誘などを実施する場合において、法令上、留意すべき事項はありますか。

A　おつり投資サービスにおいて、サービスの実施主体が、グループ会社を通じてサービスの広告をすることがあります。また、グループ会社やそれ以外の第三者との間で業務提携をし、例えば、提携先のサービスの顧客がおつり投資サービスを利用する場合におつり投資サービスの手数料の値引き等の一定のベネフィットを付与したり、反対におつり投資サービスを利用する顧客について提携先のサービスの値引きをするなどして相互に顧客紹介を図るということも考えられます。

　まず、おつり相当額の投資信託受益権を顧客に購入させるサービスの場合は、第三者の行為が投資信託受益権の取得の勧誘に該当してしまうと、上記Q3-54のとおり、第一種金融商品取引業に該当することになります。したがって、第一種金融商品取引業者や投資信託の募集の取扱いができる登録金融機関以外の

第三者に、投資信託受益権の取得の勧誘を行わせることはできませんので、第一種金融商品取引業者や投資信託の募集の取扱いができる登録金融機関以外の第三者との提携等の場合は、当該提携に基づいて第三者の行う行為が投資信託受益権の取得の勧誘に該当しない範囲にとどまるように慎重な検討が必要になります。また、第三者がサービスの中で行う広告や宣伝の場合も同様であり、いずれも、具体的な投資信託受益権の内容に言及することは勧誘に該当する可能性があるので避けるべきで、あくまでもおつり投資サービスの紹介にとどめる必要があります。これらは、第三者がグループ会社であるか否かにより変わりません。

　次に、おつり相当額をロボ・アドバイザーにより運用するサービスの場合、提携先等の第三者の行為が、投資一任契約の締結の媒介に該当すると、投資助言・代理業に該当することになります。したがって、かかる登録をしていない第三者にサービスの広告をしてもらったり、業務提携で値引き等をする場合には、投資一任契約の媒介行為に該当するとみられないようにする必要があります。

　この点、媒介行為該当性については、金融庁の金融商品取引業者向け監督指針Ⅶ-3-1 において、商品案内チラシ・パンフレット・契約申込書等の単なる配布・交付、契約申込書およびその添付書類等の受領・回収（記載内容の確認等をする場合を除きます）、金融商品説明会等における金融商品の仕組み・活用法等についての一般的な説明については、媒介行為には該当しないとの記載があることも参考となります。

Q3-56

おつり投資サービスを実施するアプリの運営などの付随的なサービスも提供する場合、法令上、留意すべき事項はありますか。

A　上記 Q3-54 記載のとおり、おつり投資サービスを提供する者は、投資運用業の登録または第一種金融商品取引業の登録が必要になり、投資運用業者または第一種金融商品取引業者として金商法の業規制の適用を受けます。

この点、第一種金融商品取引業者および投資運用業者の業務の範囲については、金商法35条により制限がされています。この規制は、兼業規制といわれており、第二種金融商品取引業者および投資助言・代理業者には適用はありません。

兼業規制上、第一種金融商品取引業者および投資運用業者に金融商品取引業以外で認められる業務としては、①金商法35条1項各号に列挙される業務その他の金融商品取引業に付随する業務（付随業務）、②金商法35条2項各号、金商業府令68条各号に列挙される業務で、金融庁に届出を行った業務（届出業務）、③それ以外で内閣総理大臣の承認を受けた業務（承認業務）があります。

この点、おつり投資サービスのウェブサイトやアプリの運営そのものは、当該投資信託受益権の取得の勧誘や運用行為、投資一任契約の締結等の一環といえるものであれば、上記①の付随業務として認められるものと解されます。もっとも、アプリの機能として、金融商品取引業に付随するといえない無関係の機能が付帯されている場合には、別途②の届出業務に該当するかを検討し、該当しない場合は、③の承認業務として内閣総理大臣の承認を得る必要があると思われます。

また、業務提携等に基づいて、サービスのサイトやアプリの中で、顧客に対して他の事業者のあっせんまたは紹介を行ったり、他の事業者の業務に関する宣伝または広告を行うことも考えられますが、これらの行為は届出行為とされており（金商法35条2項、金商業府令68条21号・22号）、かかる業務を行うことになった場合は遅滞なく内閣総理大臣に届出をする必要がある点に留意が必要です（金商法35条3項）。

なお、①の付随業務や②の届出業務に該当しない場合、内閣総理大臣の承認を受けて実施することも考えられます。この点、法令上、その業務が公益に反すると認められるとき、または、損失の危険の管理が困難であるために投資者の保護に支障が生ずると認められるときに限り承認しないことができるとされています（金商法35条5項）が、承認業務が認められている実例がそれほど多いわけではない点について留意が必要です。

Q3-57

Q3-54からQ3-56までについて、おつり貯蓄サービスを実施する場合に留意すべき事項は変わりますか。

A　おつり貯蓄サービスについては、おつり投資サービスにおいて、投資信託受益権の購入や投資一任契約に基づく運用におつり相当額が利用されていたのに対し、金融機関に対して預貯金等を預け入れること（金融機関との預貯金契約の締結）がサービスの目的となることが異なります。

そのため、ライセンスの問題としては、当然のことながら、預貯金契約の締結が可能となるラインセンスが必要となり、銀行法その他の金融法制に基づく銀行の免許等が必要となります（銀行法4条1項）。実務的には、銀行の免許等を新たに取得するハードルの高さ等を考慮し、おつり貯蓄サービスの実施に際しては、すでに銀行の免許等を有している事業者と提携する形で検討することになるものと思われます。

また、銀行法上、「預金又は定期積金等の受入れを内容とする契約の締結の代理又は媒介」「資金の貸付け又は手形の割引を内容とする契約の締結の代理又は媒介」「為替取引を内容とする契約の締結の代理又は媒介」を行う場合には、銀行代理業としての許可を取得することを要します（銀行法2条14項、52条の36第1項）。

そのため、Fintech事業者が銀行と提携しておつり貯蓄サービスを提供する場合、サービスを提供するFintech事業者としては、銀行代理業に該当しない形式でサービスの枠組みを検討するよう留意する必要があります。例えば、おつり貯蓄サービスの提供を開始するに際し、利用者が提携する金融機関との間で新たに預金契約を締結する必要がある枠組みを採用する場合には、銀行代理業が正面から論点になりますので、あらかじめ整理しておくことが重要です。

銀行代理業の検討に関しては、主要行等向け監督指針Ⅷ-3-2-1-1(3)において、銀行代理業の許可が不要となる類型（商品案内チラシ・パンフレット・契約申込書等の単なる配布・交付、契約申込書およびその添付書類等の受領・回収（記載内容の確認等をする場合を除きます）、金融商品説明会における一般的な銀行取扱商品

の仕組み・活用法等についての説明）が挙げられていますので、この点を勘案して検討することが有益です。さらに、平成30年5月30日付で、金融庁総務企画局「銀行法等に関する留意事項について（銀行法等ガイドライン）」も策定されており、手数料等の経済的対価の設定と銀行代理業該当性との基本的な考え方が明らかにされていますので、併せて確認しておくべきです。

なお、おつり相当額の資金をFintech事業者が自ら受領する仕組みを採用する場合、かかる資金の受領との関係で、資金移動業のライセンスの要否が問題となる可能性もあります（資金移動業の説明につきましては、Q2-30～Q2-39をご参照ください）。

以上に加えて、銀行法上の電子決済等代行業に該当するかどうかについても、留意する必要があります。詳細については、以下のQ3-61をご参照ください。

Q3-58

おつり投資サービス・おつり貯蓄サービスにおいて、利用者の本人確認を実施する必要がありますか。

A おつり投資サービスやおつり貯蓄サービスは、利用者の購買に関するデータ等を利用して、おつり相当額を投資や貯蓄に回すという点において新規性の高いサービスとなりますが、前述のとおり、最終的には、投資信託受益権の購入、投資一任契約に基づく運用、金融機関との預貯金契約の締結といった金融取引を利用者との間で行うことになりますので、いずれのサービスにおいても、犯罪収益移転防止法4条1項に基づく取引時確認を行い、確認記録（犯収法6条）や取引記録（犯収法7条）を作成した上で保存する必要があります（犯収法令7条1項1号イ・ハ・リ・ヌ等参照）。また、疑わしい取引の届出に関する対応も同様に必要となります（犯収法8条1項、11条）。

これらの犯罪収益移転防止法に関する規制の内容については、Q2-18～Q2-22をご参照ください。

おつり投資・貯蓄

Q3-59

Q3-58に関し、他の事業者と連携して本人確認を実施することはできますか。

A　おつり投資サービスやおつり貯蓄サービスは、伝統的な金融業務を営む金融機関等とFintech事業者が提携することにより提供されることが多いという特色があります。そのため、金融機関等が他の業務ですでに実施している取引時確認の内容やFintech事業者が利用者との間で既に実施している取引時確認の内容を連携することにより、本人確認業務の省力化を図ることができないかが論点になることも想定されます。

例えば、特定事業者が他の特定事業者に委託して行う一定範囲の特定取引であって、当該他の特定事業者が他の取引の際にすでに取引時確認（当該他の特定事業者が当該取引時確認について確認記録の作成および保存をしている場合に限ります）を行っている利用者との関係では、委託先の特定事業者の取引時確認の結果を利用する形で取引時確認を行うこともできますので（犯収法令13条1項1号）、ケースによっては、取引時確認の省力化を検討できる場合もあります（Q2-20も併せてご参照ください）。

Fintechに関する提携においては、取引時確認のコスト等が重要な論点となることも多いため、上記のような選択肢があることを把握しておくことも有益でしょう。

Q3-60

おつり投資サービス・おつり貯蓄サービスにおいて、利用者の個人情報のやり取りについて留意すべき事項を教えてください。

A　おつり投資サービスやおつり貯蓄サービスにおいては、利用者の購買等に関するデータや金融取引に関するデータを提携する事業者間で提供することが取組みの重要な前提となります。

第3章　融資・投資

　このような提供は、当然のことながら、利用者の個人情報を含むやり取りとなりますので、個人情報保護法に準拠した対応をとることが求められます。特に、第三者提供の同意については、ケースによっては、金融分野個人情報保護ガイドラインに沿って一定の事項を記載した上で明示的に同意を取得する必要もありますので、サービスの検討に際しては、第三者提供がどのような場面で生じるかを正確に把握した上で、適切な同意画面等を構築することが重要です。

　その他の個人情報保護法に関する規制の内容については、Q7-1～Q7-8 をご参照ください。

Q3-61

おつり投資サービス・おつり貯蓄サービスにおいて、銀行法上の電子決済等代行業者に該当してしまう行為はありますか。

A　利用者の預貯金口座との関係において、Fintech 事業者が以下の行為を実施すると、例外に該当しない限り、電子決済等代行業者としての登録を取得する必要が生じることになります（改正銀行法2条17項各号）。

> ①銀行に預金の口座を開設している預金者の委託（二以上の段階にわたる委託を含む。）を受けて、電子情報処理組織を使用する方法により、当該口座に係る資金を移動させる為替取引を行うことの当該銀行に対する指図（当該指図の内容のみを含む。）の伝達（当該指図の内容のみの伝達にあっては、内閣府令で定める方法によるものに限る。）を受け、これを当該銀行に対して伝達すること。
> ②銀行に預金又は定期積金等の口座を開設している預金者等の委託（二以上の段階にわたる委託を含む。）を受けて、電子情報処理組織を使用する方法により、当該銀行から当該口座に係る情報を取得し、これを当該預金者等に提供すること（他の者を介する方法により提供すること及び当該情報を加工した情報を提供することを含む。）。

　この点に関し、まず、おつり貯蓄サービスにおいて、おつり相当額を預貯金に回すことについて、利用者の預貯金口座から別の口座への資金の移動についての指図の伝達を Fintech 事業者が実施する場合、上記①の類型に該当す

る可能性が生じるものと考えられます。また、このような指図の伝達までは行わない場合であっても、例えば、おつり投資サービスやおつり貯蓄サービスにおいて、預貯金口座の利用履歴等を利用者が参照（確認）できる仕組みをFintech事業者が構築する場合、上記②の類型に該当する可能性も生じるものと思われます。

　おつり投資サービスやおつり貯蓄サービスにおいては、預貯金口座との関係でFintech事業者が一定の業務を行うことが多く想定されますので、改正銀行法における電子決済等代行業者の規制にも留意して検討を進めるべきでしょう。以上のほか、電子決済等代行業に関する詳細については、Q6-1〜Q6-24をご参照ください。

第4章
保険

第4章 保　　険

保　　険

[**関連法制**　保険業法、個人情報保護法]

【サービスの概要】

1　Fintechと保険

　Fintechは、保険との関係でもいろいろな影響を及ぼすものと思われます。とりわけ、保険は、保険事故の発生率等の統計データに基づいて保険料を算出していることから、大量のデータ（ビッグデータ）の処理を可能にするテクノロジーの進歩により、データに基づいて顧客の属性や行為態様により保険料を細分化する等、保険料や加入資格について今後ますます多様な保険商品の開発が可能になることが予想されます。

　また、今まで取得できなかったデータが得られるようになることにより、新しいタイプの保険商品や保険類似のサービスが生まれることも考えられます。

　このような保険分野での技術革新は、保険（Insurance）と技術（Technology）を組み合わせた造語である「InsurTech」と呼ばれることがあります。

　なお、あるサービスが保険に該当する場合には、かかるサービスを行うに際して、原則として保険業の免許を取得する必要があり、その場合は金融庁の監督に服することになります。なお、保険金が少額で、かつ保険の期間が短期である場合には、例外的に登録によって事業を行うことができる少額短期保険業という制度もあります。

2　具体的なサービス

(1) データを活用した新しい保険商品等

　上記のとおりビッグデータを利用して保険料を細分化したり、引受けの基準

を緩和する等して、より魅力的な保険商品を開発する動きがあります。

　例えば、自動車保険において、過去の事故車両についてのデータを利用して保険料を算出した商品が出てきたり、医療に関するビッグデータを利用して保険料を算出したり、引受基準を緩和したりする商品も出ています。これらのデータの活用については、データの分析等を得意とする異業種との業務提携等も積極的に行われているようです。

　火災保険等についても、インターネット等を利用した自宅のセキュリティができている場合には、火災等の事故が生じるおそれが低いなどとして、保険料を安くするなどのことも考えられます。このようにデータを活かした新しい保険商品の開発が考えられますが、かかる保険料の設定を含めた保険商品の設計については、保険業法による制約もあります。

　なお、データの活用という側面からは、生命保険や医療保険について、遺伝子解析の結果を用いることも技術的には考えられます。もっとも、遺伝子解析の結果により、保険の加入ができない人が出てくることも予想されるなど、倫理的に問題があるのではないかという側面があり、慎重な検討が必要であるといわれています。

(2)　リアルタイムで取得するデータを活用した保険商品

　ビッグデータの活用という意味では同じですが、さらに、既存のデータのみならず、保険契約後のリアルタイムでのデータを活用してその後の保険料を算出するなどの保険商品も出てきています。

　データを活用した新しいタイプの保険商品としては、テレマティクス保険というものがあります。これは、保険会社が自らの自動車保険の付加サービスとして、保険契約者や被保険者に対してドライブレコーダーを配布し、自動車等に当該ドライブレコーダーを搭載してもらい、通信システムを利用して走行距離や運転の特徴などのデータを収集し、その情報を基に保険料を算出するもので、すでに大手保険会社を中心にサービスが開始しています。保険料に影響せず、サービスとして安全運転支援をするものもあります。自動車保険については、従前より、保険料を走行距離等の自己申告をベースに算出されることが一般的になっていますが、自己申告ではなく具体的なリアルタイムのデータに基

づいて保険料を算出する流れが今後加速する可能性があります。また、保険会社以外の第三者が、自動車の位置・速度等のデータを取得し、保険会社を含めた第三者に提供するサービスも検討されています。

　また、医療保険等について、被保険者に身に着けて持ち歩くことができる情報端末、いわゆるウェアラブル端末を付けてもらい、日常生活における歩数のみならず、血圧、脈拍、消費カロリーや睡眠データ等を取得可能にして、被保険者の健康状態に応じた保険料の設定をしている例もあります。

(3) その他の新しい商品

　新しい商品としては、海外では、損害保険等に、数人で連帯保証責任を負う形で一緒に加入することにより、保険料の割引や割戻しがなされる商品もあります。ただし、日本の保険業法においては、特別利益の提供の禁止という制約があるため留意が必要です。また、自動車保険では自動運転による事故をカバーする商品も出始めています。

(4) インターネットやテクノロジーを活かした保険の販売等

　保険の販売手法についても、特に生命保険は、人手を通じた販売が中心でしたが、いわゆるネット生保が10年ほど前に現れてからはインターネットを介した販売の占める割合が増加しています。自動車保険を中心に、損害保険については、従前より生命保険よりもインターネットを通じた販売が一般的にはなっていましたが、その傾向は変わらないか強まるものと思われます。

　また、複数の保険会社の提供する保険商品について、インターネットを通じて比較、見積りをする比較サイトのサービスも盛んになっています。これらには、申込みまでインターネットで完結するものも含まれます。これらの比較サイトについては、その仕組みによっては、保険業法の適用がされる可能性があります。特に、2014年改正により、このような複数の保険会社の商品について勧誘する代理店についての規制が強化されていますので留意が必要です。これらのサイトを通じた募集も金融商品の販売になりますので、金融商品販売法の適用も受けます。保険商品の勧誘に関連して、広告や景品付帯サービスを行う場合は、保険業法に加えて、景表法の適用も受けます。

また、保険会社の事務フローにおいても、テクノロジーは活用されており、ビデオ通話等による相談窓口や、契約締結後の相談等についてのコールセンター機能を人工知能が担うこと、さらに保険料の見積りや保険金の支払審査の段階でもテクノロジーがますます利用されることも予想されます。

【Q&A】

1 保険業法

Q4-1

保険とは何ですか。

A (1) 保険の定義、種類

保険とは、「ある種の偶然な出来事の発生の可能性におびやかされている多数の経済主体を対象としてその不安の除去、軽減のために、大数の法則を応用した確率計算に基づき、全体として給付反対給付均等の原則が行われるような合理的な計画に従って共同備蓄をなす制度」と解されています。すなわち、保険料と偶然の出来事による損害を補填するための給付が均衡しており、保険料が偶然の事故発生の確率に応じて定められていることが保険の本質であるといえます。

一般的に保険商品として販売されているものとしては、人の生死に関して保険金が支払われる生命保険（第一分野といいます）、偶然の事故による損害について保険金が支払われる損害保険（第二分野といいます）に加えて、生命保険と損害保険の中間に位置する医療保険、がん保険、介護保険、傷害保険（これらを第三分野といいます）などがあります。

(2) 保険類似サービスについての留意点

このような保険会社等が取り扱っているものでなくても、一定の対価を受領

第4章 保　　険

した上で、偶然の出来事が生じた場合に金銭の支払いその他の給付を行うというようなサービスについては、上記の保険の定義に該当する可能性があり、保険業法が適用されるおそれがあることに留意が必要です。

　このような、保険に類似したサービスは増加する傾向にあります。例えば、家電量販店などが提供する家電製品の延長保証サービス、不動産賃貸借取引に係る家賃保証サービス、自動車販売業者による修理保証サービス、メーカー保証外の物損事故や盗難発生時のお見舞金支給サービスなどの保険類似のサービスがあります。

　これらのサービスに対する保険業法の適用の有無については、保険会社向け監督指針や金融庁の法令適用事前確認手続での回答において一定の基準が示されています。例えば、家電量販店などの延長保証サービスや自動車販売業者の修理保証サービスについては、物の製造販売に付随して顧客に当該商品の故障時に修理等のサービスを行う場合には保険業には該当しないとされています。また、お見舞金支給サービスについては、一定の人的・社会的関係があることを条件として、10万円以下である場合は、保険業には該当しないとされています。

　もっとも、個別のサービスが保険に該当するかどうかは必ずしも明確ではないことも多く、新しいサービスを検討する際には、保険に該当しないかを慎重に検討する必要があります。

Q4-2

保険業に該当する行為を行う場合、どのような規制が適用されますか。

A　保険業法が適用され、金融庁の監督を受けることになります。規制は多岐にわたりますが、その主たる部分は以下のとおりです。

(1)　免許・監督

　保険業とは、生命保険・損害保険その他の保険の引受けを行う事業をいいま

すが、内閣総理大臣の免許を受けた者でなければ行うことができません（保険業法3条1項）。保険業の免許には、生命保険業免許と損害保険業免許の2種類があり、同一の者が両方の免許を受けることは認められていません（同条3項）。

　免許を受けて保険業を行う者を保険会社といいますが、保険会社は、免許申請時に提出する事業方法書、普通保険約款、保険料等の算出方法書の書類の変更についても認可を受ける必要があります（保険業法123条）。また、保険会社は、保険業を開始したときやその子会社に異動があったとき、資本金等を増額するときなど法律で定める場合には内閣総理大臣に対する届出義務があります（保険業法127条）。

　また、内閣総理大臣は、保険会社やその保険募集人、保険募集人の業務委託先等に対して必要があると認めるときは、その業務または財産の状況に関し報告または資料の提出を求めることができ、その職員に、保険会社、保険募集人、その業務委託先等の営業所、事務所その他の施設に立入検査をさせることができます（保険業法128条、129条、305条）。

　これらのように、保険会社は、その業務を行うに際して、内閣総理大臣の委任を受けた金融庁の監督を受けることになります。

(2) 業務範囲等

　保険会社が行うことができる業務には、保険の引受けと資産運用（保険業法97条。固有業務といいます）、固有業務に付随する業務である付随業務（保険業法98条）、固有業務に付随するものではないが保険会社が行うことが適切であると認められる法定他業（保険業法99条）があります。保険会社は、これら以外の業務を行うことはできません。

　また、保険会社の常務に従事する取締役については、原則として他の会社の常務に従事してはならないという制約があることにも留意が必要です（保険業法8条）。

　さらに、銀行と同様に、子会社とすることができる会社についても制限があり、一定の業務を行う会社以外の会社を子会社とすることはできません（保険業法106条）。

(3) 保険募集に関するルール

保険募集のルールの詳細は、Q4-4をご参照ください。

(4) 責任準備金等の積立て

保険会社は、保険契約に基づく将来における債務の履行に備えるため、責任準備金を積み立てる義務を負います（保険業法116条）。また、運用資産の将来の価格下落に備えて、一定の金額を価格変動準備金として積み立てる義務を負います（保険業法115条）。

(5) 保険契約の移転や事業の譲渡・譲受けに関するルール

保険契約を他の会社に移転する場合に、内閣総理大臣の認可が必要になります（保険業法139条）。また、合併、会社分割や解散・清算についても、会社法上の手続に加えて、一定の手続を要します（保険業法152条以下）。このように、いったん保険業を開始した場合、いつでも自由にやめられるというわけではありません。

(6) 保険会社の株主

保険会社の総株主の議決権の5％を超えて議決権を保有する者は、内閣総理大臣に保険議決権保有届出書を提出する必要があります（保険業法271条の3）。また、かかる届出書を提出した者は、保有割合に変更が生じた場合には、変更届出を提出する必要があります。

また、保険会社の主要株主基準値（原則として総株主の議決権の100分の20）以上の議決権の保有者になろうとする者は、保険主要株主として、内閣総理大臣の認可が必要になります（保険業法271条の10）。

さらに保険会社を子会社とする持株会社についても、あらかじめ、内閣総理大臣の認可を受ける必要があります（保険業法271条の18）。また、保険持株会社については、その経理や監督についても保険会社と同様の規制が設けられています。

Q4-3

少額短期保険業とは何ですか。

A　少額短期保険業とは、保険業のうち、①保険期間が1年（医療保険や海外旅行傷害保険等を除く損害保険の場合は2年）以内であり、②保険金額が保険業法施行令の定める金額（例えば、死亡保険は300万円、医療保険は80万円、損害保険は1,000万円など）以下のものをいいます（保険業法2条17項、同法施行令1条の5、1条の6）。

保険業を行う場合は、免許が必要ですが、少額短期保険業の場合は、登録で足りるものとされています（保険業法272条）。また、少額短期保険業者は、財務（支）局の監督を受け、取り扱う保険商品等を定める事業方法書等の書類の変更は届出で足りることとされています（保険業法272条の7第1項）。

保険会社の場合と規制の枠組みは変わりませんが、新しい保険サービスを開始する場合には、この少額短期保険業の登録により保険業の免許を取得することなく進めることができないかを検討することが考えられます。

Q4-4

保険商品の勧誘や紹介について、どのような規制がありますか。

A　(1)　登録や届出が必要であること

保険業法上、保険募集を募集する者は、生命保険については、生命保険募集人として、生命保険会社の役職員、代理店、代理店の役職員等で、同社のために保険契約の締結の代理または媒介を行うものについて登録が義務付けられています（保険業法276条）。損害保険については、損害保険募集人として、損害保険代理店については登録（同条）、損害保険代理店の役職員は届出が義務付けられています（保険業法302条）。なお、損害保険会社の役職員については、

登録・届出を要しません。

これらの者を保険業法上保険募集人といいます（保険業法2条19項〜23項）。

(2) **情報提供義務・意向把握確認義務**

保険募集人は、保険募集に関し、保険契約者等の保護に資するため、保険契約の内容その他保険契約者等に参考となるべき情報の提供を行う必要があり（保険業法294条）、また、顧客の意向を把握し、これに沿った保険契約の締結または保険契約への加入（以下「保険契約の締結等」）の提案、当該保険契約の内容の説明および保険契約の締結等に際しての顧客の意向と当該保険契約の内容が合致していることを顧客が確認する機会の提供を行わなければなりません（保険業法294条の2）。詳細については、**Q4-12**をご参照ください。

(3) **禁止事項**

保険会社等や保険募集人は、以下のような行為をすることが禁止されています（保険業法300条1項）。

- 保険契約者または被保険者に対して、虚偽のことを告げ、または保険契約の契約条項のうち保険契約者または被保険者の判断に影響を及ぼすこととなる重要な事項を告げない行為（同項1号）
- 保険契約者または被保険者が保険会社等または外国保険会社等に対して重要な事項につき虚偽のことを告げることを勧める行為（同項2号）
- 保険契約者または被保険者が保険会社等または外国保険会社等に対して重要な事実を告げるのを妨げ、または告げないことを勧める行為（同項3号）
- 保険契約者または被保険者に対して、不利益となるべき事実を告げずに、すでに成立している保険契約を消滅させて新たな保険契約の申込みをさせ、または新たな保険契約の申込みをさせてすでに成立している保険契約を消滅させる行為（同項4号）
- 保険契約者または被保険者に対して、保険料の割引、割戻しその他特別の利益の提供を約し、または提供する行為（同項5号）
- 保険契約者もしくは被保険者または不特定の者に対して、一の保険契約の

契約内容につき他の保険契約の契約内容と比較した事項であって誤解させるおそれのあるものを告げ、または表示する行為（同項6号）
・保険契約者もしくは被保険者または不特定の者に対して、将来における契約者配当または社員に対する剰余金の分配その他将来における金額が不確実な事項として保険業法施行規則で定めるものについて、断定的判断を示し、または確実であると誤解させるおそれのあることを告げ、もしくは表示する行為（同項7号）
・その他保険契約者等の保護に欠けるおそれがあるものとして保険業法施行規則で定める行為等

　虚偽の説明をしてはならないなどは他の金融商品とも共通する内容ですが、特に、保険特有のものとして、告知義務に関連して、保険契約者または被保険者が保険会社等に対して虚偽の告知をすることを勧めることが禁止されています。また、Q4-10に記載のとおり、特別利益の提供も禁止されている点も特徴的であるといえるでしょう。

(4) 体制整備義務

　保険募集人は、保険募集の業務に関し、保険募集の業務に係る重要な事項の顧客への説明、保険募集の業務に関して取得した顧客に関する情報の適正な取扱い、保険募集の業務を第三者に委託する場合における当該保険募集の業務の的確な遂行その他の健全かつ適切な運営を確保するための措置を講じる義務を負います（保険業法294条の3）。その詳細は、保険業法施行規則において細かく定められています。

(5) 銀行による保険窓口販売

　さらに、銀行において保険の販売をする場合には、銀行による保険販売につき銀行法等による様々な規制があるために留意が必要です。

第4章 保　険

Q4-5

Q4-4の規制のかかる保険募集とは何ですか。

A　(1)　保険募集とは何か

　保険募集とは、保険契約の締結の代理または媒介をいいます（保険業法2条26項）が、どのような行為が「保険契約の締結の代理又は媒介」に該当するかについては、必ずしも明確ではありません。

　この点、保険会社向け監督指針において、①保険契約の締結の勧誘、②保険契約の締結の勧誘を目的とした保険商品の内容説明、③保険契約の申込みの受領、④その他の保険契約の締結の代理または媒介が、これに該当するとされています。

　そして、④については、一連の行為の中で、その行為の位置付けを踏まえた上で、

　　ア　保険会社または保険募集人などからの報酬を受け取る場合や、保険会社または保険募集人と資本関係等を有する場合など、保険会社または保険募集人が行う募集行為と一体性・連続性を推測させる事情があること
　　イ　具体的な保険商品の推奨・説明を行う者であること

の2つの要件に照らして、総合的に判断すべきとされています（保険会社向け監督指針Ⅱ-4-2-1(1)）。

(2)　募集関連行為

　保険募集に該当しない行為についても、保険会社向け監督指針においては、保険商品の推奨・説明を行わず契約見込み客の情報を保険会社や保険募集人に提供する行為や比較サイト等の商品情報を提供することを目的としたサービスのうち保険会社からの情報を転載するにとどまるようなものを募集関連行為として、留意すべき事項を定めています（保険会社向け監督指針Ⅱ-4-2-1(2)）。もっとも、特定の保険会社のみを見込み客に積極的に紹介して保険会社から報酬を得るなどの場合は、募集関連行為ではなく保険募集に該当することに留意が必

要です。

　募集関連行為は、上記(1)の保険募集には該当せず、従前は保険会社向け監督指針でも触れられていませんでしたが、実際に比較サイト等が増加して顧客に対する影響力を増してきた実情を踏まえ、新たに監督すべき項目に追加したものです。

　具体的には、保険会社または保険募集人は、募集関連行為を第三者に委託し、またはそれに準じる関係に基づいて行わせる場合には、委託先が不適切な行為を行わないように、以下の①～③の点に留意しなければならないとされることになりました。

①募集関連行為従事者において、保険募集行為または特別利益の提供等の募集規制の潜脱につながる行為が行われていないか。

②募集関連行為従事者が運営する比較サイト等の商品情報の提供を主たる目的としたサービスにおいて、誤った商品説明や特定商品の不適切な評価など、保険募集人が募集行為を行う際に顧客の正しい商品理解を妨げるおそれのある行為を行っていないか。

③募集関連行為従事者において、個人情報の第三者への提供に係る顧客同意の取得などの手続が個人情報保護法等に基づき、適切に行われているか。また、募集関連行為従事者への支払手数料の設定について、慎重な対応を行っているか。

Q4-6

インターネットを通じて保険の勧誘を行うことについて何か規制はありますか。

A　保険募集については、Q4-4記載のとおり、様々な規制がありますが、特にインターネットを利用する勧誘だけに法律上義務が加重されているということはありません。

　もっとも、インターネット等のような非対面の方式による情報の提供および説明を行う場合は、対面による説明の場合と同程度の情報の提供および説明が

行われる体制が整備されているかを確認する必要があります。

例えば、当該書面の記載内容、記載方法等に準じて電磁的方法による表示を行った上で、当該書面を読むことが重要であることを顧客が十分認識できるよう電磁的方法による説明を行う方法により、顧客に対して適切な情報の提供や説明が行われている必要があります（保険会社向け監督指針Ⅱ-4-2-2(2)⑩カ.）。

Q4-7

保険に係る新商品の創設をする場合、どのような手続が必要になりますか。

A 保険会社が、新しい保険商品を取り扱おうとする場合には、免許申請手続に際して提出した事業方法書等に記載した事項の変更の認可を受ける必要があり、金融庁の審査を受ける必要があります（保険業法123条、124条）。

法令上の審査事項については、保険業法に定められており、以下の項目が審査事項になっています。

・保険契約の内容が、保険契約者、被保険者、保険金額を受け取るべき者その他の関係者（以下「保険契約者等」）の保護に欠けるおそれのないものであること（保険業法124条1号、5条1項3号イ）

・保険契約の内容に関し、特定の者に対して不当な差別的取扱いをするものでないこと（保険業法124条1号、5条1項3号ロ）

・保険契約の内容が、公の秩序または善良の風俗を害する行為を助長し、または誘発するおそれのないものであること（保険業法124条1号、5条1項3号ハ）

・保険契約者等の権利義務その他保険契約の内容が、保険契約者等にとって明確かつ平易に定められたものであること（保険業法124条1号、5条1項3号ニ）

・保険料および責任準備金の算出方法が、保険数理に基づき、合理的かつ妥当なものであること（保険業法124条2号、5条1項4号イ）

・保険料に関し、特定の者に対して不当な差別的取扱いをするものでないこ

と(保険業法124条2号、5条1項4号ロ)
・その他保険業法施行規則で定める基準に適合すること

具体的な審査上の留意点については、保険会社向け監督指針のⅣにおいて詳細に記載されており、届出や認可申請に際しては、そこに記載された内容を踏まえて準備をする必要があります。

Q4-8

保険料の算出方法についてルールはあるのでしょうか。データに基づいて保険料を変動させる場合に法律上留意すべき点を教えてください。

A 保険料の算出方法については、保険業法上以下のような制約があります(保険業法5条1項4号)。

・保険料および責任準備金の算出方法が、保険数理に基づき、合理的かつ妥当なものであること
・保険料に関し、特定の者に対して不当な差別的取扱いをするものでないこと
・その他保険業法施行規則で定める基準に適合すること

最後の保険業法施行規則で定める基準において、自動車保険(自賠責保険を除く)につき細かいルールが定められており、純保険料(保険料のうち、保険金の支払いに充てるための部分をいいます)率の算出について危険要因を用いる場合には、年齢、性別、運転歴、自動車の使用目的、年間走行距離その他自動車の使用状況、地域、自動車の種別、自動車の安全装置の有無、自動車の所有台数のいずれかの危険要因により、またはそれらの危険要因の併用による必要があります(保険業法施行規則12条3号)。

すなわち、自動車保険について、データに基づいて保険料を変えることを検討する場合には、上記のいずれにも当てはまらない要素に従って保険料を変えることはできないということになります。

生命保険やがん保険などのそれ以外の保険については、特段このような制限はなく、合理的で特定の者に対して不当な差別的取扱いをするものでなければ

問題はないものと思われますので、データに基づいて保険料を変えるような商品を検討するに際しては、特段の制約はないものと考えられます。実際に、生命保険等では、健康優良割引や非喫煙者の割引等も一般的になされていますし、地震保険では、地域や建物が耐震構造かどうかによっても保険料は異なることが一般的です。

なお、保険料に関して、保険業法において「保険契約者又は被保険者に対して、保険料の割引、割戻しその他特別の利益の提供を約し、又は提供する行為」が禁止されているため（保険業法300条1項5号）、特定の保険契約者や被保険者について何らかの有利な付帯条件を付した場合にこれに該当するおそれがありますので、留意が必要です。

Q4-9

金融商品販売法とは何ですか。

A　金融商品販売法とは、金融商品販売業者等と顧客の間の法律関係を規定する法令です。金商法や保険業法は、金融商品取引業者等や保険会社を規制する法律であるのに対して、顧客との間の権利関係についても定めていることが特徴です。

金融商品販売法の適用の対象となる金融商品販売業者等は、金融商品の販売等を業として行う者とされ（金販法2条3項）、金融商品の販売等には、保険契約の保険契約者との締結やその代理・媒介が含まれます（金販法2条1項4号・2項）。したがって、顧客との保険契約締結に関連して、保険会社、生命保険募集人、損害保険代理店も金融商品販売業者等として金融商品販売法の適用を受けます。

(1)　**リスクに関する説明義務**

金融商品販売業者等は、元本欠損や当初元本を上回る損失が生じるおそれ等の重要事項に関する説明をする必要があります。かかる説明については、顧客

の知識、経験、財産の状況および契約締結の目的に照らして、当該顧客に理解されるために必要な方法および程度による必要があります（金販法3条）。

ただし、顧客が機関投資家等を含む特定顧客（金融商品の販売等に関する専門的知識および経験を有する者として政令で定める者）に該当する者である場合または重要事項について説明を要しない旨の顧客の意思の表明があった場合には、これらの義務の適用はありません（金販法3条7項）が、個人を顧客とする場合には、基本的には適用がなされると考えられます。

(2) 断定的判断の提供の禁止

金融商品販売業者等は、顧客に対し、金融商品の販売に係る事項について、不確実な事項について断定的な判断を提供し、または確実であると誤認させるおそれのあることを告げる行為を行ってはなりません（金販法4条）。

(3) 損害賠償責任

金融商品販売業者等は、上記(1)の重要事項についての説明をしなかったときまたは(2)の断定的判断の提供の禁止に反した場合は、これによって生じた顧客の損害を賠償する責任を負います（金販法5条）。

通常の民事責任の場合は、損害賠償請求をする顧客において、違法性、相手方の故意・過失、違法性と損害との因果関係および損害額の主張・立証が必要になりますが、金融商品販売法上の損害賠償責任については、金融商品販売業者等の無過失責任であり、損害賠償請求をする顧客は、相手方の故意・過失を主張・立証をする必要はありません。また、金融商品販売法においては、因果関係および損害額の立証責任も金融商品販売業者等に転換されています。

(4) 勧誘の適正の確保

金融商品販売業者等は、あらかじめ、勧誘に関する方針を定める必要があります。この勧誘方針においては、勧誘の対象となる者の知識、経験等および契約目的に照らして配慮すべき事項や、勧誘の方法および時間帯に関し勧誘の対象となる者に対し配慮すべき事項について定めることとされています（金販法9条）。

第4章 保　険

Q4-10

保険の勧誘を行うに際して、ポイントを付与する等の特典を付けることについて何らかの規制がありますか。

A　保険業法においては、保険契約者または被保険者に対して、保険料の割引、割戻しその他特別の利益の提供を約し、または提供する行為が禁止されています（保険業法300条1項5号）。

保険の勧誘に際してサービスや物品の提供がなされることもあることから、特に「特別利益の提供の禁止」に関しては、保険会社向け監督指針でも「特別利益」に該当するかどうかについて、下記のようなチェック項目が記載されています（保険会社向け監督指針Ⅱ-4-2-2(8)）。特に、保険会社が、その顧客に対するデータの提供やコンサルティングサービスの提供等においてこれらを検討する必要があります。

・当該サービス等の経済的価値および内容が、社会相当性を超えるものとなっていないか。

・当該サービス等が、換金性の程度と使途の範囲等に照らして、実質的に保険料の割引・割戻しに該当するものとなっていないか。

・当該サービス等の提供が、保険契約者間の公平性を著しく阻害するものとなっていないか。

　※なお、保険会社は、当該サービス等の提供を通じ、他業禁止に反する行為を行っていないかについても留意する。

この保険会社向け監督指針の該当項目では、保険会社または保険募集人が、保険契約者または被保険者に対し、保険契約の締結によりポイントを付与し、当該ポイントに応じた生活関連の割引サービス等を提供している例があるところ、その際、ポイントに応じてキャッシュバックを行うことは、保険料の割引・割戻しに該当し、保険業法4条2項各号に掲げる書類に基づいて行う（すなわち、事業方法書に記載する）場合を除き、禁止されていることに留意する必要があるとも注記されています。

また、保険会社や保険募集人がサービスを提供せず、別の主体が付与してい

ても、実質的に保険会社等が負担している場合には、やはり特別利益の提供に該当する可能性があることに留意が必要です。さらに、後述 Q4-11 の景表法の規制にも留意が必要です。

Q4-11

景表法の規制とは何でしょうか。

A 保険の勧誘についても、景表法が適用されます。景表法については、大きく分けて、不当な表示に関する規制と過大な景品類の提供に関する規制があります。保険募集に関連して、付帯サービスが提供される場合や、保険募集に関して作成される資料等がこれらの規制の適用を受けることになります。

(1) 不当表示規制の概要

景表法の不当表示規制としては、内容に関する不当表示（優良誤認表示）と取引条件に関する不当表示（有利誤認表示）の2つがあります。

このうち、優良誤認表示の禁止とは、事業者が、自己の供給する商品・サービスの取引において、その品質、規格その他の内容について、一般消費者に対し、
　①実際のものよりも著しく優良であると示すもの
　②事実に相違して競争関係にある事業者に係るものよりも著しく優良であると示すもの
であって、不当に顧客を誘引し、一般消費者による自主的かつ合理的な選択を阻害するおそれがあると認められる表示を禁止することをいいます（景表法5条1号）。

保険業界においては、過去にがん保険について、複数の保険会社が、保険金を請求することができる条件に関連して優良誤認の規定に違反するものとして公正取引委員会から排除命令を受けた事例もあります。

次に、有利誤認表示の禁止とは、事業者が、自己の供給する商品・サービス

第4章 保　　険

の取引において、価格その他の取引条件について、一般消費者に対し、
　①実際のものよりも取引の相手方に著しく有利であると一般消費者に誤認されるもの
　②競争事業者に係るものよりも取引の相手方に著しく有利であると一般消費者に誤認されるもの
であって、不当に顧客を誘引し、一般消費者による自主的かつ合理的な選択を阻害するおそれがあると認められる表示を禁止することをいいます（景表法5条2号）。

　保険の勧誘に際して作成されるパンフレット等の販売資料に係る記載がこれらの禁止事項に抵触していないかはきちんと確認する必要があります。

(2)　過大な景品類の提供に関する規制

　また、保険の勧誘に際して、顧客を誘因するための手段として、事業者が自己の供給する商品・サービスの取引に付随して相手方に提供する物品、金銭その他の経済上の利益は「景品類」と認められます（景表法2条3項）。

　景品類の提供については、①懸賞により提供する景品類の価額の制限と②懸賞によらないで提供する景品類の価額の制限があり、①の懸賞の場合は、最高額が取引の価額の20倍（取引の価額が5,000円以上の場合は10万円）であり、総額が売上げ（保険料収入）の2％である必要があります。

　例えば、開業時や新しいサービスの開始時には、懸賞付きのキャンペーンの実施を検討することもありますが、この場合は、景表法上の「景品類」に該当しないか、該当する場合には、その条件が①をクリアしているかを確認する必要があります。

　また、②の懸賞によらない場合、すなわち特定の条件を満たした顧客全員に対して何らかの景品を提供する場合には、取引の価額（保険料）の20％（取引の価額が1,000円未満の場合は200円）がその上限となり、これを上回る景品の提供は禁止されています。

　いずれにせよ、景表法の規制をクリアしても、Q4-10のとおり特別利益の提供に該当しないかを検討する必要があります。

Q4-12

インターネットによる保険契約の締結の媒介等を行う場合、どのような規制が適用されますか。

A インターネットの比較サイト（紹介と媒介等）が行う行為が募集行為かどうかについては、Q4-5 のとおりです。

募集行為に該当する場合は、複数の所属保険会社の保険商品を販売する乗合代理店の場合となりますが、保険募集人になり、保険業法に基づく顧客に対する情報提供義務（保険業法 294 条）、顧客の意向の把握・意向確認義務（保険業法 294 条の 2）が適用されます。

情報提供義務とは、保険会社および保険募集人が、保険契約の締結、保険募集を行うに際して、申込みの適否を判断するのに必要な情報の提供を行うことを義務付けるものです。提供を義務付けられる情報は、顧客が保険商品の内容を理解するために必要な情報（契約概要）、顧客に対して注意喚起すべき情報（注意喚起情報）その他保険契約者等に参考となる情報ですが、これらについて原則として書面により情報提供をする必要があります。乗合代理店の場合には、これらの情報に加えて、比較推奨に係る情報を提供する必要があります。

意向把握義務とは、顧客意向の把握、当該意向に沿った保険プランの提案、当該意向と当該プランの対応関係についての説明、当該意向と最終的な顧客の意向の比較と相違点の確認を行うことを求める義務です。

意向把握については、取り扱う保険商品や募集形態を踏まえた上で、保険会社または保険募集人の創意工夫により、監督指針所定の方法またはこれらと同等の方法を用いて行う必要があります。

いずれも、保険会社向け監督指針に詳細なチェック項目がありますので、これらを踏まえた対応をする必要があります（保険会社向け監督指針 II-4-2-2(2)・(3)）。

また、保険募集に関する多くの禁止行為の中でも、特に保険契約者もしくは被保険者または不特定の者に対して、一の保険契約の契約内容につき他の保険契約の契約内容と比較した事項であって誤解させるおそれのあるものを告げ、

第4章 保　　険

または表示する行為が禁止されることに留意する必要があります。

2　個人情報保護法

Q4-13

自動車に搭載したデバイスで取得した走行距離や運転の特徴などのデータの取扱いについて、どのような規制が適用されますか。

A　自動車に搭載したデバイスで取得する走行距離や運転の特徴などのデータは、本人の氏名などと一体となることにより個人情報の一部となりますので、個人情報保護法に従った取扱いが求められます。例えば、デバイスで取得するデータについて、利用目的を特定した上で通知または公表を行うことや、第三者提供を伴う場合には、第三者提供の同意を得ることが必要になります。個人情報の取扱いの詳細については、Q7-1～Q7-7 を参照してください。

　なお、デバイスにより被保険者の走行日時や場所の詳細を継続的に取得することが本人のプライバシーとの関係で微妙な問題を生じさせる場面が生じえます。例えば、宗教施設を繰り返し来訪しているとのデータから、本人がその宗教を信仰していることが推知される可能性があります。プライバシーに立ち入る可能性のある情報の取得を避けるという観点からは、デバイスにより取得するデータの範囲について、保険料の算定に必要な範囲内（移動経路ではなく距離のみを収集する、時間的な間隔を空けて自動車の操作の情報を収集することで特定の場所を走行していることがわからないようにするなど）に限定し、漫然と不必要な情報を取得しないなどの工夫をすることが考えられます。

Q4-14

ウェアラブル端末で取得した運動量などのデータの取扱いについて、どのような規制が適用されますか。

A　ウェアラブル端末で取得した運動量などのデータも、自動車に搭載した

データと同様に、本人の氏名などと一体となることにより個人情報の一部となり、個人情報保護法に従った取扱いが求められます。

特に、ウェアラブル端末の場合、身に着けているだけで自動的に情報を取得する仕組みになっており、どのような情報が保険会社に提供され、どのように利用されるかが本人にとってわかりづらくなる可能性がありますので、取得対象となる情報の項目と利用目的を本人にわかりやすく知らせることが重要になります。

Q4-15

遺伝子解析に関するデータの取扱いについて、どのような規制が適用されますか。

A 遺伝子解析研究にあたっては、文部科学省・厚生労働省・経済産業省が定める「ヒトゲノム・遺伝子解析研究に関する倫理指針」を遵守した上で行うことが求められているほか、個人遺伝情報を用いた事業分野における個人情報の取扱いについて、経済産業省が定める「経済産業分野のうち個人遺伝情報を用いた事業分野における個人情報保護ガイドライン」の内容も遵守する必要があります。

遺伝子解析に関する個人情報の取扱いに特殊な事項として、遺伝情報の収集や利用目的の通知にあたってインフォームド・コンセントが求められることや、試料等について匿名化作業の実施が必要となること、第三者提供が原則禁止とされていることなどが挙げられます。

保険会社は、研究施設を備えた第三者に遺伝子解析を委託することになると思われますが、上記のような遺伝子解析に関するルールを遵守する体制を整えている者を委託先として選定する必要があります。

第5章
仮想通貨

第5章　仮想通貨

仮想通貨総論

[関連法制　情報通信技術の進展等の環境変化に対応するための銀行法等の一部を改正する法律、資金決済法、犯罪収益移転防止法、民法]

【サービスの概要】

1　デジタル通貨と仮想通貨

　仮想通貨（Virtual Currency）は、もともと多義的な用語であり、巷間、広狭様々なとらえ方がなされています。

　しかし、2016年6月3日に公布された「情報通信技術の進展等の環境変化に対応するための銀行法等の一部を改正する法律」により、法令用語として「仮想通貨」が定義されるに至りました。

　従来は、「電子的に記録された財産的価値」であって、あたかも通貨のように利用することができるものを、広く仮想通貨と呼ぶ用例もありました。

　しかし、本章では、わかりやすく整理するため、これは「デジタル通貨」と呼ぶこととし、以下の記述において、「仮想通貨」は、法令用語としての仮想通貨のみを指すこととします。

　デジタル通貨には、ビットコインに代表される仮想通貨や、Suicaやnanaco等の電子マネーに代表される「前払式支払手段」などが含まれます。

　仮想通貨と前払式支払手段は、いずれもデジタル通貨であり、あたかも通貨のように利用することができる点で共通しますが、両者は、似て非なるものです。最大の相違点は、仮想通貨は「不特定の者」に対して使用することができるのに対し、前払式支払手段は、発行者や加盟店等の特定の者に対してしか使用することができない点です。

2　仮想通貨と法定通貨

　通貨は、経済的にみると、価値尺度（計算単位）、決済手段（支払手段）、価値貯蔵の3つの機能を有するとされています。本邦通貨である日本円や、外国通貨である米ドル等は、「価値尺度」すなわち財の価値を測る指標として機能し、「決済手段」すなわち財の交換における価値の支払機能を果たし、「価値貯蔵」すなわち財の価値を保存する機能を有します。

　仮想通貨も、これらの機能の全部または一部を有しています。これを仮想通貨の代表例であるビットコインについてみると、1BTCないし1Satoshi（1BTCの1億分の1）を単位とし、ビットコイン建てでの価格表示も可能であることから、財の価値を測る指標として機能しますし、現実社会において決済手段としても一定程度は用いられており、かつ、ビットコイン・ウォレットに貯蓄して財の価値を保存することができますから、通貨としての3機能を限定的にせよ、すべて備えているということができます。ただし、ビットコインの価格変動の激しさから、価値尺度や価値貯蔵の機能を満たしていないのではないか、という異論はありえます。

　仮想通貨は、通貨発行権を有する国家により強制通用力が保障されておらず、法定通貨（本邦通貨・外国通貨）とは全く異なるものですが、以上のとおり、事実上、一定程度、法定通貨と共通する経済的機能を有するものということができます。

　他方で、近時は、イニシャル・コイン・オファリング（新規の仮想通貨の発行）や仮想通貨の差金決済取引等に関連して、投資（または投機）対象としての仮想通貨の側面が強調されることも多くなってきています。仮想通貨には、上記のような通貨と共通する機能に加え、投資（または投機）対象としての側面も有することは事実であり、このような仮想通貨の機能の多面性を活用することで、今後、様々なサービスが生まれてくることが予想されます。

3　ビットコインの仕組み

　仮想通貨は、世界にすでに1,800種類以上存在するとされています。その中でもビットコインは、仮想通貨の代表例であり、2017年初頭までは、仮想通

貨の時価総額の約9割を占めるとの統計もありましたが、その後はビットコイン以外の仮想通貨（アルトコイン）の流行もあり、およそ3割から6割程度の占有率を占めています。

　ビットコインは、Satoshi Nakamotoという仮名の人物が2008年11月に公表したわずか9頁からなる論文（"Bitcoin：A Peer-to-Peer Electronic Cash System"）に基づくもので、その題名が表すとおり、「ピア・ツゥ・ピア」（P2P）型のコンピュータ・ネットワークを用いたものです。これは、中央集権型の管理サーバが存在せず、誰でもソフトウェアのインストールにより参加できる対等なコンピュータ間のネットワークのことです。ビットコインは、その発行者も管理者も存在しない仮想通貨であり、1BTCを単位とし、約2,100万BTCまで発行されることがあらかじめプログラムされています。取引単位としては1,000分の1BTCに相当するmBTC（ミリビットコイン）や、100万分の1BTCに相当するμBTC（マイクロビットコイン）、および1億分の1BTCに相当する1Satoshi（サトシ）が用いられることもあります。

　ビットコインの取引台帳は「ブロックチェーン」と呼ばれ、P2P型ネットワークの参加者の各コンピュータ上に存在し、過去のすべてのビットコイン取引が記録されています。ブロックチェーンは、承認作業が完了した新しい取引記録を時系列に沿ってその末尾に接続することにより、連鎖的かつ不可逆的に成長する取引台帳であり、新しい取引記録が、約10分ごとに更新され、各参加者のコンピュータ上で同期されます。このようにブロックチェーンは、同一の取引台帳がP2Pネットワークの各コンピュータに分散して存在する仕組みがとられるため、分散型台帳と呼ばれることがあります。

　P2Pネットワークの参加者が、その口座（ビットコイン・アドレス）からビットコインを他の参加者に送付するには、秘密鍵と電子署名によってその取引データ（トランザクション）を作成し、ネットワーク上に送信します。この取引データはネットワークの参加者の間で、次々に受信・回送され、すべての受信者に行き渡ります。この取引データは、参加者の各コンピュータ（ノード）により検証（トランザクション検証）されます。参加者は検証済みのトランザクションを集めたブロックを作成し、Proof of Workと呼ばれる多大な計算能力を必要とする承認作業に成功するとこの結果を含んだブロックをP2P

ネットワークに送信します。この新しいブロックについては、他の参加者による検証が行われ、検証が済むと各参加者のコンピュータ上でブロックチェーンの末尾に接続されます。このようにして、各参加者の保有するブロックチェーン上の取引記録の同一性が確保されます（なお、ほぼ同時に複数の参加者がProof of Work を完了すること等によって、複数の新規ブロックが出現し、ブロックチェーンが一時的に分岐することがありますが、比較的に短時間のうちに、より長く続くブロックチェーンに収斂することが知られています）。

このとき、最初に承認を完了してブロックを作成した者は、報酬として新規にビットコインの発行を受けることができ、当該新しいブロックにそのことを記録できます。ビットコインの新規の発行は、このように計算競争に勝利して最初に承認を完了した参加者に対する報酬としての発行に限定されており、ビットコインによる取引の正統性の承認は、このような報酬を求めるいわばゴールドラッシュのような競争原理に支えられています。このため、ビットコインにおいては、金の採掘に喩えて、最初に承認を完了した者（計算競争の勝利者）をマイナー（採掘者）、計算作業の勝利による新規のビットコインの獲得をマイニング（採掘）と呼んでいます。

ビットコインの入手には複数の方法がありますが、マイニングによる入手は熾烈な計算競争の勝者となる必要があるため一般の利用者にとっては困難です。このため、ビットコイン等の仮想通貨と法定通貨との交換サービスを提供する仮想通貨交換業者において、ビットコインを購入する方法が一般的です。また、仮想通貨交換業者を利用しない場合でも、例えば、ビットコインの預託ができるウォレットサービスを用いて自身のビットコインアドレスを作成した上で、すでにビットコインを保有している P2P ネットワークの参加者から、自らのビットコインアドレスに宛ててビットコインの送付を受ける方法によっても、ビットコインを入手することができます。

第5章 仮想通貨

【Q&A】

1 仮想通貨

Q5-1

仮想通貨が定義されるに至った背景について、教えてください。

A 「情報通信技術の進展等の環境変化に対応するための銀行法等の一部を改正する法律」（平成28年法律第62号、同年5月25日成立、同年6月3日公布）による資金決済法の改正（以下、改正された資金決済法を「改正資金決済法」）により、世界に先駆けて、仮想通貨が法律用語として定義されました。

この法律の背景は、次の2点にあります。

第1に、わが国において世界最大のビットコイン取引所を運営していた株式会社MTGOXが、2014年に破綻したことです。これは、ビットコイン取引所の利用者保護の必要性を痛感させる出来事でした。

第2に、仮想通貨は、低コストかつ即時の国際的決済手段としての利便性と匿名性から、マネロン・テロ資金供与への悪用が懸念されていたことです。すなわち、2015年6月、G7エルマウ・サミット首脳宣言を受けて、FATF（金融活動作業部会）の仮想通貨に関するガイダンスは、各国が、仮想通貨と法定通貨を交換する取引所に対し、登録・免許制を課すとともに、顧客の本人確認や疑わしい取引の届出、記録保存の義務等の規制を課すべきであると述べていました。

以上の2点を背景として、「情報通信技術の進展等の環境変化に対応するための銀行法等の一部を改正する法律」は、第1の観点から資金決済法を改正して「仮想通貨」を定義し、「仮想通貨交換業者」に対する登録制および各種規制を定めるとともに、第2の観点から犯罪収益移転防止法を改正して、仮想通貨交換業者を同法上の特定事業者とし、同法上の各種規制の対象としました。

Q5-2

改正資金決済法で定義された仮想通貨の内容について、教えてください。

A 　以下では、改正資金決済法において定義された法律用語としての仮想通貨について説明します。

改正資金決済法において、仮想通貨は、次の(1)・(2)のいずれかの類型を指します。

(1)　1号仮想通貨（改正資金決済法2条5項1号）

仮想通貨の第1の類型は、次のとおりです（改正資金決済法2条5項1号。(以下「1号仮想通貨」))。

> 物品を購入し、若しくは借り受け、又は役務の提供を受ける場合に、これらの代価の弁済のために不特定の者に対して使用することができ、かつ、不特定の者を相手方として購入及び売却を行うことができる財産的価値（電子機器その他の物に電子的方法により記録されているものに限り、本邦通貨及び外国通貨並びに通貨建資産を除く。次号において同じ。）であって、電子情報処理組織を用いて移転することができるもの

1号仮想通貨の典型例はビットコインです。以下では、1号仮想通貨の定義を①～④の4つに分解し、ビットコインを例にとって、各要件の内容と該当性について説明します。

①「物品を購入し、若しくは借り受け、又は役務の提供を受ける場合に、これらの代価の弁済のために不特定の者に対して使用することができ」ること

要件①は、「不特定の者」に対する使用可能性を定めるものです。

「不特定の者に対して」とは、相手方がその使用（すなわち仮想通貨を使用した代価の弁済）を受け容れる限り、誰に対しても使用できることを意味します。

加盟店等の特定の者に対してのみ使用できる電子マネーは、要件①を満たさず、改正資金決済法上の仮想通貨には当たらないことになります。

要件①をビットコインについてみると、ある者が、物を買ったり、サービスの提供を受ける場合に、その代金や報酬を、法定の通貨ではなく、ビットコインで支払いたいと考える場合、その相手方（物の売主やサービスの提供者）がビットコインでの支払いを認めて受け付けてくれる限り、その相手方が誰であっても（つまり、「不特定の者に対して」）、使用することができます。

このように、ビットコインは、「物品を購入し、若しくは借り受け、又は役務の提供を受ける場合に、これらの代価の弁済のために不特定の者に対して使用することができ」るものであり、要件①を満たします。

②「不特定の者を相手方として購入及び売却を行うことができる」こと

要件②は、「不特定の者」との間での購入および売却の可能性を定めるものです。

これは、特定の者に限られず、誰からでも購入することができ、また、誰に対しても売却することができることを意味しています。多くのブロックチェーン上のトークンがそうであるように、技術的な仕組みにおいて、不特定の者との間で自由に売買等の取引ができるデジタル通貨については、基本的に要件②を満たすものと考えられます。上記のとおり、不特定の者との間での購入および売却の「可能性」ですので、実際に仮想通貨取引所に上場されるなどして、不特定の者の間で活発に売買が行われていないとしても、その蓋然性があれば足りるものと考えられます。

これに対して、デジタル通貨のうち、技術的に特定の者との間でのみ購入および売却ができる仕組みがとられているものは、要件②を満たさないことになります。

例えば、ある企業が発行するデジタル通貨が、そのシステム上、その発行企業やその指定する加盟店などの特定の者からのみ購入できる仕組みや、そのような特定の者だけに売却することができる仕組みがとられている場合には、そのようなデジタル通貨は、要件②を満たさず、仮想通貨には当たらないものと考えられます。金融機関や事業会社が発行するデジタル通貨についても、このような仕組みがとられている場合には、要件②を満たさないものと思われます。

要件②をビットコインについてみると、ある者が、ビットコインを購入したいと考える場合には、特定の売主に限られることなく、誰からでも（つまり、

「不特定の者を相手方として」)、購入することができます。また、ビットコインを売却したいと考える場合には、特定の買主に限られることなく、誰に対しても（つまり、「不特定の者を相手方として」)、売却することができます。

このように、ビットコインは、「不特定の者を相手方として購入及び売却を行うことができる」ものであり、要件②を満たします。そのほか、例えばイーサリアムネットワーク上の通貨である Ether（イーサ）など、多くのブロックチェーン上のデジタル通貨も基本的にこの要件を満たすものと考えられます。

③「電子機器その他の物に電子的方法により記録されている」財産的価値であって、「電子情報処理組織を用いて移転することができるもの」

要件③は、「電子機器その他の物」（コンピュータ・サーバ等）に電子的方法により記録された財産的価値であること、および、電子情報処理組織による移転可能性を定めるものです。

ビットコインは、電子機器その他の物（P2P ネットワークにおける参加者の各コンピュータ）に電子的方法により記録されている財産的価値であり、電子情報処理組織を用いて移転することができますので、要件③を満たします。

④「本邦通貨及び外国通貨並びに通貨建資産を除く」

要件④は、「本邦通貨及び外国通貨並びに通貨建資産」が、仮想通貨に該当しないことを明らかにする消極的な要件です。

本邦通貨とは、日本円を単位とする通貨をいい、外国通貨とは、本邦通貨以外の通貨をいいます（外為法6条1項3号・4号参照）。本邦通貨および外国通貨は当該国家により発行され強制通用力が認められた法定通貨であるのに対し、仮想通貨は必ずしも発行者の存在を前提としておらず（ビットコインに発行者は存在しません）、また、外国の国家において発行されたものではなく、外国において強制通用力が認められたものでもないことから、両者は区別されます。

「通貨建資産」は、改正資金決済法2条6項が定義しており、「本邦通貨若しくは外国通貨をもって表示され、又は本邦通貨若しくは外国通貨をもって債務の履行、払戻しその他これらに準ずるもの（以下この項において「債務の履行等」という。）が行われることとされている資産」を意味し、また、「この場合において、通貨建資産をもって債務の履行等が行われることとされている資産は、通貨建資産とみなす」ものとされています。

例えば、でんさいネット（全銀電子債権ネットワーク）で扱われる「でんさい」（電子記録債権法上の電子記録債権）は、円建て資産ですので、「通貨建資産」に当たり、要件④を満たさない（「仮想通貨」には当たらない）ことになります。

また、いわゆる電子マネーのうち円やドル建てのものも、「通貨建資産」に当たるため、要件④を満たさないものと考えられます。

ビットコインは、本邦通貨でも外国通貨でもありませんし、円やドル建ての資産でもありませんから、「本邦通貨及び外国通貨並びに通貨建資産を除く」との要件④を満たします。

(2) 2号仮想通貨（改正資金決済法2条5項2号）

仮想通貨の第2の類型は、次のとおりです（改正資金決済法2条5項2号。(以下「2号仮想通貨」））。

> 不特定の者を相手方として前号に掲げるものと相互に交換を行うことができる財産的価値であって、電子情報処理組織を用いて移転することができるもの

この2号仮想通貨は、1号仮想通貨との間で相互に交換することができる財産的価値について、仮に1号仮想通貨に当たらない場合においても、広く改正資金決済法上の「仮想通貨」として捕捉し、その規制を及ぼすことを目的とするものです。

したがって、例えば1号仮想通貨であるビットコインと相互に交換ができるデジタル通貨は、たとえ1号仮想通貨に該当しない場合であっても、2号仮想通貨に該当しうることになります。ただし、ブロックチェーンを利用したデジタル通貨は、基本的には1号仮想通貨の要件を満たすため、実際に2号仮想通貨として捕捉されるケースは少ないものと考えられます。

Q5-3

仮想通貨と前払式支払手段は、どのような違いがありますか。

A 前払式支払手段の代表例は、前払式の電子マネーです。

前払式の電子マネーには、①流通系のnanaco（セブン＆アイ・ホールディングス）、WAON（イオン）、②交通系のSuica（JR東日本）、PASMO（首都圏の私鉄・バス）、ICOCA（JR西日本）、③独立系の楽天Edyなどがあります。これらは、いずれも、前払式支払手段に当たります。

仮想通貨と前払式支払手段は、いずれもデジタル通貨であり、あたかも通貨のように利用することができる点で共通します。

しかし、仮想通貨は「不特定の者」に対して使用することができ、また、通貨建資産（例えば円建てや米ドル建ての資産）は除かれるのに対し、前払式支払手段は、発行者や加盟店等の特定の者に対してしか使用することができず、また、通貨建資産であってもよいことなどの違いがあります。

以下、少し長くなりますが、資金決済法上における定義を抜粋した上で、両者を比較してみます。

(1) 仮想通貨

仮想通貨とは、以下のいずれかを指すものであり、下記①の代表例がビットコインです。

① 「物品を購入し、若しくは借り受け、又は役務の提供を受ける場合に、これらの代価の弁済のために不特定の者に対して使用することができ、かつ、不特定の者を相手方として購入及び売却を行うことができる財産的価値（電子機器その他の物に電子的方法により記録されているものに限り、本邦通貨及び外国通貨並びに通貨建資産を除く。次号において同じ。）であって、電子情報処理組織を用いて移転することができるもの」（改正資金決済法2条5項1号。1号仮想通貨と呼ばれます）

② 「不特定の者を相手方として前号に掲げるものと相互に交換を行うことが

できる財産的価値であって、電子情報処理組織を用いて移転することができるもの」（改正資金決済法2条5項2号。2号仮想通貨と呼ばれます）

以上の定義からわかるとおり、仮想通貨は、「不特定の者」に対して使用したり、「不特定の者」を相手方として他の仮想通貨と交換することができること、また、通貨建資産が除かれることに特徴があります。

(2) 前払式支払手段

前払式支払手段は、以下のいずれかを指すものです。

① 「証票、電子機器その他の物（以下この章において「証票等」という。）に記載され、又は電磁的方法（電子的方法、磁気的方法その他の人の知覚によって認識することができない方法をいう。以下この項において同じ。）により記録される金額（金額を度その他の単位により換算して表示していると認められる場合の当該単位数を含む。以下この号及び第3項において同じ。）に応ずる対価を得て発行される証票等又は番号、記号その他の符号（電磁的方法により証票等に記録される金額に応ずる対価を得て当該金額の記録の加算が行われるものを含む。）であって、その発行する者又は当該発行する者が指定する者（次号において「発行者等」という。）から物品を購入し、若しくは借り受け、又は役務の提供を受ける場合に、これらの代価の弁済のために提示、交付、通知その他の方法により使用することができるもの」（資金決済法3条1項1号）

② 「証票等に記載され、又は電磁的方法により記録される物品又は役務の数量に応ずる対価を得て発行される証票等又は番号、記号その他の符号（電磁的方法により証票等に記録される物品又は役務の数量に応ずる対価を得て当該数量の記録の加算が行われるものを含む。）であって、発行者等に対して、提示、交付、通知その他の方法により、当該物品の給付又は当該役務の提供を請求することができるもの」（資金決済法3条1項2号）

以上の定義からわかるとおり、前払式支払手段は、対価を得て発行される証票等であって、発行者や発行者が指定する者という特定の者に対して使用することができる点に特徴があります。前払式の電子マネーにおいても、発行者や発行者が指定する加盟店など、特定の者に対してのみ使用することができます。

また、前払式支払手段には、金額表示のものを含むことから当然に、通貨建資産を含みます。

なお電子マネーのなかには、後払式（ポストペイ型）のものもありますが（例：iD、QUICPay）、これらはクレジットカードとの類似点が多いものであり、記録される金額や数量に応ずる対価を得て発行されるという要件を満たさないため、前払式支払手段には当たりません。

(3) 区別・比較

以上のとおり、仮想通貨は、「不特定の者」に対して使用することができるのに対して、前払式支払手段は、特定の者にしか使用することができない点などに違いがあります。

Q5-4

以下は、改正資金決済法上の「仮想通貨」に当たりますか。
　　ア　金融機関が発行するデジタル通貨
　　イ　オンラインゲームで使用されるデジタル通貨
　　ウ　Suica などの電子マネー
　　エ　航空会社のマイル
　　オ　家電量販店のポイント
　　カ　特定の者が買取りを保証するデジタル通貨
　　キ　法定通貨と価格が連動するよう設計されたデジタル通貨

A　仮想通貨には様々な用語法があり、改正資金決済法上の「仮想通貨」に当たらないものも、広い意味で仮想通貨と呼ばれている場合があります。そこで、以下では、改正資金決済法上の「仮想通貨」に該当するか否かを、事例に基づいて検討します。もっとも、以下は一般論を述べるものであり、特定の事例が「仮想通貨」の定義に最終的に該当するか否かは、個別の商品・サービスごとに具体的に判断される必要があります。

前述したとおり（Q5-2参照）、改正資金決済法上、「仮想通貨」のうち、1号

第 5 章　仮想通貨

　仮想通貨（改正資金決済法2条5項1号）は、次の4つの要件で構成されています。すなわち、①「物品を購入し、若しくは借り受け、又は役務の提供を受ける場合に、これらの代価の弁済のために不特定の者に対して使用することができ」ること、②「不特定の者を相手方として購入及び売却を行うことができる」こと、③「電子機器その他の物に電子的方法により記録されている」財産的価値であって、「電子情報処理組織を用いて移転することができるもの」であること、④「本邦通貨及び外国通貨並びに通貨建資産」に当たらないこと、の4つです。

　また、2号仮想通貨（改正資金決済法2条5項2号）は、「不特定の者を相手方として」1号仮想通貨と「相互に交換を行うことができる財産的価値であって、電子情報処理組織を用いて移転することができるもの」を意味し、その主要な要件は、1号仮想通貨との相互交換性です。

　以下では、ア～キのそれぞれについて、まず1号仮想通貨の要件①～④を満たすかどうかを検討し、次いで、2号仮想通貨の要件を満たすかどうかも検討します。

(1)　金融機関が発行するデジタル通貨

　金融機関が発行するデジタル通貨が、仮想通貨に該当するか否かは、その仕組み（建付け）によります。金融機関が発行するデジタル通貨は、その規約またはシステム上、発行者である金融機関またはその指定する者に対してのみ使用・売却ができる仕組みがとられる場合が多いものと推測され、そのような建付けがとられている場合、「不特定の者」に対する使用・売却・購入可能性という要件①・②を欠き、1号仮想通貨には該当しないと考えられます。また、金融機関が発行するデジタル通貨は、不特定の者との間で1号仮想通貨（例えばビットコイン）と相互交換できる仕組みがとられていない限り、2号仮想通貨にも該当しないと考えられます。

(2)　オンラインゲームで使用されるデジタル通貨

　オンラインゲームで使用されるデジタル通貨は、当該ゲームのシステム上、それを使用可能な相手方が当該ゲーム内に限定されている場合や、利用者間で

自由に売買ができない場合には、「不特定の者」に対する使用・売却・購入可能性という要件①・②を欠くため、1号仮想通貨には該当しないと考えられます。また、ゲームで使用されるデジタル通貨は、不特定の者との間で1号仮想通貨と相互交換できる仕組みがとられていない限り、2号仮想通貨にも該当しないと考えられます。したがって、既存のオンラインゲームで用いられているデジタル通貨は、多くの場合、仮想通貨には該当しないものと考えられます。

(3) Suicaなどの電子マネー

　Suicaなどの電子マネーは、上述のとおり、通例、特定の加盟店においてのみ使用することができるため、その場合には「不特定の者」に対する使用可能性という要件①を欠くほか、特定の加盟店からのみ購入することができるため、その場合には「不特定の者」からの購入可能性という要件②も欠きます。また、円をもって表示され、または円をもって債務の履行等が行われることとされている資産であって、通貨建資産に該当するため、要件④を欠きます。

　したがって、Suicaなどの電子マネーは、1号仮想通貨には該当しないと考えられます。

　また、これらの電子マネーは、不特定の者との間で1号仮想通貨と相互交換できる仕組みがとられていない限り、2号仮想通貨にも該当しないと考えられます。

(4) 航空会社のマイル

　航空会社がその利用者に対して付与するマイルは、通例、その数量に応じて当該航空会社の航空券と交換等ができるほか、当該航空会社の加盟店等の特定の者に対してのみ使用することができるため、「不特定の者」に対する使用可能性という要件①を欠くことから、1号仮想通貨には該当しないと考えられます。また、マイルは、不特定の者との間で1号仮想通貨と相互交換できる仕組みがとられていない限り、2号仮想通貨にも該当しないと考えられます。

(5) 家電量販店のポイント

　家電量販店のポイントは、当該家電量販店またはその提携企業等に対して

のみ使用することができるため、「不特定の者」に対する使用可能性という要件①を欠くことから、1号仮想通貨には該当しません。また、当該ポイントは、不特定の者との間で1号仮想通貨と相互交換できる仕組みがとられていない限り、2号仮想通貨にも該当しないと考えられます。

(6) 特定の者が買取りを保証するデジタル通貨

　発行者がデジタル通貨の価値を維持するため、当該デジタル通貨について法定通貨による買取りを保証することも考えられます。この場合、発行者または発行者から委託を受けた者が、発行済みのデジタル通貨のすべてについてこのような買取り保証を行うときには、「通貨建資産」に該当し、仮想通貨には該当しないものと考えられます。他方で、当該デジタル通貨を発行するに際して資金を集めることが出資法に違反しないかという点や、当該デジタル通貨を利用したサービスを提供することが為替取引に該当するのではないかという点には留意が必要です。

(7) 法定通貨と価格が連動するよう設計されたデジタル通貨

　仮想通貨に関しては、ボラティリティ（価格変動の度合い）が大きく、決済手段や価値の貯蔵手段としての利用がしづらいという問題が指摘されています。このような問題を解決するため、法定通貨と価格が連動するよう設計されたデジタル通貨も現れはじめています。デジタル通貨の価格を安定させるための手段としては、例えば、発行者またはその委託を受けた者が、当該デジタル通貨の価格があらかじめ定めた価格に近づくように仮想通貨の交換市場で買付けまたは売却の注文を出し続けるといった方法が考えられます。ただし、上記(6)で述べたように発行済みのデジタル通貨のすべてについて買取り保証を行う場合は、通貨建資産に該当し、仮想通貨には該当しないものと考えられることには留意が必要です。

Q5-5

私は、仮想通貨交換業者（日本法人）と契約して、ビットコインを預託していました。私は、当該業者に対して、預託していたビットコインの返還を求めましたが、対応してくれません。この場合、私は、当該業者に対してどのような請求ができるのでしょうか。

A　実際にビットコインの返還がなされていないのであれば、預託契約に基づいて、ビットコインの返還を求めることができると考えられます。

　この返還請求権は、預託契約に基づくもの（債権的請求権）であり、ビットコインの所有権に基づく返還請求権（物権的請求権）ではありません。所有権の客体となるためには、有体性（形のある物であること）を要すると解されていますが、ビットコインは電磁的記録であり、有体性を満たさないことから、所有権が成立しないと解されています（東京地判平成27・8・5判例集未登載）。このため、所有権に基づいてビットコインの返還を求めることはできず、預託契約に基づいてビットコインの返還を求めることになります。

　さらに、この預託契約に基づく返還請求権を、裁判手続上、どのように実現するかが問題となります。裁判所においてビットコインの返還を命ずる判決を得ることができるとしても、ビットコインの返還を直接強制することはできないものと考えられています。このため、ビットコインの返還を強制するための方法としては、間接強制（債務を履行するまでの間、裁判所が債務者に対して一定の金銭の支払義務を課す方法）や、返還対象となるビットコインを金銭的に評価して、金銭による損害賠償請求を行う方法も考えられます（金銭債権であれば、資産の差押え等による強制執行が可能です）。ただし、損害賠償請求を行う場合、価格変動の大きいビットコインの評価をどの時点で行うべきかという点が大きな問題となりうることには留意が必要です。

第5章　仮想通貨

Q5-6

私は、仮想通貨交換業者（日本法人）の口座に仮想通貨Xを預託していたところ、当該仮想通貨がハードフォークしたことにより、元の仮想通貨（オリジナルコイン）と新しい仮想通貨（新コイン）に分岐しました。しかしながら、当該業者は、私を含む利用者に分岐により生じた仮想通貨Yを引き渡してくれません。この場合、私は、当該業者に対して、どのような請求ができるのでしょうか。

A オリジナルコインに加えて、新コインの引渡しを請求できるかどうかについては、仮想通貨交換業者との契約内容および当該新コインの内容等によるものと考えられます。

　ハードフォークによる新コインの分岐については、2016年7月にイーサリアムとイーサリアムクラシックが分岐し、2017年8月に時価総額第1位のビットコインとビットコインキャッシュが分岐するなど、たびたび生じていますが、仮想通貨交換所が利用者から預かっている仮想通貨について、ハードフォークにより分岐した新しいコインを顧客に付与するか否かについては、各交換所によって取扱いは様々であったといえます。このような新コインの取扱いを法律的に考える場合、物に関するルールおよび契約上のルールを検討する必要があります。

　まず、仮想通貨が電磁的記録であることから「物」ではなく、所有権の対象とはならないと考えられることは前述のとおりですが、法的保護に値する財産的価値であり、秘密鍵の保持を通じた排他的支配性はあるといいうることなどから、物に関するルールを類推適用すべき、という見解もあります。物に関するルールを類推適用するとすれば、新コインについては、民法89条の「果実」の規定を類推適用してオリジナルコインの保有者に帰属すると考えることも可能です。ただし、そのように考えることができたとしても、通常、利用者が仮想通貨交換所に預託している仮想通貨（オリジナルコイン）を排他的に支配しているのは当該交換所であり、利用者ではないことから、新コインにかかる権利は一次的には当該交換所が取得するものと考えられます。

他方で、オリジナルコインを仮想通貨交換所に預託していた利用者は、当該交換所に対してオリジナルコインの引渡しを請求する権利を有しており、経済的にはオリジナルコインに係る価値を把握しているのであるから、新コインについても当然に当該利用者に付与すべき、という見解もありうると考えられます。しかしながら、新コインが利用者に対して付与するにあたって安全かつ適切な仮想通貨であるとは限らず、技術的ないし法律的な検証も必要となることから、利用者全員に対する付与にあたっては仮想通貨交換所側で相応のコストも発生するものと考えられます。したがって、仮想通貨交換所が新コインを利用者に付与するかどうかについては、あらかじめ画一的に決定することは困難であり、利用者と仮想通貨交換所との間の契約内容を前提に、当該新コインの内容を検証した上で判断されることになるものと考えられます。

第5章 仮想通貨

仮想通貨を用いたサービスと仮想通貨交換業

[**関連法制**　資金決済法、犯罪収益移転防止法、銀行法、金商法]

【サービスの概要】

仮想通貨を用いたサービスには様々なものがあります。代表的なものは仮想通貨の売買・交換（法定通貨を対価として仮想通貨を購入または売却することを仮想通貨の「売買」、異なる仮想通貨と交換することを仮想通貨の「交換」といいます）を行うサービスですが、このほかに仮想通貨のデリバティブ取引、仮想通貨の管理、仮想通貨を利用した送金、仮想通貨を用いた決済代行、仮想通貨のマイニング、仮想通貨に投資するファンド、仮想通貨の貸付けなどのサービスが挙げられます。

【Q&A】

本項目では、これらの仮想通貨を用いたサービスをビジネスとして提供することが仮想通貨交換業に該当するか、および該当する場合にはどのような規制が適用されるのかについて解説します。

1　資金決済法

Q5-7

仮想通貨の交換所で仮想通貨の売買・交換サービスを行うには、法令上の許認可などが必要となりますか。また、仮想通貨に関するその他のサービスを行う場合についても教えてください。

A　改正資金決済法は、以下のとおり、業として行う仮想通貨の売買・交換等を「仮想通貨交換業」と定義し（同法2条7項）、仮想通貨交換業を行うためには内閣総理大臣の登録を受けなければならないとしています（同法63条の2）。なお、この登録を受けた者を「仮想通貨交換業者」といいます（同法2条8項）。

(1)　仮想通貨交換業の定義

　仮想通貨交換業とは、以下の①～③のいずれかの行為を業として行うことをいいます（改正資金決済法2条7項）。
　①仮想通貨の売買または他の仮想通貨との交換
　②①に掲げる行為の媒介、取次ぎまたは代理
　③その行う①、②に掲げる行為に関して、利用者の金銭または仮想通貨の管理をすること
　以下、具体的に解説します。

　事業者が自ら利用者の相手方となって仮想通貨の売買または他の仮想通貨との交換を行う場合、上記①に該当します。次に、事業者が、利用者間の仮想通貨の売買等のマッチングサービスを提供するなどして、利用者間の仮想通貨の売買契約または交換契約の成立に尽力することは、上記②のうち媒介に該当します。また、事業者が、利用者の委託を受けて、事業者の名義・利用者の計算で仮想通貨の売買または交換を行う場合には上記②のうち取次ぎに該当し、利用者の名義および計算で行う場合には代理に該当します。上記①および②の行為を合わせて、「仮想通貨の交換等」ということもあります。

　上記③の「仮想通貨の管理をすること」とは、ビットコインを例にとれば、利用者の委託に基づき、事業者がビットコインアドレスおよび当該ビットコインアドレスに対応する秘密鍵を管理すること、いわゆるウォレット・サービスの提供を意味すると考えられます。ただし、「その行う①、②に掲げる行為に関して」との要件があることから、①または②の行為、すなわち仮想通貨の交換等に関するサービスを提供していない事業者が、ウォレット・サービスの提供行為のみを行っている場合には、当該行為は仮想通貨交換業に該当しません。

　また、①～③の行為が仮想通貨交換業に該当するのは、当該行為を業として

行っている場合に限られます。「業として行う」とは、「対公衆性」のある行為で「反復継続性」をもって行うものと解されます。この「対公衆性」とは、不特定多数の者を相手とすること、または、当該行為が不特定多数の求めに応じる者によって行われることと解されています。言い換えれば、当該業者において依頼を受ければ不特定多数の者に対してサービスを提供する用意があれば足り、必ずしも現実に多数の者を相手にサービスを提供している必要まではないと考えられます。また、金商法においては、有価証券の売買やデリバティブ取引を自己のポートフォリオを改善するために行うことは、「業として行う」ものに該当しないと理解されていますが、仮想通貨交換業に関しても、基本的に同様の考え方が当てはまると思われます。このため、専ら自らの投資目的で仮想通貨の売買や交換を行うことは、「業として行う」ことには該当しないと考えられます。

以下では、「仮想通貨」に関する各ビジネスが「仮想通貨交換業」に該当するか具体的に見ていきましょう。仮想通貨の交換所のみが仮想通貨交換業者に該当するというわけではなく、仮想通貨の売買または交換がビジネス・スキームに組み込まれている場合には、仮想通貨交換業に該当する可能性があります。なお、そもそも取り扱うデジタル通貨が改正資金決済法2条5項に定義される仮想通貨に当たらない場合（例えば、前払式支払手段に該当する電子マネーの場合）には、そのビジネスは、当然に仮想通貨交換業に当たりません。

(2) 仮想通貨の売買・交換およびこれらの行為の媒介・代理・取次ぎ

仮想通貨の売買または交換を行っている仮想通貨の販売所を運営している者は、上記(1)①の行為を業として行っていますので、仮想通貨交換業を営んでいるといえます。

利用者間の仮想通貨の売買等のマッチングサービスを提供する取引所を運営することにより、利用者間の仮想通貨の売買契約または交換契約の成立に尽力している場合には、上記(1)②のうち媒介に該当する行為を業として行っているものとして、仮想通貨交換業を営んでいることになります。また、事業者が、利用者の委託を受けて、事業者の名義・利用者の計算で仮想通貨の売買または交換を行う場合には上記(1)②のうち取次ぎに該当し、利用者の名義および計算

で行う場合には代理に該当しますので、いずれの場合も仮想通貨交換業を営んでいるといえます。

　さらに、自らが仮想通貨の販売所または取引所を営んでいなくとも、これらの代理店等を営んでいれば、上記(1)②の行為を業として行っていることになり、仮想通貨交換業を営んでいることになります。

　なお、仮想通貨の取引所においては、通常、オーダーブックまたは取引板と呼ばれる、仮想通貨の銘柄ごとの買い注文と売り注文の数量と金額の一覧を利用して取引を行いますが、オーダーブックへの注文によって行われている取引が、売買なのか売買の媒介または取次ぎなのかは仮想通貨の取引所によって異なります。このため、利用者が取引の内容を正確に把握するためには、取引所が利用者向けに提供している資料や利用規約などを確認する必要があります。

(3)　仮想通貨のデリバティブ取引

　デリバティブ取引を規律する法律は金商法および商品先物取引法ですが、仮想通貨はこれらの法律で規律されるデリバティブ取引の原資産または参照指標となる「金融商品」、「金融指標」、「商品」、「商品指数」のいずれにも該当しないため、現時点では、金商法や商品先物取引法の規制対象外です。ただし、今後、例えば、政令で仮想通貨を金商法上の「金融商品」に指定して、仮想通貨のデリバティブ取引を金商法の規制対象とする可能性はあると考えられます（金商法2条24項4号は「同一の種類のものが多数存在し、価格の変動が著しい資産であって、当該資産に係るデリバティブ取引……について投資者の保護を確保することが必要と認められるもの」のうち、政令で指定するものは「金融商品」に該当する旨規定しています）。

　また、改正資金決済法2条7項1号に定める「仮想通貨の売買」は、仮想通貨の現物取引を指しているものとされています。したがって、仮想通貨の先物取引等のデリバティブ取引のうち、現物決済を行わない差金決済取引（当該取引の目的となっている仮想通貨の現物の受渡しを行わず、反対売買等を行うことにより、金銭または当該取引において決済手段とされている仮想通貨の授受のみによって決済する取引をいいます）については「仮想通貨の売買」に該当せず、改正資金決済法の適用対象とはならないものと考えられます。

第5章　仮想通貨

　ただし、仮想通貨のデリバティブ取引は、その内容によっては、賭博罪（刑法185条、186条）に該当する可能性があることには留意が必要です。この点、賭博罪の構成要件に該当したとしても、刑法35条の法令行為または正当業務行為に該当すれば違法性が阻却されるため、法令により規制対象とされているデリバティブ取引を当該法令に従い行う限りは、あまりに射幸性が高いものは別論、通常は違法性が阻却されると考えられます。もっとも、仮想通貨のデリバティブ取引については、上述のとおり、金商法または商品先物取引法によって規制されるデリバティブ取引には該当しませんし、差金決済取引については改正資金決済法上の「仮想通貨の売買」にも該当しません。このため、仮想通貨のデリバティブ取引のうち、差金決済取引については刑法35条の法令行為には当たらないと考えられます。この場合であっても、正当業務行為に該当すれば違法性が阻却されますが、その場合には、取引内容、取引当事者の属性（投資経験、金融商品に対する知識、資力等）、取引目的、リスクの程度（レバレッジ倍率、最大損失限度等）等を踏まえた、より慎重な判断が必要となるものと考えられます。実務上は、仮想通貨交換業者の業界団体の自主規制など、一定のルールに準拠して行われることが望ましいものと考えられます。

　なお、仮想通貨現物の信用取引は、現物取引として資金決済法の対象となる仮想通貨の売買に該当します。仮想通貨の信用取引に付随して、利用者に仮想通貨を貸し付ける行為については貸金業法の対象となりませんが、利用者に金銭を貸し付ける場合には、貸金業法によって規制される貸金業に該当しうることに留意が必要です。

⑷　仮想通貨の交換等に関する仮想通貨の管理

　上記のとおり、いわゆる仮想通貨のウォレット・サービスを提供する行為がこれに該当する可能性があります。例えば、ビットコインのウェブ・ウォレットの場合、秘密鍵は、通常、利用者ではなくウォレット業者が管理しているため、当該事業者は仮想通貨の管理を行っていることになります。ただし改正資金決済法2条7項によれば、「利用者の金銭又は仮想通貨の管理をすること」が仮想通貨交換業に当たるのは、仮想通貨の売買または他の仮想通貨との交換もしくはこれらの媒介、取次ぎまたは代理（すなわち、仮想通貨の交換等）に

関して行われる場合とされています（上記(1)③参照）。したがって、当該業者が、仮想通貨の交換等を行わずに、または仮想通貨の交換等とは関係なく、仮想通貨のウォレット・サービスの提供を行っている場合には、仮想通貨交換業を営んでいることにはならないと考えられます。

また、ウォレット・サービスでも、例えば、秘密鍵が当該利用者の端末においてのみ保存されるソフトウェアウォレットで、事業者が利用者の仮想通貨の秘密鍵にアクセスすることがないものを提供する場合には、利用者が自ら仮想通貨を管理するためのソフトウェアを提供する行為と評価できるため、ここでいう仮想通貨の交換等に関する「仮想通貨の管理」には該当しないものと考えられます。

(5) 仮想通貨を利用した法定通貨の送金

仮想通貨を用いた送金については、当該送金が、①為替取引に該当するか（該当する場合、銀行その他の預貯金取扱金融機関または資金移動業者でなければ業として行うことはできません）、および②仮想通貨の交換等に該当するかが問題となりますが、当該送金の仕組みに応じて結論が異なると考えられます。

上記①の為替取引該当性については、判例（前掲 Q2-26 最決平成 13・3・12）によれば、「『為替取引を行うこと』とは、顧客から、隔地者間で直接現金を輸送せずに資金を移動する仕組みを利用して資金を移動することを内容とする依頼を受けて、これを引き受けること、又はこれを引き受けて遂行することをいう」とされていますので、これに当てはめて考えることになります。

まず、事業者が、利用者から受け入れた仮想通貨を当該利用者の依頼を受けて第三者に対して送付する場合、仮想通貨は「資金」には該当せず、資金を移動するものではないので、為替取引には該当しないと考えられます。また、この場合、同種の仮想通貨を送付するだけであれば、仮想通貨の交換等も行われていないものと考えられます。

次に、事業者が、利用者から金銭（例えば、日本円）を受け入れて、これを仮想通貨に交換して送付し、仕向先における提携事業者が、仮想通貨を日本円または他国通貨に交換して受取人に引き渡す仕組みであって、仮想通貨の価格変動リスクを利用者および受取人が負担しないこととされている場合は、一連

の行為として実質的に為替取引を行っていると判断される可能性が高いと考えられます。一方、この場合、利用者および受取人に仮想通貨が交付されることがないのであれば、当該事業者は仮想通貨を簡易な送金システムの一部として利用しているだけで、利用者との間で仮想通貨の交換等は行っていないと整理できるものと考えられます。

　第3に、事業者が、利用者から金銭を受け入れて、これを仮想通貨に交換して仕向先の提携事業者に送付するものの、提携事業者は受取人に対して仮想通貨のまま引き渡すという場合、「資金」は移動させていないため、為替取引には該当しないと考えられます。一方、当該事業者が金銭を利用者から受け入れて仮想通貨に交換する取引は、仮想通貨の売買に該当するものと考えらえます。

(6)　仮想通貨を利用した決済サービスの提供

　仮想通貨を利用した決済サービスには様々な形態がありえますが、例えば、仮想通貨を取り扱う事業者が、加盟店に代わって仮想通貨を受領した上で、当該仮想通貨を法定通貨に交換した上で加盟店に対して引き渡すという形の決済サービスを提供することが考えられます。

　このようなサービスは、事業者が仮想通貨を加盟店に代わって受領するという点では、収納代行サービスの一種ととらえられます。一般に、法定通貨の収納代行ビジネス事業においては、為替取引に該当しないかが議論されていますが、仮想通貨の収納代行の場合、「資金」の移動はないため、「為替取引」には該当しないものと考えられます。

　他方で、収納代行により受領した仮想通貨を法定通貨に交換（売却）して加盟店に引き渡す行為については、仮想通貨の売買を業として行っているとして、仮想通貨交換業に該当するものと考えられます。

(7)　仮想通貨のマイニング

　仮想通貨のマイニングを行う場合、前述のとおり、例えばビットコインであれば、トランザクションデータの検証に必要となる計算競争（プルーフ・オブ・ワーク）に勝利して最初に承認を完了した参加者が、報酬として新規発行

されるビットコインおよび作成したブロックに含まれる取引手数料を取得することができます。もっとも、これを業として行ったとしても、当該ビットコインの取得は、仮想通貨の交換等を伴わないため、それだけでは仮想通貨交換業に該当しません。ただし、マイニングによって取得した仮想通貨を利用して、仮想通貨の交換等を含むサービスを提供する場合には、仮想通貨交換業に該当します。

(8) 仮想通貨の貸付けまたは仮想通貨の貸借の媒介

金銭の貸付けや金銭の貸借の媒介行為は、貸金業に該当し、貸金業法によって厳しく規制されています。もっとも、仮想通貨の貸付けまたは仮想通貨の貸借の媒介は、金銭の貸付けまたは金銭の貸借の媒介には当たりませんので、これを業として行っても貸金業には該当しません。ただし、仮想通貨の貸付けまたは貸借の媒介と貸し付けられた仮想通貨の金銭への交換を同時に提供するなど、実質的に見て金銭の貸付けまたは貸借の媒介を行っていると認められる場合には、貸金業に該当する可能性が高いと考えられます。

Q5-8

仮想通貨交換業の登録制度の概要について教えてください。

A (1) 仮想通貨交換業の登録

仮想通貨交換業を営むためには、内閣総理大臣の登録を受けなければなりません（改正資金決済法63条の2）。内閣総理大臣の登録を受けた者を「仮想通貨交換業者」といいます（改正資金決済法2条8項）。

なお、改正資金決済法の施行後も、経過措置として、施行日時点ですでに仮想通貨交換業を行っている事業者は、施行日から起算して6か月以内に登録の申請を行えば、登録未了の業者であっても仮想通貨交換業を行うことができるものとされています。ただし、この場合には、登録未了であっても、施行日以降は当該業者を仮想通貨交換業者とみなして、改正資金決済法の規定が適用

されます(当該事業者は、いわゆる「みなし業者」として、施行日以降、改正資金決済法上の規制を遵守する必要があり、当局の監督を受けます)。この経過措置において、登録未了であっても仮想通貨交換業を行うことができる期限は定められていませんが、みなし業者からの顧客資産の不正流出事案等を踏まえて、当局はみなし業者に対する監督や検査を強めています。

また、外国において改正資金決済法に基づく仮想通貨交換業登録と同種類の登録等を受けている業者(「外国仮想通貨交換業者」(改正資金決済法2条9項))であっても、日本居住者に対して、仮想通貨の売買・交換等の勧誘を行うためには、仮想通貨交換業の登録が必要です(改正資金決済法63条の22)。この点、外国仮想通貨交換業者がホームページ等に仮想通貨の交換等に関する広告等を掲載する行為は、日本語表記でなくとも日本居住者に向けた勧誘行為に該当するとされる可能性があります。それゆえ、外国仮想通貨交換業者が日本において仮想通貨交換業登録を行わない場合には、そのホームページ等に日本国内にある者が当該交換所において取引できない旨の担保文言を明記したり、日本居住者が当該業者において取引を行うことを防止する措置を講じる必要があると考えられます。

(2) 登録申請の方法

登録申請においては、申請者の本店所在地を管轄する財務(支)局に登録申請書を提出し、その際、登録拒否事由のないことを誓約する書面、財務に関する書類、組織図や社内規則を含む仮想通貨交換業を適正かつ確実に遂行する体制の整備に関する事項を記載した書類等を添付する必要があります(改正資金決済法63条の3)。登録申請書には、以下の事項を記載することが必要です。①商号および住所、②資本金の額、③仮想通貨交換業に係る営業所の名称および所在地、④取締役および監査役の氏名、⑤会計参与設置会社にあっては、会計参与の氏名または名称、⑥外国仮想通貨交換業者にあっては、国内における代表者の氏名、⑦取り扱う仮想通貨の名称、⑧仮想通貨交換業の内容および方法、⑨仮想通貨交換業の一部を第三者に委託する場合にあっては、当該委託に係る業務の内容ならびにその委託先の氏名または商号もしくは名称および住所、⑩他に事業を行っているときは、その事業の種類、⑫取り扱う仮想通貨の概要、

⑬金銭または仮想通貨の分別管理の方法、⑭利用者からの苦情または相談に応じる営業所の所在地および連絡先、⑮加入する認定資金決済事業者協会の名称（改正資金決済法63条の3第1項、仮想通貨交換業者府令5条）。

　改正資金決済法63条の5には登録拒否事由が列挙されており、例えば、以下の場合には登録が拒否されます。

・登録申請書またはその添付書類について虚偽の記載がある場合
・登録申請書またはその添付書類について重要な事項の記載が欠けている場合
・株式会社または外国仮想通貨交換業者（国内に営業所を有する外国会社に限る）でないものである場合
・外国仮想通貨交換業者にあっては、国内における代表者（国内に住所を有するものに限る）のない法人である場合
・仮想通貨交換業を適正かつ確実に遂行するために必要と認められる内閣府令で定める基準に適合する財産的基礎を有しない法人である場合
　※この点に関しては、仮想通貨交換業者府令で定められた最低資本金要件（1,000万円以上）および純資産要件（純資産額が負の値でないこと）を満たすことが必要です（仮想通貨交換業者府令9条）。
・仮想通貨交換業を適正かつ確実に遂行する体制の整備が行われていない法人である場合
・仮想通貨に係る改正資金決済法の規定を遵守するために必要な体制の整備が行われていない法人である場合
・他の仮想通貨交換業者が現に用いている商号・名称と同一の商号・名称または他の仮想通貨交換業者と誤認される商号・名称を用いている場合
・資金決済法、出資法またはこれらに相当する外国の法令に違反し罰金刑に処せられ、刑の執行後5年を経過していない法人である場合
・他に行う事業が公益に反すると認められる法人である場合
・取締役、監査役、会計参与のいずれかに、禁固以上の刑に処せられ刑の執行の終わった日から5年を経過していない者がいるなどの欠格事由がある場合

　他方、適式な登録申請があり、登録拒否事由に該当しない場合には、内閣総

理大臣は、当該申請者を仮想通貨交換業者として登録する必要があります（改正資金決済法63条の4)。

Q5-9

仮想通貨交換業の行為規制の概要について教えてください。

A　仮想通貨交換業者の業務に関する規制（行為規制）の主なものは次のとおりです。

①情報の安全管理（改正資金決済法63条の8)

情報の安全管理のために必要な措置を講じなければなりません。すなわち、業務の内容および方法に応じたシステム管理を十分に行うための措置を講ずること（仮想通貨交換業者府令12条）や利用者情報の安全管理、従業員の監督および利用者情報の取扱いを委託する場合は委託先の監督について、利用者情報の漏洩、滅失または毀損の防止を図るために必要かつ適切な措置を講ずること（仮想通貨交換業者府令13条）が求められます。

この点については、システムリスク管理に関する基本方針、システム障害などの緊急事態における対応計画の策定、システムの安全管理体制の整備等が求められます。昨今、仮想通貨交換所に対するハッキング等の攻撃が増加しており、実際に国内の仮想通貨交換所に対する不正アクセスの結果、大きな被害も出ていることから、システムリスクの管理（下記④の利用者財産の管理にも関連します）は非常に重要なポイントであり、当局の監督もますます厳しくなっています。

②委託先に対する指導（改正資金決済法63条の9)

仮想通貨交換業の一部を第三者に委託をした場合には、委託先に対する指導その他の当該業務の適正かつ確実な遂行を確保するために必要な措置を講じなければなりません。すなわち、以下の措置を講じることが求められます（仮想通貨交換業者府令15条）。

　・当該業務を適正かつ確実に遂行することができる能力を有する者に委託

するための措置
・委託先における当該業務の実施状況を定期的にまたは必要に応じて確認すること等により、委託先に対する必要かつ適切な監督等を行うための措置
・委託先が行う仮想通貨交換業に係る利用者からの苦情を適切かつ迅速に処理するために必要な措置
・委託先が当該業務を適切に行うことができない事態が生じた場合には、他の適切な第三者に業務をすみやかに委託する等、利用者の保護に支障が生じること等を防止するための措置
・仮想通貨交換業者の業務の適正かつ確実な遂行を確保し、利用者の保護を図るため必要がある場合には、委託契約の変更または解除をする等の必要な措置を講じるための措置

仮想通貨交換業者が外部委託できる業務の範囲について、特段の制限は設けられていませんが、仮想通貨交換業の全部の委託を行うことは、名義貸し（自己の名義をもって、他人に仮想通貨交換業を行わせることをいいます）に該当し、改正資金決済法によって禁止されています（改正資金決済法63条の7）。

③利用者の保護等に関する措置（改正資金決済法63条の10）

仮想通貨交換業者は、内閣府令で定めるところにより、利用者に対して、仮想通貨と法定通貨の誤認防止の説明、契約内容についての情報提供など利用者の保護を図り、業務の適正かつ確実な遂行を確保するために必要な措置を講じなければなりません。

この規定および仮想通貨交換業者府令に基づき、仮想通貨交換業者は、利用者への説明義務および情報提供義務を課されています。利用者への説明または情報提供が求められる主な事項は以下のとおりです（仮想通貨交換業者府令16条、17条）。

(ⅰ)利用者との間で仮想通貨の交換等を行うとき
・取り扱う仮想通貨が本邦通貨または外国通貨ではないこと
・取り扱う仮想通貨が、特定の者により価値を保証されていない場合はその旨
・その他仮想通貨と本邦通貨または外国通貨との誤認防止に関し参考と

第5章　仮想通貨

　　なると認められる事項
(ii)利用者との間で仮想通貨交換業に係る取引を行うとき
　・商号および住所
　・仮想通貨交換業者である旨および登録番号
　・取引の内容
　・取り扱う仮想通貨の概要
　・仮想通貨の価値の変動を直接の原因として損失が生じるおそれがあるときはその旨およびその理由
　・その他、利用者の判断に影響を及ぼすこととなる重要な事由を直接の原因として損失が生じるおそれがあるときはその旨およびその理由
　・現金の分別管理について、(a)預金の場合は預金銀行等の商号または名称、(b)信託の場合は、信託業務を営む金融機関等の商号または名称
　・仮想通貨の分別管理について、(a)自己で管理する場合には自己の商号または名称、(b)第三者管理の場合は当該第三者の商号または名称
　・手数料、報酬、費用の金額、上限額または計算方法
　・苦情または相談に応じる営業所の所在地と連絡先
　・外国通貨で取引を行う場合、本邦通貨換算額および換算に用いた標準または計算方法
　・苦情処理措置および紛争解決措置について、(a) ADR機関が存在する場合、ADR機関の商号または名称、(b) ADR機関が存在しない場合、これらの措置の内容
　・その他取引の内容に関し参考となる事項
　・継続的または反復的に取引を行うことを内容とする契約を締結する場合には、上記に加え、(a)契約期間（期間の定めがあるとき）、(b)契約解約時の取扱い（手数料、報酬または費用の計算方法等）、(c)その他契約の内容に関し参考となる事項
(iii)利用者から金銭または仮想通貨を受領したとき
　・仮想通貨交換業者の商号および登録番号
　・受領した金銭の額または仮想通貨の数量
　・受領年月日

(iv)利用者との間で仮想通貨交換業に係る取引を継続的または反復的に行うとき
　　・少なくとも3か月ごとに、利用者の取引の記録（履歴）や残高（金銭および仮想通貨）

　［方法］情報提供の方法は、書面の交付その他の適切な方法とされており、書面でなくとも、例えば、PDFファイルを利用者にダウンロードしてもらう等、情報の受け手である利用者が適切に認識できる方法も選択できると考えられます。

　④利用者財産の管理（改正資金決済法63条の11）

　仮想通貨交換業者は、利用者の財産を自己の財産と分別して管理しなければならず、その管理の状況について、定期に公認会計士または監査法人の監査を受けなければなりません。

　分別管理の具体的な方法は、以下のとおりです。まず、金銭の管理については、以下のいずれかの方法をとる必要があります（仮想通貨交換業者府令20条1項）。

　　・銀行等への預金または貯金（当該金銭であることが名義により明らかなものに限ります）。なお、外国法に準拠して預金業務を行う者（外国銀行等）への預金も可能です。
　　・信託銀行または外国において信託業務を行う者への金銭信託で元本補填の契約のあるもの。なお、元本補填の契約があるという要件に加え、金融商品取引業者であるFX業者における顧客資産の分別管理と同等の要件を満たす必要があります。

　次に、仮想通貨の管理については、以下のとおりです（仮想通貨交換業者府令20条2項）。

　　・仮想通貨交換業者が自己で管理する仮想通貨については、利用者の仮想通貨と自己の仮想通貨を明確に区分し、かつ、どの利用者の仮想通貨であるかが直ちに判別できる状態（各利用者の持分が自己の帳簿により直ちに判別できる状態を含む）で管理する方法
　　・仮想通貨交換業者が第三者に管理させる場合については、当該第三者において、利用者の仮想通貨と自己の固有財産である仮想通貨とを明確に区分

第5章 仮想通貨

させ、かつ、当該利用者の仮想通貨についてどの利用者の仮想通貨であるかが直ちに判別できる状態で管理させる方法

　仮想通貨の分別管理の方法については、仮想通貨交換業者自身の仮想通貨を管理するウォレットとは別のウォレットにおいて顧客の仮想通貨を分別管理することが考えられます。条文上、自己の仮想通貨と利用者の仮想通貨を区分すればよいとされているため、個々の利用者ごとにウォレットを分けて分別管理をすることまでは要請されていません。

　また、上記に加え、事務ガイドライン（仮想通貨交換業者関係）Ⅱ-2-2-2-2において、分別管理の方法について詳細な着眼点が置かれています。例えば、利用者の仮想通貨の管理については、(a)帳簿上の利用者財産の残高と、ブロックチェーン上の利用者財産の有高を毎営業日照合し、利用者財産の有高が帳簿上の利用者財産の残高に満たない場合には、原因の分析を行った上、すみやかに（5営業日以内に）当該不足額を解消すべきことや、(b)利用者の仮想通貨について、利用者の利便性等を損なわない範囲で、可能な限り、仮想通貨を管理・処分するために必要な暗号鍵等をインターネット等の外部のネットワークに接続されていない環境、すなわちコールドウォレットで管理すべきことなどが定められています。

　仮想通貨交換業者は、上記のような分別管理の状況について、金融庁長官の指定する規則の定めるところにより毎年1回以上、公認会計士または監査法人の監査を受けなければなりません。具体的な分別管理監査の方法については、金融庁長官の指定する規則である、日本公認会計士協会「仮想通貨交換業者における利用者財産の分別管理に係る合意された手続業務に関する実務指針（業種別委員会実務指針第55号）」に詳しく定められています。

　⑤金融ADRの利用（改正資金決済法63条の12）
　利用者の苦情処理および利用者との間の紛争解決に関し、指定仮想通貨交換業務紛争解決機関（指定ADR機関）との間で手続実施基本契約を締結するか、または指定ADR機関がない場合には、仮想通貨交換業に関する苦情処理措置および紛争解決措置を講じることが必要です。現在のところ、指定ADR機関は存在しないため、各仮想通貨交換業者において、苦情処理措置として、苦情処理に関する業務運営体制および社内規則の整備・公表等を行った上で、紛争

解決措置として弁護士会が運営している紛争解決センター等を利用しています。

Q5-10

仮想通貨交換業者に対する監督の概要について教えてください。

A　改正資金決済法では、仮想通貨交換業者に対して、帳簿書類および事業報告書等の作成、公認会計士または監査法人の監査報告書等を添付した事業報告書の提出等を義務付けるとともに、監督官庁に対し立入検査や報告徴収命令・業務改善命令等を行う権限を与えています。主な規定は次のとおりです。

①帳簿書類の作成、保存義務（改正資金決済法63条の13）

具体的に作成が求められる帳簿書類は次のとおりです（仮想通貨交換業者府令26条）。

(a)仮想通貨交換業に係る取引記録、(b)総勘定元帳、(c)顧客勘定元帳、(d)管理する利用者の金銭の額および仮想通貨の数量の記録（各営業日ベース）、(e)信託財産額の記録（分別管理方法として信託利用の場合）（各営業日ベース）、(f)分別管理監査の結果に関する記録。

②事業報告書の作成、提出義務（改正資金決済法63条の14第1項）

この報告書には、公認会計士または監査法人の監査報告書等の添付が必要（改正資金決済法63条の14第3項）です。

③利用者の金銭および仮想通貨の管理に関する報告書の作成、提出義務（改正資金決済法63条の14第2項、仮想通貨交換業者府令30条）

この報告書には、四半期ごとに作成し管理する利用者の金銭の額および仮想通貨の数量を証する書類等を添付することが必要（改正資金決済法63条の14第4項）です。改正資金決済法施行時のパブリックコメントに対する金融庁の回答においては、利用者の仮想通貨の残高を証明する書類としては、仮想通貨交換業者の自社コンピュータにおいて仮想通貨の残高が分かる部分の画面のハードコピーが例として挙げられています。

④内閣総理大臣は、仮想通貨交換業の適正かつ確実な遂行のために必要があ

ると認めるときは、以下の対応を行うことができます（改正資金決済法63条の15第1項）。

- ・当該仮想通貨交換業者の業務もしくは財産に関し参考となるべき報告または資料の提出命令
- ・当該仮想通貨交換業者の営業所その他の施設への立ち入り
- ・当該仮想通貨交換業者の業務もしくは財産の状況に関する質問
- ・当該仮想通貨交換業者の帳簿書類その他の物件の検査

⑤内閣総理大臣は、当該仮想通貨交換業者から業務の委託を受けた者（再委託、再々委託その先の委託先を含む）に対しても、④の対応を行うことができます（改正資金決済法63条の15第2項）。ただし、当該業務委託を受けた者は正当な理由があるときは、これを拒むことができます（同条3項）。

⑥内閣総理大臣は、仮想通貨交換業者に対し、業務の運営または財産の状況の改善に必要な措置その他監督上必要な措置をとるべきことを命ずることができます（改正資金決済法63条の16）。

⑦内閣総理大臣は、仮想通貨交換業者が次のいずれかの事由に該当するときは、登録を取り消し、または6か月以内の期間を定めて仮想通貨交換業の全部もしくは一部の停止を命じることができます（改正資金決済法63条の17）。

- ・登録拒否要件（改正資金決済法63条の5）のいずれかに該当することとなったとき
- ・不正の手段により、登録を受けたとき
- ・同法もしくは同法に基づく命令またはこれらに基づく処分に違反したとき

Q5-11

改正資金決済法における仮想通貨交換業者の事業者団体に関する規定について概要を説明してください。

A　改正資金決済法の下では、認定資金決済事業者協会に関する規定が、仮想通貨交換業者にも適用されることとなりました。これにより、内閣総理大臣は、仮想通貨交換業者が設立した一般社団法人であって、一定の要件を充足するものを、認定資金決済事業者協会として認定することができます（改正資金決済法87条、88条、90条〜92条、97条）。以下、概要を説明します。

①認定要件（改正資金決済法87条）
・一般社団法人であること
・仮想通貨交換業の適切な実施の確保等を目的とすること
・仮想通貨交換業者を社員（会員）とする旨の定款の定めがあること
・認定業務を適正かつ確実に行うために必要となる業務の実施方法を定めていること
・認定業務を適正かつ確実に履行できる能力・財務基盤が整っていること

②認定資金決済事業者協会の業務（改正資金決済法88条）
改正資金決済法上、認定資金決済事業者協会の業務として、以下のような業務が定められています。

・資金決済法および自主規制規則を遵守させるための会員への指導・勧告等
・契約内容の適正化など利用者保護を図るために必要な指導・勧告等
・仮想通貨交換業の適正化や情報管理を図るために必要な規則（自主規制規則）の制定
・会員の資金決済法および自主規制規則の遵守状況の調査
・会員に関する情報の利用者への周知等（改正資金決済法90条）
・利用者からの苦情の処理に関する対応（改正資金決済法91条）　　など

また、近時、仮想通貨交換業者が取り扱う業務においては、仮想通貨を用いた差金決済取引やイニシャル・コイン・オファリング（ICO）に関係する業務

など、改正資金決済法でカバーされていない性質の業務も増加していることから、認定資金決済事業者協会の自主規制規則においてこれらの業務の自主規制をカバーしていくことが期待されているものと考えられます。

なお、本項目執筆時点において、一般社団法人日本仮想通貨交換業協会が、2018年8月2日付で、金融庁に対し仮想通貨交換業に係る認定資金決済事業者協会の認定申請書を提出したことを公表しており、今後、金融庁による認定に向けた審査が行われることになります。

Q5-12

仮想通貨交換業に関する罰則についてその概要を教えてください。

A　改正資金決済法により、資金決済法の既存の罰則規定が、仮想通貨交換業者に対しても適用されることとなります（改正資金決済法107条～109条、112条～117条）。

例えば、無登録で仮想通貨交換業を行った者、不正の手段で登録を行った者、名義貸しをした者は、3年以下の懲役もしくは300万円以下の罰金、またはその両方が科されます。

また、利用者の金銭・仮想通貨の分別管理義務違反には2年以下の懲役もしくは300万円以下の罰金、またはその両方が科されます。

さらに、その他の行為規制違反、監督規定違反についても、その内容に応じて懲役もしくは罰金、またはその両方が科されます。

2　犯罪収益移転防止法

Q5-13

仮想通貨交換業を行うには法令上、利用者の本人確認が求められますか。

A (1) 概　　要

　2016年5月25日に成立した「情報通信技術の進展等の環境変化に対応するための銀行法等の一部を改正する法律」において、犯罪収益移転防止法についても改正がなされました（「改正犯罪収益移転防止法」）。この改正犯罪収益移転防止法も公布の日（2016年6月3日）から起算して1年を超えない範囲内において政令で定める日から施行することとされ、2017年4月1日に施行されました（平成29年政令第46号）。

　この改正犯罪収益移転防止法においては、仮想通貨交換業者を犯罪収益移転防止法上の義務を負う特定事業者に追加し（改正犯収法2条2項31号）、同法に規定される義務等を課すこととされました。したがって、仮想通貨交換業者は以下に記載する本人確認を行う必要があります。

(2) 本人確認義務の概要

　顧客との間で、特定業務のうち政令で指定された特定取引を行うに際しては、以下の事項の確認（取引時確認）を行わなければなりません（改正犯収法4条）。
- 本人特定事項（自然人にあっては氏名、住居および生年月日。法人にあっては名称および本店または主たる事務所の所在地）
- 取引を行う目的
- 職業（自然人の場合）・事業内容（法人の場合）
- 顧客等が法人である場合で、実質的支配者がいる場合には、その者の本人特定事項
- 一定の場合には、顧客の資産および収入の状況

　仮想通貨交換業者についての特定業務は、仮想通貨交換業に係る業務です（改正犯収法令6条14号）。そして、取引時確認等の対象となる特定取引は、以下のとおりです（改正犯収法令7条1項1号）。
- 仮想通貨の交換等を継続的にもしくは反復して行うことまたは仮想通貨の交換等に関して利用者の金銭または仮想通貨の管理を行うことを内容とする契約の締結
- 200万円を超える仮想通貨の交換等
- 管理する仮想通貨を顧客の依頼に基づいて移転させる行為であって、その

第5章　仮想通貨

額が10万円を超える取引

同一顧客との間で、2取引以上を同時または連続的に行う場合に、1回の取引金額を減少させるために取引を分割させたものであることが一見して明らかであるときは、1取引とみなされます（改正犯収法令7条3項）。また、仮想通貨の換算方法は、取引を行ったときの相場を用いる方法その他の合理的方法とされています（改正犯収法規則36条）。

Q5-14

仮想通貨交換業者が負う本人確認義務以外の犯罪収益移転防止法上の義務の概要を教えてください。

A　改正犯罪収益移転防止法の施行後、仮想通貨交換業者は、犯罪収益移転防止法上、本人確認義務以外に概要、以下の義務を負います。

①確認記録の作成・保存義務（犯収法6条）

　　取引時確認を行った場合には、直ちに確認記録を作成し、特定取引等に係る契約が終了した日等から7年間保存しなければなりません。

②取引記録等の作成・保存義務（犯収法7条）

　　特定業務に係る取引を行った場合には、直ちに取引記録等を作成し、取引の行われた日から7年間保存しなければなりません。

③疑わしい取引の当局への届出義務（犯収法8条）

　　特定業務において収受した財産が犯罪による収益である疑いがあり、または顧客が特定業務に関しマネーロンダリングを行っている疑いがあると認められる場合においては、すみやかに届け出なければなりません。

④取引時確認等を的確に行うための措置（犯収法11条）

　　取引時確認をした事項に係る情報を最新の内容に保つための措置を講ずるほか、使用人に対する教育訓練その他の必要な体制の整備に努めなければなりません。

3 銀行法、金商法

Q5-15

銀行や証券会社（第一種金融商品取引業者）は仮想通貨交換業を営むことができますか。

A (1) 銀　行

　銀行の業務は、固有業務（預金の受入れ、資金の貸付け、為替取引）、一定の付随業務、および法律上認められる他の業務（他業証券業務等および法定他業）に限定されており、これら以外の業務を行うことは認められていません（他業禁止規制）。仮想通貨交換業は、固有業務、法律上認められる他の業務のいずれにも該当せず、付随業務として列挙された業務にも該当しません。もっとも、銀行法では付随業務につき、具体的な列挙業務以外に、銀行は「その他の銀行業に付随する業務」（銀行法10条2項柱書）も行うことができるとされていますので、仮想通貨交換業が「その他の銀行業に付随する業務」として認められるかが問題となります。この点仮想通貨の販売、投資、勧誘等の業務が法令で銀行に認められている業務に該当するかどうかは、その業務について、銀行の固有業務との機能的な親近性やリスクの同質性があるかどうか、また、その業務規模が銀行の固有業務に比して過大ではないかなどの観点から業務の態様に応じて判断されていくべきものであるとの見解が示されています。クレジットカード業務や前払式支払手段発行業務が「その他の銀行業に付随する業務」に当たりうると解釈されていることに照らせば、仮想通貨交換業も付随業務として認められる可能性もあると思われますが、具体的事例においてどのような判断がなされるかは不透明な状況です。

　また、銀行本体ではなく、銀行の子会社または銀行持株会社の他の子会社が仮想通貨交換業を営むことができるでしょうか。銀行または銀行持株会社が子会社とすることのできる会社の類型は、銀行法で限定列挙されており（銀行法16条の2第1項、52条の23第1項）、仮想通貨交換業を営もうとする会社が、当該類型の1つである「金融関連業務を専ら営む会社」（同法16条の2第1項

11号）に該当するか否かが問題となります。この点、「金融関連業務」とは「銀行業、有価証券関連業、保険業又は信託業に付随し、又は関連する業務として内閣府令で定めるもの」（銀行法16条の2第2項2号）であるところ、これに関する銀行法施行規則17条の3第2項の定めのうち、仮想通貨交換業が該当する可能性がある業務は、「法第10条第2項に規定する業務」（銀行法施行規則17条の3第2項3号）と考えられますので、結局、仮想通貨交換業を銀行が付随業務として行うことができるのであれば、当該業務は子会社の行うことができる金融関連業務に該当することになると思われます。

このほか、今般の「情報通信技術の進展等の環境変化に対応するための銀行法等の一部を改正する法律」による銀行法の改正（「改正銀行法」）により、銀行または銀行持株会社は、内閣総理大臣の認可を得て、Fintech企業等（情報通信技術その他の技術を活用した当該銀行の営む銀行業の高度化もしくは当該銀行の利用者の利便の向上に資する業務またはこれに資すると見込まれる業務を営む会社）を子会社とすることができるようになりました（改正銀行法16条の2第1項12号の3、52条の23第1項11号の3）。したがって、仮想通貨交換業が上記の金融関連業務に該当しない場合であっても、当該規定に基づき、仮想通貨交換業者を銀行または銀行持株会社の子会社にすることが認可される場合もあるものと考えられます。

なお、近時、銀行の持分法適用会社である証券持株会社が、顧客資産の不正流出によって巨額の損失が発生した国内の仮想通貨交換業者を完全子会社化するというケースが生じました。銀行の関連法人等の業務の範囲については、金融庁の公表している主要行等向け監督指針において、銀行の子会社の営むことができる業務の範囲内であることが求められているため、上記と同様の論点が提起されますが、報道によれば、金融庁は仮想通貨交換業を普遍性のある付随業務としてではなく、「個別案件として」容認したと伝えられています（2018年4月10日付日経新聞朝刊）。

(2) **第一種金融商品取引業者**

第一種金融商品取引業者が行うことのできる業務は、金融商品取引業のほかは、付随業務（金商法35条1項）、および届出業務（同条2項）に限定されてお

り、これ以外の業務を行うためには内閣総理大臣の承認を受ける必要があります（当該業務を「承認業務」といいます。同条4項）。そこで、証券会社が仮想通貨交換業を行うことができるか否かについては、付随業務または届出業務に該当するか、あるいは承認業務として認められるか否かによることになります。

　この点、仮想通貨交換業は、届出業務の類型には該当せず、「その他の金融商品取引業に付随する業務」に該当するかも必ずしも明らかではありません。このため、仮想通貨交換業を第一種金融商品取引業者が行おうとする場合には、現実的には、個々のケースに即して、業務が公益に反すると認められないかどうか、あるいはリスク管理の観点から問題がないかなどの観点から当局の承認の可否が判断されるものと思われます。

第5章 仮想通貨

イニシャル・コイン・オファリング（ICO）

[**関連法制**　金商法、資金決済法]

【サービスの概要】

1　ICOの概要

　近時、ブロックチェーンに記録されるトークンを発行・販売し、資金を調達するイニシャル・コイン・オファリング（Initial Coin Offering。以下「ICO」）が注目を集めています。日本法上、ICOの法律上の定義は存在しませんが、金融庁が2017年10月27日付で公表した「ICO（Initial Coin Offering）について～利用者及び事業者に対する注意喚起～」と題する通知書によれば、一般に、ICOとは、企業等が電子的にトークン（証票）を発行して、公衆から資金調達を行う行為の総称をいうものとされています。

　ICOはクラウドファンディングの一種とも考えられますが、従来のクラウドファンディングとの違いとして、①調達資金の使途は、主としてブロックチェーンを用いたプロジェクトの開発や運営に用いられることが想定されており、販売されるトークンは、多くの場合、当該プロジェクトと密接な関連性があること、②資金調達の際に仮想通貨を受け入れることにより、国内外の購入者から瞬時に、かつ低廉な送金手数料で資金調達を行うことが可能であること、③購入者は、発行後のトークンをインターネット上で個別に取引することが可能であることに加え、トークンが仮想通貨取引所において取り扱われる場合には、不特定の者との間での売買または交換が可能となり、ICO後のトークンに流動性が生まれること、といった特色があります。これらの特色から、ICOによる資金調達は、従来のクラウドファンディングと比較して、短期間で大量の資金調達を行うことができるものということができます。

2 ICOのプロセス

ICOは、概要、以下のプロセスを経て実施されることが一般的です。

【ICOのプロセス】

まず、ICOによるトークンの発行者（以下「トークン発行者」）は、ICOの実施に際して、自らのウェブサイトを通じて情報発信し、技術的説明を含む詳細については、同サイト上に公表される「ホワイトペーパー」と呼ばれる書面にまとめて記載するのが一般的です。ホワイトペーパーにおいて公表される情報としては、以下のような項目が挙げられます。

【ホワイトペーパー記載項目の概要】

- ・ICOの開始日および締切日
- ・調達資金によって開発・運用するブロックチェーン技術を用いた具体的なプロジェクトの概要
- ・当該プロジェクトとトークンとの関連性および技術的な説明
- ・トークンの性質・機能やトークン保有のメリット
- ・トークンの総発行量、発行されるトークンの割当先
- ・ICOにおける最低調達額および最大調達額
- ・発行体またはプロジェクトチームの概要
- ・当該プロジェクトの開発ロードマップ
- ・トークンの法的性質やリスクについての説明、ディスクレーマー等

これらの情報は、トークン発行者のウェブサイトに加えて、ICOを専門に扱う情報サイトや、SNS等を通じてインターネット上で流通し、購入者はこれらの情報をもとに、トークン購入の是非を判断することになります。

次に、トークンの売買は、購入者が、トークン発行者のウェブサイトにおいて契約条項に同意した上で、トークンの対価として主にビットコイン等の仮想通貨をトークン発行者のアドレスに送付し、対価の受領をブロックチェーン

第5章　仮想通貨

上で確認したトークン発行者が、購入者のウォレットにICOにより発行するトークンを送付するという形で行われるのが通常です。その際、本人確認の手続等が行われるか否かは、ICOごとに異なります。なお、ICOにおけるトークン販売の手法として、プライベートセールとクラウドセールの2つがありますが、両者はいずれもトークンが仮想通貨取引所で取引が開始される（一般に「取引所への上場」といわれています）前に行われる販売方法です。プライベートセールとクラウドセールは、実施時期やトークンの販売価格、参加条件等の点で異なり、一般に、プライベートセールはクラウドセールよりも早期に実施され、クラウドセールよりも割引された価格でトークンを購入することができる一方、プライベートセールへの参加に際して最低購入数量ないし最低出資額や資産要件等が課される場合もあり、また、ICOによってはそもそも実施されない場合もあります。

ICOの後に、国内外の仮想通貨取引所にトークンが上場されれば、市場で取引が可能となります。

3　トークンの分類

ICOにより発行されるトークンには様々なものがありますが、当該トークンの機能に着目した分類は以下のとおりです。

(1)　「仮想通貨型」トークン

典型的には、ビットコインのように決済手段および送金手段として利用されることを想定したトークンが挙げられます。ただし、トークンを決済手段として用いる場合であっても、例えば、トークンに財産的価値が記録されており、トークン発行者（およびその指定する者）の提供する商品やサービスの対価としてのみ利用可能なものについては、後述(3)の「プリペイドカード型」に分類されるものと考えられます。

(2)　「会員権型」トークン

例えば、トークンを一定数量以上保有している事実を示すことによって、トークン発行者または提携する事業者（以下「トークン発行者等」）の提供する

サービスに関し、サービス価格の割引等、何らかの優待を受けられるという性質を持つトークンがこれに該当します。

(3) 「プリペイドカード型」トークン

トークン発行者等の提供する商品やサービスの対価として利用可能なトークンがこれに該当します。「プリペイドカード型」については資金決済法上の前払式支払手段に該当する可能性があることに留意が必要です。

(4) 「ファンド持分型」トークン

「ファンド持分型」トークンとは、当該トークンを保有している割合に応じて、トークン発行者が行う事業からの収益の分配を受けることができるものをいいます。

4 ICOと問題点

ICOは、ブロックチェーン技術を利用したサービスを提供するベンチャー企業等の新たな資金調達方法として注目されていますが、購入者に対する情報開示が不十分または不適切である事案や、情報の非対称性等を不正に利用した詐欺的な事案があることも事実です。また、ICOについては、その仕組みによっては、資金決済法や金融商品取引法等の規制対象となります。その場合には、ICOに関係する事業者は、関係法令上の義務を適切に履行する必要がありますが、当該義務を履行せずにICOを実施している事案もあります。

そこで、本項目では、ICOに関する個別の場面に応じて、適用される法規制について説明します。なお、2018年3月8日、学識経験者、金融実務家等をメンバー、仮想通貨交換業者等の業界団体、関係省庁をオブザーバーとして、金融庁が事務局を務める「仮想通貨交換業等に関する研究会」が設置され、ICOを含む仮想通貨交換業等をめぐる諸問題について制度的な対応が検討されており、同研究会における今後の議論の動向によっては本項目の内容の一部について変更が生じる可能性があることにご留意ください。

【Q&A】

Q5-16

ICOにより新規のトークンを発行する場合、仮想通貨交換業の登録は必要となりますか。

A　業として仮想通貨の売買もしくは交換をする行為（以下「売買・交換」）、または売買・交換の媒介、取次ぎもしくは代理を行う行為は、仮想通貨交換業に該当し、これらの行為を行うためには仮想通貨交換業者としての登録が必要となります（資金決済法2条7項、63条の2）。したがって、①新規に発行したトークンが「仮想通貨」に該当し、②トークンの発行が「売買・交換」に該当する場合に、仮想通貨交換業の登録が必要となるものといえます。

(1) トークンの「仮想通貨」該当性

ICOにより発行されるトークンが、資金決済法上の仮想通貨の要件を満たすならば、当該トークンは仮想通貨に該当します。

この点、資金決済法上の仮想通貨には、同法2条5項1号に規定する1号仮想通貨および同法2条5項2号に規定する2号仮想通貨が存在するところ、事務ガイドライン（仮想通貨交換業者関係）においては、1号仮想通貨にかかる要件のうち「不特定の者を相手方として購入及び売却を行うことができる」という要件については、「発行者による制限なく、本邦通貨又は外国通貨との交換を行うことができるか」、「本邦通貨又は外国通貨との交換市場が存在するか」という考慮要素が示されています。

また、2号仮想通貨の要件のうち、「不特定の者を相手方として前号に掲げるものと相互に交換を行うことができる」という要件については、「発行者による制限なく、1号仮想通貨との交換を行うことができるか」、「1号仮想通貨との交換市場が存在するか」という考慮要素が示されています。

これらの要件ないし考慮要素は、必ずしも限定的なものではなく、また、明確なものでもなく、仮想通貨該当性については、その利用形態等に応じ、最終

的には個別具体的に判断することとされています（事務ガイドライン（仮想通貨交換業者関係）I-1-1参照）。この点、一般社団法人日本仮想通貨事業者協会（JCBA。現日本仮想通貨ビジネス協会）が2017年12月8日付で公表した「イニシャル・コイン・オファリングへの対応について」において以下の考え方が示されており、現在の実務は当該見解と同様の立場に基づき解釈・運用されています。

①ICOにより発行されたトークンが既に国内または海外の取引所において取り扱われている場合

　この場合、当該トークンは国内又は海外の取引所を通じて「本邦通貨又は外国通貨との交換市場が存在する」又は「1号仮想通貨との交換市場が存在する」ことが明らかである。また、取引所に上場しているトークンの場合、通常、発行者による制限なく売買又は交換ができることから、上記の考慮要素に照らして、仮想通貨に該当するものとして取り扱うことが適当と考える。

②法定通貨又は1号仮想通貨との交換が制限されていないトークンをICOにより発行する場合

　ICOによるトークンの発行時点では国内又は海外取引所において取り扱われていないとしても、「発行者による制限なく、本邦通貨又は外国通貨との交換を行うことができる」又は「発行者による制限なく、1号仮想通貨との交換を行うことができる」という考慮要素を充たす場合には、金融庁事務ガイドラインに照らせば、トークン発行時点で仮想通貨に該当するものと考えられる。

　具体的には、トークンの発行時点において、将来の国内又は海外の取引所への上場可能性を明示又は黙示に示唆している場合はもちろん、そのような示唆が存在しない場合であっても、発行者が、本邦通貨又は外国通貨との交換及び1号仮想通貨との交換を、トークンの技術的な設計等において、実質的に制限していないと認められる場合においては、仮想通貨に該当する可能性が高いため、仮想通貨に該当しないとする個別具体的な合理的事情がない限り、原則として、トークン発行時点において、資金決済法上の仮想通貨に該当するものとして取り扱うことが適当と考えられる。

　上記の考え方によれば、発行されたトークンがすでに国内または海外の取引所において取り扱われている場合は、当該トークンは仮想通貨に該当していることとなります。また、トークンの発行時点において、将来の国内または海外の取引所への上場可能性が明示または黙示に示唆されている場合だけでなく、将来の国内または海外の取引所への上場可能性が明示または黙示に示唆されて

いない場合であっても、法定通貨や1号仮想通貨との交換を実質的に制限していないと認められるときは、当該トークンは原則として発行時点で仮想通貨に該当することとなります。

(2) トークンの発行と売買・交換該当性

　ICOにより発行されるトークンが、仮想通貨に該当する場合、当該トークンの発行が仮想通貨の売買・交換に該当するかが問題となります。

　この点、仮想通貨の「売買」とは、法定通貨を対価として仮想通貨を購入または売却することを、仮想通貨の「交換」とは、異なる仮想通貨と交換することをいうところ、ICOにおいても法定通貨またはビットコインやイーサなどの仮想通貨と引き換えにICOにより発行されるトークンが出資者に譲渡されることから、仮想通貨の「売買」または「交換」に該当するものといえます。したがって、ICOによるトークンの販売は、仮想通貨の売買・交換に該当するものといえ、原則として仮想通貨交換業に該当するものといえます。

　なお、無償でのトークンの発行であれば、仮想通貨の売買・交換に該当しないものとして、仮想通貨交換業の登録は不要と整理することは可能と思われます。ただし、無償でのトークンの発行であっても、例えば無償で発行した直後に無登録の海外取引所に当該トークンを上場させ、上場後に有償で多数の投資家に販売することを意図している場合など、スキームによってはトークン発行者が業として仮想通貨の売買・交換を行うものとして、仮想通貨交換業の登録が必要となる可能性があるものと考えられます。

(3) トークンの販売と仮想通貨交換業登録の主体

　以上のとおり、現在の実務においては、ICOにより発行されるトークンが発行時点で仮想通貨に該当する場合、ICOによるトークンの販売は仮想通貨交換業に該当するものといえます。したがって、日本居住者に対してICOを実施する場合、原則としてトークン発行者自身が仮想通貨交換業の登録を取得することが必要となります。

　もっとも、トークン発行者が、すでに仮想通貨交換業の登録を取得している仮想通貨交換業者に対してトークンの販売を委託する場合であれば、トークン

発行者は仮想通貨交換業を行うものではないため、トークン発行者自身が仮想通貨交換業の登録を取得する必要はないものと考えられます。

以上を整理すると、現在の実務において、日本居住者に対して適法にICOによりトークンを販売する場合、以下の2つの方法が考えられます。

> ①トークン発行者が仮想通貨交換業登録を取得し、自らトークンを販売する
> ②トークン発行者がICOによるトークンの販売を仮想通貨交換業者に委託する

なお、上記②の場合、トークンの販売を受託した仮想通貨交換業者は、すでに市場に流通している仮想通貨の売買・交換またはその媒介・取次ぎ・代理を行う通常の仮想通貨取引所の業務とは異なる体制の整備等を規制当局から求められる可能性があります。具体的には、新たに発行されるトークン自体のセキュリティのチェックや、トークン発行者およびトークンの内容に係る事前・事後の情報開示、取引所関係者によるインサイダー取引等の不公正取引の未然防止体制の構築、トークンの上場審査部門と営業部門等との利益相反管理体制の構築など、「仮想通貨交換業を適正かつ確実に遂行する体制の整備」(資金決済法63条の5第1項4号)として追加的な体制整備が求められる可能性があります。

Q5-17

新規に発行したトークンが仮想通貨に該当しない場合に適用されうる法規制について教えてください。

A (1) 前払式支払手段該当性

トークンが、対価を得て発行され、発行者または発行者が指定する者から物品を購入し、もしくは借り受け、または役務の提供を受ける場合に、これらの代価の弁済のために提示、交付、通知その他の方法により使用することができるものであって、不特定の者に対する決済に利用されないものであるならば、当該トークンは、原則として、前払式支払手段に該当するものと考えられます。この場合、当該トークンの発行者は、資金決済法第2章の前払式支払手段に

係る規制の適用を受けることになります。前払式支払手段に係る規制については、Q2-9 をご参照ください。

なお、金融庁の 2017 年 3 月 24 日付パブリックコメント回答（資金決済に関する法律（仮想通貨）関係 No.37）によれば、ある支払手段が、資金決済法上の前払式支払手段に該当する場合は、同法上の仮想通貨には該当しないものとされています。したがって、あるトークンについて、前払式支払手段に対する規制と仮想通貨に対する規制が重複して適用されることはないものと考えられます。

(2) 有価証券該当性
　ア　集団投資スキーム持分該当性
　ICO により発行されるトークンによっては、集団投資スキーム持分として、第二項有価証券（金商法 2 条 2 項 5 号）に該当する場合がありえます。集団投資スキーム持分とは、①その法形式を問わず、他者から金銭（これに類するものとして政令で定めるものを含みます。以下「金銭等」）の出資または拠出を受け、②当該金銭等を充てて事業（出資対象事業）が行われ、③出資者・拠出者に当該出資対象事業から生じる収益の配当または当該事業に係る財産の分配をするものをいいます。したがって、①ICO によって集めた資金を用いて、②何らかの事業を行い、③その事業から生じる収益等を、トークン保有者に分配する機能を有するトークンについては、集団投資スキーム持分として、第二項有価証券に該当するものと考えられます。

なお、①の要件（出資の要件）に関して、金銭に類するものとして政令で定められているのは有価証券、為替手形、約束手形等であって仮想通貨は対象とされていないことから、ICO に際して仮想通貨による出資のみを募った場合、「金銭等」の出資または拠出がなく、形式的には集団投資スキームの要件を満たさないと考えられます。ただし、金融庁が 2017 年 10 月 27 日付で公表した「ICO（Initial Coin Offering）について〜利用者及び事業者に対する注意喚起〜」と題する通知書によれば、「ICO が投資としての性格を持つ場合、仮想通貨による購入であっても、実質的に法定通貨での購入と同視されるスキームについては、金融商品取引法の規制対象となる」とされています。したがって、

ICO に際して、トークンの仮想通貨による購入のみを募ったとしても、それだけで必ずしも金商法の規制を免れるわけではないことに留意する必要があります。

イ 第二項有価証券に該当する場合の法規制

ICO により発行されるトークンが集団投資スキーム持分として第二項有価証券に該当する場合、企業等がトークン販売の対価として金銭等の出資または拠出を募る行為は、「有価証券……の募集又は私募」として第二種金融商品取引業に該当するため、トークン販売を行うためには原則として第二種金融商品取引業の登録が必要となります（金商法28条2項1号、2条8項7号ヘ）。ただし、出資者のすべてが適格機関投資家である場合または出資者が1人以上の適格機関投資家と49人以下の投資判断能力を有すると見込まれる一定の者で構成されている場合には、適格機関投資家等特例業務の要件を満たし、かつこれにかかる届出を行うのであれば、上記の業登録は必要とされません（同法63条）。

また、第二項有価証券に該当するトークンの売買の媒介を行う場合には、第二種金融商品取引業の登録が必要となることに加え（金商法28条2項2号、2条8項2号）、当該トークンについて流通の場を提供する取引所については、金融商品市場（有価証券の売買を行う市場。同法2条14項）または私設取引システム（以下「PTS」。同法80条2項、2条8項10号）に該当するものとして、金融商品市場の免許（同法80条1項）またはPTS業務の認可（同法30条1項）が必要となる可能性があります。

Q5-18

イニシャル・コイン・オファリングに関する主要各国の規制の概要について教えてください。

A ICO は、仮想通貨の基盤技術であるブロックチェーン技術を利用したサービスやベンチャー企業の新たな資金調達方法として注目される一方、ICO

においては購入者に対する情報開示が不十分であり、情報の非対称性等を不正に利用した詐欺的行為やその他不適切な事案も散見されることから、各国においてICOに対する法規制を強める傾向にあります。

日本も加盟する証券監督者国際機構（IOSCO）は、個々のIOSCO加盟当局によるICOについての注意喚起等の公表物の一覧を掲載しています。そこで、本項目では主要国における規制動向の概要について紹介します。ただし、ICOに関する各国規制の動向は流動的であり、以下の各国の規制動向は本項目執筆時点での情報に基づくものにすぎず、随時変更される可能性があることに留意ください。

(1) 米　国
ア　The DAO 事件

【The DAO のスキーム概要】

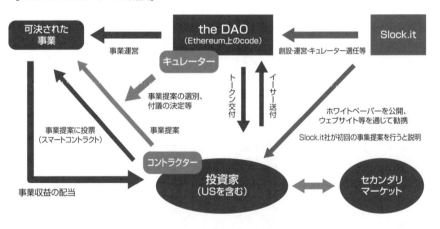

米国証券取引委員会（SEC）は、2017年7月25日、ドイツのSlock.it社が関与した「The DAO」という自律分散型組織が2016年4月から5月にかけて販売した「DAOトークン」は、1933年証券法および1934年証券取引所法上、証券（Securities）に該当し、除外規定に該当しない限り、募集・売出しをするためにはSECへの登録等が必要であるという見解を公表しま

した。SECは、分散型台帳技術やブロックチェーン技術を用いて資金調達等の一部の機能を自動化することは、米国証券法の適用を妨げることにはならないとした上で、トークンの証券（Securities）該当性については投資契約（investment contracts）該当性に関するHowey基準によって判断されるとしました。Howey基準によれば、投資契約とは、「もっぱら他者の努力から得られる利益のために共同の事業に資金を投資すること」と定義され、以下の4つの要件すべてを充足することが必要となります。

①investment of money（資金の投資）
②investment of money is in a common enterprise（共同事業への出資）
③an expectation of profits from the investment（収益への期待）
④any profit comes from the efforts of a promoter or third party（他者の努力から派生する利益）

以上の基準に基づき、SECは、DAOトークンは投資契約に該当し、米国証券法上の証券に該当するものと判断しました。ただし、SECは、あくまでDAOトークンが証券に該当する、との判断を示したものにとどまり、ICOによって発行されるトークンが証券に該当するかはケースバイケースで判断されることに注意が必要です。

なお、SECは、上記レポートと同日、ICOに関する投資家向けの警告を公表しています。

イ　SEC委員長による声明

2017年12月11日、SEC委員長Jay Clayton氏により公式声明が発表され、これまでICOで販売されてきたトークンのほとんどが米国証券法における証券として規制対象となる可能性が高い旨指摘されています。また、ICOについても特有のリスクがあるとして、証券法違反には厳しく取り締まりを行っていくとの立場も明らかにしています。

(2)　中　国

中国人民銀行等の中国当局は、2017年9月4日、ICOを禁止するとの公告を発出しました。同公告によれば、中国国内でのICOは違法であり、公告発

出後直ちに禁止され、ICOによる資金調達を完了した個人または団体については、投資家に対して調達資金を返還しなければならないとされています。

本項目執筆時点でもICOは禁止されていますが、今後は中国国外のプロジェクトについても規制が強化される可能性もあり、今後の動向を注視する必要があります。

(3) 韓　　国

2017年9月29日、韓国金融委員会は、ICOは詐欺や市場操作のリスクがあるとして、あらゆる形式のICOを禁止する等の方針を明らかにしました。

もっとも、2018年5月、国内におけるICOの合法化に向けた提案を国会が行ったことが報じられており、今後の動向を注視する必要があります。

(4) 香　　港

香港証券先物委員会（SFC）は、2017年9月5日、ICOに関する声明を公表しました。同声明において、SFCは、典型的なICOにおいて提供されるデジタルトークンは、通常は仮想商品とみなされ、証券には該当しないとしつつ、近時のICOでは証券に該当する可能性のある表現や特徴が認められるとしています。具体的には、会社の出資持分や所有権を表章するトークンは株式として、トークン発行者が負う債務を発生させまたは承認するためにデジタルトークンが用いられる場合には社債として、トークンの発行代わり金がICOスキーム運営者によってプロジェクトに投資され、トークン保有者が当該プロジェクトのリターンの分配を受けられるような場合には集団投資スキーム持分として、いずれも証券に該当する場合があるとしています。

また、2018年2月9日、SFCは、仮想通貨およびICOへの投資に関する警告文を発出しました。同警告文において、SFCは、香港に所在する複数の仮想通貨取引所に対して書面を送付したことや、ICO等について取り締まりを継続していくことを表明しています。

(5) シンガポール

2017年8月1日、シンガポール金融管理局（MAS）は、ICOにより発行さ

れるトークンを証券先物法の対象として規制する考えを公表しました。

続いて2017年11月14日、MASはICOに関するガイドラインを公表し、実質的に株式として取り扱われている場合や、発行者の負債をトークン化する場合には既存の有価証券と同視できるとして証券法の規制対象となり、目論見書の提出等を求めています。

(6) スイス

2017年9月29日、スイス金融市場監督機構（FINMA）は、現在スイス国内で行われているICOの一部は金融関連の現行法に抵触している可能性が高い旨報告しました。

また、2018年2月16日、FINMAはICO規制ガイドラインを公表し、トークンをその性質に応じて、① Payment tokens（決済手段としてのトークン）、② Utility tokens（サービス等にアクセスするために使用するトークン）、③ Asset tokens（トークン発行者に対する権利や債権を表章するトークン）の3つに分類し、既存の法規制をどのように適用すべきか説明しています。

(7) ドイツ

2017年11月15日、ドイツ連邦金融監督庁（BaFin）は、ICOにより発行されるトークンのボラティリティの大きさ、流動性の低さ、情報開示が不十分であることなどを挙げてICOに係る危険性について警告書を発出しました。

また、2018年2月20日、BaFinは、ICO規制に関するガイドラインを発表し、トークンの法的性質についてはケースバイケースでの分析が必要となるとしつつ、既存の法規制において金融商品や証券に該当するのであれば、当該法規制による規制対象となるとの考え方を示しています。

(8) イギリス

2017年9月12日、英国金融行為規制機構（FCA）は、ICOに関する消費者向けの警告を発出しました。FCAは、ICOのリスクとして、ほとんどのICOは規制の範囲外で行われていること、投資家保護の制度の対象とならないこと、トークンの価格が非常に不安定であること、詐欺のリスクがあること、ホワイ

トペーパー等の記載が不十分であること、プロジェクトが非常に初期的な段階でICOが行われていること等を挙げて、ICOに対する投資に係るリスクが非常に高いことを警告しています。また、FCAは、多くのICOは規制対象とならないとしつつ、スキームによってはICOは有価証券の公募、私募、クラウドファンディング、集団投資スキーム等に該当し、FCAによる規制の対象となるとしています。

(9) フランス

2017年10月26日、フランス金融市場庁（AMF）は、UNICORN (Universal Node to ICO's Research & Network) プロジェクトを立ち上げ、ICOに関する今後の規制について、①既存の法規制の枠組みを維持しつつベストプラクティスを推進していく方法、②ICOを証券の公募として取り扱えるよう既存の法規制を拡張する方法、③ICO特有の法規制を策定する方法、という3つの案を提示し、国民から意見を公募しました。

2018年2月22日、AMFはプレスリリースで意見公募の結果を公表し、最も強い支持を得た③ICO特有の法規制を策定する方針を報告しました。今後の同国における法規制の内容について注視する必要があります。

Q5-19

米国では、Simple Agreement for Future Tokens（SAFT）と呼ばれる契約に基づき、仮想通貨投資が行われていると聞きました。SAFTの概要について教えてください。また、SAFTに基づいて仮想通貨投資を行うのであれば、日本居住者であっても投資ができるのでしょうか。

A (1) SAFTの概要

SAFT（Simple Agreement for Future Tokensの略称）とは、概要、将来、資金調達者（トークン発行者）が開発し発行するトークンを割安で購入することを希望する投資家から出資を募り、当該出資金をもってトークンまたはプラットフォームの開発に充てることを目的とする契約（仕組み）をいいます。トー

クン発行者および投資家は、案件に応じて適宜SAFTの内容を修正した上で使用することが想定されています。

SAFTは、一般に、以下の一連のプロセスを経て行われることとされています。

①トークン発行者は、ホワイトペーパーを公表するとともに、適格投資家（例えば、最近2年間において年20万米ドルを超える収入のある自然人、または配偶者の分を含めて年30万米ドルを超える収入のある自然人であって、本年も同レベルの収入が期待できる者など）から出資の確約を得る。
②トークン発行者は、米国証券法上のRegulation D等の登録免除要件に準拠して適格投資家とSAFTを締結し、適格投資家は、発行体に対して出資する。
③トークン発行者は、調達した資金をもってプラットフォームを開発する。
④トークン発行者は、プラットフォームを立ち上げ、投資家に対してトークンを分配する。投資家（またはトークン発行者）は、直接または取引所を通じて公衆に対してトークンの販売を開始する。

(2) SAFTに基づくトークンの購入と法的留意点

SAFTは最新の資金調達手法であるため、現時点においてSAFTおよび投資家がSAFTに基づき取得する権利について、日本法上の法的性質について依拠するに足る裁判例、監督当局の見解等は見当たりません。もっとも、Q5-17のとおり、集団投資スキーム持分とは、①他者から金銭等の出資または拠出を受け、②当該金銭等を充てて事業が行われ、③出資者・拠出者に当該出資対象事業から生じる収益の配当または当該事業に係る財産の分配をするものをいうところ、SAFTに基づき法定通貨で出資を募る場合、①金銭等の出資の要件を充足するものといえます。また、SAFTにおいては、投資家からの出資をもとにトークン発行者はプラットフォーム等の開発という事業を行うことから、②事業の要件も充足するものといえます。そして、投資家は、将来トークンが発行されるに至った場合、実質的に割引価格でトークンを取得することが可能となるところ、かかる割引価格で当該トークンを取得できることが③収益分配・配当可能性の要件に該当する可能性があります。したがって、SAFTに基づき日本において出資を募る場合、スキームによっては、集団投資スキーム持分の勧誘として、第二種金融商品取引業に該当する可能性があるものと思

われます。この場合、トークン発行者は出資の募集または私募を行うためには、原則として、第二種金融商品取引業の登録が必要となります（金商法28条2項1号、2条8項7号ヘ）。ただし、出資者のすべてが適格機関投資家である場合または出資者が1人以上の適格機関投資家と49人以下の投資判断能力を有すると見込まれる一定の者で構成されている場合には、適格機関投資家等特例業務の要件を満たし、かつこれにかかる届出を行うのであれば、上記の業登録は必要とされません（金商法63条）。

仮想通貨の周辺サービス

[**関連法制**　金商法、資金決済法]

【サービスの概要】

1　クラウドマイニング

　クラウドマイニングとは、一般に、投資家がビットコイン等の仮想通貨のマイニングを行う事業者に対して出資し、当該事業者がマイニングにより得た仮想通貨を出資割合に応じて分配する仕組みをいいます。

2　仮想通貨投資ファンド

　仮想通貨投資ファンドとは、複数の投資家から出資を募り、当該出資をもって運用者が仮想通貨やICOトークンへ投資し、得られた収益を出資比率に応じて投資家に分配するファンドをいいます。仮想通貨投資ファンドは、投資対象が仮想通貨であることを除けば、スキーム自体は通常の投資ファンドと同様といえます。

【Q&A】

Q5-20

仮想通貨のクラウドマイニングを行う場合、仮想通貨交換業の登録は必要となりますか。また、その他注意すべき法規制等があれば教えてください。

第5章　仮想通貨

A (1) 仮想通貨交換業該当性

　仮想通貨のマイニングはこれを業として行ったとしても、仮想通貨の売買・交換を伴わないので、それだけでは仮想通貨交換業に該当しません。そして、クラウドマイニングは、一般に、マイニングを行う事業者に対して出資を行い、当該事業者がマイニングにより得た仮想通貨を出資割合に応じて分配する仕組みをいうところ、当該出資および分配は仮想通貨の売買・交換に該当しないことから、仮想通貨交換業には該当しないものと考えられます。

　したがって、仮想通貨のクラウドマイニングを行う場合、仮想通貨交換業の登録は不要といえます。

(2) 第二種金融商品取引業該当性

　Q5-17のとおり、集団投資スキーム持分とは、①その法形式を問わず、他者から金銭等の出資または拠出を受け、②当該金銭等を充てて事業（出資対象事業）が行われ、③出資者・拠出者に当該出資対象事業から生じる収益の配当または当該事業に係る財産の分配をするものをいいます（金商法2条2項5号）。この点、クラウドマイニングのスキームによっては、①投資家から集めた資金を用いて、②マイニング事業を行い、③その事業から生じる収益等である仮想通貨を投資家に分配する仕組みとして、集団投資スキーム持分に該当し、第二項有価証券に該当する可能性があるものと考えられます。この場合、クラウドマイニングを行う事業者が出資の募集または私募を行うためには、原則として、第二種金融商品取引業の登録が必要となります（金商法28条2項1号、2条8項7号へ）。ただし、出資者のすべてが適格機関投資家である場合または出資者が1人以上の適格機関投資家と49人以下の投資判断能力を有すると見込まれる一定の者で構成されている場合には、適格機関投資家等特例業務の要件を満たし、かつこれにかかる届出を行うのであれば、上記の業登録は必要とされません（金商法63条）。

　なお、2018年3月9日、米国サウスカロライナ州において、クラウドマイニングは投資契約（investment contracts）であり、証券（securities）に該当するとして、同州において未登録でクラウドマイニングを行う事業者に対してクラウドマイニング事業の中止等を求める命令が申し立てられた事案があること

に留意が必要です。

Q5-21

仮想通貨を投資対象とするファンドを運営する場合、仮想通貨交換業の登録は必要となりますか。また、その他注意すべき法規制等があれば教えてください。

A (1) 仮想通貨交換業該当性

仮想通貨交換業とは、仮想通貨の売買や売買の取次ぎを「業として行うこと」をいうところ、「業として行うこと」とは、対公衆性のある行為で反復継続性をもって行うことをいい、「対公衆性」について、投資目的で自ら行う売買は、通常は当該要件を満たさないこととされています（2017年3月24日付パブリックコメント回答47頁・No.94、No.95参照）。したがって、仮想通貨投資ファンドが、自己の名義および計算で仮想通貨の売買・交換を行う場合であれば、「対公衆性」の要件を満たさず、仮想通貨交換業に該当しないものと整理することは可能と思われます。

(2) 第二種金融商品取引業該当性

仮想通貨投資ファンドは、投資対象が仮想通貨であることを除けば、スキーム自体は通常の投資ファンドと同様です。したがって、スキームによっては、当該ファンドに対する出資者の権利は集団投資スキーム持分（金商法2条2項5号）に該当する可能性があり、その場合、ファンド運営者が出資の募集または私募を行うためには、原則として、第二種金融商品取引業の登録が必要となります（金商法28条2項1号、2条8項7号ヘ）。ただし、出資者のすべてが適格機関投資家である場合または出資者が1人以上の適格機関投資家と49人以下の投資判断能力を有すると見込まれる一定の者で構成されている場合には、当該仮想通貨投資ファンドが適格機関投資家等特例業務の要件を満たし、かつこれにかかる届出を行うのであれば、上記の業登録は必要とされません（金商法63条）。

第5章　仮想通貨

　なお、仮想通貨投資ファンドについては、投資対象が仮想通貨であることから、株式等の有価証券と異なる性質のリスクが認められます（例えば、サイバー攻撃のリスク、ハードフォークによる分岐リスク等）。このため、適合性の原則（金商法40条1号）の観点から、仮想通貨投資ファンドへの出資の勧誘を行う場合、対象投資家の属性として、仮想通貨投資についての知識・経験等、有価証券投資とは異なる考慮が必要ではないか等、慎重な検討が必要となります。

(3)　投資運用業該当性

　投資運用業とは、金融商品の価値等の分析に基づく投資判断に基づいて、主として（「主として」とは、運用財産の50％超をいいます）有価証券またはデリバティブ取引に係る権利に対する投資として、集団投資スキーム持分または外国集団投資スキーム持分に係る権利を有する者から出資または拠出を受けた金銭その他の財産の運用を行うことをいいます（金商法2条8項15号ハ）。

　この点、仮想通貨投資ファンドが投資するトークンの法的性質が仮想通貨または前払式支払手段に該当する場合、当該トークンは「有価証券又はデリバティブ取引に係る権利」には当たらず、当該仮想通貨投資ファンドによるトークンへの投資は投資運用業には該当しません。

　これに対して、投資対象であるトークンが集団投資スキーム持分として第二項有価証券に該当する場合、当該トークンに対する投資は、「有価証券」に対する投資に該当することとなります。したがって、仮想通貨投資ファンドが、運用財産の50％を超えて集団投資スキーム持分に該当するトークンに投資する場合、原則として投資運用業に該当し、投資運用業登録の取得が必要となります（金商法28条4項3号、29条、2条8項15号）。

仮想通貨の周辺サービス

> **コラム　仮想通貨交換業者のM&A**
>
> 　仮想通貨交換業者を対象とするM&Aを行う場合には、一般のM&Aで留意すべき点に加えて、資金決済法上留意すべき点がいくつかあります。まず、仮想通貨交換業の登録は法人単位で与えられますので、M&Aにより仮想通貨交換業登録を有する法人が消滅する場合、仮想通貨交換業登録は維持されません。
> 　次に、株式譲渡や仮想通貨交換業者を存続会社とする吸収合併等の方法により仮想通貨交換業者を買収する場合、主要株主に変更が生じることとなります。そして、主要株主に変更が生じた場合、別紙様式第7号により作成した株主名簿を添付の上、変更届出書を提出することが必要となります（仮想通貨交換業者府令11条1項5号）。なお、法律上、変更届出書の提出は変更事由が生じた後、遅滞なく提出すれば足りることとされていますが（資金決済法63条の6第1項）、実務上は事前に当局へ相談の上、手続を進めることが望ましいといえます。
> 　また、仮想通貨交換業者を買収したとしても、必ずしも買収者が想定している仮想通貨交換業を直ちに行うことができるとは限らないことにも注意が必要です。例えば、対象会社である仮想通貨交換業者が「仮想通貨交換業の内容及び方法」（資金決済法63条の3第1項8号）として、顧客間の仮想通貨の売買・交換をマッチングさせる仮想通貨の売買・交換の媒介（いわゆる「取引所」）だけを行うものとして登録申請書を提出していた場合、買収者が仮想通貨の売買・交換（いわゆる「販売所」）を行おうとする際に、当該仮想通貨交換業者が「仮想通貨交換業の内容及び方法」として届け出た内容に変更があるものとして、変更届の提出が必要となります（資金決済法63条の6第1項、63条の3第1項8号）。したがって、このケースにおいては、当該変更届が提出されるまで、買収者は「販売所」を営むことはできないこととなります。
> 　なお、M&Aの概要については、第10章「事業の拡大・再編」（M&A）をご覧ください。

第6章

オープンAPIと電子決済等代行業者

第6章 オープンAPIと電子決済等代行業者

電子決済等代行業者法制と金融機関の対応

[**関連法制**　銀行法その他の預金取扱金融機関に係る業法]

【サービスの概要】

1　電子決済等代行業者とは（電子決済等代行業者の定義）

「電子決済等代行業」は、銀行法2条17項1号・2号に以下のように規定されています（このほかに、農業協同組合法、水産業協同組合法、協同組合による金融事業に関する法律、信用金庫法、労働金庫法、農林中央金庫法、株式会社商工組合中央金庫法においても同様の電子決済等代行業に関する定義が設けられ、また本章における各設問において説明するのと同様の関連する法制度が設けられていますが、わかりやすさの観点から、本書においては、代表して銀行法の条文を例にとって説明することとします）。そして、後述の登録を受けて電子決済等代行業を営む者を「電子決済等代行業者」といいます（銀行法2条18項）。なお、法令上の用語ではありませんが、通常、2条17項1号の業務を行う業者を「第一号業者」、同項2号の業務を行う業者を「第二号業者」と呼んでいますので、以下ではこの例に倣います。

> 第二条
> 17　この法律において「電子決済等代行業」とは、次に掲げる行為（第一号に規定する預金者による特定の者に対する定期的な支払を目的として行う同号に掲げる行為その他の利用者の保護に欠けるおそれが少ないと認められるものとして内閣府令で定める行為を除く。）のいずれかを行う営業をいう。
> 一　銀行に預金の口座を開設している預金者の委託（二以上の段階にわたる委託を含む。）を受けて、電子情報処理組織を使用する方法により、当該口座に係る資金を移動させる為替取引を行うことの当該銀行に対する指図

> (当該指図の内容のみを含む。)の伝達(当該指図の内容のみの伝達にあつては、内閣府令で定める方法によるものに限る。)を受け、これを当該銀行に対して伝達すること。
> 二 銀行に預金又は定期積金等の口座を開設している預金者等の委託(二以上の段階にわたる委託を含む。)を受けて、電子情報処理組織を使用する方法により、当該銀行から当該口座に係る情報を取得し、これを当該預金者等に提供すること(他の者を介する方法により提供すること及び当該情報を加工した情報を提供することを含む。)。

　このように、第一号業者、第二号業者共に定義は少し複雑になっていますが、概ね、第一号業者は「電子送金サービス」、第二号業者は「口座情報の取得サービス」を意味していると、理解してください。

　また、もう1つ、定義の中で特徴的なのが「預金者(等)の委託を受けて」という部分です。利用者と銀行の間に入って行動をする業者のうち、銀行から委託を受けて行動をする銀行代理業者に対し、利用者から委託を受けて行動するのが電子決済等代行業者である、という点も重要なポイントです。

2　電子決済等代行業者のサービス

(1) 第一号業者

　預金者が、当該預金者の銀行口座にある預金を使った送金をしたいと考えた場合に、「送金をしてください」という銀行への指示を一度利用者から受けて、これを利用者に代わって伝達するのが、第一号業者です。なお、定義中にある「為替取引」はここでは銀行による送金のことを指していると理解していただければ足ります(詳しい内容はQ2-30参照)。

　第一号業者に該当するサービスは、大きく以下の3つの類型に分類することができるものと考えられます。

　なお、ア～ウのいずれにも共通する点として、利用者と電子決済等代行業者の間および電子決済等代行業者と銀行の間における指図の伝達は、いずれも電子情報処理組織を用いて行われなければ定義に該当しません。「電子情報処理組織」を使用した伝達には、インターネットや専用回線を用いた伝達は含まれますが、磁器ディスクを交付する方法などは含まれません。また、これもア～

第 6 章　オープン API と電子決済等代行業者

ウに共通する点ですが、後述する API を利用して銀行に接続した場合だけが電子決済等代行業者に該当するというわけではなく、従来型のインターフェイスや接続線を通じた接続であっても、電子決済等代行業者に該当します。これは、後述の電子決済等代行業者の業務に伴うリスクが従来型の接続方法によることによって軽減されるものではないためと考えられます。

ア　リアルタイム振込サービス

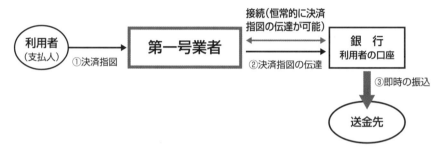

即時に送金先への振込を行うことができるサービスです。

例えば、クラウド会計ソフト上から、特定の未払債権について、直接、取引先への送金の指示をすることができるサービスや、送金先携帯電話番号の入力や QR コードの読み取りによって送金先がスマートフォンなどの画面上に表示され、これを確認して「送金」といった画面上のボタンを押下することで、送金を行うことができるサービスです。

イ　リアルタイム口座振替サービス

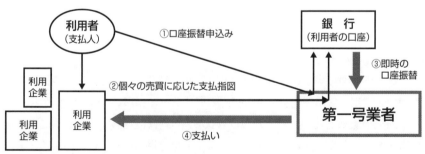

利用者とサービス利用企業との間の債権債務関係の発生後即時に利用者の銀

行口座から第一号業者への口座振替を行うサービスです。通常は、利用企業自身が即時の入金を必要とする場合に使用されるところ、利用企業自体の債権回収の目的で支払指図を行う場合には、後述（(2)イ(エ)参照）の定義除外となるため、この類型の第一号業者は本項目執筆時点（2018年5月）においては必ずしも多くないものと思われます。

ウ　決済指図の内容の伝達に基づく即時の振込

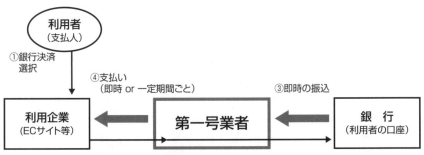

　サービス利用企業のウェブサイト上において、預金者が振込による支払いを選択し、当該事業者のウェブサイトから遷移の上、各銀行のインターネットバンキングのウェブサイトにログインすると、送金先（サービス利用企業名）・送金金額等が自動的に表示され、内容を確認した預金者がインターネットバンキング上で振込の指示を行うことにより決済が完了するサービスです。ECサイトの支払いなどに利用されています。日本マルチペイメントネットワーク運営機構によって運営されるマルチペイメントネットワークを活用したサービスであるPay-easy（ペイジー）のサービスとして提供されるものの一部もこの類型に含まれることになります。実際に送金の指示がなされるのは、銀行の支配領域内であるインターネットバンキング上であるため、ア・イとは、第一号業者は決済指図の「内容」を伝達しているにすぎない点が異なりますが、こちらの類型についても、第一号業者として同様の規制の対象となります。

(2)　第一号業者に該当しない業者

　第一号業者に該当しない業者には、そもそも定義に該当しない者と、定義に

は形式的に該当するものの、法令上明文で定義から除かれている者の2つの類型が存在します。

ア　定義に該当しない者

例えば、クレジットカードに関する発行者、アクワイアラ、PSP（決済代行業者）はいずれも預金者の銀行口座に対して個別の送金の指図を伝達するものではありませんので、定義に該当しません。

インターネットバンキングや後述するAPIのシステムベンダー、あるいはインターネットプロバイダは、確かにその提供するシステムを通じて銀行への電文の伝達がなされていますが、預金者から送金の指示の伝達について依頼されているものではなく、銀行あるいは電子決済等代行業者から委託を受けて、その業務に利用されるシステムの一部を提供しているにすぎないため、定義に該当しないものと考えられます。

（なお、このようなベンダーは銀行の外部委託先として、銀行によるチェックを受けることになります。）

さらに、預金者から送金指図の伝達の委託を受けた者であっても、それを電子決済等代行業者を通じて銀行に伝達している者（電子決済等代行業再委託者）も、定義に該当しません。下の図における、A社、A′社、A″社がこれに当たります（B社は電子決済等代行業者の定義に該当します）。実際に、ECサイトや会計ソフト会社をはじめ、多くの者がこのようなスキームでビジネスを行っています。

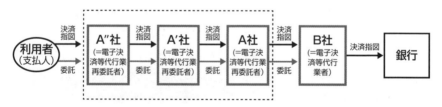

イ　法令上明文で定義から除かれている者

法令上、以下の4つの類型が、定義除外とされています。

(ア) 伝統的な口座振替代行サービス

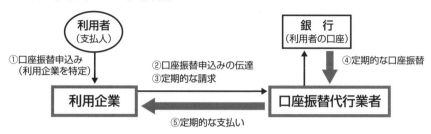

従前から行われている、いわゆる口座振替の代行サービスです。家賃、公共料金、月謝、クレジットカード料金などの定期的な引き落としについて、実は預金者の口座から利用企業（電力会社、ガス会社等）が直接収受しているのではなく、代行業者が支払いを受けた後、まとめて利用企業側に送金しているケースが多いのですが、これが1つ目の定義除外の類型です。

(イ) 預金者による当該預金者（の別口座等）への送金指図の伝達

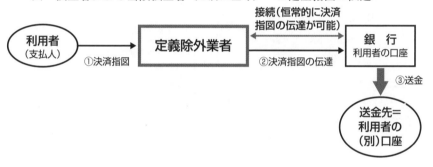

利用者が、自分の別口座への送金を行う場合の指図の伝達を行っている業者も、定義除外となります。同一企業の本店・支店間の資金移動サービスを会計サービス会社等が代行している場合などが、これに当たります。

(ウ) 公金の支払いに係る指図の伝達

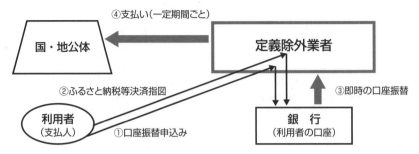

　国、地方公共団体、独立行政法人等への送金についての指示を伝達するサービスです。ふるさと納税を受け付けるウェブサイトを運営する業者などが、銀行に対して決済指図の伝達を行ったとしても、この定義除外類型に該当するものとして、電子決済代行業者に対する規制の適用は受けないことになります。

(エ) 自己債権または自己が契約の締結の媒介を行った債権の回収のための指図の伝達

［自己債権の回収］

［自己が契約の締結の媒介を行った債権の回収］

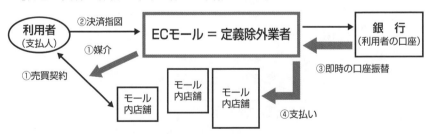

自己債権の回収のための指図の伝達とは、例えば、自己の商品やサービスを利用者に販売し、その対価を回収するために、利用者による自身への送金の指図の伝達を行う者や、慈善事業団体のように事業者から寄付を受け付け、これを回収するために利用者による自身への送金の指図の伝達を行う者の行為をいいます。このほかにも、プリペイドカード発行者、証券会社、公営ギャンブルの運営者などが、このようなスキームで業務を行っています。

　自己が（債権の発生原因となる）契約の締結の媒介を行った債権の回収のための指図の伝達とは、例えば、ECモール運営者が、当該ECモールにおいて（ECモール運営者自身ではなく）ECモールへの出店者から商品を購入した者が当該出店者に対して代金を支払うための送金の指図を伝達するような場合をいいます。

　なお、自己債権の回収のための指図の伝達、自己が契約の締結の媒介を行った債権の回収のための指図の伝達のいずれの類型においても、あらかじめ、銀行と定義除外業者との間で、口座振替等、実際の債権の回収の方法についての契約が成立していることが前提となります。

(3) 第二号業者

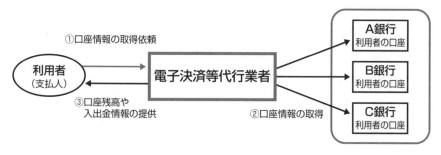

　上図のように、利用者から、口座情報の取得についての委託を受けて、銀行から預金口座に関する情報を取得し、これを当該利用者に提供する行為を行う者が対象となります。利用者と電子決済等代行業者の間および電子決済等代行業者と銀行の間の口座情報の取得やその委託、提供等のやり取りは、いずれも電子情報処理組織を用いて行われなければ定義に該当しません。

　具体的なサービスとしては、様々な金融機関の口座情報の統合管理（アカウ

ントアグリゲーション）の技術を用いて提供されているパーソナル・フィナンシャル・マネジメント（PFM）のサービスやクラウド会計サービスがこれに該当します。PFMは、日本では「家計簿アプリ」として認知されており、国内だけでも、本稿執筆時点（2018年5月）ですでに数百万人単位のユーザーが存在するといわれています。「家計簿アプリ」としてのPFMは、一般的に家計簿の自動作成機能（グラフ表示、分析機能を含む）等を備えているのが一般的ですが、このように利用者に提供する際に口座情報を加工して提供するサービスも第二号業者の定義に該当します。

Q6-14に記載のとおり、口座情報の取得の方法については、銀行の公開するAPIを利用した方法以外の方法による場合であっても、電子決済等代行業者に該当することに留意が必要です。

【Q&A】

1 電子決済等代行業者について

> **Q6-1**
> 電子決済等代行業のサービスを行うには、法令上の許認可などが必要となりますか。

A 銀行法は、電子決済等代行業は、内閣総理大臣の登録を受けた者でなければ営むことができないと規定しています（銀行法52条の61の2）。「業」として「営む」とは、営利の目的をもって、反復継続して、公衆を相手に当該行為が行われることをいうものと考えられます。したがって、例えば、非営利事業の一環として行う場合や、完全親会社が完全子会社一社だけのために決済指図の伝達を行うような場合には、「業」として「営む」ものとはいえず、電子決済等代行業者としての登録は不要であるものと思われます。

Q6-2

銀行等のオープン API 化を含む、電子決済等代行業に関する法制が整備されるに至った背景について、教えてください。

A (1) 電子決済等代行業者の登場

Fintech の進展に伴い、決済に関し、利用者からの委託を受け、IT 技術を活用して、銀行に利用者の決済指図を伝達し、または、銀行から口座に係る情報を取得し利用者に提供する業者（電子決済等代行業者）が登場、拡大し、決済サービスにおいて重要な役割を果たすようになりました。

ところが、2017 年改正前の銀行法にあっては、銀行からの委託を受け、銀行と利用者との間で、預金、貸付け、為替取引等を内容とする契約の締結の代理または媒介を行う場合には、銀行代理業として規制の対象となる一方、電子決済等代行業のように、利用者からの委託を受け、銀行と利用者との間でサービスの仲介を行う業については、規制の対象となっていませんでした。

(2) 銀行システムの安定性・利用者保護の要請および電子決済等代行業者からの要望

電子決済等代行業については、以下のようなリスクが指摘されており、銀行システムの安定性と利用者保護を図る観点から、電子決済等代行業者を対象とした新たな法的枠組みの整備が求められていました。

・決済に関する銀行システムに接続して、銀行に決済指図を伝達し、または、銀行から口座に係る情報を取得するため、業者のセキュリティ等に問題があった場合には、銀行システムの安定性を害するおそれがある。

・利用者の決済指図が銀行に正確に伝達されないこと、または、口座に係る情報が利用者に正確に提供されないことにより、決済に至るプロセスの的確性が確保されず、決済の安定性を害するおそれがある。

・利用者の口座等の認証情報（ID やパスワード）を預かり、利用者に成り代わって銀行システムにアクセスするため、情報漏洩や認証情報を悪用した不正送金等により、利用者が不利益を被るおそれがある。

第6章　オープンAPIと電子決済等代行業者

　なお、このように、利用者の認証情報を預かって、利用者に成り代わって銀行システムにアクセスする方法は「スクレイピング」とも呼ばれます（下図参照）。

　また、電子決済等代行業者からも、金融審議会の作業部会等において、「現行の法制度に必ずしも適合する枠組みが無いことが、銀行との連携・協働等の妨げとなり、円滑なサービス展開等の障害となっている」との問題意識から、法制度の整備を求める声が上がっていました。

　このように、電子決済等代行業者に関する法的枠組みの整理は、利用者サイドと電子決済等代行業者サイドの双方から早急な実施が求められる状況にありました。

(3) **オープン・イノベーション促進のための銀行法改正**

　2017年改正銀行法においては、新たな業態の出現に対応し、規制体系を設けて規律の対象とするという従来型のアプローチだけではなく、電子決済等代行業者の接続先となる銀行に対しても一定の義務を課すことで、銀行と電子決済等代行業者との連携および協働（オープン・イノベーション）を促進するといった新たなアプローチが企図されています。

　具体的には、改正法には、
- （オープン・イノベーションを促進する観点から、）銀行は、電子決済等代行業者との契約の締結に係る基準を作成・公表し、これを満たす電子決済等代行業者については、不当に差別的な取扱いをしてはならないこととする。
- （オープンAPI＊を促進する観点から、）電子決済等代行業者と契約を締結しようとする銀行は、改正法の施行（2018年6月1日）後2年以内の政令で定める日までに、電子決済等代行業者が、口座に係るID・パスワード等を預かることなく、銀行システムに接続できる体制を整備するよう努めるものとする。

といった内容が盛り込まれました。

　　＊銀行のAPI（Application Programming Interface）とは、銀行以外の者が、銀行システムに接続し、その機能や管理する情報を呼び出して利用するための接続方式等を指します。このうち、銀行が、外部のFintech企業等にAPIを提供し、銀行システムの機能を利用できるようにすることを「オープンAPI」といいます（銀行システムに

接続して利用者に関する情報の参照等を行う際には、当該利用者の同意を条件とすることで、利用者に関する情報の安全管理が担保されます)。オープンAPIは、Fintech企業等と金融機関との安全な連携を可能とする技術であり、オープン・イノベーションを実現していくためのキーテクノロジーの1つとの指摘があります(下図参照)。

【スクレイピングからオープン API へ】

[スクレイピングによる方法]

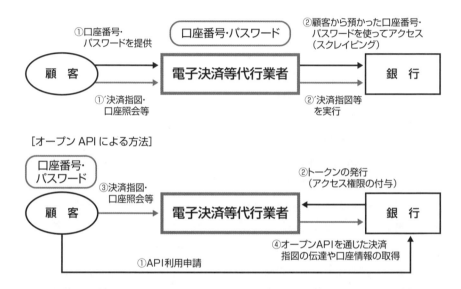

[オープン API による方法]

Q6-3

電子決済等代行業の登録制度の概要について教えてください。

A (1) 電子決済等代行業の登録

電子決済等代行業を営むためには、内閣総理大臣の登録を受けなければなりません(銀行法52条の61の2)。内閣総理大臣の登録を受けたものを「電子決済等代行業者」といいます(銀行法2条18項)。

なお、2018年6月1日の2017年改正銀行法の施行後も、経過措置として、施行日時点ですでに電子決済等代行業を行っている事業者は、施行日から起算して6か月以内に登録の申請を行えばよいとされています。ただし、この場

第6章　オープンAPIと電子決済等代行業者

合には、登録未了であっても、施行日以降は当該業者を電子決済等代行業者とみなして、改正銀行法の規定が適用されますので、注意が必要です（つまり、当該事業者は、施行日以降、みなし登録業者として改正銀行法における規定を遵守する必要があり、当局の監督を受けます）。

　また、銀行法には、外国に所在する者であっても電子決済等代行業者の登録を受けることができることを前提とした規定が置かれていることから（銀行法52条の61の5第1項2号イ等）、外国に拠点を置く企業等も電子決済等代行業者となることができます。外国法人が登録を申請する場合、日本に拠点を設ける必要はありませんが、日本における代表者を選任する必要があります。

(2)　登録申請の方法

　登録申請においては、①商号、②役員（外国法人にあっては、外国法において役員に相当する者および日本における代表者）の氏名、③営業所または事務所の名称および所在地、④苦情相談窓口を設置する営業所または事務所の所在地および連絡先、⑤加入する電子決済等代行事業者協会の名称、⑥電子決済等代行業の一部を委託する場合には、委託に係る業務の内容ならびに委託先の商号および住所、⑦（第一号業者のみ）他に営む業務の種類を登録申請書に記載の上、提出することが必要です。この際、登録申請書とともに、後述の登録拒否事由に該当しないことの誓約書、業務方法書、定款、登記事項証明書、役員による登録拒否事由に該当しないことの誓約書、役員の履歴書、役員の住民票の抄本、貸借対照表等の提出が必要となります（銀行法52条の61の3、同法施行規則34条の64の2〜34条の64の4）。

　なお、以上はいずれも登録申請者が法人である場合でして、個人で電子決済等代行業を営もうとする場合には、必要書類等も少し異なることになります。

　銀行法52条の61の5は登録拒否事由を列挙しており、例えば、以下の場合には登録が拒否されることになります。

　　(i) 登録申請書またはその添付書類について虚偽の記載がある場合
　　(ii) 登録申請書またはその添付書類について重要な事項の記載が欠けている場合
　　(iii) 純資産がマイナスである場合

(iv)電子決済等代行業を適正かつ確実に行う体制の整備がなされていない場合

　利用者情報の管理体制や、利用者の銀行との誤認防止のための体制、コンプライアンス体制、外部委託先の管理体制等が整備されていることが必要となるものと考えられます。

(v)銀行法または他の預金取扱金融機関に関する法律に基づく電子決済等代行業に係る登録が取り消され、その取消しの日から5年を経過しない者である場合

(vi)銀行法または他の預金取扱金融機関に関する法律（またはこれに相当する外国の法律）により罰金の刑に処せられた日等から5年を経過しない者である場合

(vii)役員に、成年被後見人、被保佐人、破産者で復権を得ない者、禁固以上の刑に処せられた者で5年を経過しない者、上記(v)に該当する法人で役員であった者、上記(vi)の処罰を受けた者等がいる場合

Q6-4

電子決済等代行業者の行為規制の概要について教えてください。

A　電子決済等代行業者の業務に関する規制（行為規制）の主なものは次のとおりです。

(1) 利用者に対する説明（銀行法52条の61の8第1項、同法施行規則34条の64の9）

電子決済等代行業者は、電子決済等代行業を行う際には、以下の情報をウェブサイト上で閲覧に供する等の方法によって利用者に対して提供する必要があります。

　（i）商号、名称または氏名および住所
　（ii）電子決済等代行業者の権限に関する事項

銀行を代理・媒介する権限がないことなどの情報を提供する必要があります。

(iii) 電子決済等代行業者の損害賠償に関する事項

当該サービスから生じた損害について、当然に銀行から損害の賠償を受けられるものでないこと、どのような場合に利用者は損害賠償を受けられるのか、その賠償は銀行と電子決済等代行業者のいずれから受けることができるのか等についての情報を提供する必要があります。

(iv) 利用者からの苦情または相談に応ずる営業所または事務所の連絡先

(v) 登録番号

(vi) 手数料、報酬もしくは費用の金額もしくはその上限額またはその計算方法

(vii) 送金指図を行うことができる金額の上限を設定している場合にはその額
（第一号業者のみ）

(viii) 契約期間および中途解約時の取扱い

(ix) スクレイピングによってサービスを提供している場合には、その旨

(x) その他参考となると認められる事項

このような情報は、サービスの利用開始時に提供すれば足り、直前に当該利用者に対してサービス提供をした時から変更がない限りは、繰り返し提供する必要はありません。また、接続先の銀行や電子決済等代行業再委託者を通じて提供することができます。電子決済等代行業再委託者とは、下の図におけるA社、A′社、A″社のすべてをいいます。

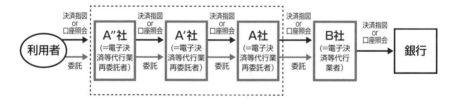

(2) 銀行が営む業務との誤認防止のための情報提供（銀行法52条の61の8第2項、同法施行規則34条の64の10）

電子決済等代行業者は、利用者が、そのサービスが銀行によって提供されて

いると誤認しないように、インターネットを通じてPCやスマートフォンの画面に表示させる方法等によって、自己の業務は銀行によるものではないことを利用者に説明しなければなりません。この説明についても、(1)と同様に接続先の銀行や電子決済等代行業再委託者を通じて提供することができます。

(3) **為替取引の結果の通知**（銀行法52条の61の8第2項、同法施行規則34条の64の11）（第一号業者のみ）

　第一号業者は、送金指図の伝達を行った時は、遅滞なく、その指図を行った預金者に対して、送金の指図の結果の通知をすることとされています。もっともパブリックコメントに対する金融庁の回答によれば、電子決済等代行業者は送金が銀行によって完了したことについてまで確認する必要はなく、インターネットバンキングの取引履歴や通帳の記帳等で確認を求める旨の通知を行えばよいとされています。

(4) **情報の安全管理等**（セキュリティ体制の構築）

　Q6-5を参照してください。

(5) **委託業務の的確な遂行の確保**（銀行法52条の61の8第2項、同法施行規則34条の64の15）

　電子決済等代行業者が、電子決済等代行業の業務の一部を第三者に委託する場合には、第三者において業務が的確に遂行されることを確保するための措置、例えば監督体制の構築などが求められます。

(6) **銀行との間の契約締結義務**（銀行法52条の61の10、同法施行規則34条の64の16）

　Q6-6を参照してください。

(7) **帳簿書類の作成義務**（銀行法52条の61の12、同法施行規則34条の64の20）

　電子決済等代行業者は、総勘定元帳を作成し、その作成の日から10年間保

存しなければなりません。

Q6-5

電子決済等代行業者が守らなくてはならないセキュリティのレベルは法令で決まっていますか。

A　法令上は、業務の内容および方法に応じ、電子決済等代行業に係る電子情報処理組織の管理を十分に行うための措置（銀行法施行規則34条の64の12）や取り扱う個人である電子決済等代行業の利用者に関する情報の安全管理について、当該情報の漏洩、滅失または毀損の防止を図るために必要かつ適切な措置（銀行法施行規則34条の64の13）が要求されているのみであり、具体的なセキュリティの基準が規定されているわけではありません。なお、APIを通じて金融機関にアクセスする業者のセキュリティ水準については、FISC（フィスク、金融情報システムセンター）が公表している「API接続チェックリスト（試行版）」や、全国銀行協会のウェブサイト上で公表されている、「オープンAPIのあり方に関する検討会報告書―オープン・イノベーションの活性化に向けて―」が参考になるものと思われます。

Q6-6

電子決済等代行業者は、利用者から情報取得や送金指図の伝達についての同意を取れば、接続先の銀行に特に了解を取らなくても、サービスを提供することができますか。

A　できません。電子決済等代行業者の定義に該当する者は、Q6-3に記載した経過措置の適用を受け、みなし登録業者として業務を行う場合を除けば、いかなる場合であっても、接続先の銀行との間で電子決済等代行業に係る契約を締結しなければ、電子決済等代行業を営むことはできません（銀行法52条の61の10第1項）。これは、当該電子決済等代行業者が、銀行が公表したAPI

を用いる方法により接続するか、従来型のインターフェイスや接続線を利用するか、あるいはスクレイピングの方法によって接続するかといった接続方法の違いによって結論が異なるものではありません。

　なお、当該契約においては、電子決済等代行業者と利用者との間の賠償責任の分担に関する事項など、一定の事項を必ず規定しなければならないこととされています（銀行法52条の61の10第2項、同法施行規則34条の64の16）。また、これら契約において規定すべき一定の事項については、契約後、銀行、電子決済等代行業者の双方が、ウェブサイト上に掲載するなどの方法によって常に利用者が閲覧することができるようにしなければなりません（銀行法52条の61の10第3項、同法施行規則34条の64の17）。

Q6-7

どのような電子決済等代行業者であっても、登録を受ければ、銀行等の預金取扱金融機関と接続することができますか。

A　登録を受けた電子決済等代行業者から接続のための契約の締結（Q6-6を参照してください）を求められた場合であっても、銀行等は、これに必ず応じなければならないわけではありません。銀行等も、自らの経営戦略に照らして、どのような電子決済等代行業者と連携・協働していくのかを判断する必要があるからです。

　もっとも、銀行法においては、オープン・イノベーションの促進の観点から、銀行は、電子決済等代行業者との契約の締結にあたって、電子決済等代行業者に要求する事項・水準についての基準（いわゆる接続基準）をあらかじめ策定・公表することとされています（銀行法52条の61の11第1項）。そして、当該基準を満たす業者については、原則として契約を締結しなければならず、また、その契約の条件についても他の電子決済等代行業者との間で、不合理な差別をしてはならないこととなっています（銀行法52条の61の11第3項）。

　したがって、電子決済等代行業者としては、まずはこの接続基準を見て、各金融機関が自社との接続を受け入れる可能性があるか、接続をしてもらうため

にはどのような点の改善が必要なのか等を検討することになるでしょう。

Q6-8

ある銀行がAPIを公開しているか、今後公開する予定があるかについて、知ることができる方法はありますか。

A　銀行、信用金庫、信用組合、労働金庫、農業協同組合等預金等取扱金融機関は2018年3月1日までに、銀行法等の一部を改正する法律（平成29年法律第49号）の附則およびこれを受けて規定された内閣府令等（銀行の電子決済等代行業者との連携及び協働に係る方針に関する内閣府令等）に基づき、電子決済等代行業者との連携および協働について、当該金融機関の経営戦略との兼ね合いでどのように考えるのかについて、方針（「連携・協働方針」などと呼ばれます）を公表しています。

この中で、電子決済等代行業者との連携協働の基本方針のほか、参照系、更新系それぞれのAPIの公表を行うかや、その予定時期、さらに担当部門の連絡先等について記載されています。

なお、本稿執筆時点（2018年5月）においては、金融庁のウェブサイト（https://www.fsa.go.jp/status/renkeihoushin/index.html）において、すべての対象金融機関の方針の概要や方針が記載されたウェブサイトへのリンクが取りまとめられています。これによると、銀行業態に関しては、外国銀行支店を除くほとんどの銀行が、オープンAPIへの対応を宣言しているようです。

Q6-9

電子決済等代行業者に対する監督の概要について教えてください。

A　銀行法では、電子決済等代行業者に対して、事業報告書の提出を義務付けるとともに、監督官庁に対し立入検査や業務改善命令等を行う権限を与えて

います。主な規定は以下のとおりです。

(1) 事業報告書の作成、提出義務(銀行法52条の61の13、同法施行規則34条の64の21)

毎年、事業年度の終了後3か月以内に、銀行法施行規則に定められた様式により、事業報告書を作成し、貸借対照表および損益計算書とともに監督官庁に提出しなければなりません。

(2) 報告徴求(銀行法52条の61の14)

監督官庁は、電子決済等代行業の健全かつ適切な運営を確保するために必要があると認める時には、電子決済等代行業者に対し、業務または財産の状況についての報告または資料の提出を求めることができます。なお、電子決済等代行業者が電子決済等代行業の業務の全部または一部を委託している第三者や、当該電子決済等代行業者と接続している電子決済等代行業再委託者(どのような者が該当するかについては、【サービスの概要】の2(2)アをご参照ください。ただし、ここで報告徴求の対象となるのは、電子決済等代行業者への直接の委託者＝288頁の図におけるA社のみと考えられます)についても、特に必要がある場合にはこの報告徴求の対象となることに留意が必要です。

(3) 立入検査(銀行法52条の61の15)

監督官庁は、電子決済等代行業の健全かつ適切な運営を確保するために必要があると認める時には、電子決済等代行業者に対し、その営業所もしくは事務所に立ち入り、質問や帳簿書類等の検査を行うことができるものとされています。立入検査についても(2)の報告徴求と同様に、監督官庁は、特に必要と認める場合には、電子決済等代行業者の外部委託先や電子決済等代行業再委託者の一部についても対象とすることができます。

(4) 業務改善命令(銀行法52条の61の16)

監督官庁は、電子決済等代行業の健全かつ適切な運営を確保するために必要があると認める時は、業務の内容および方法の変更その他の監督上必要な措置

を命ずることができます。

(5) 登録取消し等（銀行法52条の61の17）
　電子決済等代行業者が登録拒否要件（Q6-3を参照してください）のいずれかに該当することになったとき、電子決済等代行業者が監督当局による処分に違反したとき等には、監督当局は登録の取消しや、業務の一時的な停止を命ずることができます。

Q6-10

電子決済等代行業者の事業者団体について教えてください。

A　電子決済等代行業者が設立した一般社団法人であって、一定の要件を充たす者については、当局の認定を受けることにより、認定電子決済等代行事業者協会となることができます（銀行法52条の61の19）。認定電子決済等代行事業者協会は、利用者保護や法令遵守のための会員企業に対する指導、勧告、電子決済等代行業の利用者からの苦情の処理、利用者に対する広報等をその業務として行うことになります（銀行法52条の61の20）。
　なお、本稿執筆時点において、一般社団法人Fintech協会の会員のうち、API接続によりアカウント・アグリゲーション等のサービスを提供する企業等を中心としたメンバーにより設立された一般社団法人電子決済等代行事業者協会により認定取得を目指した準備が行われている旨が公表されており、今後の動きが注目されています。

Q6-11

電子決済等代行業に関する罰則についてその概要を教えてください。

A　例えば、無登録で電子決済等代行業を営んだ者は、3年以下の懲役もしくは300万円以下の罰金、またはその両方が科されます。また、業務停止命令違反に対しては2年以下の懲役または300万円以下の罰金が、登録申請書等の虚偽記載や報告徴求命令違反、業務報告書の未提出や虚偽記載などに対しては1年以下の懲役または300万円以下の罰金が科されます。そのほかの行為規制違反、監督規定違反についても、その内容に応じて懲役もしくは罰金、またはその両方が科されます。

Q6-12

電子決済等代行業を行うには、法令上、利用者の本人確認が求められますか。

A　電子決済等代行業者は、犯罪収益移転防止法上の特定事業者には含まれていません。このため、電子決済等代行業者には同法上の本人確認を行う義務は課されていません。

Q6-13

電子決済等代行業と銀行代理業の関係について教えてください。

A　利用者と銀行の間に入って行動をする業者のうち、銀行から委託を受けて銀行のために行動をする銀行代理業者に対し、利用者から委託を受けて利用者のために行動するのが電子決済等代行業者です。

　このように説明すると、電子決済等代行業と銀行代理業は択一的で、一方に該当する行為は、他方に該当する余地はないと思われるかもしれませんが、それは違います。例えば、依頼者から委託を受けて送金指図を銀行に伝達している業者が1件指図を伝達するごとにあらかじめ取り決めた金額を銀行から受領していた場合はどうでしょうか。当該行為は、利用者の委託に基づくもので

はありますが、同時に「銀行のため」の行為でもあると評価されます。すなわち、電子決済等代行業に該当する行為が同時に銀行代理業にも該当し、銀行代理業の許可を別途受ける必要のある場合もあるのです。

　もっとも、銀行代理業の規制は電子決済等代行業と比較して重いものとなっているため、どのような行為を行った場合に、電子決済等代行業だけでなく銀行代理業にも該当するのかが明確になっていないと、電子決済等代行業への参入を考えるFintech企業や連携・協働の相手方となる銀行において保守的な対応が行われることになり、オープン・イノベーションが阻害される結果となります。また、電子決済等代行業を営むにあたり、何らかの形で、利用者のみならず銀行からも経済的対価を得ることは、有料でインターネットサービスを利用することへの消費者の抵抗感が強い日本においては、ビジネスモデルの構築にあたって欠かせない要素です。

　そこで、金融庁は、新たに「銀行法等に関する留意事項について（銀行法等ガイドライン）」を策定し、為替・預金・融資といった銀行業に係る契約の条件の確定または締結に関与する対価として銀行から直接または間接的に経済的対価を受領するものではない場合には、銀行代理業には該当しないことを示しました。その上で、以下のような性質の対価であれば、契約の条件の確定または締結に関与する対価ではないとしています。

- 銀行に対してサービス提供者のシステムを提供し、顧客等が当該サービス提供者のシステムを利用して銀行口座にアクセスできる状態を作成・維持した対価としてのシステム利用料であると認められる場合
- サービス提供者のウェブサイト上に銀行のサービスを広告したことの対価としての広告料であると認められる場合
- サービス提供者が顧客等の承諾を得て、当該サービス提供者によって取得または生成された当該顧客等に関する情報を銀行に提供する対価（情報提供料等）であると認められる場合
- サービス提供者に対する顧客等からの手数料を、利用者利便の観点から、顧客等に説明した上で銀行がまとめて徴収し、サービス提供者に交付していると認められる場合

　他方で、同ガイドラインにおいては、経済的対価の算出方法が銀行取引の成

約高(預金残高もしくは口座数、与信残高もしくは件数または為替取引額もしくは件数など)に連動する場合には契約の条件の確定または締結に関与する対価であることが推認されるとしています。銀行から対価を受領するビジネスモデルを電子決済等代行業者が検討するにあたっては、安易に成約高に連動する形にはせず、どのような形での支払いとするかについて慎重に検討することが必要になるでしょう。

Q6-14

今後「スクレイピング」を使って電子決済等代行業を営むことはできないのですか。

A スクレイピングとは、利用者の口座等の認証情報(IDやパスワード)を預かり、利用者に成り代わって銀行システムにアクセスする方法をいいます。現状、特に第二号業者に該当するサービスの多くが、この方法によって提供されています。

銀行法は、電子決済等代行業者が銀行に接続する方法について「電子情報処理組織を使用する方法」によることを定めているだけで、銀行APIによるものに限定しているわけではありません。したがって、スクレイピングによる接続が排除されているわけではなく、電子決済等代行業者としての登録を受ければ、今後もスクレイピングによってサービスを提供することができます。

もっとも、Q6-6で述べたように、電子決済等代行業者は、接続先の銀行に無断でサービスを提供することはできず、銀行との間で契約を締結する必要があることには留意が必要です。この点、これまで第二号業者の多くがスクレイピングによってサービスを提供してきたこと等への配慮から、銀行法等の一部を改正する法律(平成29年法律第49号)の附則において、第二号業者については法施行後2年を超えない範囲において政令で指定される日までの間、契約締結義務が猶予されています。つまり、第二号業者は、改正銀行法が施行されてからおよそ2年の間に、サービス提供の対象としている銀行等預金取扱金融機関との間で契約を締結すればよいことになります。

なお、従前、日本国内の主だったPFM運営事業者の利用規約を見ますと、アカウント・アグリゲーションの主体がユーザーであること、そして、サービス提供事業者は何らの責任も負うものではないことが強調されているものが多く見受けられました。これは、アカウント・アグリゲーションのサービス提供事業者は、あくまで、システムをユーザーに提供しているだけで、アカウント・アグリゲーションを行う主体はあくまでユーザー自身であり、サービス提供事業者ではないとの理屈に基づくものと考えられます。

しかし、電子決済等代行業者法制策定の背後にある金融庁の考え方は、このような技巧的な整理は実態とかい離したものであって、実際には電子決済等代行業者が利用者から委託を受けて銀行からの口座情報の取得等を行っているのであるから、今後は、利用者保護の観点から、実態として電子決済等代行業者の定義に該当する者については、電子決済等代行業者として規制していく、というものであると考えられます。

したがって、上記のような整理は2018年6月の改正銀行法の施行後は許容されず、上記のような利用規約を設けたとしても、電子決済等代行業者としての登録を免れることはできないものと思われます。

Q6-15

電子決済等代行業者が提供するサービスの利用者が損害を被った場合、利用者は誰に当該損害の賠償を請求できますか。

A　当該損害が、銀行または電子決済等代行業者の帰責事由に起因して生じた場合、例えば、銀行が提供するAPIや電子決済等代行業者が提供するシステムに不具合があり、利用者が指示した送金がなされなかったことによって利用者に損害が生じた場合などには、利用者は銀行または電子決済等代行業者に対して、損害の賠償を求めることができます。この際（内部における責任分担はともかく）、いかなる場合に、銀行または電子決済等代行業者のいずれが一義的に賠償責任を果たすのかについて、両者はその契約中に規定した上で、これをウェブサイト上に掲載するなどの方法により公表しなければならないとさ

れています（銀行法52条の61の10第2項1号・3項）。したがって、利用者は、利用している電子決済等代行業者のウェブサイト等を確認することで、誰に対して損害の賠償を求めるべきなのか等を知ることができることになります。

Q6-16

電子決済等代行業者により提供されているクラウド会計サービスを利用しています。領収証をスキャンすれば、領収証の原本を保存しなくてよくなる場合があると聞きましたが、どのような要件を満たす必要がありますか。

A 領収証は、法人および個人事業主（青色申告）の場合には、原則として7年間の保存義務があり（法人税法施行規則59条、所得税法施行規則63条）、紙による保存が原則となります。

例外として、電子計算機を使用して作成する国税関係帳簿書類の保存方法等の特例に関する法律（いわゆる「電子帳簿保存法」）（4条3項）に基づき、所轄の税務署長の承認を受けたときは、一定の要件を充足した場合にスキャナ保存が認められていますが、これまでは、①3万円未満の領収証に限られること、②電子署名を必要とすること、③原稿台と一体となったスキャナを使用する必要があることなどの厳格な要件が定められていたため、ほとんど普及していませんでした。

しかし、平成27年度税制改正で、まず、①と②の制限が撤廃されました。また、平成28年度税制改正では、③のうち、スキャナについて「原稿台と一体」でなければならないとされていた制限が撤廃され、2017年1月から、領収証をスマートフォンで撮影して電子化することが認められることとなりました。もっとも、改ざんを防ぐため、領収証の電子データには認定事業者による「タイムスタンプ」を付すほか、相互牽制等の適正事務処理要件を満たすことが必要であることに注意が必要です。また、電子帳簿保存を行うには、3か月前に承認申請が必要となります。

クラウド会計サービスも、上記改正に合わせて、認定事業者によるタイムスタンプサービスを導入し、同一サービス内で領収証の電子保管もできるサービ

第6章 オープンAPIと電子決済等代行業者

スを開始するところが出てきています。

【(参考) 改正事項の概要】

改正前

＜スキャナ保存制度全般＞
◆電子化には固定型のスキャナを使う必要がある。
◆領収書を受け取った人は、領収書を事務室に持ち帰り、社内の経理担当者等が原本を確認してから、領収書を電子化する。

＜小規模企業者の特例＞
◆チェック体制のために最低でも3名が必要。そのため、従業員の少ない企業者にとって負担になっている。

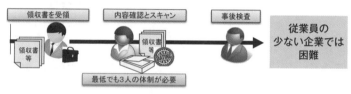

改正後

＜スキャナ保存制度全般＞
◆スマホやデジカメでも電子化ができる。
◆領収書を受け取った人は、スマホの写真機能を使って、いつでも、どこでも、領収書を電子化できる。経理担当者も、画像を確認すればよいので、経費精算がスムーズに。

＜小規模企業者の特例＞
◆税理士にチェックをしてもらうことにより最低2名でもよくなるため、企業者の負担が軽減される。

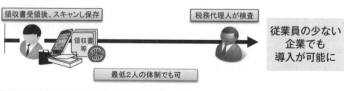

＊「平成28年度　経済産業関係　税制改正について」(平成27年12月) 42頁より
　http://www.meti.go.jp/main/zeisei/zeisei_fy2016/151216a/pdf/151216a002.pdf

Q6-17

電子決済等代行業者としての登録を受けて、PFMサービスを提供しようと考えています。情報の取扱いについて留意すべき点を教えてください。

A　まず、銀行法上、電子決済等代行業者に課せられる義務として、取得した、利用者に関する情報の安全管理が求められています（銀行法52条の61の8。Q6-5を参照してください）。

加えて、PFMサービスの個別のアカウントには、アカウント・アグリゲーションを通じて収集される大量の金融関連の情報が紐付けられ、集積されることになります。当初は個人が特定識別できなかった場合でも、日々集積される情報によって、個人の特定識別可能性は高まっていくことが想定されます。PFMサービス事業者は、ユーザーから預かる情報は、個人情報保護法上の個人情報に該当する可能性があることを前提として、情報管理体制を整える必要があります。加えて、お金にまつわる情報すなわち財務情報については、個人情報保護法の改正の議論においても、いわゆる機微情報（改正個人情報保護法においては要配慮個人情報）として、特段の保護を法律上認めるべきではないかという議論がなされた経緯もあり、事業者においても一定の配慮が求められるところです。また、電子決済等代行業者は、「金融庁が所管する分野」ですから、金融庁が定める「金融分野個人情報保護ガイドライン」が適用されることにも留意が必要です。

Q6-18

海外の事業者と提携して、海外事業者の提供する、アカウント・アグリゲーションの機能を利用したPFMビジネスを展開することを検討しています。どのような点に気を付ければよいですか。逆に、海外向けに、アカウント・アグリゲーションの機能を提供する場合は、どのような点に気を付ければよいですか。

A まず、海外の業者であっても、日本居住者の委託を受けて電子決済等代行業に該当するサービスを提供する場合には、原則として電子決済等代行業者としての登録が必要になるものと考えられますので、当該海外事業者が登録を受けている業者であるかどうかを確認する必要があるでしょう。

また、海外の事業者の提供する、アカウント・アグリゲーションの機能を利用する場合、仕組みによっては、国内の消費者の情報が、海外の事業者の管理するサーバに送信される可能性があります。2017年5月に施行された、改正個人情報保護法では、国内の個人情報を海外に移転するに際しては原則、情報主体である本人の同意が必要になります。この規制は、移転先の国・法域によっては、適用されない場合もありますので、海外の事業者と提携するに際しては、事業者の本社の所在地だけではなく、サーバやオペレーターの所在地等もよく確認しておく必要があります。逆に、海外向けに、アカウント・アグリゲーションの機能を提供する場合にも、法制の異なる国・法域間で、個人情報の移転が発生する可能性があります。国・法域によっては、EUに代表される域外移転規制や、ロシア・ブラジルをはじめとするデータローカライゼーション規制がありますので、どのようなデータ移転が発生するかを事前に検討することが必要です。

2 金融機関と電子決済等代行業者

Q6-19

オープンAPIとは何ですか。

A 銀行等金融機関が、外部のFintech企業等にAPIを提供し、当該金融機関のシステムの機能を利用できるようにすることを「オープンAPI」といいます。システムに接続して利用者に関する情報の参照等を行う際には、当該利用者の同意を条件とすることで、利用者に関する情報の安全管理が担保されます。オープンAPIは、Fintech企業等との安全な連携を可能とする技術であり、オープン・イノベーションを実現していくためのキーテクノロジーの1

つとの指摘があります。

Q6-20

すべての預金取扱金融機関はオープン API に対応しなければならないのですか。

A　Q6-2 の(3)で述べたとおり、銀行法等の一部を改正する法律（平成29年法律第49号）は、銀行等預金取扱機関のオープン API の促進をその目的の1つとしていました。もっとも、当該法律の附則において、電子決済等代行業者との間で連携・協働しようとする銀行等は、改正法の施行（2018年6月1日）後およそ2年の間に、電子決済等代行業者が、口座に係る ID・パスワード等を預かることなく、自らのシステムに接続できる体制を整備するよう「努めなけらばならない」とされているにとどまります。すなわち、オープン API 化は努力義務にとどまっており、これに対応しない場合に罰則等があるわけではありません。

Q6-21

オープン API に対応しない預金取扱金融機関にとっては、電子決済等代行業者に関する法制度は関係ないものと考えてよいですか。

A　いいえ、すべての預金取扱金融機関において対応が必要になります。

これは、まず、第1に、従来型のインターフェイスや接続線を通じた接続、あるいはスクレイピングによるサービスの提供であっても、電子決済等代行業の定義に該当するためです（【サービスの概要】2もご参照ください）。したがって、仮に預金取扱金融機関自身がオープン API 化に対応しないとの決定をした場合であっても、従前から接続していたこれらの方法により接続する業者のサービスが電子決済等代行業の定義に該当する場合には、当該業者との間の契約内容に、賠償責任の分担に関する事項など、必ず規定しなければならないこ

ととされている事項（銀行法52条の61の10第2項、同法施行規則34条の64の16）が規定されているかの確認等の作業が必要になります。このため、仮にオープンAPI化の対応を行わないとの決定をした場合であっても、現状、自らに接続している決済代行業者やFintech企業等の提供するサービスが電子決済等代行業に該当するものなのかについての点検が必要になると考えられます。

第2に、仮に、上記のようなAPI以外の方法による接続も一切認めず、電子決済等代行業者との間の連携を一切行わないとの方針を固めた金融機関であっても、すでにその旨を記載した連携・協働方針（**Q6-8を参照してください**）を公表していますし、今後その内容に変更があれば、これを公表する必要があります。このように、すべての預金取扱金融機関において、最低限の制度対応は必要になります。

Q6-22

預金取扱金融機関は接続を希望するすべての電子決済等代行業者と接続しなければならないのですか。

A　自らが策定した接続基準を満たす電子決済等代行業者については、原則として接続を認めなければなりません（**Q6-7を参照してください**）。もっとも、基準を満たす業者であっても、合理的な理由があれば接続しないとの取扱いも可能です。例えば、接続基準からは漏れていた事項であって、社会通念上満たしていることが当然の前提であると認められるような事柄について電子決済等代行業者が満たしていない場合に、これを理由として契約の締結を拒むことは「不当に差別的な取扱い」（銀行法52条の61の11）に該当せず、許容されるものと思われます。

Q6-23

銀行や証券会社（第一種金融商品取引業者）は電子決済等代行業を営むことができますか。

A　⑴　銀　行

　銀行の業務は、固有業務（預金、融資、為替取引）、一定の付随業務、および法律上認められる他の業務に限定されており、これら以外の業務を行うことは認められていません（他業禁止規制）。電子決済等代行業は、固有業務、法律上認められる他の業務のいずれにも該当せず、付随業務として列挙された業務にも該当しません。もっとも、銀行法では付随業務につき、具体的な列挙業務以外に、銀行は「その他の銀行業に付随する業務」（銀行法10条2項柱書）も行うことができるとされていますので、電子決済等代行業が「その他の銀行業に付随する業務」として認められるかが問題となります。この点、金融庁の監督指針においては、ある業務が「その他の銀行業に付随する業務」に該当するか否かは、①当該業務が固有業務や具体的に列挙された付随業務に準ずるか、②その業務について、銀行の固有業務との機能的な親近性やリスクの同質性があるかどうか、③その業務規模が銀行の固有業務に比して過大ではないか、④当該業務を行うことが銀行の余剰能力の活用に資すると考えられるか、といった観点から判断されるものとの考え方が示されており、銀行が行おうとする具体的な電子決済等代行業の業務に照らしてその当てはめが行われるというのが原則的な枠組みになります。

　もっとも、電子決済等代行業制度の創設を受けて改正された銀行法施行規則においては、銀行が電子決済等代行業者になろうとする場合には、すでに金融庁において当該銀行に係る事項を把握していることから手続を簡略化する規定が設けられており（銀行法施行規則34条の64の2第2項、34条の64の4柱書）、例えば添付書類についてはすべて省略できることとなっています。このような規定は銀行が電子決済等代行業を営みうることを前提としていることから、原則的には電子決済等代行業は「その他の銀行業に付随する業務」に含まれるというのが、金融庁の基本的な態度であるものと考えられます。

(2) 第一種金融商品取引業者

　第一種金融商品取引業者が行うことのできる業務は、金融商品取引業のほかは、付随業務（金商法35条1項）、および届出業務（同条2項）に限定されており、これ以外の業務を行うためには内閣総理大臣の承認を受ける必要があります（当該業務を「承認業務」といいます。同条4項）。そこで、証券会社が電子決済等代行業を行うことができるか否かについては、付随業務または届出業務に該当するか、あるいは承認業務として認められるか否かによることになります。この点、電子決済等代行業は、届出業務の類型には該当せず、「その他の金融商品取引業に付随する業務」に該当するかも必ずしも明らかではありません。このため、電子決済等代行業を証券会社が行おうとする場合には、現実的には、個々のケースに即して、業務が公益に反すると認められないかどうか、あるいはリスク管理の観点から問題がないかなどの観点から当局の承認の可否が判断されるものと思われます。

Q6-24

銀行は電子決済等代行業を営む会社を子会社とすることができますか。

A　銀行または銀行持株会社が子会社とすることのできる会社の類型は、銀行法で限定列挙されています（銀行法16条の2第1項、52条の23第1項）。電子決済等代行業者は、制度の創設時に、その類型の1つとして、新たに追加されましたので、（銀行法16条の2第1項11号、同法施行規則17条の3第2項2号の3）、銀行は電子決済等代行業を営む会社を子会社とすることができます。ただし、電子決済等代行業を営んでいれば、当該会社が他にいかなる業務を営んでいてもよいわけでもなく、兼業できる業務は限定されていることに留意が必要です。

第7章
データ利用

第7章 データ利用

金融関連データの利活用

［関連法制　個人情報保護法、金融規制法制、情報セキュリティ］

【サービスの概要】

　IT技術の進展等を背景として、金融サービスに関連する様々なデータ（以下「金融関連データ」）を活用して、マーケティングや広告などに利用できる可能性が広がってきています。例えば、金融機関が保有する預金取引に関する情報を上手く活用することができれば、利用者の有する預金の使途等を把握できることもあり、このような情報を分析して活用することで、効果的なマーケティングや広告などを実施できる可能性もあります。

　この点に関連する法的な制度としては、個人情報に関するルールを定める個人情報保護法があり、同法に基づく対応を適切に実施することが重要です。そして、個人情報保護法は2015年に改正され、データの利活用に関する制度面の整備も進んでいるところ、改正された個人情報保護法は2017年5月30日に施行され、新たな個人情報保護法を前提とした実務上の検討も進んでいます。これにより、データの利活用の流れもさらに促進されるものと予想されます。

　他方、個人情報保護法の改正の流れとの関係では、従来から典型的な個人情報として意識されていた氏名などの情報だけではなく、免許証番号やパスポート番号などが単体で個人情報とされるなど、プライバシー保護を重視する改正も含まれており、Fintech事業者としては、このようなプライバシー意識の高まりに配慮した上でサービスを検討することも求められます。

　また、金融機関が取り扱うデータは、その業務の性質上、守秘性の高いものが多く、その取扱いには個人情報保護法とは別の観点からの留意も必要です。そのため、金融機関とFintech事業者が提携を検討する場合には、取り扱う情報に対する意識のすり合わせも視野に入れた調整を検討することが重要とな

ります。

そこで、本項目では、金融関連データの利活用を検討するために知っておくべき法令等の概要を説明します。

【Q&A】

1 個人情報保護法

Q7-1

金融関連データの利活用を行う場合、どのようなケースにおいて個人情報保護法が適用されますか。

A (1) 個人情報とは

金融機関が取り扱うデータの中には様々なものがありますが、その取り扱うデータに個人情報が含まれているケースにおいては、そのデータの利活用について個人情報保護法が適用されることになります。

個人情報保護法とは、個人情報を保護するための一般的なルールを定める法律であり、氏名などの特定の個人を識別できる情報を取り扱う場合には、事業者としては、個人情報保護法に定められたルールを遵守することが求められます。

個人情報保護法における個人情報とは、個人情報保護法が2015年に改正される前は（以下、同改正後の個人情報保護法は「個人情報保護法」、改正前の個人情報保護法は「旧個人情報保護法」）、「生存する個人に関する情報であって、当該情報に含まれる氏名、生年月日その他の記述等により特定の個人を識別することができるもの（他の情報と容易に照合することができ、それにより特定の個人を識別することができることとなるものを含む。）」（旧個人情報保護法2条1項）とされており、氏名やメールアドレスなど、特定の個人を識別できる情報を中心に個人情報保護法の対応を検討してきました。

(2) 改正された後の個人情報の内容

　以上の個人情報の定義に関し、個人情報保護法においては、以下の対照表のとおり、個人情報が2種類に分けられる形で変更されました（個人情報保護法2条1項）。

　このうち、まず、個人情報保護法2条1項1号の個人情報は、「記述等」の内容がより具体化されたものの、実質的には、旧個人情報保護法における個人情報の範囲を変更していないものと考えられます。そのため、同号の個人情報については、旧個人情報保護法時の取扱いと同様の範囲を個人情報と考えることで基本的には足りることとなります。

　これに対し、個人情報保護法2条1項2号の個人情報は、「個人識別符号」という概念を新設した上で、「個人識別符号が含まれるもの」を個人情報とする形を採用しており、新たな類型の個人情報が設けられたものといえます。

　この個人識別符号の内容については、「文字、番号、記号その他の符号のうち、政令で定めるもの」とされており（個人情報保護法2条2項柱書）、具体

【新旧個人情報の対比】

個人情報保護法	旧個人情報保護法
2条1項 　この法律において「個人情報」とは、生存する個人に関する情報であって、次の各号のいずれかに該当するものをいう。 一　当該情報に含まれる氏名、生年月日その他の記述等（文書、図画若しくは電磁的記録……に記載され、若しくは記録され、又は音声、動作その他の方法を用いて表された一切の事項（個人識別符号を除く。）をいう。……）により特定の個人を識別することができるもの（他の情報と容易に照合することができ、それにより特定の個人を識別することができることとなるものを含む。） 二　個人識別符号が含まれるもの	2条1項 　この法律において「個人情報」とは、生存する個人に関する情報であって、当該情報に含まれる氏名、生年月日その他の記述等により特定の個人を識別することができるもの（他の情報と容易に照合することができ、それにより特定の個人を識別することができることとなるものを含む。）をいう。

な内容は政令で定める枠組みが採用されていますが、まず、法律で想定されている大きな枠組みとしては、

①身体的な特徴
②役務の利用や商品の購入に関して発行等されるカードその他の書類に記載または記録される文字、番号、記号その他の符号

と規定されています。

かかる法律の枠組みを受けて、個人識別符号のうち、上記①の内容に関しては、政令によって以下のような内容が定められています（個人情報保護法施行令1条1号）。

（**身体的な特徴**）
・次に掲げる身体の特徴のいずれかを電子計算機の用に供するために変換した文字、番号、記号その他の符号であって、特定の個人を識別するに足りるものとして個人情報保護委員会規則で定める基準に適合するもの
 (a) DNAを構成する塩基の配列
 (b) 顔の骨格および皮膚の色ならびに目、鼻、口その他の顔の部位の位置および形状によって定まる容貌
 (c) 虹彩の表面の起伏により形成される線状の模様
 (d) 発声の際の声帯の振動、声門の開閉ならびに声道の形状およびその変化
 (e) 歩行の際の姿勢および両腕の動作、歩幅その他の歩行の態様
 (f) 手のひらまたは手の甲もしくは指の皮下の静脈の分岐および端点によって定まるその静脈の形状
 (g) 指紋または掌紋
※なお、通則ガイドライン9頁以下においてさらに具体的な説明が示されています。

今後は、上記の身体的な特徴についても、個人情報として取り扱う必要が生じることになりますので、Fintechに関するサービスにおいて上記の情報を取り扱う場合には、氏名などの情報と切り離して取り扱うときであっても留意が必要です。なお、個人情報保護法とは別の観点から、DNAに関するビジネスを展開するに際しては、経済産業省「経済産業分野のうち個人遺伝情報を用いた事業分野における個人情報保護ガイドライン」や文部科学省・厚生労働省・経済産業省「ヒトゲノム・遺伝子解析研究に関する倫理指針」なども併せて確認した上で検討する必要があります。また、カメラ等による顔認証に関するビジネスを展開するに際しては、IoT推進コンソーシアム・総務省・経済産業省

第7章 データ利用

「カメラ画像利活用ガイドブックver2.0」がデファクトスタンダードを定めるものとして参考になります。

次に、上記②の内容に関しては、以下のような内容が定められています（個人情報保護法施行令1条2号〜7号）。

> （役務の利用や商品の購入に関して発行等されるカードその他の書類に記載または記録される文字、番号、記号その他の符号）
> ・旅券の番号、基礎年金番号、運転免許証の番号、住民票コードおよび個人番号（マイナンバー）
> ・国民健康保険、後期高齢者医療制度および介護保険の被保険者証の証明書の番号、記号その他の符号

今後は、上記の符号についても、個人情報として取り扱う必要が生じることになりますので、Fintechに関するサービスにおいて上記の符号を取り扱う場合には、氏名などの情報と切り離して取り扱うときであっても留意が必要です。

基本的な対応の方向性としては、行政において発行される符号にとどまっており、携帯電話番号などの民間が発行する符号は含まれない内容となっていますので、個人情報保護法の適用の線引きを検討する際には、行政主体が発行する符号かどうかが1つのメルクマールとなるでしょう。今後、改正法の運用が定着した後において、さらなる法令の改正の議論が進むことも予想されますので、引き続き個人情報の定義を巡る議論には注視が必要です。

なお、以上の一般的な個人情報とは別に、不当な差別や偏見その他の不利益が生じないようにその取扱いに特に配慮を要する「要配慮個人情報」という類型の情報（例：人種、信条、社会的身分、病歴など）もあります。要配慮個人情報については、原則として、本人の同意なく取得できないこととされていますので、要配慮個人情報の取扱いが発生する場合には留意が必要です。

Q7-2

個人情報保護法の概要について教えてください。

A　個人情報保護法は、プライバシー保護意識の高まり等を受けて、個人情報に関する一般的なルールを作ることを目的として、2003年に成立しました。個人情報保護法は、前述のとおり、個人情報を取り扱う事業者が遵守すべき一般的なルールを定めており、Fintech に関連するサービスを提供する場合にも、個人情報保護法を遵守することが必要となります。個人情報保護法においては、例えば、個人情報を取り扱う目的（利用目的）、個人情報を第三者に提供する場合のルール（第三者提供）、安全管理措置、委託先の管理などについて一定のルールが定められています。

そのため、Fintech に関連するサービスにおいても、どのような利用目的で個人情報を取り扱うべきか、第三者に個人情報を提供するときにどのようなルールを遵守すべきかを検討し、また、安全管理措置や委託先管理を検討することになります。

これら以外にも、個人情報の開示や訂正を求められた場合の対応や個人情報の消去の努力義務など、様々なルールが設けられていますので、これらの点についても具体的なルールを把握した上で対応することになります。

Q7-3

個人情報保護法に基づく利用目的の取扱いについて詳しく教えてください。

A　個人情報を取り扱う場合、取得の際に利用目的を特定することが求められます（個人情報保護法15条1項）。例えば、Fintech に関連するサービスを提供する場合において、Aというサービスにおいて Bという目的で利用することを想定しているときには、「Aサービス：利用目的B」という形で利用者に

対して個人情報の利用目的を特定した上で通知または公表することが求められます（個人情報保護法18条1項）。

　事業者は取得の際に特定した利用目的を超えた形で個人情報を取り扱うことは原則としてできず、新たな利用目的で個人情報を取り扱う場合には利用者の同意を改めて取得することが必要となります（個人情報保護法16条1項）。どのような場合に改めて同意取得が必要となるかについては、「変更前の利用目的と関連性を有すると合理的に認められる範囲」かどうかによって決まります（個人情報保護法15条2項）。具体的にどのようなケースにおいて改めて同意取得が必要となるかどうかについては個別具体的な検討が求められますが、「社会通念上、本人が通常予期し得る限度と客観的に認められる範囲内」かどうかがガイドライン上のメルクマールとされています（通則ガイドライン27頁）。

　実務上、いったん取得した個人情報を新たなサービスに利用することを検討する場合、当初に個人情報を取得した際に特定した利用目的との関係を踏まえて検討する必要が生じることになりますので、個人情報を取得する際には、その時点で想定される個人情報の利用を適切に把握した上で利用目的を特定することが重要です。

　なお、「平成27年度我が国経済社会の情報化・サービス化に係る基盤整備」（『経済産業分野を対象とする個人情報保護に係る制度整備等調査研究報告書』（2016年3月）8頁～10頁）によれば、「本人が想定することが困難でないと認められる範囲内」として変更が許される事例として、以下のものが掲げられており、1つの例として参考になります。

事例1）「当社の運営する○○技術者試験の受験者情報のデータベース登録」とした利用目的において「○○技術者試験結果の受験者宛通知」を利用目的に追加すること。
事例2）「当社の提供する新商品・サービスに関する情報のお知らせ」とした利用目的において「既存の関連商品・サービスに関する情報のお知らせ」を追加すること。
事例3）「当社の提供する既存の商品・サービスに関する情報のお知らせ」とした利用目的において「新規に提供を行う関連商品・サービスに関する情報のお知らせ」を追加すること。

事例4)「当社の提供する商品○○の配達先登録」とした利用目的において「関連商品△△の案内」を利用目的に追加すること。
事例5)「当社の行う既存の商品・サービスの提供」とした利用目的において「新規に提供を行う関連商品・サービスに関する情報のお知らせ」を追加すること。
事例6)「当社の行う商品・サービスの提供」とした利用目的において「当社の提携先が提供する関連商品・サービスに関する情報のお知らせ」を追加すること。
事例7)「当社の行う商品・サービスの提供」とした利用目的において「関連の商品・サービスの研究開発」を追加すること。

Q7-4

個人情報保護法に基づく第三者提供の取扱いについて詳しく教えてください。

A (1) 同意ルール

個人情報(個人データ)を第三者に提供する場合、原則として、利用者の同意を取得することが求められます(個人情報保護法23条1項)。そのため、実務上、第三者と提携した上で、利用者の個人情報(個人データ)を様々なサービスにおいて活用することを検討する場合、この同意ルールをどのようにクリアするかが重要な論点となります(なお、かかる枠組みとは別の特殊な第三者への提供の方法として、匿名加工情報というルールも設けられています。詳細については、90頁以下をご参照ください)。

また、金融分野における個人情報の第三者提供については、かかる第三者提供の同意を取得する際のルールが定められており(金融分野個人情報保護ガイドライン11条など)、Fintechに関するサービスを検討する際には留意が必要です。例えば、同条によれば、「第三者提供についての同意を得る際には、原則として、書面によることとし、当該書面における記載を通じて、

①個人データを提供する第三者

②提供を受けた第三者における利用目的

③第三者に提供される情報の内容

を本人に認識させた上で同意を得ることとする。」
が求められており、利用者からの同意取得における実務上の1つのハードルとなることがあります。

なお、個人データの第三者提供については、金融分野個人情報保護ガイドラインとは別に、通則ガイドラインおよび第三者提供ガイドラインに一般的な取扱いが定められていますので、この点についても併せて確認しておくことが必要です。

(2) 例外的な取扱い

以上の同意取得が原則的なルールとなりますが、個人情報保護法上、第三者提供に同意を要しない例外的なルールも設けられています。具体的には、オプトアウト、委託、共同利用の対象となる場合には、利用者の同意が不要となります。

オプトアウトとは、所定の事項を利用者本人に通知し、または本人が容易に知りうる状態に置くこと（実務的には、自社のウェブサイトにおいて必要な情報を確認できるようにする形で対応されることが一般的です）により、本人の同意なく第三者提供を可能とする制度です（個人情報保護法23条2項）。なお、このオプトアウトに関しては、2015年の改正によって、悪質な名簿事業者等への対策の観点から、個人情報保護委員会への届出が必要となっています。また、本人への通知または本人の容易に知りうる状態に置く措置について、①本人が提供の停止を求めるのに必要な期間をおくこと、②個人情報保護法23条2項各号に定める事項を確実に認識できる適切かつ合理的な方法によることが新たに要件とされています（個人情報保護法施行規則7条1項）。

委託とは、個人データの取扱いを委託する場合において、その委託先に個人データを提供するときには、第三者提供に該当しないとする制度です（個人情報保護法23条5項1号）。個人データの日常における管理やマーケティングのための取扱いを委託する場合において、広く活用されている制度といえます。

共同利用とは、法令に定める所要の事項を本人に通知し、または本人が容易に知りうる状態に置くことによって、特定の共同利用者の間において、個人

データを利用者の同意なく第三者提供することを可能とする制度です（個人情報保護法23条5項3号）。共同利用については、このルールを無限定に利用できるわけではなく、共同利用としての合理性が認められる場合に利用できるものと解されていますので（通則ガイドライン53頁参照）、どのようなケースにおいて共同利用を選択するのかについて、利用の想定を踏まえて個別具体的に検討することが重要となります。

2　第三者提供記録

Q7-5

第三者提供の記録に関するルールについて詳しく教えてください。

A　(1)　提供元

　個人データの提供元となる事業者は、個人データを第三者に提供したときは、「当該個人データを提供した年月日、当該第三者の氏名又は名称その他の個人情報保護委員会規則で定める事項」に関する記録を作成しなければなりません（個人情報保護法25条1項本文）。

　具体的には、まず、原則として、個人データを第三者に提供した都度、すみやかに記録を作成することを要するものとされています（個人情報保護法施行規則12条2項本文）。

　また、この点に関する例外的なルールとして、第三者に対し個人データを継続的にもしくは反復して提供したときまたは当該第三者に対し個人データを継続的にもしくは反復して提供することが確実であると見込まれるときの記録は、一括して作成することが可能とされています（個人情報保護法施行規則12条2項ただし書）。

　さらに、本人に対する物品または役務の提供に関連して当該本人に係る個人データを第三者に提供した場合において、当該提供に関して作成された契約書その他の書面に記録事項が記載されているときは、当該書面をもって提供記録に代えることも可能とされています（個人情報保護法施行規則12条3項）。

第7章　データ利用

提供元の記録事項としては、同意を取得する第三者提供に関し、
- 本人の同意を得ている旨
- 第三者の氏名または名称その他の当該第三者を特定するに足りる事項（不特定かつ多数の者に対して提供したときは、その旨）
- 個人データによって識別される本人の氏名その他の当該本人を特定するに足りる事項
- 当該個人データの項目

といった内容が定められています（個人情報保護法施行規則13条1項2号）。

提供元となるFintech事業者としては、上記の記録を、当該記録を作成した日から一定期間が経過するまで保存することも求められますので、第三者提供を前提としたサービスを検討する場合には留意が必要です。

(2)　提供先

まず、提供先においても、提供元における記録作成義務と同様に、法令で定められる記録を作成して保存することが求められます（個人情報保護法施行規則16条〜18条）。

そのため、提供先となるFintech事業者としても、上記の記録を、当該記録を作成した日から一定期間が経過するまで保存することも求められますので、第三者提供を前提としたサービスを検討する場合には留意が必要です。

また、提供先特有の義務として、提供先となる事業者は、第三者から個人データの提供を受けるに際しては、①当該第三者の氏名、名称および住所、②当該第三者による当該個人データの取得の経緯の確認を行わなければならないこととされています（個人情報保護法26条1項）。実務的には、かかる取得経緯等の確認義務をどのようにして充足するかが論点となることが多くあります。

提供先の取得経緯等の確認の方法としては、「個人データを提供する第三者から当該第三者による当該個人データの取得の経緯を示す契約書その他の書面の提示を受ける方法その他の適切な方法」との内容が定められています（個人情報保護法施行規則15条2項）。この点に関し、取得経緯等の確認方法については、第三者提供ガイドライン13頁において、以下の方法が「適切な方法に該当する事例」として挙げられています。

事例1）提供者が別の者から個人データを買い取っている場合には売買契約書などを確認する方法
事例2）提供者が本人から書面等で当該個人データを直接取得している場合に当該書面等を確認する方法
事例3）提供者による取得の経緯が明示的又は黙示的に示されている、提供者と受領者間の契約書面を確認する方法
事例4）提供者が本人の同意を得ていることを誓約する書面を受け入れる方法
事例5）提供者のホームページで公表されている利用目的、規約等の中に、取得の経緯が記載されている場合において、その記載内容を確認する方法
事例6）本人による同意書面を確認する方法

　提供先となるFintech事業者としては、上記のルールの内容を把握した上で適切に確認義務を履行することも重要となります。実務上は、上記の各事例を参考にして、個人データの提供に関する提携契約書等において、表明保証などの方法により、かかる取得経緯の確認義務を遵守する対応をとる例も見られます。個人データの利活用をビジネスの基本的な要素とするFintech事業者においては、コンプライアンスの一環として、かかる法令上の義務を遵守する視点を持ちながら、基本的な枠組みを検討することが求められます。

Q7-6

外国へ個人情報を移転する場合のルールの概要について教えてください。

A　事業者は、外国にある第三者に対して個人情報（個人データ）を提供する場合には、個人情報保護法23条1項各号の例外（法令に基づく場合等）に該当する場合を除き、あらかじめ外国にある第三者への提供を認める旨の本人の同意を得なければならないものとされました（個人情報保護法24条）。
　そのため、Fintech事業者としても、かかる場面が生じる場合には、本人の同意を取得する対応を検討する必要があります。例えば、自社の保有する個人データの管理を外国の事業者に委託する場合などにも対応の必要性が生じることになりますので、身近な問題としてとらえて対応を検討しておくべきでしょ

う。具体的な対応については、外国提供ガイドラインが参考になります。例えば、外国提供ガイドライン5頁においては、かかる同意取得について、「個々の事例ごとに判断されるべきではあるが、法第24条において求められる本人の同意を取得する場合、本人の権利利益保護の観点から、外国にある第三者に個人データを提供することを明確にしなければならない」ことが挙げられています。

なお、

① 個人情報取扱事業者と個人データの提供を受ける者との間で、当該提供を受ける者における当該個人データの取扱いについて、適切かつ合理的な方法により、個人情報保護法の趣旨に沿った措置の実施が確保されていること

② 個人データの提供を受ける者が、個人情報の取扱いに係る国際的な枠組みに基づく認定を受けていること

といったケースに該当する場合には個人情報保護法24条の同意が不要となりますので（個人情報保護法施行規則11条の2）、例えば、①の要件を充足する体制を整備することについては、委託契約の調整などによって対応できるケースもあります。この点に関連して、EUにおいて一般データ保護規則が2018年5月25日に施行され、「個人情報の保護に関する法律についてのガイドライン（EU域内から十分性認定により移転を受けた個人データの取扱い編）（案）」に係るパブリックコメントが実施されるなど、グローバルな個人データの流通を巡るルールについても、様々な動きがある状況ですので、海外を視野に入れて個人データを取り扱うFintech事業者としては、国際的な法規制の動向にも目配りが必要となります。

Q7-7

個人情報保護法の改正後における個人データ等の利活用に関する最近のトピックについて、教えてください。

A　個人データを含むビッグデータの利活用については、個人情報保護法の

改正に関する動向が落ち着いた後も、引き続き活発な検討が進められている状況です。

例えば、経済産業省においては、民間事業者等が、データの利用等に関する契約やAI技術を利用するソフトウェアの開発・利用に関する契約を締結する際の参考として、契約上の主な課題や論点、契約条項例、条項作成時の考慮要素等を整理した「AI・データの利用に関する契約ガイドライン」が策定されるなど、データの利活用に関する提携に係るインフラとしてのガイドラインの整備が進んでいます。同ガイドラインのデータ編は、データ提供型契約、データ創出型契約、データ共用型契約の3つの契約類型を整理し、それぞれについてモデル契約書案等を整理しており、データビジネスを検討する際の有力な検討資料となります。また、同ガイドラインのAI編は、AI技術の解説、AI技術を利用したソフトウェアの開発契約、AI技術の利用契約およびモデル契約等を整理しており、AI技術に関する契約をするに際しての有力な検討資料となります。

また、総務省および経済産業省の連携の下、「情報信託機能の認定スキームの在り方に関する検討会」が設置され、情報信託機能を担う者に求められる要件や認定の運用スキーム等、認定制度のあり方についての検討も進められています。この検討の流れを受け、「情報信託機能の認定に係る指針ver1.0（案）」に対するパブリックコメントが実施され、その結果が公表されるなど、実務運用に向けた検討が本格化してきているものと評価できます。

3　金融規制法制との関係

Q7-8

金融関連データの利活用を行うには、金融機関の守秘義務に留意する必要がありますか。

A　金融サービスを提供する事業者は、その取り扱うサービスの重要性に応じて、利用者の情報を安易に第三者に漏らさないようにする守秘義務を負うことがあります。

第7章　データ利用

　例えば、銀行などの金融機関においては、預金情報を含む重要な利用者の情報を取り扱うことになりますので、信義則上、預金情報などの利用者情報を第三者に安易に提供しない義務を負うものと一般に解されています。また、銀行以外の金融サービス事業者であっても、その取り扱う情報の重要性に応じ、守秘義務が発生する場合があります。

　そのため、金融関連データを利活用したビジネスを提供する場合には、それぞれのケースに応じて生じる守秘義務に違反しないように個別に検討した上でサービス内容を検討することが求められます。

　また、以上の守秘義務に加え、金融機関や金融サービス事業者が有する情報については、その性質上、一種の公益性を有しているものといえますので、金融関連データの利活用については、社会における見え方も視野に入れてレピュテーションに配慮した検討を実施する観点も重要となります。

　なお、電子決済等代行業者については、292頁以下を参照してください。

カードリンクドオファー

[**関連法制**　個人情報保護法、金融規制法制]

【サービスの概要】

　カードリンクドオファー（以下「CLO」）は、一般には、クレジットカードやプリペイドカードなどの決済サービスに関する購買履歴等を分析した上で、利用者ごとにカスタマイズした広告を個別に送信するサービスとされています。決済サービスに関する購買履歴等を分析した上で個人の趣味や嗜好等を一定の粒度で把握した上で広告を実施することができますので、広告の送信先を限定しない従来の広告と比べて、高い広告効果を実現することができる可能性があります。

　具体的には、CLOにおいて決済サービスに関する購買履歴等を収集する方法は、カード会員の承諾を得た上でカード会社等に集積される購買履歴等を収集する方法やスマートフォン等と連携して利用されるウォレットサービスの情報を収集する方法などが想定されます。

　他方、CLOについては、効果的な広告を実施することが可能になる一方、決済サービスに関する購買履歴等といったプライバシー性の高い情報を利用するサービスとなりますので、個人情報保護法に基づく慎重な取扱いを検討することが求められます。また、決済サービスに関する情報は、決済サービスにおける加盟店の情報としての側面もありますので、これらの情報を利用することについて加盟店との関係で法的な問題を生じることがないかについての配慮も必要となるものと思われます。

　そこで、本項目では、CLOに関し、法的に留意すべき点を解説します。

第7章 データ利用

【Q&A】

1 個人情報保護法

> **Q7-9**
>
> CLOを利用者との関係で実施するには、個人情報に関する利用者の同意が必要となりますか。

A (1) 原則的な考え方

CLOを利用者との関係で実施する場合、利用者の購買履歴等の情報をCLOに関する広告事業者等に対して提供することが一般的です。この場合、購買履歴等の情報が決済サービスにおいて保有している個人情報と一体として管理されていると、購買履歴等の外部への提供も個人情報保護法上の第三者提供に該当することになります。そのため、CLOを利用者との関係で実施する場合、基本的には、購買履歴等の情報を第三者に提供することに関し、利用者の同意を取得することになります(なお、個人情報を取得した際の利用目的からの相応の変更が必要となる場合、利用目的の変更に関する利用者からの同意も必要となります)。

また、以下にも述べるとおり、個人情報保護法の観点とは別に、一般に守秘性の高い決済サービスに関する購買履歴等を第三者に提供する方法によって活用することを考慮すれば、決済サービスを提供している事業者の守秘義務の解除や利用者からのクレーム等の回避の観点からも、利用者の同意を取得する形でサービスを実施することが妥当と思われます。

なお、APIを用いてカード会社との連携を検討する場合、経済産業省が策定する「クレジットカードデータ利用に係るAPIガイドライン」への目配りも必要となります。

(2) 匿名加工情報として実施する方法

以上の考え方は、購買履歴等の情報をそのまま外部に提供する場合について

述べたものですが、別の方法として、個人情報保護法上の匿名加工情報ルールに沿って対応することも1つの選択肢となります（なお、匿名加工情報ルールの詳細については、90頁以下を併せてご参照ください）。

匿名加工情報ルールによる場合、個人情報保護法上の同意は不要とされていますので、個人情報保護法に基づく利用者の同意を取得することは不要となります。また、匿名加工の程度にもよるものの、相当程度の匿名加工が実施されることを前提とすれば、購買履歴等の情報の守秘性も低減されることになりますので、守秘義務の観点からも利用者の同意を取得しないとの対応をとりうる場合もあるものと思われます。

Q7-10

CLOに関して利用者の情報を活用する場合において、利用者の同意を取得する場合の留意点について教えてください。

A　Q7-9で述べたとおり、匿名加工を実施しない場合においては、CLOは、利用者各人の決済サービスに関する購買履歴等の情報というプライバシー性の高い情報を活用するサービスとなります。そのため、これらの情報を利用することについての利用者からの同意を取得するに際しては、実務上は、明示的かつ個別的な同意を利用者から取得することが望ましいものと考えられます。

具体的には、
- CLOサービスの全体像
- CLOサービスの目的
- 誰に対して（CLOサービス事業者および提携企業に対して）、どのような情報（購買履歴等の情報）が提供されるか
- 提供された情報がどのように利用されるか

といった基本的な事項については、利用者に対して明示した上で、利用者が個別のアクションを行う（例：同意ボタンを押すなど）といった形で、利用者の明示的かつ個別的な同意を取得することが一般的には望ましいものと考えます。

2　金融規制法制

> **Q7-11**
>
> CLO を行う場合、金融規制法制や守秘義務などについて留意が必要となりますか。

A　まず、CLO を行うことそのものに関しては、金融規制法制による直接的な規制はありません。

　他方、クレジットカードや電子マネーを提供する銀行やカード会社等は、一般に、金融サービスを提供する事業者として、利用者の情報を外部に漏らしてはならない守秘義務を負っているものと解されていますので、CLO についても、かかる守秘義務に違反することのない形でサービスを提供することが重要です。

　この点に関し、守秘義務は、一義的には利用者の利益を保護するために金融サービスを提供する事業者に課される義務となりますので、利用者の同意があれば解除することも可能です。そこで、上記 Q7-9 で述べた個人情報保護法に対応するために必要となる同意と併せて、守秘義務を解除するための同意を取得することも実務上重要となるものと考えられます。

　なお、具体的な同意のための文言としては、個人情報保護法や守秘義務といった用語を利用規約等にそのまま記載しない形で対応することもできます。例えば、Q7-10 で述べた項目を明記した上で、その内容について利用者の同意を取得できれば、原則として、守秘義務が解除されたと評価できるものと考えられます。

Q7-12

CLOを行う場合、決済サービスの加盟店との関係で留意が必要となりますか。

A CLOで活用される購買履歴等の情報は、クレジットカードや電子マネー等の決済サービスで利用される情報となりますので、決済サービスを提供する事業者が利用者の同意を取得できれば、基本的には実施可能と考えられます。

他方、別の角度から見れば、クレジットカードや電子マネー等の決済手段に関する情報は、その情報が大量に集積される場合、決済サービスの加盟店にとっても重要な情報となる可能性もあります。例えば、ある地域における加盟店Aの利用情報を大量に集積した結果、その地域における加盟店Aの売上情報の一部が明らかになるといった事態も想定されます。

これまでに述べたとおり、決済サービスを提供する事業者が有する情報の利用をその利用者が同意している以上、一義的には当該情報の利用は可能と解されますが、上記のように加盟店にとっても重要な情報となるケースが生じる可能性も否定できないことから、CLOを実施するに際しては、所定のルール（特定の加盟店の一部の地域を狙い打ちにする広告は控えるなど）を自主的に策定するなど、加盟店にも一定の配慮を行った上でサービスを展開することが望ましいものと考えます。

第7章　データ利用

マイナンバー・公的認証

［**関連法制**　公的個人認証法、マイナンバー法、犯罪収益移転防止法］

【サービスの概要】

1　マイナンバーカードの電子証明書による公的個人認証を利用した本人確認

2016年1月に、電子証明書を搭載したマイナンバーカード（個人番号カード）の交付が開始されるとともに、電子証明書を用いた公的個人認証を民間企業が行うことが可能となりました。

2015年までは、住基カード（住民基本台帳カード）に電子証明書が搭載されており、住基カードの電子証明書を利用した公的個人認証が行われていましたが、e-Tax（国税電子申告・納税システム）利用時の本人確認など、一部の行政手続において行政機関が行う本人確認においてしか公的個人認証の利用が認められていませんでした。

2016年以後は、行政機関だけではなく民間企業も公的個人認証が利用できるようになりましたので、金融機関における口座開設時における本人確認手続や、インターネットバンキングなどのサービスへのログイン時における認証手続における選択肢の1つとして、公的個人認証サービスが利用されることが期待されています。

まず、口座開設時に金融機関が行う本人確認の方法としては、犯罪収益移転防止法の取引時確認としての要件を満たすため、郵送で本人確認書類の写しの送付を受けた上で取引関係文書を転送不要の書留郵便で送付する方法や、取引確認書類を本人限定受取郵便で発送する方法が利用されていますが、本人や同居者の不在により郵便がすみやかに受領されず、本人確認の完了までに時間を

要する顧客が少なからず発生します。これに対し、公的個人認証による本人確認であれば、顧客に取引関係文書を郵送することなく本人確認が完了しますので、直ちに口座開設手続を完了させ、取引を開始することができます。

また、サービスログイン時の認証方法としては、IDとともにパスワードや乱数表記載の数字の入力を受ける方法が利用されていますが、パスワードや乱数表を不正なソフトウェアによって盗み取られた場合、本人以外の者による不正利用が発生する点がセキュリティ上の弱点となります。これに対し、マイナンバーカードの電子証明書は、不正なソフトウェアによる盗取が著しく困難となるような技術が採用されており、パスワードや乱数表による認証よりもセキュリティ上優位とされています。

なお、金融機関が公的個人認証サービスを利用する方法については、公的個人認証サービスの利用に必要となるシステム上の措置等を自ら講じた上で総務大臣の認定を受ける方法のほか、すでに総務大臣の認定を受けているプラットフォーム事業者に公的個人認証サービスの利用に関する業務の全部を委託する方法が認められています。2017年12月21日時点で12社の企業や団体が総務大臣の認定を受けており、その一部は金融機関向けにプラットフォームを提供していますので、システム構築等に要する人員や費用の観点から、後者の方法も有力な選択肢となります。

本項目では、公的個人認証を利用した本人確認を民間企業が実施するにあたり知っておくべき法令の概要を説明します。

2　法人番号の利用

マイナンバー制度の導入に際しては、個人について1人に1個のマイナンバーが付されたほか、法人などの団体についても同様に法人番号が付されました。

マイナンバーはプライバシー情報であり公開が予定された情報ではありませんが、法人番号は国税庁のウェブサイトで公表されており、法人の名称や所在地がわかれば誰でも取得することができます。

また、マイナンバーの利用範囲は、現時点では、社会保障分野、税分野および災害分野に限られており、民間企業は、これらに必要な範囲で従業員や取引

第7章　データ利用

先のマイナンバーを官公庁への提出書類に記載する場合などにしかマイナンバーを利用することができませんが、法人番号の利用範囲には法令上の制限がありませんので、民間企業が自由に利用することができます。

本項目では、法人番号の概要と、マイナンバーとは異なり自由度の高い法人番号の利用方法について説明します。

【Q&A】

1　マイナンバー法

Q7-13

マイナンバー（個人番号）とは何ですか。

A　マイナンバー（個人番号）は、住民票を有する者全員に割り当てられている12桁の番号です（マイナンバー法2条5項）。

マイナンバーは、社会保障、税、災害対策の各分野において効率的な情報管理、授受を可能とし、行政事務の効率化を実現することなどを目的として導入されたものです。

マイナンバー法に基づいて2016年1月からマイナンバーの利用が開始されており、税務署やハローワークに提出する書類にマイナンバー記載欄が追加されるなど、各分野の行政手続においてマイナンバーを利用することを前提とした制度変更が進められています。

Q7-14

民間企業がマイナンバーの提供を求めることができるのはどのような場合ですか。

A　民間企業がマイナンバーの提供を求めることができるのは、個人番号を記載する必要のある官公署提出書類（「給与所得の源泉徴収票」、「報酬、料金、契約金及び賞金の支払調書」、「雇用保険被保険者資格取得届」など）の作成、提出などの個人番号関係事務（マイナンバー法2条11項）を処理するために必要があるときに限られます（マイナンバー法14条1項）。

　例えば、個人番号関係事務の発生が想定されない個人顧客に対してマイナンバーの提供を求めることは許されません。

Q7-15

民間企業は、取得したマイナンバーをどのような目的で利用および提供できますか。

A　民間企業が取得したマイナンバーを利用できるのは、個人番号関係事務を行うために必要な限度に限られています（マイナンバー法9条3項前段）。また、民間企業によるマイナンバーの提供が許されるのも、個人番号関係事務を行うために必要な限度での提供など、マイナンバー法19条各号に定められた場合に限られます。

　例えば、従業員のマイナンバーを税務署提出用の「給与所得の源泉徴収票」に記載して税務署に提出することは、個人番号関係事務を行うために必要な限度内における利用および提供に該当しますが、従業員IDとして従業員のマイナンバーを利用したり、個人番号関係事務とは無関係にマイナンバーを社外の第三者に提供したりすることは、マイナンバー法19条各号のいずれにも該当せず、認められていません。

Q7-16

マイナンバーカード（個人番号カード）とは何ですか。

第7章　データ利用

　A　マイナンバーカードは、交付申請を行った者に対して市町村または特別区（以下「市町村」）が交付するICカードで、本人のマイナンバーのほか、氏名、住所、生年月日、性別などが記載されています（マイナンバー法2条7項）。また、本人が申請時に提出した顔写真が印刷されます（マイナンバー法施行令13条1項）。

　総務省によると、2018年3月1日時点で、本人に交付済みのマイナンバーカードが約1,367万枚となっています。

Q7-17

マイナンバーカードを公的個人認証サービスに利用することはできますか。

　A　マイナンバーカードには、本人が拒否した場合を除き、公的個人認証サービスを利用するための電子証明書が搭載されますので、公的個人認証サービスに利用することができます。

　なお、マイナンバーカードの交付開始前に交付を受けた住基カード（住民基本台帳カード）についても、有効な電子証明書が搭載されているものについては、引き続き公的個人認証サービスを利用することができます。

Q7-18

民間企業は、マイナンバーカードをどのような用途に利用できますか。

　A　マイナンバーカードは、Q7-17で言及した公的個人認証サービスに利用できるほか、本人から個人番号の提供を受ける際の本人確認書類（マイナンバー法16条）や、公的な写真付身分証明書として犯罪収益移転防止法に基づく取引時確認の本人確認書類（犯収法規則7条1号イ）などに利用することができます。

また、マイナンバーカードには、公的個人認証サービスの利用に必要となる公的個人認証アプリケーションのほかに、個人番号の券面記載事項および印刷写真が真正であることを確認するための券面事項確認アプリケーションと、券面記載事項の入力を補助するための入力補助アプリケーションが格納されています。特に入力補助アプリケーションは、氏名などの基本情報の入力をウェブサイト上のフォームで顧客に求める際に、顧客による入力の手間を省略するために利用することができます。

　さらに、マイナンバーカードのICチップには空き領域があり、市町村が条例で定める事務（図書館の貸出カードや印鑑登録証明書として利用するためのアプリケーションを空き領域に格納することなど）のほか、条例の定めにより、民間事業者等が特定の個人を識別して行う事務に利用することも可能とされています（マイナンバー法18条）。

　民間企業による利用には、①民間企業が国民の利便性の向上に資するものとして総務大臣が定める事務を処理する者であること、②利用主体となる民間企業が当該事務およびカード記載事項の安全管理を適切に実施することができるものとして総務大臣が定める基準（「通知カード及び個人番号カードに関する技術的基準」第10）に適合することが要件となります（マイナンバー法施行令18条2項4号）。

　現時点では①の事務として特定の民間企業における入退館管理等が定められているのみですが、今後、民間企業の社員証やポイントカードとしての利用が認められる可能性があります。

Q7-19

法人番号とは何ですか。

A　法人番号は、特定の法人その他の団体を識別するために指定される番号です（マイナンバー法2条15項）。12桁の基礎番号と検査用数字1桁の合計13桁で構成されています（マイナンバー法施行令35条）。

第7章　データ利用

　法人番号の付番対象となるのは、国の機関、地方公共団体、設立登記をした法人（株式会社など）、税法の規定により届出書を提出することとされている団体（マイナンバー法39条1項）であり、これら以外の団体も国税庁長官への届出により法人番号の指定を受けることができます（同条2項）。

　指定された法人番号は、当該団体に通知される（マイナンバー法39条1項）ほか、商号、本店所在地などとともにウェブサイトで公表されています（同条4項）。

Q7-20

法人番号はどのような目的に利用できますか。

A　個人番号に利用制限（Q7-15参照）があるのとは異なり、法人番号の利用範囲には制限がありません。

　例えば、民間企業における取引先や金融機関の融資先を管理するための番号として利用することが考えられます。

　また、国際的な電子商取引において発信者および受信者を識別する番号として法人番号を利用することが予定されており、通信に利用するシステムごとに企業コードを変換する作業が不要となることで、従前の企業コードに比べて低コストで運用できるとされています。

2　公的個人認証法

Q7-21

公的個人認証サービスとは何ですか。

A　公的個人認証サービスは、オンラインでの手続における本人確認のため、公的個人認証法に基づいてJ-LIS（地方公共団体情報システム機構）が行ってい

【公的個人認証サービスによる認証の仕組み】

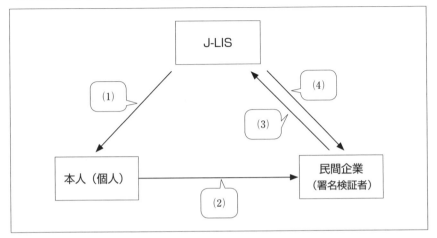

る認証業務のことです。

　公的個人認証サービスによる認証の仕組みは、上の図のようなものです。

(1)　J-LISによる電子証明書の発行

　J-LISは、マイナンバーカードの交付申請時に、個人からの電子証明書の発行申請（公的個人認証法3条1項、22条1項）に基づいて、署名用電子証明書と利用者証明用電子証明書を発行し、これらをマイナンバーカードに搭載します（同法3条4項、22条4項）。

　マイナンバーカードの交付申請書は、これらの発行を希望しない場合にのみ該当箇所を塗りつぶすという書式になっていますので、発行を拒否した者以外にはこれら2種類の電子証明書が発行されることになります。

(2)　本人から署名検証者に送信するデータの生成

　マイナンバーカードを公的個人認証に利用する場合は、パソコンにつないだICカードリーダライタに電子証明書が搭載されたマイナンバーカードを読み取らせます。

　読取時に行うデータ生成の方法は、署名用電子証明書を利用する場合と利用者証明用電子証明書を利用する場合とで異なります。

第7章　データ利用

　まず、署名用電子証明書を利用する場合、マイナンバーカードに記録されている「秘密鍵」（署名利用者符号。公的個人認証法2条4項）と呼ばれるデータと、「秘密鍵」に対応する「公開鍵」（署名利用者検証符号。同項）と呼ばれるデータをICカードリーダライタで読み取り、①送信文書（e-Taxであれば確定申告書、金融機関向けであれば口座開設依頼書など）の生データ、②「秘密鍵」により①の文書に電子署名を施して暗号化した文書のデータ、③「公開鍵」が記載された電子証明書を生成した上で、手続の相手方となる民間企業に発信します。

　他方、利用者証明用電子証明書を利用する場合、「秘密鍵」（利用者証明利用者符号。公的個人認証法2条5項）と呼ばれるデータと、「秘密鍵」に対応する「公開鍵」（利用者証明利用者検証符号。同項）と呼ばれるデータをICカードリーダライタで読み取り、①手続の相手方が発行した乱数の生データ、②「秘密鍵」により①の乱数を暗号化した文書のデータ、③「公開鍵」が記載された電子証明書を生成した上で、手続の相手方となる民間企業に発信します。

(3)　署名検証

　個人から電子証明書の送信を受けた民間企業は、署名用電子証明書であれば署名確認（公的個人認証法21条）、利用者証明用電子証明書であれば利用者証明確認（公的個人認証法38条）と呼ばれる署名検証の手続を行います。

　署名検証とは、「秘密鍵」により電子署名を施して暗号化した文書（②）を電子証明書（③）に記載された「公開鍵」により復号し、送信文書（①）が改ざんされたものでないかを確認する手続と、電子証明書（③）が有効なものかどうかを確認するためにJ-LISに確認依頼を発信する手続のことです。署名検証を行う行政機関や金融機関を「署名検証者」（署名用電子証明書であれば署名確認者（公的個人認証法21条）、利用者証明用電子証明書であれば利用者証明検証者（公的個人認証法38条））と呼びます。

(4)　署名認証

　J-LISは、署名検証者から送信を受けた電子証明書（③）が有効なものであれば（有効期間内のものである、J-LISになりすました第三者が発行したものでないなど）、その有効性を証明します。この証明に関する業務は、署名用電子証明

書であれば署名認証業務（公的個人認証法2条4項）、利用者証明用電子証明書であれば利用者証明認証業務（同条5項）といいます。

送信文書（①）が改ざんされたものでなく、かつ有効な電子証明書が送信されたことを確認できれば、認証成功となり、本人確認が完了します。

Q7-22

マイナンバーカードの交付開始を契機に、公的個人認証法はどのように改正されましたか。

A 公的個人認証法の改正法は、マイナンバーカードの交付開始と同じ2016年1月に施行されました。

改正前の公的個人認証法では、公的個人認証サービスの結果を利用できる主体（署名検証者）が行政機関に限定されており、公的個人認証サービスが利用できるサービスも国税電子申告・納税システム（e-Tax）などに限られていましたので、公的個人認証サービスが活発に利用されているとは言い難い状況でした。

しかし、改正後の公的個人認証法では、金融機関を含む一般の民間事業者が署名検証者となることが可能となり（公的個人認証法17条1項6号）、金融機関などの民間企業が署名検証者となれば、公的個人認証サービスを利用できるようになりました。

また、改正前の公的個人認証法で定められていた電子証明書の種類は、署名用電子証明書1種類のみでしたが、改正後は、サービスへのログイン時などに繰り返して利用されることを想定した利用者証明用電子証明書が導入されました。

今後は、口座開設時における本人確認手続に署名用電子証明書、インターネットバンキングなどのサービスへのログイン時における認証手続に利用者証明用電子証明書が利用されることが期待されています。

第7章 データ利用

Q7-23

金融機関などの民間事業者が署名検証者になるにはどうすればよいですか。

A　署名検証者になるには、政令で定める基準（公的個人認証法施行令9条、公的個人認証法施行規則27条、28条）に適合して署名検証を行うことができるものとして総務大臣の認定を受ける必要があります（公的個人認証法17条1項6号）。

政令で定める基準は、署名検証業務を取り扱うシステムについて、規程類の整備、正当な権限を有しない者による操作の防止、入退場管理、情報セキュリティに係る組織体制、役員等の要件などで構成されています。

なお、総務大臣の認定を受けた他のプラットフォーム事業者に業務の全部を委託することにより、システム構築に関する評価項目（役員等の要件以外の評価項目）を満たさなくても総務大臣の認定を受けたものとみなされ（公的個人認証法施行規則29条1項）、署名検証者となることもできます。システム全体を自ら構築するのが困難な民間企業にとっては、総務大臣の認定を受けたプラットフォーム事業者に業務委託を行うことも選択肢となります。

Q7-24

公的個人認証は、どのような場面で利用されていますか。また、今後の利用に向けて具体的な検討が行われているものには、どのようなものがありますか。

A　現時点では、コンビニエンスストアで住民票の写しなどの公的書類の発行を受ける際の本人認証などに利用されています。

今後の利用に向けたものとしては、マイナンバーカードの読取機能や利用者証明機能を搭載したスマートフォンで公的個人認証を利用することが検討されています。すでに読取機能を備えたスマートフォンの販売が開始されているほ

か、インターネットバンキングでの本人確認、クレジット決済での認証、電子チケットとしての認証の3つのケースについて、スマートフォンを端末に接触させることで公的個人認証による認証を行うことができるようにするための実証実験に向けた検討が行われています。

3 犯罪収益移転防止法

Q7-25

公的個人認証を用いて取引時確認を行うことはできますか。

A 金融機関などの民間企業が署名用電子証明書を受信することが取引時確認の方法の1つとして認められています（犯収法規則6条1項1号チ）ので、公的個人認証により取引時確認を行うことができます。

なお、金融機関が行う取引時確認の主な方法としては、郵送で本人確認書類の写しの送付を受けた上で取引関係文書を転送不要の書留郵便で送付する方法（犯収法規則6条1項1号ホ）や、取引関係文書を本人限定受取郵便で発送する方法（同号ヘ）があります。これらの方法は、顧客に対する取引関係文書の郵送が完了しなければ取引時確認が完了しないものであるのに対し、公的個人認証による取引時確認は、顧客への取引関係文書の郵送を行うことなく手続を完了させることができる点が長所であるといえます。

第7章　データ利用

> **コラム　マイナンバーの民間利用の可能性**
>
> 　Q7-14、Q7-15 において述べたとおり、民間企業がマイナンバーの提供を求めることのできる場面やマイナンバーを利用できる範囲は、マイナンバー法により許容された範囲に限られています。例えば、民間企業がマイナンバーを顧客管理のための ID として利用することは認められていません。
>
> 　また、マイナンバー法を改正し、在外邦人管理制度、戸籍制度、旅券制度などにおいてマイナンバーを利用できるようにすることが検討されていますが、民間企業によるマイナンバーの利用範囲として検討されているのは、証券振替業務など、法律に基づき民間事業者が行う公共性の高い業務のうち利用するメリットの大きい事務に限られています。
>
> 　しかし、民間企業によるマイナンバーの利用が個人顧客の利便につながる場面は、上記のような事務以外にも考えられます。例えば、住所変更の手続がなされておらず定期預金の満期を郵便でお知らせすることができない顧客に対して、マイナポータルから連絡を行うことができれば、顧客にとっても預金の払戻しや再運用を適時に行うことが可能となります。
>
> 　マイナンバーの民間利用については、まだ十分な議論がなされていませんが、行政事務の効率化だけでなく民間企業の顧客の利便のためにマイナンバーを利用できるようにするための検討が行われることが期待されます。

ゲーミフィケーション

[関連法制　景表法]

【サービスの概要】

　ゲーミフィケーションとは、遊びや競争など、人を楽しませて熱中させるゲームの要素や考え方を、ゲーム以外の分野でユーザーとのコミュニケーションに応用していこうという取組みで、ゲーム独特の発想・仕組みによりユーザーを引きつけて、その行動を活発化させたり、適切な使い方を気づかせたりするための手法全般を指します。Fintechとの関係では、投資教育の分野で、ゲーミフィケーションを取り入れたユーザー体験により、貯蓄や資産形成、金融教育等のサービスを提供することが行われています。

【Q&A】

Q7-26

ゲーミフィケーションによるサービスを提供する場合、法令上の許認可などが必要となりますか。

A　ゲーミフィケーションという要素を取り入れること自体については、法令上の許認可は必要とされません。

Q7-27

ゲーミフィケーションのサービスの中には、ポイントが付与され、豪華賞品の当たるくじが提供されるサービスもあると聞きますが、景表法との関係はどのように考えればよいですか。

A　ゲーミフィケーションという要素を取り入れること自体については、法令上の許認可は必要とされませんが、くじが提供される部分に関しては、一般的な景表法の規制が適用される可能性があります。

Q7-28

当社では新規事業として、ゲーミフィケーションを活用した金融教育のアプリ配信を考えています。このようなアプリ作成・配信ではどのような点に気を付けるべきですか。

A　金融教育のアプリ配信自体については、法令上の許認可は不要です。ただし、アプリ内で、金融商品についての広告・宣伝の要素が含まれる場合は、一般的な金融商品の広告・宣伝の規制が適用される可能性があります。

Q7-29

昨今では、現実の株式をシミュレーションで売買して、結果を競うような、ゲーミフィケーションのサービスも人気と聞きます。このサービスを行うには、どのような点に気を付ければよいですか。

A　現実の株式をシミュレーションで売買して、結果を競うような、ゲーミフィケーションのサービス自体を提供することに関しては、法令上の許認可は必要とはされません。しかしながら、ゲームの結果を踏まえた報酬を提供する場合は、景表法の規制を検討する必要があります。

第8章
知的財産

第8章　知的財産

テクノロジーの法的保護

[**関連法制**　特許法、著作権法、不正競争防止法、意匠法]

【サービスの概要】

　本章では、Fintech と知的財産に関わる法的問題について解説します。歴史を紐解いてみても、金融技術と知的財産は密接な関係がありました。例えば、今世紀初頭のビジネスモデル特許の紛争は、金融関連領域で発生しています（State Street Bank & Trust Co. v. Signature Financial Group, Inc. 149 F.3d 1368（1998））。ビジネスモデル特許は、ビジネス方法自体の独占を可能とする強力なものです。日本においても、ソフトウェア関連発明として、ビジネスモデルについての特許取得が可能です。米国ではその後、Bilski 事件（Bilski v. Kappos 130 S. Ct. 3218（2010））および Alice 事件（Alice Corp. v. CLS Bank International 134 S. Ct. 2347（2014））においてビジネスモデルの特許適格性に関して厳しい判断が示されたものの、事件が大きく報道されたことからもうかがわれるように、金融技術分野において特許は依然として重要なテーマであるといえるでしょう。そして Fintech においては、より一層、知的財産との関わり合いが密接になるでしょう。その理由は、ビッグデータ、人工知能およびブロックチェーン等の Fintech に関係するテクノロジーが急速に発展中であること、Fintech が経済活動や社会の変革を招き多数の関係者を巻き込む性質を持つこと、そしてテクノロジー（人工知能等）自体が知的財産の対象を生み出すという未曾有の可能性を秘めていることなどが挙げられます。これに伴い、企業としても、Fintech と知的財産に関わる法的問題について、以前にも増して注意深く対応していくことが必要となるでしょう。

　以上のような状況も踏まえ、本章では、Fintech と知的財産に関連して、ビッグデータや人工知能といった新たな技術動向も踏まえつつ、各種の法的問

題について解説します。

【Q&A】

Q8-1

金融取引に関して新たに開発される技術（アルゴリズム、コンピュータシステム、ユーザーインターフェイスなど）について、知的財産権による保護を受けることができるのか、また、そのためにはどうしたらよいのかを説明してください。

A (1) 金融取引に関連した技術を保護する知的財産権

金融取引に関連した技術については、典型的には特許権による保護を受けることができる可能性が考えられ、間接的には意匠権および著作権による保護を受けることができる可能性が考えられます。

ア 特許権

特許法は、発明を「自然法則を利用した技術的思想の創作のうち高度のものをいう」（特許法2条1項）と定義し、そのような発明を特許権として保護することを規定しています（特許法29条1項柱書）。したがいまして、新たに開発された技術について、特許権による保護を受けるためには、少なくとも「自然法則を利用した技術的思想の創作のうち高度のもの」に該当する発明がなされていなければなりません。

金融取引に関連したサービスは、抽象的には、ビジネスモデルとして考えることもできます。この点、抽象的なビジネスモデル自体は、自然法則を利用していないことから、特許法上の発明にはならないと考えられます。しかし、かかるサービスは、多くの場合、ユーザーの端末（スマートフォンやパソコン等）がインターネットを介して接続したサーバからサービスの提供を受けるというサービス形態を利用します。例えば、ロボ・アドバイザーと呼ばれるサービスを例に挙げますと、ユーザーは、端末を用いてサーバとの間で情報のやり取り

を行うことによって、サーバに所定のアルゴリズムに従って最適化されたポートフォリオを形成させ、そのようなポートフォリオに従って資産を運用するようにサーバを動作させることができます。

　このようなサービス形態において特許法上の発明としては、典型的には、①「端末」または「サーバ」（広い概念でいいますと「装置」）という物の発明、②「プログラム」という物の発明、および③「サービスを実施する方法」という方法の発明が含まれているといえます。具体的には、まず、このサービス形態において用いられる「端末」および「サーバ」は、様々な自然法則に従って動作するハードウェアとして構成されているため「自然法則を利用した」ものであって、さらに「技術的思想の創作のうち高度のもの」を具現するために用いられうるものですので、「自然法則を利用した技術的思想の創作のうち高度のもの」という特許法上の発明に該当し、具体的には「物……の発明」（特許法2条3項1号）に該当します。次に、端末またはサーバにインストールされ所定の動作を実行させる「プログラム」もまた、特許法上の発明に該当し、具体的には「物（プログラム等を含む……）の発明」（特許法2条3項1号）に該当します。さらにまた、端末またはサーバを用いて「サービスを実施する方法」もまた、特許法上の発明、具体的には「方法の発明」（特許法2条3項2号）に該当します。

　なお、アルゴリズムそれ自体は、「物（プログラム等を含む……）の発明」および「方法の発明」のいずれにも該当しませんので、特許法上の発明には該当しないと考えられます。しかし、そのアルゴリズムに従って所定の動作を実行する「装置」および「装置」にインストールされそのアルゴリズムに従って所定の動作を実行させる「プログラム」は、上述のとおり特許法上の発明に該当します。したがいまして、アルゴリズムについては、「装置」という発明または「プログラム」という発明を介して間接的に特許権による保護を受けることができる可能性があります。また、ユーザーインターフェイスそれ自体も、アルゴリズムと同様の理由により特許法上の発明には該当しないと考えられます。しかし、そのユーザーインターフェイスを提供する「装置」および「装置」にインストールされそのユーザーインターフェイスを提供する「プログラム」は、特許法上の発明に該当します。したがいまして、ユーザーインターフェイスに

ついても、「装置」という発明または「プログラム」という発明を介して間接的に特許権による保護を受けることができる可能性があります。

　ここまで、ユーザーの端末がインターネットを介して接続したサーバからサービスの提供を受けるというサービス形態に関連した発明について説明してきました。ところが、金融取引に関連して用いられるビッグデータ、人工知能（機械学習）やブロックチェーン等といった基礎的な技術についても、そのような技術を利用して情報処理を実行する「装置」および「装置」にインストールされそのような情報処理を実行させる「プログラム」が、それぞれ特許法上の「物の発明」に該当し、そのような「装置」を用いる方法が、特許法上の「方法の発明」に該当しうることは、いうまでもありません。

　そして、ビッグデータ、人工知能およびブロックチェーン関連技術は、金融取引に関連させることで、特許権を取得する他の要件である新規性や進歩性を有する可能性があります。

　ビッグデータや人工知能の技術は、計算機アーキテクチャ、データベース、ネットワークなどの基本的な計算機科学技術の集積です。しかし、金融取引という新しいステージに適用すると、新たな種々の課題が生じます。それらの課題を解決する技術思想が、特許権による保護を受けることができるでしょう。例えば、膨大な量を扱うビッグデータは、用途に応じて効率的に処理する必要があります。特に、近年発展している人工知能技術（ディープラーニングなど）は高い負荷の計算です。そこで、いかにして効率的な処理をするか、これを解決する技術は重要な発明となります。また、将来の金融取引が、より消費者に身近なものとなるのであれば、音声認識、言語処理等のユーザーインターフェイスも変わるでしょう。

　また、ビットコイン等の仮想通貨に使用されるブロックチェーンも、近年、大変注目を浴びています。ビットコインでは、公開鍵暗号方式、ハッシュ関数等の技術のほか、プルーフ・オブ・ワーク、マイニングなどのアイディアとともに、金銭管理の透明性と個人情報の匿名性の両立を実現しました。これらの技術は、金融に関連するインフラを構築しうるものであり、金融資産の流通やポイントサービスシステムなど様々な応用が考えられます。このような技術を有効な特許発明とするためには、具体的な対象に適用された技術的思想をとら

えることがポイントです。ターゲットを具体化することで、新規な課題とその解決手段が明確となりやすく、新規性および進歩性という特許要件を乗り越えやすくなります。また、事業を過不足なくカバーする特許権は、競合他社を牽制できる強力な権利となるでしょう。

　なお、ご参考までに、以下の表において、金融取引に関連した個人資産管理、クラウド会計やロボ・アドバイザーといった技術分野ごとに、特許庁による実体審査を経て発生した特許権の一例を示しました。以下に例示した特許権の内容につきましては、例えば、「特許情報プラットフォーム」(https://www.j-platpat.inpit.go.jp/web/all/top/BTmTopPage) を利用して無料で閲覧することが可能です。

【特許庁による実体審査を経て発生した特許権】

技術分野	特許の例
個人資産管理（PFM）	・特許第5378364号（クレジットカード取引データの分類システムおよび方法）
クラウド会計	・特許第5936284号（会計処理装置、会計処理方法及び会計処理プログラム）
ロボ・アドバイザー	・特許第4950271号（個人又は小規模の投資家などに証券又は他の資産又は負債のポートフォリオを費用効率的に構築および管理することを可能にする方法および装置）
ブロックチェーン	・特許第5871347号（仮想通貨管理プログラム、及び仮想通貨管理方法）
決済	・特許第5807975号（決済代行サーバ及び決済システム）
保険	・特許第3726024号（保険料決定装置、保険料決定方法および保険料決定プログラム）
ソーシャルレンディング	・特許第5852886号（オンラインオークションマーケットプレース環境において流動資金を提供するための装置）
不動産	・特許第5553436号（不動産仲介業務支援システム）

イ　著作権

　著作権法は、保護対象である著作物の一例としてプログラムの著作物を例示し（著作権法10条1項9号）、そのような著作物の著作者は、著作権および著作者人格権（以下「著作権等」）を享有する旨を規定しています（著作権法17条1項）。したがいまして、上述しました金融取引に関連したサービスに用いられるプログラムについて、著作権等による保護を受けることができます。特に、Fintechに係るサービスはプログラムによって実現されることが多いため、著作権で保護される可能性は高いでしょう。

ウ　意匠権

　意匠法は、意匠（意匠法2条1項参照）、要するにデザインを保護します。ただし、日本の意匠法は、デザインが物品と関連付けられていることを要求します。すなわち、現在の意匠法は、単にインターネットを介して得られたデザインを保護対象としていないため、現行法のもとでは、インターネットを介して得られる金融取引サービスの画像を意匠法で保護することはできません。

　しかし、意匠法は、物品と関係し、物品に記録された物品の機能に係る画像を、保護対象としています。そのため、金融取引に特化した機能に係る画像を記録する専用端末の当該画像は、意匠法によって保護を受けることができる可能性があるでしょう。

　なお、製品が模倣される場合、典型的には、外観の模倣から始まります。そして外観は、情報収集しやすいという点で、権利侵害の立証が容易です。そのため、意匠法で保護が可能な物品の意匠において、外観を保護する意匠権は、主張しやすい権利といえるでしょう。

(2)　知的財産権による保護を受けるために必要な手続

　金融取引に関連した技術について、特許権を取得するためには、特許庁に対して以下に説明します所定の手続を行う必要がありますが、著作権等は、著作物の創作と同時に発生しますので、著作権等を取得するために何らの手続も必要ではありません。

ア 特許権

　金融取引に関連した発明について特許権を取得するためには、通常の発明と同様に、適式な特許出願をし（特許法36条）、その出願について出願審査請求をし（特許法48条の3）、特許査定を受けた後（特許法51条）、特許料を納付して特許権を発生させる必要があります（特許法66条）。金融取引に関連した発明の審査においては、情報処理技術分野における通常の設計事項等として、進歩性（特許法29条2項）を有さないとの判断を受けることもあります。しかし、具体的な対象に適用された技術的思想は、公知文献との差異に意義のある技術的思想を見出しやすいため、進歩性を備えた発明と判断されることもあります。また、事業を理解した上で審査に対応をすれば、意義のある特許権となるでしょう。このようにして取得した特許権に基づいて、特許権者は、差止請求権および損害賠償請求権等を行使することができます（特許法68条、100条、102条、民709条）。これにより、特許権者は、金融取引に関連した技術について、特許権による保護を受けることができます。

イ 著作権

　著作権法は、著作者が、何らの手続を要することなく、著作物の創作と同時に著作権等を享有することを規定しています（著作権法17条2項）。著作者等は、著作権等に基づいて差止請求権および損害賠償請求権等を行使することができます（著作権法112条、114条、民709条等）。これにより、著作者等は、金融取引に関連したサービスに用いられるプログラムについて、著作権等による保護を受けることができます。

ウ 意匠権

　意匠権を取得するためには、通常の意匠と同様に、意匠登録出願をし（意匠法6条）、意匠登録すべき旨の査定を受けた後（意匠法18条）、登録料を納付して（意匠法42条）意匠権を発生させる必要があります（意匠法20条）。また、意匠法には、一定期間意匠を秘密にできる秘密意匠制度（意匠法14条）、バリエーションの意匠を保護する関連意匠制度（意匠法10条）があります。そのため、これらの制度を戦略的に活用することが重要です。

Q8-2

金融取引に関して利用する技術について、他人の知的財産権を侵害することがないようにするためには、どのように気を付ければよいでしょうか。

A　利用を予定する金融取引に係る技術について知的財産権の有無をあらかじめ確認・検討した上で、必要に応じた権利処理等を行うことが基本的な対応となります。この点、金融取引に係る技術について成立しうる知的財産権としては、主に特許権と著作権とが想定されます。

具体的に、まず特許権については、典型的には、端末やサーバ等からなるコンピュータシステムを用いて行われる新たな金融取引手法や、その用に供される当該コンピュータシステム（これを構成するコンピュータプログラムを含む）に係る技術を対象としたものが想定されます。そのような特許権が存在する場合、特許権者の承諾なく、特許権の対象とされている金融取引手法やコンピュータシステムを使用すること、これを構成するコンピュータプログラムを製造・販売すること等は、当該特許権の侵害となりえます。そのような侵害行為を行わないようにするためには、まずは、使用を予定する金融取引手法やコンピュータシステムに関して他人の特許権が成立していないかを調査することが出発点となります。かかる調査は、特許庁のデータベースを用いて自ら行うことも可能ですが、より網羅的な調査を行いたい場合は、弁理士等の専門家に依頼することが考えられます。調査の結果、仮に特許権が成立していることが判明した場合、その侵害を避けるための選択肢として、大きくは、①特許の権利範囲から外れるような態様に自ら使用予定の金融取引手法やコンピュータシステムを変更する、②特許権者から許諾を得る、③当該特許について無効審判（特許掲載公報の発行日から6月以内であれば異議申立て）を起こして当該特許の取消しないし無効化を図ることが考えられます。いずれの選択肢をとるのが適切かは、ケースバイケースであり、具体的な状況に応じた慎重な検討が必要です。なお、利用を予定する金融取引手法やコンピュータシステムについて、特許出願はなされているが特許が未成立である場合も想定されます。その場合の対応としては、まずは当該特許が成立する可能性の程度を検討した上で、①特

許が成立する蓋然性が高いと判断された場合は、想定される権利範囲から外れるような態様に自ら使用予定の金融取引手法やコンピュータシステムを変更する、②（発見された先行技術文献等に照らして）特許の成立可能性が低いと判断された場合には、有力な先行技術文献について特許庁に情報提供を行いつつ、予定どおりに当該金融取引手法やコンピュータシステムの利用を進める等が考えられます。この場合も、実際にいかなる選択肢をとるのかについては、具体的な状況に応じた慎重な検討が必要です。

　次に、著作権については、典型的には、①上記のような金融取引の用に供されるコンピュータシステムを動作させるためのコンピュータプログラム（ソースコード）や、②これに関連して用いられるデータベースが、その対象として想定されます。これらのソースコードやデータベースを、著作権者の承諾なく複製、改変等することは、著作権の侵害となりえます。特許権の場合と異なり、ソースコードやデータベースに係る著作権は、それらの作成と同時に権利が成立するものであり、特許庁等の公的機関による審査や登録は要しません。そこで、それらのソースコードやデータベースについては、基本的には他人の著作権の対象になっていると考えておいたほうがよいでしょう。そして、そのような著作権の侵害を避けるための選択肢としては、ⓐそれらソースコードやデータベースの複製等につき著作権者の承諾を得るか、ⓑ当該ソースコードやデータベースの複製等を行わないことが考えられます。ⓑについて、著作権は、（特許権の場合と異なり）その対象となるソースコードやデータベースに係る技術を保護するものではありませんので、（複製等を行わずに）当該技術を利用する（例えば、当該ソースコードで実現される機能と同様の機能を有するコンピュータシステムを、自ら作成したソースコードにより製造すること等）は、著作権の侵害とはなりません。

　以上のほか、金融取引の用に供されるコンピュータシステムを構成する端末のユーザーインターフェイス（アイコン等）に関して、意匠権が成立していることも一応想定されます。自社ビジネスの遂行における第三者の知的財産権侵害のリスクを可及的に防止する観点からは、かかる意匠権の存在にも注意しておくのが望ましいでしょう。特許権の場合と同様、意匠権についても、特許庁のデータベース等を用いた調査が可能です。仮に自ら利用を予定するユーザー

インターフェイス等について他人の意匠権が発見された場合には、特許権の場合と同様、①意匠の権利範囲から外れるような態様に、自ら使用するユーザーインターフェイス等を変更する、②意匠権者から許諾を得る、③当該意匠について無効審判を起こして当該意匠の無効化を図ることが考えられます。

Q8-3

ビッグデータにはどのような知的財産権が成立するのでしょうか。また、ビッグデータに関する取引について、知的財産権の観点からはどのような注意が必要でしょうか。

A (1) ビッグデータに関して成立する知的財産権

ビッグデータは大きな経済的価値を持つ情報ですが、その法的な権利性や帰属は必ずしも明らかではありません。

まず、ビッグデータは、営業秘密として法的な保護を受けることができる可能性があります。営業秘密は、不正競争防止法のもとでは、①公知ではなく、②秘密として管理され、そして③営業上または技術上有用、という3要件を満たす情報として定義されます（不正競争防止法2条6項）。①の非公知性の要件については、個々のデータは公知情報である場合にどのように考えるのかが一応問題となりますが、顧客リストなどの場合などと同様に、個々のデータが公知であるというだけでは総体としてのビッグデータが公知となるわけではないと認められる可能性が高いでしょう。③の有用性の要件については、取引や利用の対象となるような情報であれば、その有用性は通常認められるでしょう。営業秘密の3要件で最も争われることが多いのは、②の秘密管理性です。秘密管理性は、秘密情報であることの表示がなされていたことと、情報へのアクセス権が制限されていたことが判断要素となります。営業秘密として認められれば、不正競争防止法に基づき、不正な取得・利用・漏洩に対して、差止請求権や損害賠償請求権を行使することができますし、所定の態様による営業秘密の不正な取得・利用・漏洩は、刑事罰の対象となる犯罪でもあります。

営業秘密としてのビッグデータについての権利者、すなわち不正競争防止法

のもとで不正取得・利用・漏洩に対して差止請求権や損賠賠償請求権を行使できる主体は、一次的には、個々のデータを蓄積した者（以下「データ蓄積者」）ということになります。しかし、往々にしてあるのは、個々のデータを蓄積しただけでは必ずしも事業に有用なビッグデータとして活用することができず、ノウハウやツールを利用した加工を施すことによって初めて有用なビッグデータになるという場合です。この場合は、個々のデータを蓄積した者というよりは、加工をした者（以下「データ加工者」）こそが、営業秘密の権利者といえる場合がありそうです。

　さて、内閣は、2018年の第196回国会（通常国会）に不正競争防止法等の改正法案を提出しましたが（成立）、その1つの目玉として、ビッグデータ（営業秘密に該当しないもの）の不正取得や不正使用のうちの一部の類型を、不正競争行為として位置付けることとしました。そこでは、保護の対象とするビッグデータを意味するものとして、「限定提供データ」との用語を使用し、「限定提供データ」は、「業として特定の者に提供する情報として電磁的方法（電子的方法、磁気的方法その他人の知覚によっては認識することができない方法をいう。……）により相当量蓄積され、及び管理されている技術上又は営業上の情報（秘密として管理されているものを除く。）をいう」と定義されます（2条7項）。そして、この「限定提供データ」について、不正競争防止法2条1項11号〜16号に不正競争行為類型が定められています。各号の定める行為の概要は次のとおりです。

11号：窃取、詐欺、強迫その他不正の手段によるデータの取得（以下「不正取得行為」という）、またはその取得したデータの使用もしくは開示

12号：不正取得行為が介在したことを知ってなすデータの取得、またはその取得者（＝取得時悪意の転得者）によるデータの使用もしくは開示

13号：取得後に不正取得行為の介在を知った取得者（＝取得時善意の転得者）によるデータの開示

14号：保有事業者から開示された者による図利加害目的でのデータの使用（管理任務違反の場合に限る）または開示（以下、当該開示を「不正開示行為」という）

15号：不正開示行為であること、もしくは不正開示行為が介在したことを

知ってなすデータの取得、またはその取得者（＝取得時悪意の転得者）によるデータの使用もしくは開示

16号：取得後に不正開示行為があったこと、または不正開示行為が介在したことを知った取得者（＝取得時善意の転得者）によるデータの開示

　13号および16号によれば、取得時善意の転得者は、データの使用を継続しても不正競争行為にはなりません。また、取得時善意の転得者は、データの開示についても、当該データの取得に係る取引で許された開示であれば、不正競争行為にはならないものとされています（不正競争防止法19条1項8号イ）。さらに、相当量蓄積されたデータとして公衆に無償利用可能となっているものと同一のデータの取得や、その取得したデータの使用・開示については、不正取得行為者、不正開示行為者、取得時悪意の転得者を含め、不正競争行為にはなりません（同法19条1項8号ロ）。

　次いで、ビッグデータは、データベースの著作物に該当する可能性があります。著作権法では、データベースとは、情報の集合物であって、それらの情報を電子計算機を用いて検索することができるように体系的に構成したものと定義されており（著作権法2条1項10号の3）、その情報の選択または体系的な構成によって創作性を有するものは、著作物として保護されます（著作権法12条の2第1項）。この場合の著作者は、ただ単にデータを網羅的に蓄積した者ではなく、情報を選択し、体系的な構成を施して、データを加工した者となる可能性が高いでしょう。著作者には、財産権としての著作権のみならず、著作者人格権が与えられます（著作者人格権は、他人による勝手な改変を禁ずることができる権利（同一性保持権）を含み、譲渡不能であることから、一般的に立場の弱いITサービス・ベンダーにとって強力な権利となっています）。

　また、ビッグデータは、必ずしも営業秘密またはデータベース著作物に該当するものではなくても、経済的価値のある情報ですから、私人間の契約において取引の対象とされるならば、その契約は有効と認められるだろうと考えられます。

　なお、ビッグデータの中の個々のデータについて、データの対象となっている者（以下「データ対象者」）から権利主張がなされる可能性があります。例えば、金融機関とある取引先との取引履歴について、当該取引先が自己の営業秘

第8章　知的財産

密であると主張する場合などです。これらの情報は、生の情報のままでは、金融機関の秘密情報であるとともに、取引先の秘密情報と見ることもできる場合もあるでしょう。これに対処するためには、取引主体を匿名化する等の加工を施すことが必要となり、実質的に匿名化がなされれば、もはや取引先の秘密情報と認められる可能性は低くなるでしょう。

　また、ビッグデータを取り巻く関連技術は、出願および審査の手続を経ることで、特許権が成立する可能性があります（Q8-1参照）。例えば、ビッグデータを収集する技術、ビッグデータから新たなビッグデータを生成する技術、そして、ビッグデータを使用する技術等が挙げられます。金融取引は、世界の経済活動と関連するため、関係ある情報を集める場合は、ありとあらゆることが対象となりえます。将来的には、世界中で生じるすべての事象（例えば、オリンピック、選挙等の大きな事象から新製品の販売や事件等の日常的な事象）のすべての情報（例えば、興味を持つ人の人数およびその人の行動履歴等）が対象となりうるかもしれません。そうすると、ビッグデータを収集する技術としては、あらゆるセンサーに関連して情報を収集することが考えられます。また、上述したようにデータは加工できることから、ビッグデータから新たなビッグデータを生成するデータの加工技術を開発することも考えられます。さらに、ビッグデータの活用方法について、どのような情報に基づけば有益な価値を生み出すことができるのかというデータ間の関係に係る技術の開発もあるでしょう。特に、ビッグデータでは膨大な量のデータを扱うことから、用途に応じて効率的に処理するために、種々の技術が今後も開発されるでしょう。情報処理分野の通常の技術は、設計事項等として、特許を受けることができない場合もあります。しかし、具体的な対象に適用された技術的思想は、特許になりやすくなります。特に、ビッグデータの対象は、実世界の事象であることから、具体的な対象を絡めた情報に基づく技術であれば、新規な課題が存在し、特許権が成立する可能性が高いといえます。また、具体的な対象であるとしても、事業に合致した特許権を取得することで、競合他社を牽制できる有益な権利となるでしょう。

(2) ビッグデータに関する取引

　上述のように、ビッグデータについて何らかの権利を有する可能性のある者には、個々のデータ対象者、データ蓄積者およびデータ加工者が含まれます。そして、それらの者がそれぞれいかなる権利を有しているかは、必ずしも明瞭ではありません。そのことを前提とすると、ビッグデータを取引の対象とする場合には、なるべく契約上の手当てをすることで、可能な限りリスクを減らすことが重要となります。

　データ対象者とデータ蓄積者との間、データ蓄積者とデータ加工者との間には、それぞれ何らかの契約関係が存在するはずですので、当該契約において、ビッグデータに係る知的財産権の帰属について整理をしておくことが必要です。特に、ビッグデータは膨大な量の情報を収集できてはじめて価値のあるデータになることから、将来的には関係者も膨大になりえます。そのため、当該契約においては、将来的な情報の使用態様も可能な限り想定した整理が必要になるでしょう。

　また、ビッグデータの利用に関する契約を締結する際には、①提供者が利用許諾権原を有していることおよび第三者知的財産権非侵害の表明保証、ならびに②解析結果などの利用の成果に関する知的財産権の帰属をどのように定めるのかが重要であり、契約交渉の重要な論点となるでしょう。当該契約においても秘密保持義務を定めることが必要ですが、当該成果は多くの場合、営業秘密・ノウハウとしての法的保護に頼るほかないことを考えると、秘密保持条項も定型的なものでは不十分であって、上記②の知的財産権の帰属に関する両者の合意と矛盾せず、それを担保するような条文となるよう、ビッグデータを提供する者と提供を受ける者とがそれぞれ何をやってよくて、何をやってはいけないのか、なるべく明瞭となるように条文に工夫を凝らすことが必要となる場合が多いでしょう。

　なお、経済産業省が、「AI・データの利用に関する契約ガイドライン」を作成しています（2018年6月15日に公表）。AI編とデータ編に分かれ、データ編については、契約類型別にデータの取扱いに関する法的論点や契約での取り決め方等について整理したものとされています。多くの弁護士が作業部会に参加して検討されたもので、有益な視点や情報が含まれていますので、参考になり

ます。

Q8-4

人工知能により生み出される情報について、知的財産権は成立するのでしょうか。成立する場合、誰の権利となるのでしょうか。

A　ビッグデータを解析して事業に有用な情報を得るためには、ディープラーニング等の手法を用いてデータのどこに注目すべきかを判断する人工知能の活用が有用であるといわれています。しかし、人工知能の利用に関しては、人工知能により創作された成果について知的財産権は成立するのか、成立するとして、その知的財産権は誰に帰属するのか、ということがはっきりしていません。

これまでの知的財産法の法体系は、様々なツールを利用するとしても、最終的には生身の人間が脳内で創作するアイディア（発明）や表現（著作物）を保護の対象とし、それにより人間に新たな創作のインセンティブを与えることが産業の発達や文化の発展に寄与するという思想から成り立っています。ビッグデータの人工知能による解析に関わる人間には、人工知能の開発者、人工知能を利用して解析を行った者、ビッグデータの加工者およびビッグデータの蓄積者などが含まれます。そのうち、従来の発明者や著作者の立場に最も近いのは、人工知能を利用して解析を行った者かもしれませんが、彼ら／彼女らが実際に行ったのはスタートのコマンドを送信しただけかもしれず、創作活動についての従来の概念とは異なっています。他方、素晴らしい成果が生み出されるのは人工知能が賢いからであると考えると、人工知能の開発者にこそインセンティブを与えるべきとも考えられますが、その人工知能を利用して生み出される幅広い成果について当該開発者にすべての独占権を与えることが産業の発達や文化の発展に資するとは到底考えられません。また、ビッグデータの加工者や蓄積者からすると、人工知能が賢いといっても、いわば頭でっかちというだけであって、データこそが命、という思いが強いでしょう。

政府の知的財産戦略本部は、2016年5月に公表した知的財産推進計画2016

において、人工知能によって自律的に生成される創作物に関する知的財産保護のあり方を検討課題として挙げました。もしかしたら、検討結果が何らかの立法に結実する可能性はありますが、たとえ立法がなされたとしても簡単に解決できる問題だとは思われません。

したがって、ビジネスの現場における現実的な対処としては、Q8-3 でも述べたように、人工知能の開発者、人工知能を利用して解析を行った者、ビッグデータの加工者およびビッグデータの蓄積者など関連する当事者間の契約において、生み出される成果の帰属について疑義が生じないよう定めておくことが重要となります。

> **コラム　ブロックチェーンの応用――音楽業界**
>
> 　ブロックチェーンは、高速なネットワーク環境と大容量の情報処理装置の環境下において、データの改ざん防止と堅牢性等を実現する技術です。これは仮想通貨であるビットコインを構成する一技術であり、開発者は Satoshi Nakamoto とされていますが、謎に包まれています。
>
> 　このブロックチェーンは、技術としては確かなようで、近年では、金融取引以外の領域においても、様々な応用の試みがされています。音楽ライセンスへの応用もその 1 つです。例えば、著作権者と個々の利用者との間での直接の権利処理を可能とするような試みもなされているようです。かかるフレームワークのもとでは、個々の利用者ごとのアドホックな権利処理が可能になるとも考えられ、利用者側に知識や経験が乏しい場合はリスクを伴いうるものの、実現すれば、権利者と利用者の個別のニーズにより沿った形での権利処理システムが期待できそうです。

第9章
電子記録債権

第9章 電子記録債権

電子記録債権の仕組みと活用

[関連法制　電子記録債権法]

【サービスの概要】

　電子記録債権は、金銭債権について、システム上の記録データによる発生や譲渡などを可能とする制度です。これまでは、金銭債権については、契約書などの物理的な書類に紐付く形で発生や譲渡などを管理する方法が一般的でしたが、電子記録債権の制度により、金銭債権をデータで管理することが可能になります。

　金銭債権をデータで管理できることを踏まえれば、金銭債権の新たな利用につながるサービスを提供できる可能性も出てきますので、Fintech関連事業者としても、このような制度があることについて理解しておくことも有益でしょう。

　他方、電子記録債権については、電子記録債権法という特別な法律によってその取扱いの詳細が定められており、その活用に際しては、電子記録債権法に基づくルールを理解した上で対応を検討することが求められます。また、電子記録債権の利用の実態については、現状では、金融機関による利用が大勢を占めますので、このような現状を踏まえたビジネス検討も重要です。

　そこで、本項目においては、今後の新たなサービスの展開の可能性も踏まえ、電子記録債権の基本的な枠組みについて解説します。

【Q&A】

Q9-1

電子記録債権とは何ですか。

A　(1)　電子記録債権とは

　電子記録債権とは、その発生や譲渡などについて、電子記録を要件とする金銭債権をいいます。

　電子記録債権は、金銭債権の取引の安全を確保して流動性を高めるとともに、電子的な手段を利用した譲渡の利便性や法的安定性を確保する観点から、売掛債権等の指名債権や手形債権とも異なる新しい類型の金銭債権として創設されました。

　電子記録債権は、電子記録債権法に基づき発生することとされており、その取扱いに関するルールも電子記録債権法に規定されています。

　電子記録債権は、当事者の合意ではなく、電子記録をその発生、譲渡や内容変更等の効力発生要件とし、また、電子記録債権の内容も、債権記録の記録により定まるものとされています（電子記録債権法9条1項）。

　このように、電子記録債権については、電子記録により内容を把握することができ、可視化されている金銭債権という特色があります。

(2)　記録の内容

　電子記録債権の発生や譲渡の要件となる電子記録は、電子債権記録機関が調製する磁気ディスク（記録原簿）に記録事項を記録することによって行われます（電子記録債権法3条）。この点、手形の場合は記載事項が限定されていますが、電子記録債権の場合は、必要的記録事項のほか、多様な任意的記録事項の記録が認められています。例えば、発生記録の場合は、支払期日、債権者および債務者の氏名（名称）および住所、金額、電子記録の年月日などが必要的記載事項となりますが、利息・遅延損害金・違約金、期限の利益喪失事由、相殺

第9章　電子記録債権

または代物弁済といった定めや、譲渡記録、分割記録等の禁止または制限の定めなどを任意的記載事項として記録することができます（電子記録債権法16条1項・2項）。

(3) 記録の請求

電子記録の請求は、一部の例外を除き、電子記録権利者（電子記録をするこ

【電子記録のイメージ】

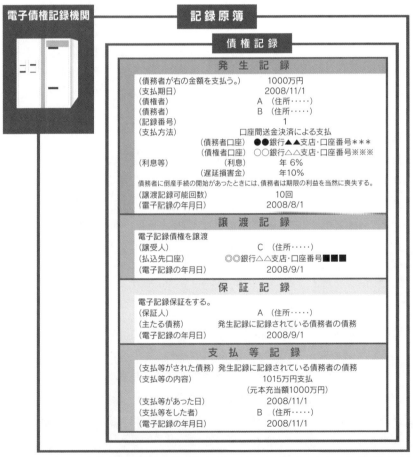

＊金融庁・法務省「電子記録債権——事業資金を調達するためのあたらしい金融手段」より

とにより、電子記録上、直接に利益を受ける者）および電子記録義務者（電子記録をすることにより、電子記録上、直接に不利益を受ける者）の双方により行うものとされており、業務規程で定められている場合を除き、共同で請求することは求められていませんので、別々に電子記録の請求を行うことが可能です。

　また、電子記録の請求を委任することは可能ですので、電子記録権利者もしくは電子記録義務者または第三者に請求業務を委任することで、請求事務の負担を軽減させるスキームを採用することもできます。

Q9-2

電子債権記録機関とは、どのような会社ですか。

A　(1)　電子債権記録機関

　電子債権記録機関とは、記録原簿を備え、利用者の請求に基づき電子記録や債権内容の開示を行うこと等を主な業務とする電子記録債権の手続を担う機関です（以下の図が電子債権記録機関の位置付けのイメージとなります）。

　そのため、電子記録債権の取扱いは、電子債権記録機関を中心として実施されることになりますので、Fintech関連事業者としては、電子債権記録機関の位置付けを理解した上でサービスを検討することが重要です。ビジネスの内容によっては、自ら電子債権記録機関となることも選択肢となるかもしれません。

　電子債権記録機関になるためには、主務大臣の指定を受けた株式会社である必要があります（電子記録債権法51条）。この指定を受けるためには、過去5年間に電子債権記録業の指定が取り消されていないこと等の欠格事由がないことに加え、電子債権記録業を適正かつ確実に遂行するために十分であると認められる業務規程を作成していること、財産的基礎があること、業務遂行能力があること等の要件を満たす必要があります。

【電子債権記録機関の業務イメージ】

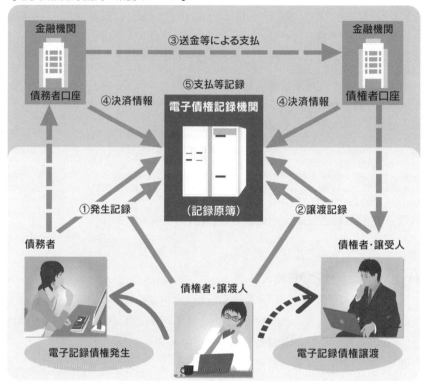

＊金融庁・法務省「電子記録債権——事業資金を調達するためのあたらしい金融手段」より

(2) 現　状

現在、電子債権記録機関の指定を受けている会社は、以下の5社です。
①株式会社全銀電子債権ネットワーク
②日本電子債権機構株式会社
③SMBC電子債権記録株式会社
④みずほ電子債権記録株式会社
⑤Tranzax電子債権株式会社

①は、一般社団法人全国銀行協会の100％子会社であり、「でんさいネット」と呼ばれています。銀行、信用金庫、信用組合等の幅広い金融機関がでんさいネットに参加する「全銀行参加型」を特長とし、また、窓口金融機関となる金

融機関を経由してでんさいネットにアクセスする間接アクセス方式がとられています（全銀電子債権ネットワーク『「でんさい」のすべて（第2版）』（金融財政事情研究会、2016）24頁）。

これに対し、②から④まではいずれも、いわゆるメガバンクの100％子会社であり、各社が独自の仕組みでサービスを提供しています。

⑤は、2016年7月に新たに指定された独立系の電子債権記録機関です。同社は、電子記録債権を活用して受注時点での資金調達を可能とする、電子記録債権の利用拡大に向けた新たな取組みを行っています。今後も、様々な態様の電子債権記録機関が登場することが期待されます。

(3) 業務規程等

電子債権記録機関は、それぞれ、業務規程において、電子記録債権法その他の関連法令に適合する電子債権記録業の実施に関して必要な事項を定めます。電子記録債権の取扱いについては、この業務規程に沿って実施されることとなります。また、業務規程に定めることにより、保証記録、質権設定記録、分割記録または電子債権記録機関の変更の記録の禁止や、これらの記録の回数の制限、記録事項の開示の手数料などについて、自由に設計することが可能です。

そして、利用者は、利用したい電子債権記録機関との間で、その電子債権記録機関の定める業務規程を内容に含む利用契約を締結する必要があります。電子記録債権の利用者は、業務規程に加え、利用契約の内容にも従って電子記録債権を利用することになります。

Q9-3

電子記録債権は、どのような点で取引の安全性が確保されているといえるのですか。

A (1) 発生と譲渡

電子記録債権は、その発生や譲渡について、電子記録が発生（効力）要件とされており、かつ、これが債務者および第三者に対する対抗要件となります。

また、前述のとおり、電子記録債権の内容は、債権記録の記録により定まるものとされていますので、当該記録を確認することによって電子記録債権の内容や二重譲渡の有無を客観的に確認することが可能です。そのため、二重譲渡などのリスクや確認コストを低減することが可能であり、安心して資金調達などの目的に用いることができるものとされています。

なお、記録事項の開示請求権者は、基本的には、債権記録に記録されている者など、電子記録債権の当事者に限られており（電子記録債権法87条）、電子記録債権を譲り受けようとする者は、直接開示を受けることはできないことから、電子記録債権を譲り渡そうとする者に必要な記録事項を取得させて交付を受けることによって、その内容を確認することになります。

(2) 記録の効力

また、電子記録名義人は、電子記録債権についての権利を適法に有するものと推定されており（電子記録債権法9条2項）、電子記録債権についても意思表示の無効、取消しの場合の第三者保護（電子記録債権法12条）、無権代理人の責任（電子記録債権法13条）、善意取得（電子記録債権法19条）、人的抗弁の切断（電子記録債権法20条）、支払免責（電子記録債権法21条）といった規定を設けることで、電子記録債権の法的安定性を高め、その流通性が確保されています。

(3) 口座間送金決済

さらに、実務上は、口座間送金決済という仕組みが利用されることもあります。例えば、電子債権記録機関、債務者および口座を取り扱う銀行の合意に基づき、あらかじめ電子債権記録機関が当該銀行に対して債権記録に記録されている支払期日、支払うべき金額、債務者口座および債権者口座に係る情報を提供し、当該支払期日に当該銀行が当該債務者口座から当該債権者口座に対する払込みの取扱いをすることによって支払いが行われることがあります。この場合は、当事者からの請求によらずに決済と同じタイミングで支払等記録を記録することができ、二重払いや消滅した債権の処分を回避することができます。

Q9-4

そのほか、電子記録債権を用いるメリットがあれば教えてください。

A (1) 低コスト

電子記録債権は、記録原簿への電子記録によって電子記録債権の発生や譲渡を行うことができますので、所定の手数料は必要となりますが、手形とは異なり、その作成や交付に要する管理等のコストを削減することができます。また、厳しい規制のもとで運営される電子債権記録機関が記録原簿に係る電子データを管理しますので、利用者には直接の管理コストがかからず、また、盗難、紛失のリスクを回避することができます。

さらに、電子記録債権は文書を作成しませんので、手形とは異なり、印紙税がかかりません。

(2) 利便性

電子記録債権は、手形とは異なり、分割記録をすることで、任意の金額に分割することができます（電子記録債権法43条）。これにより、資金調達のための譲渡に必要な分だけ電子記録債権を分割することなどを含め、金銭債権を細分化するような仕組みを採用することもできます。

Q9-5

発生した電子記録債権について、どのような記録をすることができますか。

A 代表的なものとしては、以下の表のような種類の記録をすることが可能です。なお、各電子記録債権については、記録をすることで譲渡記録の禁止または譲渡の回数等の制限をすることができますので（電子記録債権法16条2項12号）、当該記録がある場合には譲渡が禁止または制限されます。

第9章 電子記録債権

【記録の種類と内容】

記録の種類	内　容
譲渡	譲渡記録は、電子記録債権の効力要件であり、同時に対抗要件ともなります（電子記録債権法17条）。そのため、売掛債権等の指名債権と異なり、債権を譲り受けるにあたり、債権の譲渡に係る債務者通知もしくは債務者承諾または動産債権譲渡特例法上の登記の有無を確認する必要はなく、また、譲り受けた債権についてこれらの方法により別途対抗要件を具備する必要もありません。
担保	電子記録債権を担保に供する方法としては、質権設定と譲渡担保が考えられます。質権設定は、質権設定記録をすることによって質権または根質権の設定が可能であり（電子記録債権法36条1項）、また、電子記録することによって、質権の順位変更、転質の設定も可能です。譲渡担保については、通常の譲渡の場合と同様に、譲渡記録により行うことができます。被担保債権の債務者や債務額等は記録されません。
保証	保証記録をすることにより、電子記録債権に係る債務の保証を設定することが可能です（電子記録債権法31条）。
信託	電子記録債権も信託の対象とすることが可能です。信託の電子記録は、対抗要件として位置付けられています（電子記録債権法48条1項）。
分割	電子記録債権は、分割記録をすることにより債権を分割することができます（電子記録債権法43条1項）。分割記録の請求は、債権者のみで可能です（同条3項）。
記録機関の変更	詳細については、**Q9-7**をご参照ください。
消滅	支払等記録は、混同の場合を除き、電子記録債権に係る債務の消滅の効力要件ではありませんが、二重払いの防止等の観点から消滅の記録を行うことが可能です（電子記録債権法24条）。

Q9-6

電子記録債権にはどのような活用方法が考えられますか。

A (1) 資金調達関連の活用

すでに活用が進められている方法としては、資金調達に関連する活用があります。

例えば、電子記録債権を原因債権の支払いのためにまたは支払いに代えて発生させることで、約束手形のように、決済手段として用いることができます。

また、従来の手形貸付けのように、借入人を債務者、金融機関を債権者とする電子記録債権を発生させ、融資を受けるという方法をとることもできます。

さらに、手形の額面金額から支払期日までの利息相当額を割り引いた金額により金融機関等が裏書譲渡を受けることにより、手形を支払期日前に資金化するという、いわゆる手形割引が行われてきましたが、電子記録債権においても、同様の仕組みで割引を実施することが可能です。なお、電子記録債権の場合、分割記録が可能ですので、資金調達に必要な分だけ分割して割引の対象とすることができます。

Q9-2で挙げた電子債権記録機関においては、電子記録債権を利用した一括決済ファクタリングも提供されています。

(2) 今後想定される活用方法

(1)で述べたように、電子記録債権については、その性質を踏まえ、典型的には資金調達に関連する活用が期待されています。もっとも、金銭債権をデータで管理することができ、また、譲渡や分割などを簡便に実施できる仕組みである電子記録債権の特色を考慮すれば、資金調達以外の目的においても金銭債権を流通させるプラットフォームにおける手段として、電子記録債権が活用できる可能性もあり、今後、Fintech関連事業者としても注目すべき制度といえるでしょう。

第9章 電子記録債権

> Q9-7
>
> 2016年の電子記録債権法の改正により導入された電子債権記録機関の変更の概要を教えてください。

A (1) 制度の新設

　これまでは、複数設立されている電子債権記録機関間で電子記録債権を移動させることは想定されておらず、電子記録債権法上、これを行うことができませんでした。

　このことが電子記録債権の流動化の妨げとなり、特に債権の譲渡人と譲受人とで取引金融機関が異なる場合の電子記録債権の割引等を行うことや、中小企業が電子記録債権を譲渡して資金調達を行うことを難しくしているとの指摘がありました（決済WG報告19頁）。

　このような指摘を受けて、電子債権記録機関間における電子記録債権の移動を可能とするための手続等を規定する改正法（情報通信技術の進展等の環境変化に対応するための銀行法等の一部を改正する法律）が成立しました。

(2) 記録の内容

　電子債権記録機関の変更は、変更後の電子債権記録機関が記録原簿を新たに作成し、記録機関変更記録をすることによって行われます（電子記録債権法47条の2第2項）。

　かかる記録機関変更記録の請求は、変更される電子記録債権の債務者全員の承諾を得て、当該電子記録債権の債権者が、変更前の電子債権記録機関に行うものとされています（電子記録債権法47条の3第1項・3項）。請求を受けた電子債権記録機関は、変更後の電子債権記録機関に対して、記録事項等を通知するものとし、変更後の電子債権記録機関は、当該通知を受けて、上記の記録機関変更記録を行うものとされています（同法47条の3第5項、47条の5第1項）。

　なお、電子記録債権の記録において、または変更後の電子債権記録機関の業務規程において、記録機関変更記録が禁止または制限されており、これに抵触

する場合は、記録機関変更記録を行うことはできません。

(3) 制度の状況

　上記のとおり、電子債権記録機関間で様々な情報のやり取りを行う必要がありますので、これを可能とするシステムの構築等の制度整備が必要となります。これについては、でんさいネットにおいて、2016年度中を目途に、電子債権記録機関間で電子記録債権の移動が可能となるスキーム案を策定し、でんさいネットを含む各記録機関が、コストや顧客ニーズ等を踏まえた対応を検討することが論点とされています（2016年6月8日決済高度化官民推進会議（第1回）資料4参照）が、現在においても、各電子債権記録機関では、記録機関変更記録はできないものとされています。実現には様々な課題が想定されますが、今後の議論には注視が必要でしょう。

Q9-8

上記のほか、電子記録債権の利用拡大に向けた取組みは行われていますか。

A (1) 手形の代替

　政府の成長戦略である「未来投資戦略2017」において、オールジャパンでの電子手形・小切手への移行が掲げられたことを受け、全国銀行協会にて2017年12月に発足した「手形・小切手機能の電子化に関する検討会」において、手形はでんさいネットが取り扱う電子記録債権「でんさい」に、小切手は振込に移行する方向で検討が進められています。手形のでんさいへの移行については、現在の手形の利用実態の把握、社会的なコストの検証のほか、手形でいう白地手形の運用ができない点や、現在の電子債権記録機関においては消費者としての個人利用ができない点などの手形法と電子記録債権法の法制度の差分、金融機関における債権回収方法の違い等を踏まえた調査、検討が必要とされており、今後の展開が注目されます。

(2) 地方自治体における電子記録債権の活用

　従前、電子記録債権は、公的機関の支払いに活用されていませんでしたが、公的機関の事業等における受注企業に対する支払いに電子記録債権を発生させることは、当該企業の資金調達の円滑化に効果的であり、地域活性化や電子記録債権の普及促進に資するものと期待されており、早期に活用が図られるように積極的に取り組むものとされました（決済WG報告20頁、2016年6月8日決済高度化官民推進会議（第1回）資料3参照）。これを受けて、近年、電子記録債権による支払いを行う地方自治体が現れるようになり、今後のさらなる広がりが期待されます。

(3) 電子記録債権制度の海外展開

　日本の電子記録債権制度は、ITを活用して、電子的な手続で債権を発生させ、譲渡を行うことを可能とする制度として、世界的に例がなく、金融・IT融合の動きの中でも先駆的な取組みとなる可能性があるものと期待されています。特に、アジア諸国において、電子記録債権制度の導入に関心が示されており、例えば、多数の日本企業が展開するアジアの主要新興国において、電子記録債権制度導入の具体的な事業化に向けた取組みを展開していくことが検討されています（決済WG報告21頁、2016年6月8日決済高度化官民推進会議（第1回）資料3参照）。

(4) ブロックチェーン技術との連携

　電子記録債権制度は、デジタル情報に基づき金銭債権の発生等を取り扱う制度となりますので、情報技術の進展はもとより親和性が高い性質を有するものといえます。このような電子記録債権制度の特性を踏まえ、情報等に関する新たな分散管理技術であるブロックチェーンの技術を電子記録債権にも活かす方向での検討が進められています。具体的には、例えば、株式会社全銀電子債権ネットワークが公表している「でんさいネットシステムにおけるブロックチェーン技術の利用可能性に係る実証実験の実施について」（2017年10月31日）や、一般社団法人全国銀行協会の下で検討が進められた「ブロックチェーン技術の活用可能性と課題に関する検討会」の「ブロックチェーン技術の活用

可能性と課題に関する検討会報告書」（2017年3月16日）における検討などがこのような検討の実例として参考になります。

> **コラム　手形と電子記録債権の意外な共通点**
>
> 　電子記録債権は、金銭債権の発生や消滅などを電子的に記録することができる画期的な制度ですが、法的な点について見れば、実は、従前から一般的に利用された手形債権に類似する側面が多くあります。例えば、手形においては、その流通を促進するため、人的抗弁の切断などの各種の制度が設けられていますが、電子記録債権においても、類似の制度が用意されています。**Q9-8**(1)のとおり、手形の電子化の方法として、「でんさい」への移行が検討されているのも、これらの類似点に着目してのことといえます。
>
> 　電子記録債権の制度を法的な観点から本質的に理解するためには、手形制度の従前の議論を参考にすることも有益です。電子記録債権について、法的なトラブルが発生した際にも、手形において積み重ねられてきた裁判例を含む様々な議論を参考にすることも重要でしょう。
>
> 　以上の意味で、手形制度は、古くて新しい制度といえるかもしれません。

第10章
事業の拡大・再編

第 10 章 事業の拡大・再編

IPO

[関連法制　金商法]

【サービスの概要】

　X株式会社（「X社」）は、Y氏が創業したFintechを利用した会計支援サービス事業を行っており、創業以来順調に成長してきました。事業も軌道に乗り、安定して利益を上げています。しかし、X社もY氏も現状に満足しているわけではありません。さらなる事業拡大を目指しており、そのための資金を確保したいと考えていますし、有力な取引先との資本提携による関係強化も選択肢に入れています。また、創業以来、ともに汗を流してきた役員・従業員に報いたいとの思いもあります。

　X社のように一定規模以上に成長し、今後の成長が見込まれる会社にとって、IPO（株式の上場）は、有力な経営上の選択肢となります。会社自身にとって信用・知名度の向上、財務基盤の強化、資金調達手段の多様化といったメリットがあるほか、創業者やベンチャーキャピタル等の株主にとっても、投下資本を回収するための貴重な機会を提供するからです。以下では、資本政策に関する金商法や金融商品取引所の上場規則上の留意点を中心に説明します。

【Q&A】

Q10-1

IPO（株式の上場）のプロセスを教えてください。

A　IPOをするためには、金融商品取引所（東京証券取引所（以下「東証」）を念頭に置きます）に上場申請を行い、審査を経て上場の承認を得る必要があります。同時に、上場は投資家への株式の募集・売出しを伴うことが通常ですので、金商法に基づき、事業の概要やリスク、金商法に準じた監査済み財務諸表など、会社に関する詳細な情報が記載された有価証券届出書を管轄財務局に提出しなければなりません。上場承認から上場までは1、2か月程度かかりますが、上場審査に耐えられる内部管理体制等の整備は一朝一夕でできるものではなく、複数年にわたる準備期間を要することが通常です。

具体的に上場準備を開始する場合は、IPO実務に詳しい証券会社、監査法人、弁護士等に相談するのがよいでしょう。

Q10-2

IPOの準備期間に検討すべき資本政策とは何ですか。

A　IPOの準備期間には、会社にとってIPO前後で必要な資金調達、株主の投下資本回収方法、株主構成の最適化、役員・従業員へのインセンティブ制度の導入といった資本政策の検討と実行を進めることとなります。資本政策は、やり直しが非常に困難ですから、慎重に検討する必要があります。

特に、株主構成の最適化として、安定株主や、上場審査基準である一定の株主数や株式の流動性を確保する観点から、IPOに先んじて、取引先や事業パートナーに株主になってもらうことがあります。

Q10-3

IPOに先んじて、取引先や事業パートナーに株主になってもらう場合の留意点を教えてください。

A　取引先や事業パートナーに株主になってもらう方法としては、会社が株

式を発行して割り当てたり（第三者割当増資）、創業者等の株主が保有株式を譲渡することが考えられます。

　会社による株式の第三者割当ては、「新たに発行される有価証券の取得の申込みの勧誘」（金商法2条3項）（以下「取得勧誘」）に当たり、原則として「有価証券の募集」に該当するため、勧誘の相手の人数および発行価額の総額などが一定の要件を満たさない限り、IPO前であっても、当該会社による有価証券届出書の提出が必要になります。また、株主による保有株式の譲渡も、「既に発行された有価証券の売付けの申込み又はその買付けの申込みの勧誘」（金商法2条4項）（以下「売付け勧誘等」）に当たり、原則として「有価証券の売出し」に該当するため、同様です。

　監査済みの財務諸表も含まれる有価証券届出書の提出は、きわめて大きな負担であるとともに、1度有価証券届出書を提出すると、その後も金商法上の継続開示義務を負うこととなり、同レベルの開示（有価証券報告書等の提出）を続けなければならなくなりますので、有価証券届出書の提出義務が生じない形で、上記施策を実行することが通常です。

　提出義務を免れる主な方法として、①価額の合計を1億円未満とする少額免除（金商法4条1項5号）と、②勧誘対象を50人未満とする少人数私募・私売出し（金商法2条3項2号ハ、同法施行令1条の5等）の2つが挙げられます。

　①の少額免除については、1億円のカウントにあたって、募集・売出し開始前の1年以内に行われた株式や新株予約権の募集・売出しの価額を合算する（1年通算ルール）点に留意する必要があります。また、1年通算ルールとは別に、価額の合計が1千万円超1億円未満の場合は、募集・売出し開始の前日までに有価証券通知書の提出が必要になることにも留意する必要があります。

　②のうち、少人数私募（第三者割当増資の場合）については、第三者割当増資による株式発行日以前6か月以内に発行された株式の取得勧誘の対象も50人にカウントされます（6か月通算ルール）ので、複数回実施する場合は留意する必要があります。これに対し、少人数私売出し（株主の保有株式の譲渡の場合）については、売付け勧誘等開始以前1か月以内に行われた株式の売付け勧誘等の対象が50人にカウントされます（1か月通算ルール）ので、やはり留意が必要です。また、いずれの場合も、50人のカウントは、実際に株式を取得

する先の数ではなく、勧誘ベースで行われる点にも留意してください。

　なお、上記の金商法上の制約のほか、上場規則上、短期利得行為を防止し、株式上場の公正性を確保することを目的とした「公開前規制」が存在します。例えば、上場前の第三者割当てによる株式譲渡のタイミングが、上場申請日の直前事業年度の末日の1年前の日以後である場合には、株式の譲渡先から、上場後6か月を経過する日まで株式を継続所有する旨の確約をとらなければなりません。また、上場申請日の直前事業年度の末日の2年前の日から上場日の前日までの期間において、会社や主要株主といった特別利害関係者等が株式の譲渡または譲受け等を行っている場合、東証に提出する上場申請のための有価証券報告書において、当該株式の移動内容（移動年月日、移動前所有者および移動後所有者の状況等）、移動株数、価格、移動理由等を開示する必要があります。

　これらの規制を遵守しない形で株式の発行や譲渡、ストックオプションの付与を行った場合、IPOそのものにも支障を来すおそれがありますので、事前に慎重に検討した上で実行に移すことが重要です。

Q10-4

IPOに先んじて、役員・従業員に対して、株式等を利用したインセンティブ報酬を付与したいと考えています。どのような方法がありますか。

A　役員・従業員へのインセンティブ報酬としては、ストックオプション（新株予約権）の付与が挙げられます。新株予約権とは、あらかじめ定められた期間内に、あらかじめ定められた額（新株予約権の行使価格）の金銭等を出資することにより会社から一定数の株式の交付を受けることができる権利をいいます（会社法2条21号、236条1項）。これにより、上場後に株価が行使価格以上に上昇した場合には、役員・従業員はストックオプションを行使して取得した株式を売却することで利益を得られますので、役員・従業員は、会社を成長させ株価を上昇させることについて強いインセンティブを持つこととなります。

　また、福利厚生の一環として、従業員持株会を設立して、従業員が自社株式

第10章　事業の拡大・再編

を継続購入できるようにすることも考えられます。株式購入を奨励するため、持株会に加入した会員に奨励金を付与する場合もあります。

　以上のほかにも信託を活用して役員・従業員に株式や新株予約権を付与する方法など多様なメニューが存在し、それぞれ株価上昇へのインセンティブの強さや付与対象、コスト、税務・会計上の扱いが異なります。

Q10-5

IPOに先んじて、役員・従業員に対してストックオプションを付与する場合の留意点を教えてください。

A　役員・従業員へのインセンティブ報酬の1つが、ストックオプション（新株予約権）の付与です。

　ストックオプションの付与も新株予約権という「新たに発行される有価証券の取得の申込みの勧誘」（取得勧誘）であるため、Q10-3と同様に、①少額免除または②少人数私募の要件を遵守することで、有価証券届出書の提出義務が生じないようにする必要があります。

　もっとも、ストックオプションについては特例があり、①ストックオプションに譲渡制限が付されており、かつ、②付与対象者が会社、その完全子会社またはその完全孫会社の取締役、監査役、使用人等のみである場合には、付与対象が50人を超える場合でも有価証券届出書の届出義務が免除されます（金商法4条1項1号、同法施行令2条の12等）。

　なお、上記の金商法上の制約のほか、上場規則に基づく「公開前規制」が存在する点も、Q10-3と同様です。例えば、ストックオプションを上場申請日の直前事業年度の末日の1年前の日以後に割り当てた場合、割当先から、上場日の前日または当該新株予約権の行使を行う日のいずれか早い日までストックオプションを所有する旨の確約をとらなければなりません。なお、上場申請日の直前事業年度の末日の1年前の日から上場日の前日までの期間においてストックオプションが行使され株式が交付された場合、上場日の前日まで当該株式を継続所有する旨の確約をとらなければなりません。

これらの規制を遵守しない形でストックオプションを付与した場合、上場申請の不受理などIPOそのものにも支障を来すおそれがありますので、事前に慎重に検討した上で実行に移すことが重要です。

第10章　事業の拡大・再編

M&A

[**関連法制**　会社法、金商法]

【サービスの概要】

Fintechを利用した会計支援サービス事業を行っているX株式会社（「X社」）は、創業以来順調に成長し、安定して利益を上げていますが、さらなる事業拡大や事業の多角化を目指しています。そのため、有力な取引先との資本提携による関係強化や、同業他社を買収することにより事業規模を拡大することを考えています。

また、事業の多角化を図るため、他のFintech分野への進出も考えていますが、自社で技術を開発するのには時間がかかるため、すでに先行してサービスを提供している他社から、M&Aにより技術や事業を取得することを考えています。

【Q&A】

Q10-6

M&Aとは、どのような意味ですか、またどのような手法がありますか。

A　M&Aとは、「Mergers and Acquisitions」の略で、2つ以上の会社が1つになったり（合併）、ある会社が他の会社を買ったりすること（買収）を意味します。

企業の合併・買収の方法としては、①株式譲渡、②事業譲渡、③会社分割、

④合併、⑤株式交換、⑥株式移転、⑦第三者割当ての引受けがあります。

また、M&Aの広義の意味としては、企業の合併・買収だけでなく、提携までを含める場合もあります。

提携には、資本の移動を伴わない「業務提携」（共同開発・技術提携、販売提携等）と、より強力な関係を構築するためにお互いに株式を持ち合う「資本提携」や、片方のみがもう一方の会社の株式を取得する「資本参加」があります。資本提携・資本参加は、株式譲渡、第三者割当ての引受けの方法で行われます。

Q10-7

株式譲渡とは、どのような方法ですか。

A　株式譲渡とは、M&Aの対象となる会社（対象会社）の支配権を取得し、または支配に参画するために、対象会社の株主からその保有する対象会社株式の全部または一部を取得する取引行為です。M&Aにおいて最も多く利用される手法の1つです。株式譲渡による株式取得は、売主と買主との間の株式の売買であり、相対で取得する方法と、株式市場において取得する方法があります。後者の場合、金商法に基づく大量保有報告書の提出や、金融商品取引所の規則に基づく適時開示、金商法上の公開買付け（TOB）規制、インサイダー取引規制に留意する必要があります。

株式譲渡の手続ですが、態様としては株式の売買という取引行為にすぎませんので、原則として、会社法上必要となる手続はありません。もっとも、譲渡の対象となる株式の価値が高い場合には、重要な財産の処分・譲受けに該当しますので、取締役会の決議が必要となります（会社法362条4項1号）。また、2014年の会社法の改正により、親会社が子会社の株式を他社に譲渡する場合には、一定の要件を満たす場合、親会社の株主総会の特別決議による承認が必要となりました（会社法467条1項2号の2）。

株式譲渡の効力についてですが、対象会社で株券が発行されていない場合には、株式譲渡の効力は合意により生じますが、株券が発行されている場合には

当該株券の交付が必要となります（会社法128条1項）。そして、対象会社の株式が譲渡制限株式である場合には、対象会社の株主総会または取締役会の承認が必要です（会社法139条1項）。

Q10-8

事業譲渡とは、どのような方法ですか。

A　事業譲渡とは、会社が事業の全部または一部を他の会社に譲渡する取引上の行為です。

　事業譲渡契約という取引行為により、資産や負債等が個別に、譲渡会社から譲受会社に承継されます（特定承継）。そのため、何を譲渡して、何を譲渡しないのか、譲渡の対象となる資産・負債を比較的自由に選別することができるというメリットがあります。反面、個別に資産・負債を移転するための手続や対抗要件具備手続が必要となるため、手続が煩瑣でありコストがかさむケースもあります。

　事業譲渡の手続ですが、事業の全部の譲渡の場合、譲渡会社および譲受会社の双方において、原則として株主総会の特別決議による承認を得る必要があります（会社法467条1項1号・3号）。また、事業譲渡に反対する株主には株式買取請求権が認められるため（会社法469条1項）、譲渡会社および譲受会社は株主に対し、事業譲渡を行う旨を通知・公告する必要があります（会社法469条3項・4項）。

　事業の一部の譲渡の場合、当該事業が重要なものであり、かつ当該事業が一定の規模を超える場合には、譲渡会社において原則として株主総会の特別決議が必要です（会社法467条1項2号）。この場合も、反対株主には株式買取請求権が認められるため、譲渡会社は前述の通知・公告をする必要があります。他方、譲受会社はこのような手続を経る必要はありません。もっとも、譲り受ける事業が「重要な財産」に当たる場合には、取締役会の決議が必要となります（会社法362条4項1号）。

M&A

Q10-9

会社分割とは、どのような方法ですか。

A 会社分割とは、会社が、その事業に関して有する権利義務の全部または一部を分割し、他の会社に承継させることを目的とする組織法上の行為です。

会社分割のうち、対象会社（分割会社）が権利義務の全部または一部を、既存の会社（承継会社）に承継させるものを「吸収分割」、会社分割により新たに設立する会社（新設会社）に承継させるものを「新設分割」といいます。

会社分割では、分割の対象とされた権利・義務が、個別の承継であれば必要とされる個々の権利義務の移転に関する手続や行為を要することなく、法律上の効果として、承継会社または新設会社に承継されます（一般承継）。

会社分割の手続ですが、吸収分割の場合は、当事者となる会社（分割会社と承継会社）の間で、吸収分割契約を締結します（会社法757条）。新設分割の場合は、対象会社（分割会社）が新設分割計画を作成します（会社法762条）。

次に、各当事会社は、吸収分割契約または新設分割計画に関する書面等を本店等に備置し（会社法782条1項、794条1項、803条1項）、吸収分割契約または新設分割計画について、株主総会の特別決議による承認を得る必要があります（会社法783条1項、795条1項、804条1項）。

そして、各当事会社は、債権者保護手続（会社法789条1項2号、799条1項2号、810条1項2号）や、反対株主の株式買取請求にかかる手続（会社法785条1項、797条1項、806条1項）等を行う必要があります。

Q10-10

合併とは、どのような方法ですか。

A 合併とは、複数の会社が合体して形式的にも実質的にも1個の会社とな

る組織法上の行為です。

　当事会社の1社が合併後も存続会社として存続し、合併により消滅する会社の権利義務を承継するものを「吸収合併」、当事会社のすべてが合併により消滅し、それらの会社の権利義務が合併により新たに設立する新設会社に承継されるものを「新設合併」といいます。

　合併の手続ですが、会社法上必要とされる手続は、会社分割の場合とほぼ同じです。

　当事会社間における合併契約の締結（会社法748条）、各当事会社による合併契約に関する書面等の備置（会社法782条1項、794条1項、803条1項）、株主総会の特別決議による合併契約の承認（会社法783条1項、795条1項、804条1項）、債権者保護手続（会社法789条1項1号、799条1項1号、810条1項1号）、反対株主の株式買取請求にかかる手続（会社法785条1項、797条1項、806条1項）等が必要となります。

Q10-11

株式交換とは、どのような方法ですか。

A　株式交換とは、既存の株式会社（対象会社）がその発行済株式の全部を他の会社（買収会社）に取得させ、買収会社が対象会社の株主に対し対価を交付する、組織法上の行為です。

　株式交換により、対象会社は、買収会社の100％子会社となります。

　株式交換の手続は、まず、当事会社間で、株式交換契約を締結し（会社法767条）、その後、各当事会社は、株式交換契約に関する書面等を備置し（会社法782条1項、794条1項）、株式交換契約について株主総会の特別決議による承認を得る必要があります（会社法783条1項、795条1項）。

　そして、各当事会社は、債権者保護手続（会社法789条1項3号、799条1項3号）や、反対株主の株式買取請求にかかる手続（会社法785条1項、797条1項）等を行う必要があります。

Q10-12

株式移転とは、どのような方法ですか。

A 株式移転とは、既存の株式会社（対象会社）がその発行済株式の全部を新たに設立する会社に取得させ、対象会社の株主は、新たに設立された会社の株主となる、組織法上の行為です。

株式移転の手続ですが、会社法上必要とされる手続は、株式交換の場合とほぼ同じです。

株式移転計画の作成（会社法772条）、対象会社による株式移転計画に関する書面等の備置（会社法803条1項）、株式移転計画についての株主総会の特別決議による承認（会社法804条1項）、債権者保護手続（会社法810条1項3号）や、反対株主の株式買取請求にかかる手続（会社法806条1項）等を行う必要があります。

Q10-13

第三者割当ての引受けとは、どのような方法ですか。

A M&Aの手法としての第三者割当ての引受けは、対象会社が特定の第三者に対して新株発行または自己株式の処分を行う際に、これらの株式の割当てを受けることより、対象会社の支配権の取得、あるいは支配への参画を行うことです。

公開会社の場合には、取締役会の決議により、新株の発行・自己株式の処分と募集事項（募集株式の数、払込金額、払込期日・期間、増加する資本金・資本準備金に関する事項等）の決定を行うことになります。

もっとも、株式の有利発行となる場合には、株主総会決議が必要となります（会社法199条2項・3項、201条1項）。

また、上場会社が、第三者割当てを行う場合には、金商法関連法令等および金融商品取引所規則上の開示規制、手続規制等に留意する必要があります。

詳細については、Q10-3を参照してください。

公開会社でない株式会社の場合には、有利発行か否かを問わず常に、株主総会の特別決議によって募集事項を決定しなければなりません。もっとも、株主総会の特別決議によって、募集事項の決定を取締役会に委任することはできます。有利発行の場合には、取締役は、株主総会において、その金額で募集することが必要となる理由を説明しなければなりません。

Q10-14

M&Aを行う場合、その手順や流れを教えてください。

A　M&Aは、様々な目的で、様々な方法で行われ、その手順が法律で決まっているわけではありませんが、いずれの場合においても共通する流れとしては、一般的には、①企業または事業の、売却または買収を、どの企業との間で行うかという取引相手を選定するプロセス（選定プロセス）、②当該取引相手と最終的にどのような条件で契約を締結するのか（あるいは締結しないのか）という契約交渉のプロセス（契約交渉プロセス）、③締結した契約内容を意図したとおりに実現させるかという契約実行のプロセス（契約実行プロセス）に大別することができます。

Q10-15

選定プロセスでは、どのようなことを行うのですか。

A　一般に、M&Aのプロセスは、売主の意向で開始される場合と、買主の意向で開始される場合に分けられます。以下では、売主における買主の選定

プロセスについて説明します。なお、売主は、買主候補を募集するにあたり、フィナンシャルアドバイザー（FA）を雇うことが効率的とされています。

(1) ティーザーの作成、送付

FAは、売却の対象となる企業または事業の概要（企業名は記載せず、事業分野・事業規模・業績等を記載）を書いた書面（「ティーザー」または「ノンネームシート」）を作成し、買主候補となりうる会社を複数ピックアップした「ロングリスト」と呼ばれる候補者リストを元に、ティーザーを送付します。ティーザーに対して反応があった先の中から、買主候補を絞り、「ショートリスト」を作成します。

(2) 秘密保持契約の締結

そして、より詳細な情報を開示し、買主を選定する入札手続に参加するため、売主またはそのFAと、買主候補は、秘密保持契約（CA：Confidential AgreementまたはNDA：Non Disclosure Agreement）を締結します。

(3) インフォメーションパッケージの送付

その後、売主のFAから、買主候補に対し、売却対象となる企業または事業に関する詳細な資料（インフォメーションパッケージ）が提供されます。インフォメーションパッケージには、社名、会社概要（住所、代表者名、事業所名、組織図等）、事業内容、過去の財務数値、将来の財務計画数値、製品・サービスの状況（セグメント別数値、主要な取引先等）、不動産保有状況、その他対象会社・事業の内容を把握できる情報が列挙されます。

入札の場合には、入札手続やスケジュール等が記載されたプロセスレターも合わせて交付されます。

(4) バリュエーション

買主候補は、インフォメーションパッケージにより得られた情報をもとに、売却対象となっている会社または事業の価値を算定します。もっとも、このときは、まだ本格的な調査の前段階であるため、企業価値の算定は概算で行うこ

とになります。

M&Aにおける企業価値とは、株主や債権者といった資金提供者にとっての企業の価値の合計を意味します。すなわち、企業価値は、総株主にとっての会社の価値（株主価値）に、有利子負債（債権者価値）を加えたものとなります。

企業価値をどのように評価するかについては、様々な手法があります。一般的には「インカム・アプローチ」、「マーケット・アプローチ」、「ネットアセット・アプローチ（コスト・アプローチ）」の3つに分類され、これらのいずれか、または複数の手法を組み合わせて企業価値の算定を行います。

「インカム・アプローチ」は、評価対象となる会社・事業から期待される利益、ないしキャッシュフローに基づいて価値を評価する方法です。「インカム・アプローチ」の代表的な例として、「ディスカウンテッドキャッシュフロー法（DCF法）」があります。これは、評価対象会社の将来期待される一連のキャッシュフロー（事業計画に基づいて算出されます）を、それが実現するのに見込まれるリスク等を反映した割引率で、現在価値に割り引いて株価や企業価値を算定する方法です。DCF法を使う場合には、事業計画の合理性や割引率の適切な決定が重要となります。

「マーケット・アプローチ」は、上場している同業他社や類似取引事例等、類似する会社、事業、または取引事例と比較することによって、相対的に価値を評価するアプローチです。もっとも、Fintech企業のような新規ビジネスの場合は、類似上場会社や類似取引事例がない場合も多いので、評価方法として向いていないおそれがあります。

「ネットアセット・アプローチ（コスト・アプローチ）」は、株式の評価を前提とした場合、主として会社の貸借対照表上の純資産に着目したアプローチです。知的財産権や無形資産は貸借対照表に計上されないため、Fintech企業のように、これらの価値が大きいケースでは、評価方法として向いていないおそれがあります。

(5) 基本合意書の締結

買主候補が基本条件を提示し、売主が特定の買主候補に絞った交渉を継続することを決めた段階で、買収対象やスキーム、買収金額、独占交渉権の付与、

その期間、秘密保持義務、デュー・ディリジェンスへの協力義務、費用分担等、その時点までの当事者の了解事項を確認する目的で、基本合意書（MOU：Memorandum of Understanding または LOI：Letter of Intent）を締結します。

基本合意書の内容のうち、独占交渉権の付与・期間、秘密保持義務、費用分担については法的拘束力を持たせますが、買収金額等については、その後の調査や事情の変更等により変更されますので、法的拘束力を持たせないことが多いです。

Q10-16

契約交渉プロセスでは、どのようなことを行うのですか。

A 契約交渉のプロセスでは、主に、デュー・ディリジェンス（DD）を実施し、買収条件の交渉を行い、最終契約を締結することになります。

(1) デュー・ディリジェンス（DD）の実施

買主候補は、対象会社・事業の各種リスクを調査するため、事業、財務、税務、法務等の各観点から DD を実施します。

事業 DD は、売主の事業性・収益性や買主とのシナジー効果を評価するために行われる調査です。

財務 DD は、会計面から、過去の損益や現在の財務状況を調査し、不適切な会計処理（粉飾決算等）の有無や会計処理上の誤りの有無等を検証します。

税務 DD は、売主における税務リスクの検証や、買収ストラクチャーの策定に必要なタックスプランニングの立案の前提となる事実関係を調査します。

法務 DD は、組織、契約、資産・負債、知的財産権、労務、コンプライアンス、許認可、紛争等について、法的リスクの有無を調査し、買収後の事業運営に必要な許認可その他の手続の洗出し、各種リスクの排除の方策の検討、最終契約書における手当てを行うために実施されます。

(2) 最終契約の締結

各種 DD を経て、買主候補は、売主に対し、最終的な買収価格、買収ストラクチャーその他の買収条件を提示し、交渉を行います。

交渉がまとまった場合、買収価格や、買収ストラクチャー、表明保証、誓約事項、クロージング条件、買収後の補償、クロージングの手順等について詳細に規定した最終契約書を締結します。

Q10-17

契約実行プロセスでは、どのようなことを行うのですか。

A 最終契約の調印後、一定期間経過後に、代金の支払い等の取引の実行（クロージング）が行われます。

(1) クロージング準備

最終契約の調印後、クロージングの準備として、法令等に基づき要請される手続や、事業に関する契約に基づき要請される手続を実施し、DD において発見された瑕疵の治癒等を行います。

準備が整った後、クロージングに先立ち、関係者が一堂に会し、クロージングに必要な各種書類等がすべて整っていることを確認するプレクロージングを行うこともあります。

(2) クロージング

クロージング当日は、すべての手続書類の存在等、最終契約上の義務履行の提示条件が充足されたことを確認した後に、買主から買収対価が提供されます。

その後、売主が、買収対価が支払われたことを確認する等して、必要書類等を買主に交付します。

(3) ポストクロージング

最終契約の規定の中には、クロージング後に行う作業もあります。例えば、株式譲渡の場合、新役員の選任のための株主総会の開催等が考えられます。また、最終契約に基づき、誓約事項の実施や、価格調整等を行う場合もあります。このように、クロージング後において、最終契約に基づいて当事者が実施する手続をポストクロージング手続といいます。

Q10-18

X社は、Fintech事業を営むY社から、その事業を買収することになりましたが、買収後にY社が競合するサービスの提供を始めないかと心配しています。また、Y社の株主からY社のすべての発行済株式を買い取ることで、Y社の支配権を獲得することも検討したのですが、当該株主が新たに会社を立ち上げて、競合サービスを始めるかもしれません。どうすれば、売主が競合サービスをすることを防げますか。

A　M&Aを実行した後、売主が、競合する事業を展開した場合、買主としては、獲得した商権が脅かされ、M&Aのそもそもの目的が達成できないことになってしまいます。

そのため、最終契約において、売主のクロージング後の義務として、このような行為を行わないよう、競業を禁止する義務（競業避止義務）を課す規定を置くことが考えられます。

一方、売主としては、自由な事業活動が制約されることになりますので、競業を禁止される事業の範囲を明確化し、地域や期間等を限定する等して、競業避止義務の範囲を合理的なものに限定するよう、買主と交渉することになります。

なお、Y社の事業を、事業譲渡の方法で買収する場合、会社法21条により、売主であるY社は、当事者の別段の意思表示がない限り、同一の市町村の区域内およびこれに隣接する市町村の区域内において、事業譲渡日から20年間（30年まで加重可）、競業避止義務を負うことになります。

もっとも、インターネットを通じて、広範な地域で事業を行う Fintech 企業の場合、地域を限定する会社法上の競業避止義務は、実情に合致しないので、最終契約で明確に定めておく必要があります。

Q10-19

X 社は、Y 社の優秀な高度な技術力を持つ従業員に着目して、Y 社を買収することにしました。しかし、買収にあたって、Y 社の従業員が退職し、技術力やノウハウが流出しないかが心配です。また、あまり仕事のできない従業員は、この際退職してもらいたいと思っています。M&A においては、従業員はどのように扱われますか。

A　M&A において、対象会社と従業員の労働契約がどのような影響を受けるかは、次のように、M&A のストラクチャーにより異なります。

①合併の場合

　　合併の場合、労働契約も含めて、すべての権利義務が包括的に承継されます（包括承継）。労働契約の承継には、労働者の同意は必要なく、労働契約の内容も変更されません。

②会社分割の場合

　　会社分割の場合、吸収分割契約または新設分割計画に承継の対象として記載された権利義務および契約上の地位が、当然に承継会社等に承継されます。どの労働者の労働契約が承継会社等に承継されるかについても吸収分割契約・新設分割計画の規定に従います（部分的包括承継）。労働契約の承継には、労働者の同意は必要なく、労働契約の内容も変更されません。ただし、労働者に不利益が生じないよう、会社分割に伴う労働契約の承継等に関する法律による規制が行われています。

③事業譲渡の場合

　　事業譲渡は、合併や会社分割と異なり、包括承継ではなく、事業譲渡契約に定めたもののみが承継される特定承継です。労働契約についても、事業譲渡契約の定めに従い承継されます。

この場合、労働者の同意が必要となります（民625条1項）。すなわち、対象会社の事業の運営に不可欠な人材についての労働契約が、当然承継されるわけではありません。

　Y社の優秀な高度な技術力を持つ従業員を確保したい場合、X社はY社と、人材確保に関する特別な合意をしておく必要があります。例えば、最終契約において「キーマン条項」を置き、キーマンのX社への移籍についての同意を取得することをクロージング条件とすることもあります。

　逆に、事業譲渡契約において、特定の従業員のみを選別して承継し、選別から漏れた一部の従業員を承継しないことを定めることは可能です。しかし、承継されない従業員が不満に思い、事業譲渡契約における労働者の一部を承継しない旨の合意が無効であるという主張や、譲受会社であるX社に対して労働契約上の権利を有する地位にあることの確認を求める訴訟を提起してくる可能性もあります。裁判実務においては、勝英自動車学校事件（東京高判平成17・5・31労判898号16頁）のように、事案によって

【M&Aにおける労働契約の取扱い】

	労働契約の承継	労働者への不利益	承継労働者の選別の可否	労働条件の変更の可否
合併	包括承継	なし	不可	不可
会社分割	部分的包括承継	承継強制、承継排除の不利益がありうる	不可	不可
事業譲渡	特定承継	承継強制の不利益はないが、承継排除の不利益はある	可	可
株式譲渡 第三者割当ての引受け 株式交換 株式移転	承継が発生しない	なし	不可	不可

は、法人格否認の法理の適用や、公序良俗違反により、事業譲渡契約における労働契約の一部の不承継に関する合意が無効とされるおそれもありますので、注意が必要です。

④株式譲渡、第三者割当ての引受け、株式交換、株式移転の場合

　対象会社の株主が変わるだけで、労働契約も含めて対象会社の権利義務に変化はありません。そのため、労働契約の承継という問題がそもそも生じません。

以上のように、M&Aのストラクチャーを決めるにあたっては、労働契約への影響も考慮する必要があります。

Q10-20

X社は、銀行が持つ顧客基盤を有効に活用したいと考え、Z銀行からの資本提携の申入れを受け入れようと考えています。このとき何に留意する必要がありますか。

A　銀行法により、銀行が行うことのできる業務は、銀行業務の公益性や健全性などを考慮し、一定の範囲に限定されています。また、銀行が一般の事業会社に出資を行う場合についても、その出資比率などに一定の限定が設けられており、銀行が一般の事業会社に出資を実行する場合には法令上の制約があります。このような銀行法上の制約について留意する必要があります。

　詳細については、Q1-1以下を参照してください。

Q10-21

Fintech 事業を営む Y 社が倒産したとのニュースを聞きつけた X 社は、Y 社の事業を買収したいと考えました。この場合、X 社は、誰と交渉すればよいでしょうか。また、何か注意する点はありますか。

A　Y 社が、会社更生手続を行っている場合、手続を遂行するのは管財人ですので、交渉相手は管財人となります。株主総会の決議は必要ありません。更生計画外で事業譲渡を行う場合には、債権者の意見を聴取した上で、裁判所の許可を得る必要があります（会社更生法 46 条）。更生計画によって事業譲渡をすることも可能です（会社更生法 167 条 2 項）。

　Y 社が民事再生手続を行っている場合、手続を遂行するのは債務者自身ですので、交渉相手は、債務者会社の経営陣（および申立代理人）となります。ただし、監督委員の同意が必要となります。再生計画外で事業譲渡を行う場合、債権者の意見を聴取した上で、裁判所の許可を得る必要があります（民事再生法 42 条）。また、株主総会決議も必要となります。ただし、債務者が債務超過の場合には、裁判所の代替許可で、株主総会決議に代替することができます（民事再生法 43 条）。再生計画によって事業譲渡をすることも可能です。

　Y 社について破産手続が行われている場合、手続を遂行するのは破産管財人ですので、交渉相手は破産管財人となります。事業譲渡を行うには、裁判所の許可が必要です。この場合、株主総会決議も、債権者の意見聴取も必要ありません。

第10章 事業の拡大・再編

事業再編

[関連法制　破産法、会社法、民事再生法、会社更生法、産業競争力強化法、裁判外紛争解決手続の利用の促進に関する法律]

【サービスの概要】

　A社は、仮想通貨交換所を営んでおり、自らが利用者（顧客）の相手方となって仮想通貨の売買や交換を行ったり、利用者間の仮想通貨の売買または交換をマッチングしていました。

　しかしながら、ハッキングによって、A社の顧客口座から多額の仮想通貨が盗難されました。

　A社は、直ちにサービスをいったん停止し、原因の調査を始めました。しかし、調査は難航し、サービスの再開の見通しがつかない状況が長引いたことから、売上げが激減した上に、多数の顧客がサービス契約を解約するなど顧客離れが生じました。

　そのため、A社は資金繰りが回らなくなり、事業の継続が困難な、倒産状態となりました。

　A社の経営陣は、裁判所に、民事再生手続開始を申し立てることでA社を再建しようと検討を始めました。しかし、サービス再開の見通しが立たないため、事業価値の毀損を止めることができず、やむを得ず、破産手続開始の申立てを行うことになりました。

【Q&A】

Q10-22

倒産とは何ですか。

A 「倒産」とは、法律用語ではなく、明確な定義もありませんが、一般的には、企業経営が行き詰まり、弁済しなければならない債務が弁済できなくなった状態を指すといわれています。

また、経営が行き詰まるというイメージから「経営破綻」や「破綻」という表現が用いられることもあります。これらの用語も法律用語ではありません。

倒産は、その目的や、手続において裁判所の関与の有無により、種類が分かれます。

何を目的とした倒産手続かにより、会社を清算し消滅させるための「清算型」と、会社の事業を継続しながら再生を目指す「再建型」の2つに分かれます。

また、倒産手続において、裁判所が関与する「法的倒産」と、裁判所が関与しない「私的倒産」(「私的整理」、「任意整理」)の2つに分かれます。

目的と手続の組合せにより、①「清算型」の「法的倒産」、②「再建型」の「法的倒産」、③「清算型」の「私的倒産」、④「再建型」の「私的倒産」に分類されることになります。

①には、「破産」、「特別清算」があり、②には「民事再生手続」、「会社更生手続」があります。③④の私的倒産は、債務者が債権者らと任意に協議して財産関係を処理することになります。その協議の中で、会社を清算する場合もありますし、事業を継続しつつ経営の再建を図ることもあります。純然たる私的倒産の場合、裁判所をはじめとした第三者の関与はありません。

最近は、私的倒産の場合でも、統一的な一定のルールが設けられ、これに従って私的倒産手続を進めていくことが多くなっています。このような私的倒産を、準則型私的整理といいます。準則型私的整理には、「事業再生ADR」、

「地域経済活性化支援機構（REVIC）」による再生支援手続、「中小企業再生支援協議会」による再生支援手続、「特定調停スキーム」等があります。

Q10-23

破産とは、どのような手続ですか。

A　破産とは、債務者の財産すべてを換価して、債権者に配当を行う、破産法に基づく清算型の倒産手続です。申立て後、裁判所により破産手続開始決定が出されると、破産管財人が選任され、破産管財人は倒産会社の財産を管理します。破産管財人は、資産の売却や売掛金等の債権の回収等の換価業務を行います。換価業務によって形成した原資から、破産管財人は、法律に定められた債権者の優先順位と、債権額に応じて配当を行います。

Q10-24

特別清算とは、どのような手続ですか。

A　特別清算とは、株式会社が、株主総会等により解散した場合、債務超過等の理由により、清算の遂行に著しく支障を来す場合などに、裁判所のもとで清算業務を進める清算型の会社法上の手続です。株主総会で選任された清算人が資産の換価処分を行い、債務弁済の金額・時期・方法等を定める協定案を作成します。協定案は、債権者集会で出席債権者の過半数および議決権総額の3分の2以上の同意を得て可決され、裁判所の認可決定が確定することにより、効力が発生します。

破産手続と異なり、債権の調査・確定の手続や、否認権がありません。また、債権者平等原則も厳格ではなく、債権者間の衡平を害しなければよく、協定案において少額債権者を優遇することも可能です。

Q10-25

民事再生手続とは、どのような手続ですか。

A 民事再生手続とは、株式会社のほか医療法人・学校法人などを含むすべての法人および個人に適用される民事再生法に基づく再建型の法的手続です。

民事再生手続では、原則として、債務者が主体となって事業の再生を目指しますので、従来の会社の経営陣が手続を遂行することになります。ただし、監督命令により監督委員が選任され、後見的立場として、債務者による手続の遂行を監督します。債務者が一定の重要事項を行う場合には、監督委員の同意が必要となります。

経営者による手続遂行が不適切な場合には、管理命令が発令され、管財人が選任され、債務者の経営に当たる場合もあります。

債務者は、事業の再生方法（事業譲渡や100％減増資等）や、債権者に対する弁済率を定める再生計画案を作成します。再生計画案は、債権者集会において、出席債権者の過半数、議決権総額の2分の1以上の賛成が得られ、裁判所の認可決定が確定することにより、効力が発生します。

Q10-26

会社更生手続とは、どのような手続ですか。

A 株式会社のみを対象とした手続で、事業を継続しながら再建を図る会社更生法に基づく再建型の法的手続です。

裁判所に選任された管財人が、会社の経営を続けながら、更生計画案を作成し、計画に従って債務を弁済することで再建を目指す手続です。

原則として旧経営陣は管財人にはなれず、経営から外れることになります。例外的に経営破綻に責任のない役員が管財人や管財人代理として会社に残るこ

ともあり、DIP 型会社更生手続と呼ばれています。

会社更生手続は、一般債権者だけでなく、担保権者、租税公課債権者、株主等のすべての利害関係人を手続に取り込みます。そのため、担保権者も会社更生手続外で権利行使をすることはできません。

また、会社役員、資本構成、組織変更までを含んだ再建計画（更生計画）を策定できますので、会社の再建にとっては強力な手続といえます。

更生計画案は、関係人集会において、①更生債権者の議決権総額の 2 分の 1 を超える同意、②更生担保権者の議決権総額の 3 分の 2 以上の同意（期限猶予を定める計画案の場合）、議決権総額の 4 分の 3 以上の同意（減免等の権利変更を定める計画案の場合）、または、議決権総額の 10 分の 9 以上の同意（更生会社の事業全部の廃止を定める計画案の場合）が得られ、裁判所の認可決定が出されると、効力が発生します。

Q10-27

準則型私的整理とは、どのような手続ですか。

A 準則型私的整理とは、裁判所が関与しない私的倒産のうち、統一的な一定のルールが設けられ、これに従って私的倒産手続を進めていく手続です。

「事業再生 ADR」、「地域経済活性化支援機構（REVIC）」による再生支援手続、「中小企業再生支援協議会」による再生支援手続、「特定調停スキーム」があります。

(1) 事業再生 ADR

事業再生 ADR とは、産業競争力強化法に基づき、経済産業大臣の認定を受けた公正・中立な第三者（現時点では「事業再生実務家協会」のみ）が関与することにより、過大な債務を負った事業者が法的倒産手続によらずに債権者の協力を得ながら事業再生を図ろうとする手続です。

対象となる債権者は、主に金融機関だけであり、取引債権者は除外されます。

取引債権者の債権をカットすることがないため、従前どおり事業を継続でき、事業価値の劣化が少なくなります。

事業再生ADRにおいては、事業再生実務家協会が推薦し、債権者集会で選任された手続実施者が手続を主宰します。

債務者は、資産の評定、清算配当率の試算、事業再生計画案の策定等を行い、手続実施者は、事業再生計画案等につき調査をし、報告書を作成します。事業再生計画案は、債権者集会において、債権者全員の同意が得られると、効力が発生します。

(2) 株式会社地域経済活性化支援機構（REVIC）

株式会社地域経済活性化支援機構（REVIC）は、地域経済の再建を図るため、有用な経営資源を有しながら、過大な債務を負っている事業者の事業再生を支援することを目的に、株式会社企業再生支援機構法（当時）に基づいて設立された会社です。

REVICでは、債権者であるメインバンク等からの相談を受け、中小企業の事業再生計画支援や関係者の調整を行い、合意を得て支援の申込みに対する審査をし、要件を満たす場合には、債権者への債権放棄要請や債権買取り等を含む支援の決定を行うことになります。

Q10-28

仮想通貨交換所が破産した場合、利用者が預託していた金銭や仮想通貨は、改正資金決済法により、分別管理されているので、返還してもらえるのでしょうか。

A 仮想通貨交換所は、改正資金決済法により、仮想通貨交換業の登録を受けなければならず（改正資金決済法63条の2）、利用者の財産を自己の財産と分別して管理し、その管理の状況について、定期に公認会計士または監査法人の監査を受けることが求められています（同法63条の11）。

以下、預託資産が金銭の場合と仮想通貨の場合に分けて、説明します。

分別管理の具体的な方法については、仮想通貨交換業者府令により、利用者の金銭については、①銀行等への預金または貯金（ただし、利用者の金銭であることが名義により明らかなものに限ります）、②信託銀行または外国において信託業務を行う者のへの金銭信託（元本補填の契約のあるもの）により自己の金銭と分別して管理する必要があります（仮想通貨交換業者府令20条1項）。

　利用者の金銭を、仮想通貨交換所の金銭を預託している銀行口座とは別の、顧客資産用の銀行口座への預金等の形で分別して管理していたとしても、当該預金口座にかかる預金債権の債権者は名義人となっている仮想通貨交換所であり、利用者が直接、預金債権を権利行使することはできないものと考えられます。したがって、仮想通貨交換所の倒産時には、利用者は倒産債権者として、倒産手続にしたがって財産の配当を受けることになるものと考えられます（この場合、全額の弁済を受けられないことが多いものと考えられます）。利用者を委託者兼受益者とし、仮想通貨交換所を受託者とする信託契約が成立しているという見解もありえますが、このような信託契約の成立は、公共工事の請負者が、発注者である地方公共団体から支払われた前払金を、使途や払戻しが制限された専用口座で管理していたというような特殊な事案においてのみ認められています（最判平成14・1・17民集56巻1号20頁参照）。したがって、仮想通貨交換所が利用者の資産を分別管理していた場合に、このような信託契約の成立が認められるかどうかは不明です。

　これに対して、金銭信託を利用して分別管理を行っている場合、利用者を受益者とし、仮想通貨交換所を委託者、信託銀行等を受託者とする信託契約が成立していますので、信託財産である利用者が預託した金銭は、破産した仮想通貨交換所の破産財団に組み入れられることはありません（信託法25条1項）。なお、これは、民事再生や会社更生の場合も、同様です（同条4項・7項）。そして、利用者は、受益者として、信託終了時には、信託財産の返還を受けることが可能と考えられます。

　次に、仮想通貨の分別管理については、仮想通貨交換業者が、自己で管理する仮想通貨については、利用者の仮想通貨と自己の固有財産である仮想通貨を明確に区分し、かつ、当該利用者の仮想通貨について、どの利用者の仮想通貨であるかが直ちに判別できる状態（各利用者の数量が自己の帳簿により直ちに判

別できる状態を含みます）にする必要があります（仮想通貨交換業者府令20条2項1号）。具体的には、仮想通貨交換業者自身の仮想通貨を管理するウォレットとは別のウォレットにおいて、利用者ごとの保有量が帳簿により直ちに判別できる状態で管理する方法が考えられます。

また、ホワイトラベル方式を利用して仮想通貨交換所を運営する場合などで、第三者に管理させる仮想通貨については、当該第三者において、利用者の仮想通貨と自己の固有財産である仮想通貨とを明確に区分させ、かつ、当該利用者の仮想通貨についてどの利用者の仮想通貨であるかが直ちに判別できる状態で管理させる必要があります（仮想通貨交換業者府令20条2項2号）。

もっとも、たとえ仮想通貨交換所自身の管理するウォレットとは別のウォレットで利用者の仮想通貨を管理していたとしても、信託が行われていなければ、当該ウォレットは、あくまで倒産した仮想通貨交換所が管理していることに変わりがないので、その破産財団等に組み入れられることになります。

これに対して、利用者を委託者兼受益者、仮想通貨交換所を受託者とする、信託契約を締結することにより、金銭の分別管理の場合と同様に、利用者の仮想通貨が破産財団に組み入れられないようにする措置をとることは可能です。ただし、かかる業務を信託業の免許を得ていない仮想通貨交換所が行いうるかという点には留意が必要です。この点、信託業法施行令1条の2第1号の「その他の委任契約における受任者がその行う委任事務に必要な費用に充てる目的で委任者から金銭の預託を受ける行為」に該当するもの、あるいは類似するものと考え、仮想通貨交換所が付随的な業務として利用者から金銭または仮想通貨の預託を受けることも、同条の適用除外として、信託業の免許は不要とする考えもあります。

Q10-29

交換所に仮想通貨を預託していたのですが、交換所が破産してしまいました。その場合、破産管財人に対して、所有権（破産法上は取戻権）を行使して、仮想通貨の返還を請求できますか。

A　仮想通貨の法的性質は、前記のとおり、「通貨」または「通貨建資産」には該当しない電子的に記録された「財産的価値」です。

仮想通貨は、所有権の客体となるために必要な有体性および排他的支配可能性を有するとは認められないため、所有権の対象とはなりません。

この点、株式会社MTGOXの破産事件において、ビットコイン取引所を利用していた原告が、被告である株式会社MTGOXの破産管財人に対し、原告所有であるビットコインを被告が占有していると主張して、破産法62条の取戻権に基づき、その引渡しを求めて訴訟が提起され、ビットコインが所有権の客体となりうるかが争われました。

裁判所は、所有権の客体は、有体物であり、その対象となるには有体性と排他的支配可能性が認められなければならないと判断し、ビットコインは、「デジタル通貨」、「暗号学的通貨」とされ、有体性がないことが明らかであり、ビットコインアドレスの秘密鍵の管理者が、アドレスにおいて残量のビットコインを排他的に支配しているとも認められないとして、所有権に基づく原告の請求を棄却しました（ビットコイン引渡等請求事件（東京地判平成27・8・5判例集未登載））。

Q10-30

仮想通貨交換所が破産した場合、利用者が預託していた仮想通貨について、債権届出をする必要がありますか。その場合、証拠となる資料は必要ですか。配当は仮想通貨で行われるのでしょうか。

A　(1)　債権届出

改正資金決済法では、仮想通貨とは、①「通貨」または「通貨建資産」には該当しない電子的に記録された「財産的価値」であり、かつ、不特定の者との間で、商品・役務の代金決済に使用することおよび売買することが可能であって、情報処理システムで移転が可能なもの、ならびに②「仮想通貨」と交換できる「財産的価値」であって、情報処理システムで移転が可能なもの、とされています（改正資金決済法2条5項）。

利用者は、金銭を仮想通貨交換所に預託した上で、仮想通貨の売買・交換をすることになります。仮想通貨交換所は、利用者の仮想通貨の管理も行います。

　交換所が破産した場合は、利用者に対して、預かっている金銭の返還や、管理している仮想通貨の売買・交換や移転ができなくなります。

　そのため、利用者は、裁判所に、金銭の返還請求権や仮想通貨の移転請求権等について、債権届出を行い、破産手続の中で配当を受けることになります。

　株式会社MTGOXの破産事件では、ビットコイン取引所のユーザーが、破産者に対するビットコインおよび金銭の返還に関する債権として、債権届出を行っています。

　債権届出を行う場合には、債権の存在を証明する文書の写しを添付するものとされています（破産規則32条4項1号）。破産管財人は、これらの文書を、届出債権の調査を行う際の資料とします。

　債権届出を行う場合、日本円で届出をする必要がありますので、外国通貨をもって定めた債権の場合には、破産手続開始決定のときの評価額で届出を行うことになります（破産法103条2項1号ロ）。

　仮想通貨は、外国通貨ではありませんが、「金銭債権で、その額が不確定であるもの」に該当すると考えられること、外国の通貨と類似すると考えられることから、破産法103条2項1号ロの適用ないし類推適用があり、日本円で届出を行う必要があると考えられます。

　株式会社MTGOXの破産事件でも、破産手続開始決定前日のレートに換算して届出を行うこととされていました。

(2) 配　　当

　破産法においては、最後配当は、破産財団に属する財産の換価の終了後に行うものとされています（破産法195条1項）。また、届出債権についても、すべて日本円で評価されて認否が行われます。そのため、仮想通貨も含めて、すべて金銭に換価される必要があり、その後、日本円により配当が行われることが予定されています。

　したがって、破産法では、仮想通貨による配当は、もともと予定されていないといえます。

しかしながら、破産法の条文上は、文理的には、日本円で配当する旨の規定がないことから、仮想通貨での配当の余地が全くないわけではないと思われます。

実際、株式会社MTGOX事件においては、ビットコインを配布する方法を用いるか否かについて検討が行われています。

Q10-31

破産手続開始決定後に、破産会社が保有する仮想通貨の評価額が上昇し、上昇した価格で仮想通貨が売却された結果、破産会社の資産が、負債総額を上回るようになった場合、どうなるのですか。

A 破産法では、「支払不能」「債務超過」が破産手続を開始するための要件とされているため、基本的には、破産会社の資産（破産財団）が、負債総額を上回る事態を想定していません。

しかし、不動産等の資産が、想定を超えて高く売却できた等の理由により、破産財団が負債総額を上回る事例も、稀ですがあります。

破産管財人としては、法律で定められた順位に従い、財団債権に対する弁済、確定債権に対する100％配当を実施すれば破産管財業務を終えることとなります。

100％配当後に破産財団が残る場合、破産者が自然人であれば破産者本人に対し、残余の財産を引き継ぐことになります。しかし、本件の様に、破産者が法人の場合、すでに代表取締役等の代表者がいませんので、残余財産を引き継ぐ者がいません。この様な場合、清算人を選任し（法人による選任につき会社法478条1項、裁判所による選任につき同条2項）、破産管財人から清算人に対し、残余財産を引き継ぐことになります。

そして、清算人は、通常の法人の清算手続に従って、債務の弁済や、株主への分配等を行うことになります。

すなわち、破産会社の資産が、負債総額を上回るようになった場合、最終的には、破産会社の株主に、残余財産が渡ることになります。

なお、破産管財人が、清算人への引継ぎを行わず、直接、株主へ残余財産の分配をすることは、破産法上は破産管財人の業務に予定されていませんが、事案によっては、裁判所の許可を得て、株主と和解をすることにより（破産法78条2項11号）、残余財産を事実上分配することも考えられます（岡伸浩ほか編著『破産管財人の債権調査・配当』（商事法務、2017）465頁～467頁）。

Q10-32

余った資産が、株主に分配されるのは納得できません。債権者として、何かとる方法はありませんか。

A　①破産債権の評価について、評価時点を、破産手続開始決定時ではなく、債権認否のときとする等、債権調査手続における債権認否の結果を争うこと、②破産管財人に対して、仮想通貨による配当（破産法上は、配当手続（破産法第8章）ではなく、和解（破産法78条2項11号）によると考えられます）を求めることや、③法人格否認の法理等を理由に、破産会社の株主に対して、損害賠償請求を行うことや、④破産会社に対し、債権者が申立人となって、再建型法的手続（民事再生手続、会社更生手続）を申し立て、株主への分配が行われない再建計画案（再生計画案、更生計画案）を作成し、債権者集会での可決、裁判所の認可決定を得る方法等が考えられます。

しかし、①については、破産法の解釈上困難であることに加え、そもそも債権認否に対する不服申立期間が終了している場合には、改めて債権認否の結果を争うことはできないので、この方法をとることは難しいです。

また、②については、破産管財人が承諾し、裁判所が許可しなければ、実行されませんし、③については、事案によりますが、法人格が形骸化している等の事情がなければ認められることはありません。

④については、弁護士に依頼し、民事再生法や会社更生法に定められた、申立ての要件を満たしているか否か、手続開始の条件を満たしているか否かを検討し、多額の予納金を準備し、申立書等を作成し、再生計画案・更生計画案を作成し、他の債権者を説得して債権者集会で可決させる等、超えなければなら

ないハードルがあります。

　再建型倒産手続の申立てをする場合、申立ての要件として、①債務者に破産手続開始の原因となる事実（支払不能。法人の場合は債務超過も含まれる）が生ずるおそれがある場合、②弁済期にある債務を弁済することとすれば、事業の継続に著しい支障を来すおそれがある場合であることが要求されています（民事再生法21条、会社更生法17条）。本件の場合、破産手続開始申立時には支払不能や債務超過の状態にあったとしても、その後の仮想通貨の評価額の増加、および、債権認否の結果により負債の額を破産手続開始決定時の評価にとどめることにより、支払不能や債務超過はすでに解消されているため、申立要件を満たすのかが問題となります。この点、破産手続中の会社について、再建型倒産手続開始決定がなされた場合、破産手続における債権届出とは別に、再建型倒産手続において債権届出をすることが可能であること（民事再生法247条および会社更生法247条の反対解釈）に鑑みると、再建型倒産手続の申立要件を考える上で、負債については、破産手続における債権認否の結果に縛られる必要はない、と考えることも可能といえます。

　また、手続開始の条件については、①破産手続によることが債権者の一般の利益に適合するときや（民事再生法25条2号、会社更生法41条1項2号）、②再建計画案の作成もしくは可決の見込み、または、再建計画の認可の見込みがないことが明らかであるとき（民事再生法25条3号、会社更生法41条1項3号）等の場合には、申立てを棄却しなければならないが、そうでなければ手続を開始することとされています。

　①については、「債権者の一般の利益」に適合するか否かは、「利益」に関して、弁済率、弁済の時期、弁済期間等を総合的に考慮して判断されます。そして、「一般」の利益といえるかに関しては、個々の債権者や特定のグループの債権者ではなく、債権者全体にとって利益となるか否かで判断されます。典型的には破産手続による以上の弁済が期待できるか否かによります（園尾隆司＝小林秀之編『条解民事再生法〔第3版〕』（弘文堂、2013）120頁参照）。

　破産会社の株主に対する分配を行わず、その分を、債権者に対する配当に回す場合には、債権者に対して破産手続以上の弁済が可能となりますので、「債権者の一般の利益」に適合するといえます。もっとも、仮想通貨に係る債権者

以外の、普通の債権者（貸金債権者や取引債権者等）は、破産手続では100％配当を受けることができるのに、再建型倒産手続になった場合には100％配当を受けられないことになると、「債権者の一般の利益」に適合しているとは言い難いことになります。

②については、計画案の作成、その債権者集会における可決、裁判所による認可のいずれかについて、その見込みがないことが「明らか」な場合には、手続は開始されないということになります。具体的には、過半数の議決権額を有する債権者が、反対しているような場合です。

以上のような諸条件をクリアしているようであれば、④の再建型法的手続の申立ての方法は債権者がとりうる有効な手段といえるでしょう。

Q10-33

破産手続中の仮想通貨取引所に対して、民事再生手続の申立てをすることができるのですか。申立てが行われた場合、その後の手続はどのように進むのでしょうか。

A 前記Q10-32に記載したとおり、申立要件等を満たしている場合には、破産手続中であっても、債権者は、民事再生手続の申立てをすることが可能です。

申立てが行われた場合、裁判所は、前記Q10-32に記載された申立要件や手続開始条件の有無について審査を行います。また、裁判所は、調査委員を任命し（通常は弁護士が任命されます）、申立要件や手続開始条件の有無について、調査させることができます（民事再生法62条）。

調査委員の調査結果を踏まえて、裁判所は、再生手続開始決定を行うか、申立てを棄却するかを判断します。

再生手続が開始されると、これまでの破産手続は中止されます（民事再生法39条1項）。

以後、民事再生法に従い再生手続が進行し、債権調査、財産評定、再生計画案の作成、債権者集会における再生計画案の可決、再生計画に対する認可決定、認可決定の確定、再生計画の履行（債権者への配当等）等が行われます。

第10章　事業の拡大・再編

　なお、2017年11月24日、破産手続中の株式会社MTGOXに対して、一部の債権者が民事再生手続開始の申立てを行い、同日、裁判所は、調査命令を発令し、調査委員を選任しました。調査委員は、2018年2月28日、東京地方裁判所に対し、MTGOXの再生手続開始についての調査報告書を提出しています。

　調査報告書の詳細は明らかではありませんが、その結論は、「当職は、破産者株式会社MTGOXについて、民事再生法25条2号ないし4号に掲げる事由はないと思料する。ただし、この結論は、同破産者について係属する下記破産事件の破産手続において現時点までに組成された財団の規模に照らして、同破産事件において債権届出をした全債権者（とくに金銭債権たる破産債権を有する債権者各自）が当該破産手続においてすでに得ていると見込まれる利益を確保する措置が、再生手続開始決定前（破産手続中止前）になされていることを前提とする」といったものでした（申立代理人（西村あさひ法律事務所　弁護士福岡真之介、弁護士菅野百合）のホームページ（https://mtgox-creditors.com/）参照）。

　調査委員がいう「当該破産手続においてすでに得ていると見込まれる利益を確保する措置」が、具体的に何を意味するかは、必ずしも明確ではありませんが、少なくとも、破産手続では100％配当を受けられるはずの金銭債権者が、再生手続においても100％配当を受けられるようにすることは要求しているものと考えられます。

　そして、調査委員の報告書が提出された後、2018年6月22日午後5時、裁判所は、再生手続開始決定を出しました（平成30年6月22日付「民事再生手続開始決定のお知らせ」（再生債務者株式会社MTGOX再生管財人弁護士小林信明）https://www.mtgox.com/img/pdf/20180622_announcement_jp.pdf参照）。

Q10-34

民事再生手続では、破産手続における債権調査で確定した債権額を上回る配当を受けられるのですか。

A 前記 Q10-32 記載のとおり、破産手続において債権調査が行われていたとしても、再生手続において、改めて、新たに債権届出を行い、債権調査を行うことも可能です。

再生手続における債権調査でも、仮想通貨に係る債権（返還請求権ないし損害賠償請求権）については、外貨建債権に類似するもの、あるいは、金銭債権でその額が不確定なものに準じると考えられるため、再生手続開始決定時における評価額、すなわち日本円で認否されることになります（民事再生法87条1項3号ニ）。

しかし、再生手続における再生計画では、破産手続とは異なり、必ずしも現金（日本円）で配当を行う必要はありません。外貨建債権について、当該外貨により配当を行うことも許されます。実際、その様な内容の再生計画もあります。そのため、仮想通貨に係る債権者について、仮想通貨による配当を行う旨再生計画で定めることも許されます。例えば、100単位の仮想通貨に係る債権を有する債権者に対し、その20％である20単位の仮想通貨を配当する、といった内容です。この場合、仮に、破産手続開始決定時から比べて、仮想通貨の評価額が5倍以上になっていれば、債権者としては、配当として受け取る仮想通貨の額面は減りますが、評価額としては、破産手続開始決定時よりも増えることになります。

すなわち、仮想通貨の相場にもよりますが、破産手続における債権調査で確定した債権額を上回る配当を受けられる、ということもできます。

Q10-35

破産した会社が保有する仮想通貨を、破産管財人から安く買うことはできますか。

A 破産管財人は、破産者のすべての財産の換価処分を行いますので、破産会社が仮想通貨を保有している場合、それも換価することになります。

破産管財人は、善良な管理者の注意をもって、その職務を行わなければならないとされておりますので（善管注意義務。破産法85条1項）、破産会社の資産

第 10 章　事業の拡大・再編

を、できる限り高く、かつ、早期に換価する必要があります。

　そのため、破産管財人から、安く買うというのは難しいと思います。

　また、仮想通貨には、交換所・取引所がありますので、通常は、これらの交換所・取引所で換価をすることなります。

Q10-36

破産した交換所の管財人から、交換所が権利者から預託を受けた仮想通貨を、安く買うことはできますか。

A　前記のとおり、破産管財人は、善管注意義務を負っていますので、安く売却することはできません。しかし、交換所の場合、多額の仮想通貨を保有していることが多く、これを1度に交換所・取引所で換価しようとすると、仮想通貨の値崩れが起こる可能性があります。

　そのような場合には、市場を介さずに、相対で取引をすることも考えられます。もっとも、通常は、できるだけ高く売却するために入札が行われることが多いと考えられます。

　なお、株式会社MTGOXの破産事件では、破産管財人がビットコイン等の売却について、「2017年12月から2018年2月にかけて、仮想通貨交換業者の協力を得て、売却時点の市場価格を踏まえて売却しました」「仮想通貨取引の専門家とも協議の上、可能な限り取引のセキュリティを確保しつつ、取引所における通常の売却ではなく、市場価格に影響を与えない工夫をして、BTC及びBCCを売却しました」と報告しています（2018年3月17日付「第10回債権者集会報告書に関するQ&A」（破産者株式会社MTGOX破産管財人弁護士小林信明）https://www.mtgox.com/img/pdf/20180317_qa.pdf 参照）。

Q10-37

倒産した Fintech 企業の知的財産権を買いたいのですが、誰と交渉すればよいですか。また、何か注意する点はありますか。

A　前述の Q10-21 のとおり、それぞれの手続における手続の遂行者と交渉を行う必要があります。ただし、会社更生手続、破産手続では裁判所の許可が必要です。民事再生手続の場合は、監督委員の同意が必要となります。

Q10-38

Fintech 企業の株式を保有しているのですが、倒産してしまいました。株主として、何か権利を主張することはできますか。

A　破産の場合、破産会社の財産の管理処分権はすべて破産管財人に専属することになります。そして、破産管財人は、破産会社の資産を換価して、債権者に対して法律で決められた優先順位に従って配当を行います。通常は、破産会社は債務超過であることがほとんどですので、株主に対して残余財産が分配されることはありません。

破産会社が上場しており、粉飾決算や有価証券報告書等の虚偽記載などを行っていた場合、株主が、虚偽の情報を基に破産会社の株式を取得した場合には、株主は破産会社に対して不法行為や金商法に基づく損害賠償請求権を有することになり、この損害賠償請求権は破産債権となりますので、破産手続に従って配当を受けることができます。

民事再生の場合、従来の取締役や株主がそのまま事業を継続することになりますので、株主は会社法に基づく権利を会社に対して主張できます。しかし、再生計画において債権者に債権放棄を要請する場合、株主責任を明確にしなければ、債権者の理解を得ることはできません。そのため、再生計画により100％減資がなされ、従前の株主はその権利を失うことになるのが通常です。

会社更生の場合、株主も会社更生手続に取り込まれることになり、手続中は

株主配当がなされない等、会社更生法により権利行使が制限されます。更生計画には、株主の権利をどうするかについても規定されることになりますが、通常は100％減資がなされ、従前の株主はその権利を失うことになります。株主は、関係人集会で更生計画案の賛否に対して投票ができますが、更生会社が債務超過の場合は、投票する権利もなくなります。

Q10-39

資産運用・助言サービスを提供している会社のサービスを利用していたのですが、倒産してしまいました。今後もそのサービスは利用できますか。

A　再建型倒産手続の場合、事業を継続しながら、会社や事業の再生を目指すことになりますので、サービスの提供を継続するケースが多いため、引き続き利用できます。

清算型倒産手続の場合、事業活動をやめ、会社を解体・清算することになるため、サービスは停止されることになりますので、このような場合には利用はできなくなります。

Q10-40

資産運用・助言サービスを提供している会社のサービスを利用していたのですが、倒産してしまいました。資産に関する情報等が漏洩しないかが心配です。情報の抹消等を請求できますか。

A　個人情報保護法においては、事業者が、個人情報を目的外で利用している場合（16条）や、不正の手段で個人情報を取得していた場合（17条）には、本人は事業者に対して情報の抹消を請求することが認められています（30条1項）。

単に事業者が倒産しただけでは、個人情報の抹消を請求することはできません。

また、事業者は、違反を是正するために必要な限度においてのみ、利用停止や削除が義務付けられているので、前記の個人情報保護法30条1項の事由に該当して削除を求めることができる場合であっても、必ず削除が行われるというわけではありません。

索　引

あ　行

アカウント・アグリゲーション… 308, 311, 312
アクワイアラ……………………… 53, 288
アドレス…………………………………… 237
アルゴリズム………………… 177, 178, 355
　──取引……………………………… 146
意向把握義務……………………………… 213
意匠権…………………………… 355, 360, 362
意匠法……………………………………… 354
遺伝子解析………………………………… 215
インカム・アプローチ…………………… 402
インセンティブ報酬……………………… 391
インターネットバンキング……………… 287
ウェアラブル端末………………………… 214
ウォレット業者…………………………… 240
疑わしい取引……………………………… 49
運用報告書…………………………… 160, 161
営業秘密…………………………………… 363
営業保証金…………………………… 154, 157
営利の目的………………………………… 292
エスクロー………………………………… 79
オープン・イノベーション… 294, 301, 306
オープンAPI………… 293, 294, 302, 312, 313
オプトアウト……………………………… 326
オンラインゲーム………………………… 230

か　行

外国仮想通貨交換業者…………………… 244
外国PEPs………………………………… 84
外国法人…………………………………… 296
会社更生手続………………… 409, 411, 413
会社分割…………………………………… 397
改正犯罪収益移転防止法………………… 255
家計簿アプリ……………………………… 292
貸金業……………………………… 98, 240, 243
過剰貸付けの禁止………………………… 100
仮想通貨… 6, 10, 218, 357, 415, 417, 425
　──の貸付けまたは貸借の媒介
　　………………………………………… 243
　──の管理…………………………… 237, 240
　──の現物取引………………………… 239
　──の先物取引………………………… 239
　──の信用取引………………………… 240
　──のデリバティブ取引……………… 239
　──の売買・交換……………………… 238
　──の売買・交換の代理……………… 237
　──の売買・交換の取次ぎ…………… 237
　──の売買・交換の媒介……………… 237
　──のマイニング……………………… 242
　──を用いた送金……………………… 241
　──を利用した決済サービスの提供
　　………………………………………… 242
　1号──………………………………… 223
　2号──………………………………… 226

索　引

仮想通貨交換業…………… 237, 243
　　──の登録………… 243
仮想通貨交換業者………… 237, 243
仮想通貨交換所…………… 415, 418
合併………………………… 397
　　吸収── ………………… 398
　　新設── ………………… 398
株式移転…………………… 399
株式交換…………………… 398
株式譲渡…………………… 395
株式投資型クラウド・ファンディング
　………………………… 127
為替取引…… 56, 62, 71, 241, 242, 285
キャッシュアウト…………… 77
業として営む……………… 292
業として行う……………… 238
業務改善命令………… 251, 303
業務提携………………… 395
業務方法書……………… 153
銀行……………………… 257
　　──持株会社………… 257
銀行代理業………… 24, 293, 306
銀行代理業者………… 285, 305
銀行法…………………… 14
　　改正── ………………… 5, 258
銀行法等に関する留意事項について
　（銀行法等ガイドライン）…… 306
金銭の管理……………… 249
金銭の貸借の媒介……… 98, 116
金融ADR ……………… 250
金融活動作業部会　→　FATF
金融関連業務………… 16, 258
金融商品……………… 239

金融商品取引業…… 129, 147, 149, 151, 154, 163
金融商品販売業者……………… 171
金融分野個人情報保護ガイドライン
　…………………………… 311
クーリング・オフ……… 159, 160, 172
クオンツ運用………………… 146
クラウド会計サービス……… 292, 309
クロージング………………… 404
経過措置……………………… 295
経済的対価…………………… 306
景品類………………………… 212
契約締結義務………………… 299
契約締結時等の書面の交付… 157, 158, 160, 161
契約締結前の書面の交付…… 157〜159, 161
決済指図の内容の伝達に基づく即時の振込…………………………… 287
兼業規制……………………… 99, 156
行為規制……………………… 297
公営ギャンブルの運営者……… 291
公開前規制…………………… 391
広告等の規制………… 157〜159, 161
広告料………………………… 306
口座情報の取得……………… 291
　　──サービス……………… 285
公的個人認証………… 342, 348
公表……………………… 294, 308
告知書………………………… 76
個人識別符号………………… 320
個人資産管理………………… 109
個人情報……………………… 162

431

索　引

個人情報保護法……………… 312, 428
個人番号……………………………76
個人番号関係事務…………… 341
誤認防止のための情報提供……… 298
個別支払可能見込額調査………… 31
個別信用購入あっせん…………… 30
コンピュータシステム……… 355, 361

|　さ　行　|

サイバーセキュリティ……………170
　──事案…………………………164
差金決済……………………………239
指図による占有移転………………108
指図の伝達
　公金の支払いに係る──……… 290
　自己が契約の締結の媒介を行った債
　　権の回収のための──……… 290
　自己債権の回収のための──… 290,
　　291
サンド・ボックス…………………12
事業再生 ADR ……………… 411, 414
事業者団体………………………… 304
事業譲渡…………………………… 396
事業報告書………………………… 303
資金移動業………………………… 62
自己が契約の締結の媒介を行った債権
　の回収………………………… 290
自己募集…………………………… 129
システムベンダー………………… 288
システムリスク…………… 164, 165
　──管理………………………… 246
システム利用料…………………… 306

慈善事業団体……………………… 291
私的整理…………………………… 411
　準則型────……………… 411, 414
資本参加…………………………… 395
資本政策…………………………… 389
資本提携…………………………… 395
集合動産譲渡担保………………… 107
従属業務……………………… 16, 20
主要株主……………………… 155, 156
少額短期保険業…………………… 201
少額免除…………………………… 390
証券会社…………………………… 291
承認業務…………………………… 259
少人数私売出し…………………… 390
少人数私募………………………… 390
情報提供義務……………………… 213
情報提供料………………………… 306
情報の安全管理……… 299, 300, 311
署名検証…………………………… 346
署名認証…………………………… 346
新株予約権………………………… 391
人工知能……………………… 357, 368
信託業……………………………… 80
スクレイピング…… 294, 301, 307, 313
ストックオプション……………… 391
スマートフォン決済……………… 51
正当業務行為……………………… 240
生命保険募集人…………………… 201
成約高……………………………… 306
接続基準…………………………… 301
説明義務……………………… 169, 171
占有改定…………………………… 107
損害の賠償………………………… 308

432

損害保険募集人……………… 201

| た 行 |

第一号業者………………… 284, 285
　――に該当しない業者………… 287
第一種金融商品取引業… 130, 149, 150, 166
第一種金融商品取引業者…… 258, 316
第一種少額電子募集取扱業務…… 141
第三者提供………………… 323
第三者割当て……………… 399
第二号業者………………… 284, 291
第二種金融商品取引業… 123, 129, 130
第二種少額電子募集取扱業務…… 138
タイムスタンプ…………… 309
他業禁止規制……………… 315
立入検査…………………… 303
地域経済活性化支援機構（REVIC）
　………………………… 412, 415
知的財産…………………… 354
知的財産権………………… 427
　――の侵害………………… 361
中小企業再生支援協議会…… 412
著作権…………… 355, 360, 361
著作権法…………………… 354
通貨………………………… 219
　外国――………………… 225
　デジタル―― … 218, 230, 238
　本邦――………………… 225
通貨建資産………………… 225
データベースの著作物……… 365
適格機関投資家等特例業務…… 140

適合性の原則……………… 169
デュー・ディリジェンス………… 403
テレマティクス保険…………… 195
電子記録債権……………… 373
電子決済等代行業再委託者… 288, 298
電子決済等代行業者……… 3, 284, 293
電子決済等代行業と銀行代理業の関係
　……………………………… 305
電子債権記録機関…………… 375
電子情報処理組織………… 285, 291
電子送金サービス…………… 285
電子帳簿保存法…………… 309
電子募集取扱業務……… 127, 131
　電子申込型――……………… 132
電子マネー……………… 227, 231
伝統的な口座振替代行サービス… 289
倒産………………………… 411
　私的――………………… 411
　法的――………………… 411
動産譲渡登記ファイル……… 108
投資一任業者…… 148, 149, 160～162, 163, 168, 171
投資一任業務………… 148, 149
投資一任契約… 148, 149, 159, 166, 167, 169, 172
投資運用………………… 147
投資運用業…… 147～149, 155～157, 166, 167
投資顧問業協会…………… 152, 156
投資顧問契約… 147～149, 157～159, 166, 167, 169, 172
投資助言業者…… 147, 149, 157, 159, 161～163, 168, 171

433

索　引

投資助言業務………… 147〜149, 152, 158
投資助言・代理業……… 147〜149, 150, 151, 154〜157, 166, 167
登録………………………………… 292, 295
　　──拒否事由………………………… 245
　　──取消し…………………………… 304
登録申請…………………………………… 244
登録申請書………………………………… 296
特定業務……………………………… 161, 255
特定事業者…………………………… 161, 255
特定主要株主……………………………… 156
特定投資家…………………………… 159, 161
特定取引……………………………… 161, 255
特別清算……………………………… 411, 412
特別利益の提供の禁止…………………… 210
匿名加工情報………………………… 91, 335
匿名組合契約………………………… 123, 136
特許権…………………… 355, 360, 361, 366
特許情報プラットフォーム……………… 358
特許庁………………………… 358, 359, 361
特許法……………………………………… 354
届出業務…………………………………… 259
賭博罪……………………………………… 240
トランザクションレンディング………… 96
取引時確認………………………… 44, 255, 349

な　行

日本における代表者……………………… 296
任意整理…………………………………… 411
認定資金決済事業者協会………………… 253
ネットアセット・アプローチ…………… 402

は　行

パーソナル・フィナンシャル・マネジメント　→　PFM
賠償責任の分担…………………… 301, 313
破産………………………………… 411, 412
発行者……………………………………… 288
罰則………………………………………… 304
ピア・ツゥ・ピア　→　P2P
ビジネスモデル特許……………………… 354
ビッグデータ……………… 357, 363, 368
ビットコイン……………… 6, 219, 220, 222
秘密鍵……………………………………… 240
ファクタリング…………………………… 98
ファンド型（投資型）クラウド・ファンディング……………………………… 126
不合理な差別……………………………… 301
不実告知…………………………………… 172
付随業務…………………………… 257, 259, 315
不正競争防止法…………………………… 354
不当に差別的な取扱い…………… 294, 314
プライバシーポリシー…………………… 163
不利益事実の不告知……………………… 172
プリペイドカード発行者………………… 291
ふるさと納税……………………………… 290
ブロックチェーン……………… 5, 220, 357
分散型台帳………………………………… 220
分別管理…………………………… 245, 248, 249
返済能力調査義務………………………… 100
ポイント…………………………… 85, 231
包括支払可能見込額調査………………… 29
包括信用購入あっせん…………………… 27, 32

434

索　引

報告徴求………………………… 303
法人番号………………………… 339
保険……………………………… 197
保険業…………………………… 198
本人確認………………………… 305
　　――義務…………………… 255

| ま　行 |

マーケット・アプローチ………… 402
マイナー………………………… 221
マイナンバー…………………… 339
マイニング……………………… 221
マイル…………………………… 231
前払式支払手段………… 39, 70, 86, 218
　　自家型――……………………… 35
　　第三者型――…………………… 36
みなし登録業者………………… 296
みなし有価証券………………… 129
民事再生手続…………… 409, 411, 413

| や　行 |

有価証券届出書………………… 129, 389
有価証券の募集の取扱い……… 130
ユーザーインターフェイス… 355, 362
有利誤認表示…………………… 211
優良誤認表示…………………… 211
預金者による当該預金者（の別口座
　等）への送金指図の伝達……… 289
預金取扱金融機関……………… 313, 314

| ら　行 |

リアルタイム口座振替サービス… 286
リアルタイム振込サービス……… 286
利息……………………………… 102
　　みなし――……………………… 103
利用規約………………………… 308
利用者財産の管理……………… 249
利用者に対する説明…………… 297
利用者の保護…………………… 247
領収証…………………………… 309
レバレッジ倍率………………… 240
連携・協働方針………………… 302, 314
ロボ・アドバイザー…………… 145～147,
　149, 158, 162, 164, 166～171, 177

| 欧　字 |

ABL（アセット・ベースト・レンデ
　ィング）………………………… 97
API ………………… 286, 294, 300, 302
Bitcoin　→　ビットコイン
block chain　→　ブロックチェーン
BTC ……………………………… 219
CLO ……………………………… 334
ECサイト………………… 287, 288
ECモール運営者………………… 291
FATF …………………………… 222
FINMAC（フィンマック）… 152, 170
Fintech法 ………………………… 4
FISC（フィスク金融情報システムセ
　ンター）………………………… 300

索引

HFT	146, 178
ICO	120
M&A	394
MTGOX	222
P2P	220
──レンディング	119
Pay-easy（ペイジー）	287
PFM	292
──運営事業者	308
──サービス	311
Proof of Work	220
PSP（payment service provider、決済代行業者）	9, 288
Satoshi	219
Satoshi Nakamoto	220
Virtual Currency → 仮想通貨	
XML方式	21

編著者紹介

[編　者]

片岡　義広（かたおか・よしひろ）
　片岡総合法律事務所所長弁護士
　■主な著書・論文
　　「仮想通貨の規制法と法的課題（上）・（下）」NBL 1076号・1077号（2016年）、「FinTechの現状と法的課題（総論的試論）」NBL 1073号（2016年）、「ビットコイン等のいわゆる仮想通貨に関する法的諸問題についての試論」金融法務事情1998号（2014年）
　■執筆担当　第1章「Fintech総論」

森下　国彦（もりした・くにひこ）
　アンダーソン・毛利・友常法律事務所パートナー弁護士
　■主な著書・論文
　　「座談会　金融商品取引法施行10年を振り返って」ジュリスト1512号（2017年）、「座談会　マイナス金利と金融法務──『金融法委員会の整理』を契機に」金融法務事情2048号（2016年）、「国際決済──外国通貨債権の弁済」『実務に効く　国際ビジネス　判例精選（ジュリスト増刊）』（有斐閣、2015年）
　■執筆担当　はしがき

[編集担当]

河合　健（かわい・けん）
　アンダーソン・毛利・友常法律事務所パートナー弁護士
　■主な著書・論文
　　"The International Comparative Legal Guide to: Fintech 2018 (Japan Chapter)" (Global legal Group Ltd.)（共著、2018年）、「ブロックチェーンの技術と可能性」LIBRA17巻4号（共著、2017年）、「仮想通貨とブロックチェーンの私法上の問題点」法律実務研究32号（2017年）、「仮想通貨を用いたビジネスと金融規制」FINANCIAL Regulation 8号（2016年）
　■執筆担当　第5章「仮想通貨を用いたサービスと仮想通貨交換業」

関端　広輝（せきばた・ひろき）
　アンダーソン・毛利・友常法律事務所パートナー弁護士
　株式会社キューブシステム社外取締役

編著者紹介

　■主な著書・論文
　『多数化する事業再生』（共著、商事法務、2017年）、『クロスボーダー事業再生』（共著、商事法務、2015年）、『注釈破産法（上）・（下）』（共著、金融財政事情研究会、2015年）、『民事再生申立ての実務──モデル事例から学ぶ実践対応』（共著、ぎょうせい、2012年）
　■執筆担当　第10章「M&A」、「事業再編」

高松　志直（たかまつ・ゆきなお）
片岡総合法律事務所パートナー弁護士
　■主な著書・論文
　「2018年の金融法務とFinTech──情報・通貨・法体系をめぐる各種トピック」金融法務事情2081号（2018年）、「電子マネーおよび仮想通貨に対する強制執行」金融法務事情2067号（2017年）、「FinTechをめぐる金融機関の直近の法的課題」NBL1078号（2016年）
　■執筆担当　第1章「銀行業務とFintech」、第2章「ITと連携した決済サービスの提供」、「ポイントサービス」、第3章「おつり投資・貯蓄」、第7章「金融関連データの利活用」、「カードリンクドオファー」

田中　貴一（たなか・よしかず）
片岡総合法律事務所パートナー弁護士
　■主な著書・論文
　「仮想通貨交換業の周辺論点」LIBRA17巻4号（2017年）、「FinTechにみる融資取引とその法的課題」NBL1075号（2016年）、「法定地上権と所有権の所在・登記」『実務に効く　担保・債権管理　判例精選（ジュリスト増刊）』（有斐閣、2015年）、「民法改正が金融取引に与える影響──貸出取引、債権担保取引および約款取引の観点から」金融法務事情2022号（共著、2015年）
　■執筆担当　第3章「トランザクションレンディング」、「ローンの取次ぎ」、「ソーシャルレンディング」、「クラウド・ファンディング（投資型）」

［執筆者］

粟田口　太郎（あわたぐち・たろう）
アンダーソン・毛利・友常法律事務所パートナー弁護士
　■主な著書・論文
　"Global Legal Insights─Blockchain & Cryptocurrency Regulation 2019" (Global Legal Group Ltd.)（共著、2018年、近刊）、"The International Comparative Legal Guide to: FinTech 2018 (Japan Chapter)" (Global Legal Group Ltd.)（共著、2018年）、"The Lending and Secured Finance Review – 3rd Edition"

(Law Business Research)（共著、2017 年）、「ビットコイン等の仮想通貨をめぐる法環境の進展」金融法務事情 2041 号（2016 年）
■執筆担当　第 5 章「仮想通貨総論」

市川　英彦（いちかわ・ひでひこ）
アンダーソン・毛利・友常法律事務所弁理士
■執筆担当　第 8 章「テクノロジーの法的保護」

市川　祐輔（いちかわ・ゆうすけ）
アンダーソン・毛利・友常法律事務所弁理士、工学博士
■主な著書・論文
"The IP High Court awarded damages on Article 102, Paragraph 1 of the Patent Act in patent infringement case (Intellectual Property High Court, November 19, 2015)" Patents & Licensing, Vol. 46, No. 1 (2016)
■執筆担当　第 8 章「テクノロジーの法的保護」

伊藤　亜紀（いとう・あき）
片岡総合法律事務所パートナー弁護士
■主な著書・論文
「決済分野の『FinTech』をめぐる規制法体系と契約実務における課題」NBL1073 号（2016 年）、『電子マネー革命──キャッシュレス社会の現実と希望』（講談社、2010 年）
■執筆担当　第 2 章「スマートフォン決済」

伊藤　多嘉彦（いとう・たかひこ）
EY 弁護士法人弁護士
■主な著書・論文
『英文契約書レビューに役立つアメリカ契約実務の基礎』（共著、レクシスネクシス・ジャパン、2016 年）、『M&A 実務の基礎』（共著、商事法務、2015 年）、『独禁法による M&A 規制の理論と実務』（共著、商事法務、2010 年）
■執筆担当　第 6 章「電子決済等代行業者法制と金融機関の対応」

岡　知敬（おか・ともゆき）
アンダーソン・毛利・友常法律事務所パートナー弁護士
■主な著書・論文
"Structural changes to the bonds issued by the electric power companies in Japan" (The Euromoney International Debt Capital Markets Handbook 2017)（共著、2016 年）、『ANALYSIS 公開買付け』（共著、商事法務、2009

編著者紹介

年）
■執筆担当　第10章「IPO」

後藤　未来（ごとう・みき）
アンダーソン・毛利・友常法律事務所パートナー弁護士
■執筆担当　第8章「テクノロジーの法的保護」

清水　将博（しみず・まさひろ）
武智総合法律事務所パートナー弁護士
■主な著書・論文
『資産を遺す　信託活用ハンドブック――あなたのお金の新しい遺し方』（ビジネス教育出版社、2018年）、『信託法の要点』（共編、青林書院、2012年）、「学べる資金決済法」日本資金決済業協会ニュース46号（2011年）
■執筆担当　第2章「多様な送金サービス」、「ポイントサービス」

城山　康文（しろやま・やすふみ）
アンダーソン・毛利・友常法律事務所パートナー弁護士
■執筆担当　第8章「テクノロジーの法的保護」

土肥　里香（どい・さとか）
片岡総合法律事務所アソシエイト弁護士
■主な著書・論文
「資金決済法の改正動向――決済業務等の高度化SGおよびWGの議論を踏まえて」消費者信用392号（共著、2015年）、「抵当権設定後の所有権変動と法定地上権」『実務に効く　担保・債権管理　判例精選（ジュリスト増刊）』（共著、有斐閣、2015年）、「保証に関する民法改正と金融機関の実務対応」金融法務事情2019号（共著、2015年）
■執筆担当　第9章「電子記録債権の仕組みと活用」

中崎　尚（なかざき・たかし）
アンダーソン・毛利・友常法律事務所弁護士（スペシャル・カウンセル）
■主な著書・論文
『Q&Aで学ぶGDPRのリスクと対応策』（商事法務、2018年）、「カリフォルニア州　消費者プライバシー法とは」ビジネスロージャーナル127号（2018年）、『ビジネス法体系　企業取引法』（共著、第一法規、2017年）、「シェアリングエコノミーに関する欧州委員会報告書の解説と分析」NBL1081号（共著、2016年）
■執筆担当　第7章「ゲーミフィケーション」

編著者紹介

永井　利幸（ながい・としゆき）
片岡総合法律事務所アソシエイト弁護士
■主な著書・論文
「今さら聞けない！仮想通貨・ビットコインの基礎知識」月刊税理61巻11号（2018年）、「個人情報保護法改正により金融機関に求められる実務対応」金融法務事情2064号（共著、2017年）、「ビッグデータの利活用とFinTech——その法的課題」NBL1082号（2016年）
■執筆担当　第4章「保険」、第7章「マイナンバー・公的認証」

長瀬　威志（ながせ・たけし）
アンダーソン・毛利・友常法律事務所アソシエイト弁護士
■主な著書・論文
「上場企業の資金調達の円滑化に向けた施策に伴う開示ガイドライン等の改正——『勧誘』に該当しない行為の明確化および特に周知性の高い者による届出の待機期間の撤廃」商事法務2046号（共著、2014年）、「ソブリン・サムライ債に係る債券管理会社による任意的訴訟担当の可否——ソブリン・サムライ債に係る債券管理会社による任意的訴訟担当が否定された事例」判例時報2202号（共著、2014年）、『精選　金融判例解説——金融実務の観点から』（共著、日本加除出版、2013年）、「ETFの法的構造及び法規制の概要」資本市場307号（共著、2011年）
■執筆担当　第5章「イニシャル・コイン・オファリング（ICO）」、「仮想通貨の周辺サービス」

長谷川　紘之（はせがわ・ひろゆき）
片岡総合法律事務所パートナー弁護士
■主な著書・論文
「証券分野にみるFinTechとその法的課題」NBL1081号（2016年）、『Q&A FinTechがよくわかる講座』（共著、きんざい、2016年）、『Q&A よくわかる証券検査・課徴金調査の実務』（共著、金融財政事情研究会、2015年）
■執筆担当　第3章「クラウド・ファンディング（投資型）」、「おつり投資・貯蓄」、第4章「保険」

波多野　恵亮（はたの・けいすけ）
アンダーソン・毛利・友常法律事務所アソシエイト弁護士
■主な著書・論文
『逐条解説　2017年銀行法等改正』（共編著、商事法務、2018年）、『銀行法』（共著、金融財政事情研究会、2017年）、『逐条解説　2016年銀行法、資金決済法等改正』（共編著、商事法務、2017年）

編著者紹介

■執筆担当 第6章「電子決済等代行業者法制と金融機関の対応」

福井　崇人（ふくい・たかと）
アンダーソン・毛利・友常法律事務所アソシエイト弁護士
■執筆担当 第5章「仮想通貨総論」、「仮想通貨を用いたサービスと仮想通貨交換業」

三宅　章仁（みやけ・あきひと）
アンダーソン・毛利・友常法律事務所パートナー弁護士
■主な著書・論文
「ロボアドバイザーとAIファンド　現状と今後の展望」BUSINESS LAWYERS（2018年）、「ロボアドバイザーをめぐる海外の規制動向」BUSINESS LAWYERS（2018年）、「レギュレーション最前線『顧客本位の業務運営』を意識した投信販売」REGULATIONS 13号（2018年）
■執筆担当 第3章「ロボ・アドバイザー」

Fintech法務ガイド〔第2版〕

2017年3月30日　初　版第1刷発行
2018年10月25日　第2版第1刷発行

編　　者	片　岡　義　広	森　下　国　彦
編集担当	河　合　　　健	関　端　広　輝
	高　松　志　直	田　中　貴　一

発行者　小　宮　慶　太

発行所　㈱商　事　法　務
〒103-0025 東京都中央区日本橋茅場町3-9-10
TEL 03-5614-5643・FAX 03-3664-8844〔営業部〕
TEL 03-5614-5649〔書籍出版部〕
http://www.shojihomu.co.jp/

落丁・乱丁本はお取り替えいたします。　印刷／そうめいコミュニケーションプリンティング
Ⓒ2018 Yoshihiro Kataoka, Kunihiko Morishita　　　　Printed in Japan
Shojihomu Co., Ltd.
ISBN978-4-7857-2669-0
＊定価はカバーに表示してあります。

JCOPY ＜出版者著作権管理機構　委託出版物＞
本書の無断複製は著作権法上での例外を除き禁じられています。
複製される場合は、そのつど事前に、出版者著作権管理機構
（電話03-3513-6969、FAX 03-3513-6979、e-mail: info@jcopy.or.jp）
の許諾を得てください。